O'r Ochor Arall

Neil 'Maffia' Williams

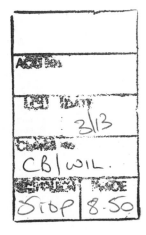

Diolch i:
Ian Edwards
Nia Roberts
... a phawb fu'n rhan o'n gêm fach ni

Lluniau drwy garedigrwydd:
Keith Morris
Medwyn Jones
Ian Edwards
Ricky Liguz
teulu Huw Jones
Cylchgrawn Sgrech
S4C

Argraffiad cyntaf: 2012

ⓑ testun: Neil Williams/y cyhoeddiad: Gwasg Carreg Gwalch

Rhif rhyngwladol: 978-1-84527-374-3

Mae'r cyhoeddwyr yn cydnabod cefnogaeth ariannol
Cyngor Llyfrau Cymru

Cynllun clawr: Tanwen Haf
Llun y clawr: Keith Morris

Cyhoeddwyd gan Wasg Carreg Gwalch,
12 Iard yr Orsaf, Llanrwst, Conwy, LL26 0EH.
Ffôn: 01492 642031 Ffacs: 01492 641502
e-bost: llyfrau@carreg-gwalch.com
lle ar y we: www.carreg-gwalch.com

Argraffwyd a chyhoeddwyd yng Nghymru.

I Awel

Prolog

Pnawn Sul crasboeth yn Awst 1969: Emyr Wyn Williams, ei wraig, Pamela Lois, a'u plant Debbie Jane, 9 oed, Duncan Meredydd, 8, Neil Richard (iôrs trwli), 5, a Danny Lloyd oedd yn ddwyflwydd, allan am swae a phicnic ar y Downs, parc enfawr o dir cyffredin ym Mryste.

Un o Fethesda oedd Emyr, ond ei fod o erbyn hyn yn beiriannydd ddarlledu yn y BBC ym Mryste; Pamela hitha'n nyrs yn enedigol o Stoke Newington, Llundain, ac erbyn hyn yn fam lawn amser. Hefo nhw oedd Choux y ci, neu Mon Petit Chouxfleur i roi'i handlan lawn arni; bwldog Ffrengig ddu, ddrewllyd, lafoerllyd, annwyl a hoffus tu hwnt. Roeddan ni wedi'i chael hi gan hen ledi Ffrengig, sy'n egluro'r enw. Doedd Choux yn licio dim byd gwell na bomio rownd yn chwarae ffwtbol trwyn hefo'i phêl goch blastig, hyd yn oed yn y moroedd o ddala poethion oedd yn gorwedd islaw'r llwybr roeddan ni arno fo, yn arwain i fyny am y cae swings a'r llyn cychod ar dop yr allt. Roedd hi'n imiwn i'r stingars... Nid felly'r hogyn bach ar ei feic, oedd yn gwisgo dim ond tryncs nofio coch a sandals lledar brown, ac a oedd yn rhuthro tuag aton ni i lawr y llwybr. Dwi'n deud hogyn bach, ond mae'n siŵr ei fod o tua deg oed. Roedd o'n fwy na Duncan 'mrawd mawr, ond roedd y beic yn rhy fawr iddo fo, fel 'tasa fo wedi etifeddu'r peth gan ei frawd mawr ynta, ond heb cweit dyfu'n ddigon mawr i fedru'i reoli. Doedd o ddim yn feic newydd. Ffrâm ddu hefo'r paent yn swigod, handl-bars syth ar draws a theiars gwyn, trwchus. Pryd gola oedd yr hogyn, ei wyneb yn blastar o ffrecls, cyrls tynn browngoch yn fop ar ei ben a llygaid glas llachar yn agored led y pen mewn sypreis, fel 'tasan nhw'n barod i neidio allan. Roedd ei ben i lawr rhwng ei sgwydda, ei benelinau 'sgyrnog yn sticio allan bob ochor fel adenydd cyw iâr, ac er ei fod wedi hen stopio pedlo ac erbyn hyn wedi rhewi yn ei sêt mewn ofn, cyflymu a chyflymu oedd o. Roedd o wedi dechra crïo hefyd, ei riddfan yn hercio hefo herciadau'r beic ar y llwybr anwastad, ac ro'n i'n teimlo bechod mawr dros y cr'adur. Yr olwg ar ei wyneb dwi'n 'i gofio'n fwy na dim, yn yr eiliad honno o sylweddoli; fo a phawb oedd yn dyst i'r peth; ei fod o wedi colli rheolaeth dros y beic ac mai yng ngwyrdd tywyll y danadl y byddai pen ei daith.

Dyma'r olwyn flaen yn bachu a baglu a'r beic yn rhedeg oddi ar y llwybr a saethu i lawr yr ochor serth cyn baglu eto a lluchio'r truan bach wysg ei ochr i'r gwely o ddala poethion. Fflwmp y glanio, a thawelwch llwyr am eiliada hir; yna'r floedd gynta o sioc a phoen. Ffrwydrodd y creadur bach o'r gwyrddni, ei gorff yn fyw o lympia coch afiach. Fel mae rhywun, ro'n i wedi cerdded y llwybr yma lawer tro gan drio dychmygu sut beth fysa disgyn i mewn i'r stingars 'na – a dyma fo, mewn ffŵl gloriys tecnicylyr, yr hunlla'n fyw. Stagrodd i fyny at y llwybr fel Frankenstein Boris Karloff, pob anadl yn sgrech nerth ei ben; yn ymwybodol o ddim yn y byd ond ei boen ei hun, ac ella llais ei fam, oedd yn gweiddi: 'Ew moi gord! Iew oroi?!' ('Oh my God! Are you alright?' mewn Bristolian trwchus) wrth redeg nerth ei thraed i lawr y llwybr tuag ato fo.

A dyna fo fy atgof cynta. Wel, nid y cynta un, wrth reswm; ro'n i'n bump oed erbyn hyn; ond y cynta i ddod i'r cof wrth drio cofio. Tydan ni'r Cymry'n lyf-io cofio a sbïo 'nôl a hiraethu a chlodfori'r gorffennol... twtsh gormod ella? Ta rwbath dynol 'di o? Neu jyst fi? Dwn i'm. Ta waeth, dyma fi'n deifio ar 'y 'mhen i 'ngorffennol fy hun er mwyn rhoi fy hanes ar bapur, er diddanwch a diddordeb cenedl o ddarllenwyr brwd (a chenhedloedd i ddod, myn brain i!) Ha Ha!

Geni Imaciwlet

Dydd Gwener, 3 Ebrill, 1964. Roedd Yuri Gagarin ar y wibdaith gynta i'r ffainyl ffryntiyr; Marlon Brando a Doris Day yn ddeugain oed a Malcolm X yn traethu am 'The Ballot or the Bullet'. Ac yn nes at adra, y mods a'r rocars yn colbio'i gilydd yn ddu-las ar bromenâd Brighton, Harold Wilson ar fin mynd â Llafur i'r brig, ac am dri o'r gloch y pnawn, yn rhif 4, Marne Close, Stockwood, Bryste, yn llofft Emyr a Pam, ar ei ben i'r gwely priodasol, daeth 8 pwys a 7 owns o fod dynol newydd sbon i'r byd. Neil Richard Williams. Dyna alwodd Mam a Dad fi beth bynnag – dwi hefyd yn cael fy nabod fel Neeleeweelee, Orange Peel, Concord (trwyn arddegol enfawr), Naij (criw Theatr Hwyl a Fflag), Wilias, Wiliaitch, Wiliaitchkovitch (hogia'r band a ffrindia) – a Neil Maffia gan lawar erbyn hyn (Twat Ffês gan lawar mwy!).

Genedigaeth imaciwlet – ym mhresenoldeb y tad, y mab a'r Ysbryd Glân. Wel, naci a deud y gwir. Genedigaeth yn y cartref, rwbath oedd yn ffasiynol yn y chwe degau – felly ym mhresenoldeb y fam, y tad a'r fydwraig dan hyfforddiant. Roedd y fydwraig go iawn wedi penderfynu bysa 'na oria cyn y geni, felly roedd hi wedi mynd i ymweld â mamau eraill (swift hâff a nôl smocs fydda i'n ddeud i dynnu ar Mam). Wrth gwrs, cyrhaeddodd y mab yn absenoldeb y fydwraig go iawn, ac wedi i'r ceffyl hen foltio (i ddefnyddio idiom Saesneg nad yw'n llyfn-drosi mewn gwirionedd, a beryg bydd dipyn o hynny drwy gydol y llyfr – yr 'iaith ar waith' w'chi) dyma'r fydwraig yn dychwelyd, hi a'i chymwysterau; jyst mewn pryd i ymddiheuro a llongyfarch, cipio'r awenau a phenderfynu, oherwydd cymhlethdodau ynghylch cau 'drws y stabal', fod angen ymweliad gan yr Home Birth Flying

Squad, sef tîm meddygol (nad yw'n bodoli mwyach) oedd yn arbenigo mewn geni yn y cartref. Yn ddiweddarach, aeth Mam yn fydwraig i ysbyty Dewi Sant ym Mangor ac yn y gymuned ac yn athrawes yn y pwnc, ac mae hi'n honni na fyddai byth wedi dewis geni adra 'tasa hi'n dallt bryd hynny be ddaeth i'w wybod yn ddiweddarach. Ma'r ddadl honno'n un ddifyr sy'n dal i fod yn un amlwg hyd heddiw. Ta waeth, yn ôl yn y stabal, roedd pawb yn fyw ac iach ar derfyn y dydd – a Mam druan, allan ohoni ar y pethidine yn giglo yn y gwely, yn derbyn bwnshad o floda gan y dyn gwerthu llysiau oedd yn digwydd bod yn y fan yn ei fan!

Felly dyna ni. Yr eryr wedi glanio fel petai (be ddeudis i am yr idioma?). Roedd Nain Coetmor wedi dod i lawr i edrych ar ôl Debbie a Duncan, fy chwaer a 'mrawd mawr, ac mi ddoth hi â'r ddau yn ddistaw bach i mewn i'r llofft i 'ngweld i'n gorwadd yn fy nghot 'like a squashed tomato' (geiria Mam), gan sibrwd: 'dowch i weld y babi newydd...'. Fuo Debs yn beichio crio mae'n debyg – roedd hi isho

Dad, fi, Mam a'r canêris.

chwaer. 'Tasa hi 'di cael ei dymuniad, Melanie Siân fysa enw'r hogan fach. A Melanie Siân oeddwn i am ddiwrnod neu ddau er ei mwyn hi, ond diwedd y gân oedd bod yn rhaid iddi ddygymod â'r ffaith mai brawd arall oedd wedi cyrraedd, a fyddai'n byw dan y teitl Neil Richard.

Ym Marne Close fuon ni tan ar ôl i Danny Lloyd, yr eryr ola, gyrraedd y nyth yng Ngorffennaf 1967, gan ysgogi llif o ddagra i lawr bocha Debs druan unwaith eto.

Cymysgedd od o ddelweddau meddyliol ydi fy atgofion cynhara ma raid gen i, ac mae hi'n anodd dyfalu pa rai ohonyn nhw sy'n wir. Mae lluniau yn fan cychwyn da yn aml iawn, ond wedyn mae angen llenwi'r bylchau rhywsut. Mae'r llun yma o Dad a Mam, finna tua dwyflwydd oed yn ei breichia hi, wedi eu dynnu o flaen y tŷ adar yn yr ardd gefn. Roedd Dad yn cadw caneris Red Factor ac yn ennill gwobrau mewn sioeau hefo nhw – ac er nad oes gen i go' o'r llun yn cael ei dynnu, *mae* gen i go' o'r adar, eu lliwia, eu sŵn ac ogla'r lle.

Erbyn gaeaf 1967 roedd y teulu bach wedi symud o Stockwood i 15, Kent Road, Bishopston. Roedd hi'n ardal braf heb fod ymhell o ganol y ddinas; strydoedd a rhodfeydd o dai neis, lot o goed a gwyrddni, nid yn annhebyg i ardal Pontcanna yng Nghaerdydd. Canllath a hanner o faes criced Sir Gaerloyw oedden ni, a phrin bum munud o'r tŷ ar droed o Bishop Road Infants & Juniors, fy hen ysgol fabanod, sy'n sefyll yng nghysgod waliau uchel carchar Horfield.

Yn 2006, tra'n gweithio ar gyfres *Cowbois ac Injans* ym mro Morgannwg, mi ges i drwy hap a damwain (rhywyn yn sâl a gorfod ail drefnu ffilmio neu rwbath) y fraint brin o ddiwrnod i ffwrdd, a diwrnod ychwanegol. Mae hynny'n fanna o'r nefoedd pan fydd rhywyn yn cael ei gyflogi fesul diwrnod. Sylweddolais mai hwn oedd fy nghyfle i wireddu bwriad fu'n corddi yng nghefn fy meddwl ers blynyddoedd, sef mynd yn ôl i'r stabal ym Methle... i 4, Marne Close, Bryste, a gofyn i'r trigolion presennol a fyddai'n bosib i mi ddod i mewn am banad plîs, oherwydd mai yn eu tŷ nhw ges i 'ngeni! Dyna oedd y syniad beth bynnag.

Ta waeth, ffonis i Rhodri Meilir, fy nghyd Gurkha yn *Tipyn o Stad*, oedd yn byw ym Mryste ar y pryd. Roedd Efe adra, yn derbyn ymwelwyr, y tun busgets yn llawn a'r teciall ymlaen. Aidial. Felly i ffwr' â fi ar bererindod fach yn ôl mewn amser. I'r dechreuad, fel petai. Ges i deimlad od wrth yrru dros bont Hafren: nerfau a chyffro, nid yn annhebyg i'r teimlad yn y munudau cyn mynd ar y llwyfan am y tro cynta mewn sioe newydd. I mewn i ddinas Bryste a chanolbwyntio, trio gweld neu glywed rwbath cyfarwydd, rwbath i danio atgof, a thrio cael hyd i dŷ Rhods yn y ffor' hen-ffasiwn (dim Sat Naf yn fy modur i, latsh bach). Sylweddolais fod hwn yn ddiwrnod i'r brenin go iawn, yn antur annisgwyl a chyfle i dreulio diwrnod yn atebol i neb yn y byd. Wedi peth mynd a dod, mi gyrhaeddais y fflat, mewn tŷ mawr yn ardal Clifton ddim ymhell o'r Brifysgol, lle ges i de, lot o hanesion a thomen o chwerthin cyn i Rhods gychwyn am stesion Temple Meads i ddal trên i Lundain i weithio ar y gyfres gomedi *My Family* hefo Zoe Wannamaker a Robert Lindsay. 'A' i â chdi i'r stesion,' medda fi, a ffwr â ni. Wedi ffarwelio â Rhodri, ailgychwynnais i lawr y lôn i Ebrill 1964.

Mae Stockwood ychydig y tu allan i'r ddinas i gyfeiriad Caerfaddon. Doedd dim byd ar y ffordd yn gyfarwydd i mi o gwbwl, wrth i mi yrru'n ara bach ar hyd strydoedd di-lun heibio tai oedd yr un mor ddi-lun, rhesi a rhesi ohonyn nhw, nes yn sydyn, gwelais droad i'r chwith ac arwydd ar wal isel ... Marne Close. Neidiodd fy nghalon. Parciais tu allan i rif pedwar, ar y chwith tua deng llath ar hugain i fewn i'r stad. Mae gan Mam lun ohona i'n dair oed yn y pwt o ardd ffrynt, yn mwytho carreg lefn yn debyg i siâp mochyn cwta, a

Fi efo'r garreg siâp mochyn cwta ym Marne Close.

doedd ffrynt y tŷ yn edrych ddim gwahanol i mi, ddeugain mlynedd yn ddiweddarach. Codais o'r car a mynd at ddrws pren i'r ochor sy'n arwain at lwybr i'r cefn. Clywais lais dyn o'r ardd gefn, a llais dynes yn ateb. Roedden nhw'n swnio fel hen bobol. Doeddwn i ddim yn siŵr be ddyliwn i neud, cnocio ta pheidio? Yn sydyn reit doedd gen i ddim unrhyw amhaeaeth y byddai cnocio ar ddrws yr hen gwpwl diniwad 'ma a hawlio panad achos 'mod i 'di 'ngeni yn eu cartref, yn ennill y Gadair, y Goron a'r Fedal Ryddiaith mewn unrhyw Steddfod Syniadau Hurt, ac y bydda gweithredu'r syniad yn arwain at helynt, boed yn goronari neu ar y feri lleia galwad frys i heddlu Eifion a Symyrset! Sefyllian o flaen y tŷ fues i wedyn, yn sbïo'i fyny at ffenest y llofft ffrynt, yn meddwl mor rhyfadd oedd hi mai yn y stafell honno y dois i i'r byd. O dipyn i beth, edrychais o 'nghwmpas a gweld, yn y tŷ gyferbyn, hen ledi'n fy ngwylio drwy ffenast ei stafell fyw, a sylweddoli 'mod i'n edrych, i bob pwrpas, fel byrglar, ac y bydda'n well i mi ei heglu hi, a hynny'n o handi.

Teimlad braf, od ond braf, oedd gadael Marne Close. Roeddwn i wedi cael cadarnhad fod y lle'n bodoli ac yn dal yno. Fydda i'n meddwl weithia wrth fynd ar hyd Ffordd Caernarfon ym Mangor a phasio lle roedd Sbyty Dewi Sant yn arfer sefyll, am yr holl bobol gafodd eu geni yno sydd ddim yn siŵr bellach ai yn y ganolfan ffitrwydd 'ta ym Matalan y daethon nhw i'r hen fyd 'ma.

Ta waeth, anelais y car i gyfeiriad y ddinas a dilyn yr arwyddion am garchar Horfield, ac wrth nesáu, gwelais arwydd am Faes Criced Sir Gaerloyw. Cyflymodd fy nghalon eto pan welais giatiau haearn y maes yn y pellter, ac adnabod y troad yn y lôn sy'n arwain i Kent Road, a rhif 15. Parciais a neidio allan o'r car, a ma' raid 'mod i'n edrych yn rêl dihiryn yn cerdded i fyny ac i lawr y ffordd, yn stopio yma ac acw a sbïo i wahanol gyfeiriadau. Safais am hir yn sbïo ar rif 15 o adwy'r tŷ gyferbyn. Tŷ Conrad Swaybee oedd o yn 1969. Unig blentyn oedd Conrad, 'run oed â Duncan 'mrawd mawr. 'Conrad Swaybee he's a baby,' dyna sut fydda'r gân yn mynd. Roedd o'n ddipyn o odbôl a deud y gwir, yn obsésd hefo ceir. Fydda fo i'w weld, yn eitha rheolaidd, ar y pafin tu allan i'w dŷ, yn golchi car dychmygol hefo clwt dychmygol, yn gwlychu a gwasgu'r clwt i mewn i bwcad ddychmygol.

Roedd gan Conrad stash o geir Matchbox a thrac plastig melyn hefo troeada a lŵp ddy lŵps a'r giamocs i gyd arno fo — stêt of ddi ârt ar y pryd, cyn dyfodiad Scalextrics. Mi fyddan ni'n arfar cael mynd i'w lofft i'w wylio fo'n chwarae hefo'i geir. Sgin i'm co' bod neb arall wedi cael tro. O bosib mai dyna pam oedd o'n cael ei herian gymaint.

Ro'n i wedi penderfynu ers talwm, petawn i'n llwyddo i fynd yn ôl yno, y byddwn i'n trio cael hyd i barc St Andrews, lle byddwn yn mynd i chwarae, ar droed. Felly i ffwrdd â fi i gyfeiriad oedd yn edrych fel yr un iawn, a chyn pen dim darganfod y llwybr troed sy'n arwain oddi ar y lôn fawr ac i'r parc. Wel, am wefr od. Cofiais fod yna siop dda-das (oedd yn gwerthu gobstoppers anferth) ar derfyn y llwybr troed, ac wedi cyrraedd yno gwelais mai siop ffenestri plastig ydi hi erbyn hyn; ond roedd giât y parc yn union gyferbyn, fel oeddwn i'n ei chofio. Ista ar fonyn un o dair coeden goncyrs anferth wedyn, fel ro'n i'n arfer neud yn chwech oed i gael fy ngwynt ataf ar ganol gêm bêl-droed.

Hefo Duncan a'r criw hŷn dwi'n cofio chwarae'r gemau hynny, pawb yn 'bagsio' i gael bod yn chwaraewr enwog. Georgie Best oedd y cynta i gael ei fagsio bob tro, fo oedd ffyrst pic fel tae. Yn ôl y drefn dewis tîm ym mharc St Andrews (oedd yn union fel y drefn ar gaeau chwarae Tregarth, Sling, Mynydd Llandygái, Bethesda a phobman arall gydol fy mhlentyndod), y dewis cynta fydda hefyd yn cael y dewis cynta o'r chwaraewyr enwog, felly erbyn i mi gael fy newis, yn ola neu'n ola ond un gan amla, roedd Georgie wedi hen fynd, hefo Denis Law, Bobby Charlton, Bobby Moore, Martin Peters a chewri eraill y gêm, yn enwedig chwaraewyr Lloegr oedd yn bencampwyr y byd yr adeg honno. Fydda Duncan yn bagsio Bobby Moore neu Frank Lampard (tad Frank Lampard Chelsea heddiw), gan mai West Ham oedd ei dîm, ac yn dal i fod hyd heddiw. Man-Iw ydi 'nhîm inna, oherwydd Georgie Best, a'r ffaith mai fo oedd pawb isho bod.

O'r eisteddle ar y bonyn edrychais ar y man lle arferai'r gôl fod. Jumpers for goalposts. Roeddwn i, fel un o'r last pics, yn cael fy ngosod yn y gôl yn aml iawn, ond do'n i'm yn meindio. Ro'n i'n gweld digon o'r gêm, ac yn cael bod yn Gordon Banks, gôli gora'r byd!

Roedd 'na un ymweliad arall i'w wneud cyn cwbwlhau'r bererindod i Bishop Road Infants & Juniors School, felly i

ffwrdd â fi yn ôl am Kent Road, heibio'r hen gartref ac
ymlaen, rownd y tro, heibio i giât gefn tŷ Karen Bees, fy
nghariad cyntaf. Ers talwm, byddai hi'n ymuno â ni bob bore
o'r wythnos ar gyfer y daith ar hyd Neville Road a heibio
giatia haearn y maes criced, croesi Stryd Fawr Horfield a
cherdded i fyny Bishop Road, yn nghysgod wal uchel y
carchar, i'r ysgol. Roedd hi wedi pasio amser ysgol erbyn i mi
gyrraedd yno, ond roedd 'na ola ymlaen tu fewn, felly
penderfynais bwyso botwm y gloch a chamu'n ôl i disgwyl
ateb. Mae 'na blât efydd ar y wal wrth ochor y drws yn
cyhoeddi fod Cary Grant, neb llai, yn gyn-ddisgybl. Wel,
wel, wel. Cary Grant a Neil Maffia yn yr un ysgol fabanod.
Pwy fasa'n meddwl te? Ta waeth, dyma'r ledi fach ma'n ateb
y drws, ac esboniais 'mod i'n gyn-ddisgybl ar ymweliad i
ardal fy mhlentyndod cynnar a gofyn, ychydig yn betrusgar,
a fyddai modd i mi gael sbïo o gwmpas y lle? Yn well fyth, ac
yn garedig iawn, mynnodd y ledi fy arwain rownd. Doeddwn
i'm yn nabod dim ar du mewn yr adeilad, ond pan aethon ni
allan i'r iard ro'n i fel taswn i wedi 'ngharIO'n ôl i 1969. Cofio
sŵn a bwrlwm amser chwarae, cannoedd o blant o bob lliw
a llun yn rhedeg i bob cyfeiriad yn gweiddi nerth eu pennau.
    Roeddan ni'n chwarae un gêm od iawn allan ar yr iard.
Ella ei bod hi wedi ei llosgi ar fy nghof achos bod lliw a blas
Lord of The Flies neu *The Wicker Man* iddi. Fel hyn oedd hi'n
mynd beth bynnag: mi fydda rhywun, ddiawl o ots pwy, yn
lledu ei freichiau a dechra cerdded yn ara deg gan weiddi:
'All in for Jesus on the Cross,' mewn amser hefo'r
cerddediad. Wedyn mi fyddai pawb arall, fesul rhyw ddau
neu dri i ddechra, yn ymuno hefo'r cerdded a'r llafarganu,
nes bod digon ohonan ni i gario 'Iesu', a hwnnw neu
honno'n cael ei godi'n gelain mewn siap croes a'i gario ar
sgwydda'r plant. Yn y diwedd roedd pawb ar yr iard yn un
dorf yn martsio a chanu: 'A-ALL-IN-FOR-JESUS-ON-THE-
CROSS,' drosodd a throsodd. Byddai'r peth yn cyrraedd

rhyw fath o uchafbwynt ac Iesu Grist y diwrnod hwnnw'n cael ei ostwng yn ofalus, a phawb yn gwasgaru a chario mlaen i chwarae fel 'tasa'r peth erioed wedi digwydd. Nes i drio cyflwyno'r gem i iard ysgol Bodfeurig. 'Wot iw dwwun?' a 'ddat's not y gêm,' oedd ymateb ieuenctid plwy Mynydd Llandygai, a beth bynnag, roedd ganddyn nhw ddigon o driciau eu hunain, a mwy am hynny maes o law.

Daeth yr ymweliad i derfyn naturiol braf hefo'r sgwrs ddifyr honno â'r ledi fach, a finna wedi cael lot o hanes yr ysgol a'r ardal. Doedd hi ddim yn cofio Miss Smith, y brifathrawes yn fy amser i, na'r ddychrynllyd Miss Perry, fydda'n ysgwyd plant gerfydd eu sgwydda nes oeddan nhw'n ratlo tra'n bloeddio yn ei hacen Afrikaans drwchus – roeddan nhw'll dwy wedi hen fynd, diolch i'r drefn. Ond fel roedd hi'n fy arwain allan drwy'r cyntedd: 'Oh wait a second,' medda hi, a mynd i mewn i stafell ochor, cyn dod yn ôl a rhoi llyfr i mi. 'You can have that.' 'Thank you,' medda finna, a diolch iddi am y croeso, ffarwelio a cherdded allan wrth sbïo ar y llyfr. Blwyddlyfr yr ysgol, ac ynddo, er mawr syndod i mi, roedd llun o Debbie yn eistedd wrth fwrdd allan yn iard yr ysgol yn chwarae gwyddbwyll a Duncan yn gwylio dros ei ysgwydd, y llun wedi'i dynnu yn 1969.

Roedd derbyn y blwyddlyfr yn ddiweddglo perffaith i ddiwrnod bythgofiadwy, ac roeddwn i'n fodlon iawn fy myd wrth yrru am bont Hafren, fy mhen yn nofio mewn atgofion a myfyrion…

Rownd y gongl i Kent Road mae stryd fawr Horfield ac eglwys y Bedyddwyr, lle byddwn i'n mynd i'r ysgol Sul. Dylanwad Nain a Taid oedd yn gyfrifol am hynny. Roedd William John Williams (Taid) yn ysgrifennydd Capel Bedyddwyr y Tabernacl ym Methesda o'r 1950au tan ddiwedd ei oes yn 1975, ac Eileen (Nain) yn drefnydd, organyddes a gweinyddes frwdfrydig. Roedd hi, yn enwedig,

Emyr Wyn (Dad), Meirion, Eileen a William John (Nain a Taid).

yn awyddus i'w wyrion a'i wyresau gael eu magu'n
Gristnogol; felly yng Nghaer, roedd Yncl Meirion ac Anti
Gwenda (brawd a chwaer yng nghyfraith Dad), a'u plant –

Paul, sydd bythefnos yn hŷn na fi, a'r efeilliaid Sally a Janet, sydd flwyddyn yn iau, wedi eu derbyn i fynwes Eglwys Lloegr. Felly y bu hi ym Mryste hefyd, a Nain wrth ei bodd bod 'na gapel Bedyddwyr dafliad carreg o'n tŷ newydd ni.

Pan fydden ni ar ein gwyliau ym Methesda roeddan ni'n cael gweld Nain yn ei holl ogoniant ar ddyddiau Sul. Capel DAIR gwaith! Roedd pwy bynnag oedd yn aros yn nhŷ Nain yn gorfod mynd hefyd, wrth gwrs, a dwi'n cofio'n iawn yr adegau hynny pan fydda Paul, fy nghefnder, a finna'n mynd am wylia Pasg neu am bythefnos o'n gwylia haf ati. Peidiwch â 'nghamddallt i, roeddan ni'n cael ein sbwylio'n racs ganddi hi yn ei ffordd ei hun. Gyda'r nosau, doeddan ni'm yn cael mynd i'n gwlâu nes y byddai'r twymwr gwely trydan wedi gwneud ei waith a'n pijamas wedi twymo wrth y tân. Rwbath tebyg i UFO plastig maint dwy glustog oedd y twymwr gwely trydan, oedd yn plygio i mewn i socet bylb y gola mawr hefo hen fflecs o ddwy weiar frown wedi plethu rownd ei gilydd (dim math o earth, cofiwch – helth an seffti!).

Tra oedd yr holl dwmo ma'n mynd yn ei flaen, byddai'n rhaid i ni yfed myg bob un o goco poeth drwy lefrith a byta hynny fedran ni o gacan gri, busgets neu gacan afal wrth wylio'r teledu hefo Taid – oedd wrth ei fodd hefo *Laurel & Hardy, Tom & Jerry* a Westerns Yul Brynner a John Wayne. Yn y boreau wedyn, roeddan ni'n gorfod aros yn y gwely nes oedd ein dillad wedi twymo a brecwast yn barod. Nefoedd!

Y pris i'w dalu am y bywyd moethus, yr aur a'r perlau mân oedd y *tri*

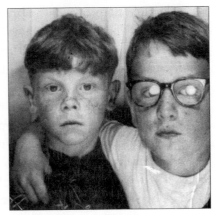

Paul, fy nghefnder, a fi.

ymweliad anorfod, non-negowshybyl â'r Tabernacl bob Sul. Cerdded hefo Nain a Taid o Faes Coetmor, i lawr heibio Ysgol Dyffryn Ogwen, yr hen County Grammar sy'n sbïo i lawr o'i safle ar dop yr allt dros resi o goed pîn a lawntiau moethus, heibio ysgol Cefnfaes yn is i lawr i'r dde yn cuddio, bron a bod, tu ôl i'w wal lechi uchel. Ymlaen â ni i lawr i'r 'stryd', gyferbyn â'r Bingo (Neuadd Ogwen rŵan).

S-bend ar yr A5 ydi Stryd Fawr Bethesda, tua chwarter milltir o hyd – bryd hynny roedd yno syrjeri, deintydd, cigydd, claddwr, twrna, barbwr, dau fanc, dau fecws, dau fwci (Bob Jones a Bob Parry), saer maen, Swyddfa'r Post, leidis hêrdresyr, Anchor Motors yn gwaelod, Ffrydlas Motors yn top, cae ffwtbol, Eglwys Glanogwen, caffis, tafarnau ac wrth gwrs capeli'r pentra. Trist iawn yw gorfod nodi gymaint yn fyrrach ydi'r rhestr erbyn hyn.

Troi i'r chwith wedyn i fyny'r stryd, heibio Parry Bwtchar, y cyfleusterau cyhoeddus ac A. Lewis Ironmonger & Hardware, wedyn troi i'r chwith i Lôn Penybryn gyferbyn â chapel Bethesda ei hun, a chyrraedd Tabernacl y Bedyddwyr rhyw ddeng llath ar hugain i fyny ar y chwith.

Mi fyddan ni'n dau, Paul a finna, yn ein crysa a'n teis, trowsusa byrrion a sanna hirion, ein sgidia lledar yn sgleinio'n siarp ar ôl clwt a brwsh byffio Taid. Roedd sglein debyg ar ein hwyneba hefyd ar ôl y byffio gan Nain a'i fflanal boeth sebonllyd gerbron y Belffast Sinc yn y gegin gefn. 'Na fe,' fydda hi'n ddeud pan fyddai'n fodlon ar y sglein, 'reit ddel.'

'Na fe' deheuol yn hytrach na 'na fo' yr hynafol howget, oherwydd mai merch o Aberdâr oedd Nain. Sut hynny, mi'ch clywaf yn gofyn. Wel dyma, cyn belled a dwi'n dallt, ydi Stori Eileen Williams...

Fel hyn oedd ein cangan ni o lwyth yr Williamsiaid ym Methesda pan o'n i'n tyfu i fyny: Nain a Taid (Eileen a

William John) yn 18 Maes Coetmor; Anti Bess (chwaer Nain) yn 7/2 Goronwy Street, Gerlan. Allt afresymol o serth sy'n hollti pedwar llwybr ar draws ydi Goronwy Street. (mae Well Street 'run fath), felly tŷ 7 ar lwybr 2 oedd tŷ Bess. Dim syndod felly bod cymaint o alw am goesa byrrion, cryfion yng nghorffwedd y locals. Yn Nhyddyn Caseg, neu Ffarm Pant fel y'i gelwid, roedd Anti Nell, Yncl Ellis a'u mab hynaf, Yncl Eifion, yn byw; Richard Alun (Yncl Richard), mab fenga Nell ac Ellis, ac Anti Beryl, ei wraig yn 1/2 Goronwy Street; Yncl Ifor ac Yncl Stan, brodyr Taid, yn Adwy'r Nant a Braichmelyn; ac Yncl Os, brawd Nain, yn Ffarm Sling hefo'i wraig Florrie a'u merch Anti Mair, c'neithar Dad.

Roedd John Owen Williams, tad Nain, a Benja Williams, tad yncl Ellis, yn ddau frawd, o Dy'n Twr, Bethesda. Roedd Elizabeth, gwraig John Owen Williams, a Janet, gwraig Benja, yn ddwy chwaer o Feddgelert. Dyna i chi deulu. Gyda llaw, roedd J.O. Williams, awdur *Llyfr Mawr y Plant*, yn gefnder cynta i'n J.O. ni, ac mae eu hwyrion, John Llew ac Emyr, fy nhad, yn ffrindia hyd heddiw. Roedd hi'n anrhydedd arbennig i mi gael perfformio yn sioe lwyfan Bara Caws, *Llyfr Mawr y Plant*, yn 2008, yn enwedig gan fod John Llew wedi rhoi sêl bendith ar y prosiect.

Yn bymtheg oed, aeth John Owen Williams i'r môr yn brentis peiriannydd, cyn dychwelyd i Fethesda a chael gwaith fel ffitar ym melin fawr Chwaral Penrhyn ar y lôn gefn rhwng Bethesda a Thregarth rhwng elltydd serth Yr Ocar a St. Anne's. O dipyn i beth, dechreuodd gael ei adnabod fel Jac Ŵan Ffitar. Yn fanno fuo fo'n gweithio tra bu o'n canlyn Elizabeth ac ar ôl ei phriodi; ac yn fanno y bysa fo wedi aros pe na bai streic fawr 1900 wedi rhoi terfyn ar ei swydd.

Fel cannoedd o'i gyd-chwarelwyr, o ganlyniad i'r streic bu'n rhaid i Jac adael Bethesda unwaith eto er mwyn chwilio am waith. Felly i'r sowth yr aeth Jac Ŵan, Elizabeth a'u tri mab, Jimmy, Dick a John Emrys, ac ymgartrefu yn Aberdâr. Cafodd Jac waith fel peiriannydd ym mhwll glo Bwlfa, ac yn fanno fuodd o drwy gydol ei yrfa. Yn ôl y sôn, gofynnodd perchennog y pwll iddo un tro sut roedd un o beirianna'r felin yn gweithio, ac atebodd Jac, yn rêl howget: 'Taswn i'n egluro i chi, Syr, 'sach chi'm mymryn callach...' You can take the boy out of Bethesda, fel maen nhw'n deud...

Os oedd o'n weithgar a phoblogaidd yn y pwll, felly hefyd yn y nyth, achos erbyn 1916 roedd yna bum plentyn arall ar yr aelwyd: Oswald, Edith, Eileen (Nain), Glyn a Bess, yn ogystal â phump o drueiniaid bach eraill a fu farw cyn eu bod nhw'n dri mis oed. x

Yn 1931, yn ddwy ar bymtheg oed, aeth Eileen i Fethesda at ei hewythr Benja yn Nhyddyn Caseg i weini. Wrth wneud hynny, ail-afaelodd yn ei Chymraeg ar lafar (er bod Jac ac Elizabeth wedi siarad Cymraeg yn y cartref, y Saesneg oedd pia' hi yn y gymuned yn Aberdâr, ac ar iard yr ysgol). Roedd y Welsh Not wedi gadael ei ôl ledled ardaloedd diwydiannol de Cymru, wrth gwrs. Pan ddychwelodd Jac Ŵan Ffitar ac Elizabeth, neu Taid a Nain Sowth erbyn hyn, i Gerlan yn 1951 i ymddeol, daeth Bess hefo nhw. Roedd hi, fel gweddill y brodyr a'r chwiorydd, yn dallt pob gair o Gymraeg ond yn siarad dim; a hyd y diwedd Eileen oedd yr unig un oedd yn medru'r iaith.

Mi fyddwn wrth fy modd mynd i dŷ Nain pan fyddai Anti Bess ac Anti Edith yno, y tair chwaer, neu'r *Three Musketeers*, yn siarad ar draws ei gilydd ac ailadrodd ddiwedd brawddegau ei gilydd:

> Edith: Would you like a corned beef sandwich dear?
> Nain: Sandwich dear
> Bess: Sandwich dear...

Y Three Musketeers: Nain, Bess ac Edith, hefo Dad ac Uncle Ralph.

Nain: W't ti'sho pan yan 'ta beetroot?
Edith: Beetroot
Bess: Beetroot...

Oria o hwyl. Nain neu Anti Edith yn gynta a Bess wastad ar y diwedd, a'u hamseru comig cystal â'r brodyr Marx, 'tasan nhw ond yn gwbod. Roeddan ni'r plant yn holi cwestiyna'n unswydd i gael yr hen ledis i wneud hyn, ac mi ydan ni'n dal i'w dynwared hyd heddiw.

Church of England oeddan nhw'n y Sowth, felly i Eglwys Glanogwen yr âi Eileen i addoli wedi symud i Fethesda, tra oedd Benja, Janet ac Ellis yn mynd i Gapel y Tabernacl at y Bedyddwyr. Yn fanno y byddan nhw'n cyfarfod ffrindia; Thomas John Williams o Gaerberllan, gyrrwr injans yn Chwarel Penrhyn, ei wraig Kate a'u meibion, William John (Taid), Ifor a Stanley. Roedd

William John, y mab hynaf, yn chwarelwr ifanc a beiciwr o fri, yn fardd amatur ac yn ddyn crefyddol iawn. Mi fydda fo'n ymweld â mynwentydd a chopïo englynion oddi ar gerrig beddi, ac yn llunio'i englynion ei hun. Mae un o'i ddyddiaduron o gen i, ac mewn llawysgrifen ofalus, mae'n cofnodi teithiau beic i bob cwr o ogledd Cymru ar feic fixed wheel ac iddo ond un gêr. 'Sa rhywun yn meddwl y bysa ganddo fo goesa fel Chris Hoy, ond roedd Taid yn denau fel styllan, yn smocio Woodbines un ar ôl y llall a chetyn gyda'r nosau! Mae'r englynion cerrig beddi yn y llyfr hefyd, yn ogystal â chofnodion o holl wasanaethau'r capel – enw'r pregethwr, testun y bregeth, yr adnod a'i farn am hynny oll. Mae'r llyfr bach yn creu darlun i mi o ddyn ifanc oedd yn gyfforddus iawn yn ei groen, yn agos iawn at ei Dduw ac â diddordeb mewn bywyd a'r cwestiynau mawr. Roedd o hefyd yn ddyn direidus, ac yn hoff iawn o'r leidis.

Roedd un ledi arbennig, Eileen Williams, oedd wedi dod o'r Sowth i weini at ei hewyrth Benja yn Nhyddyn Caseg. Mae 'na sôn i Nain ddechra canlyn hefo hogyn o Dregarth, ond unwaith y daeth ar draws William John, trwy gyflwyniad gan ei chefnder Ellis, mab Benja, saethodd Ciwpid i galonnau'r cwpwl ifanc, and ddy rest, as ddei sei, is hustori! Unwyd William John ac Eileen mewn glân briodas yn Eglwys Glanogwen ym Mehefin 1936. Ymunodd hitha hefo fo yng Nghapel y Tabernacl wedi hynny, a chyn bo hir cafodd ei bedyddio a'i derbyn i blith y Bedyddwyr. Aeth y pâr ifanc i fyw mewn fflat uwchben 70, Stryd Fawr, Bethesda, a oedd yr adeg honno'n siop cigydd ac erbyn hyn yn perthyn i A. Lewis Ironmonger & Hardware. I'r fflat hwnnw ar 16 Tachwedd, 1937, y landiodd Emyr Wyn, fy nhad, i'r byd. Felly hefyd Meirion ei frawd, ar 9 Chwefror, 1939.

Rhwng y ddau frawd; ar 17 Ebrill, 1938, ddau gant a hanner o filltiroedd i'r de ddwyrain; ganwyd Mam, Pamela

Lois, i Terrence Albert Bourne a'i wraig Jeretta Elinor; yn chwaer fach i Valerie Myra, deunaw mis; yn Stoke Newington, gogledd Llundain. Merch i heddwas o Fangor, William Thomas, oedd Jeretta (Nanny i mi), dyn a aeth ar droad yr ugeinfed ganrif i Rhodesia – Zimbabwe erbyn hyn – i ymaelodi â'r Royal South African Mounted Police. Cafodd fywyd braf, breintiedig, yn cymdeithasu hefo Baden Powell, Cecil Rhodes a'u bath. Pan fu'n rhaid iddo gael llawdriniaeth ar ôl disgyn oddi ar ei geffyl, daeth o dan ofal nyrs o'r enw Mabel Effey Fotheringham, ac mae'n rhaid bod Mabel yn 'abel' ofnadwy oherwydd syrthio mewn cariad, dyweddïo a phriodi wnaeth y ddau a chael tri o blant; Lou, Jeretta a David.

Cafodd Jeretta blentyndod perffaith yn ôl y straeon glywes i ganddi hi – tŷ mawr mewn pum acer o dir hefo perllan orennau a'r rhyddid i grwydro fel y mynnai; tywydd braf rownd y flwyddyn, gweision a holl freintiau safle ei thad fel Swyddog yr Ymerodraeth Brydeinig. Mae'n debyg fod William Thomas wedi manteisio ar ei sefyllfa i'r eithaf ar brydiau, ac yn barod i ddefnyddio'i 'rhino whip' ar y gweision ac ar ei blant pan oedd o mewn tymer. Roedd gan Nanny wir ofn ei thad pan fyddai o felly, medda hi, ond fel arall roedd hi'n dotio arno fo, a fynta arni hitha. Roedd ganddo lais canu arbennig yn ôl y sôn, yn weithgar iawn yn y gymdeithas ddrama amatur – a'r Jerretta ifanc hefyd yn hoff o ganu a dawnsio, chwarae piano ac actio. Dangosai beth dawn, ac roedd ei rhieni'n gefnogol a brwdfrydig. Roedd ganddi bresenoldeb disglair a star quality heb os. Pan gerddai Nanny i mewn i'r stafell, byddai pawb yn stopio i sbïo, a tydi'n fawr o syndod bod dau o'i phlant a dau o'i wyrion yn gweithio'n y byd adloniant: ei mab Peter (sydd yn actor gwych, yn ffigwr amlwg yn hybu'r theatr hoyw yn Llundain ac wedi newid ei enw i Bette Bourne ers y saith degau), ei mab Micky (y cerddor a'r actor Mike Berry), ei ferch o (yr actor Hannah Bourne), a'i chefnder hi, Neil

Maffia Wilias, eich awdur! Er nad oedd Nanny wedi meddwl gneud bywoliaeth ar lwyfan, roedd ei hagwedd tuag at y celfyddydau'n gwbwl broffesiynol, a'i barn wastad yn un a oedd yn werth ei hystyried. Dwi'n cofio Yncl Bette yn sôn un tro ei fod o'n stryglo i ddysgu rhyw olygfa yn *Richard III* pan oedd o'n gweithio yn yr Old Vic, a bod Nanny wedi darllan yr olygfa hefo fo. Medda fo: 'and Mum read with such great rhythm and natural sense that we had the scene cracked in no time, she was wonderful!' Hyn gan ddyn sy'n arbenigwr ar ddadansoddi Shakespeare.

Ar ymddeoliad William Thomas o gwmpas 1933, dychwelodd y teulu i Brydain, i Lundain, ac aeth Jerretta i'r Pittman's College Of Typing and Shorthand, yn un o gannoedd o ferched ifanc a oedd yno'n dysgu'r crefftau ysgrifenyddol. Un o'r rheiny oedd Betty Bourne, a daeth Jeretta a hithau'n ffrindiau (ar ei hôl hi yr enwodd Yncl Bette ei hun). Ymhen ychydig, cyfarfu Jeretta â brawd Betty, sef Terrence Robert Hubert Bourne, a 'sgwn i fedrwch chi ddyfalu be ddigwyddodd nesa? Ia, dach chi'n iawn wrth gwrs, ond nid yn steil Bethesda (capal Bedyddwyr, bob dim abyf bôrd a sgwîci clîn, wyddoch chi). Na, roeddan nhw chydig yn fwy bohîmian na hynny. Mae'n debyg bod fy hen Nain, Mabel, wedi deud wrth y courting couple, pan ddaeth Terry i aros rhyw benwythnos, fod yn rhaid iddyn nhw rannu gwely oherwydd diffyg lle! Rŵan 'ta, sgwn i fedrwch chi ddyfalu be ddigwyddodd nesa? Ia, dach chi'n iawn wrth gwrs. C...l...e...c. Valerie Myra yn y popty, a phriodas twelf bôr i'w threfnu ar frys. Reit dda 'wan Nanny Mabel, doeth iawn! Ar 31 Awst, 1936, cyrhaeddodd Val. Ugain mis wedyn cyrhaeddodd Mam a phrin flwyddyn wedyn cyrhaeddodd byddin Adolf Hitler wlad Pwyl, ac roedd yr hen ynys fach ryfelgar 'ma wrthi unwaith eto, yn erbyn y Jyrmans unwaith eto, brin un mlynedd ar hugain ar ôl gorffan y rhyfel i orffan pob rhyfal!

Fel rhan o'r continjynsi i arbed y boblogaeth gyffredinol, gyrrwyd mamau a phlant Llundain a'r dinasoedd eraill allan i'r wlad ac allan o berygl disgwyliedig bomiau'r Lufftwaffe. Roedd Grandad Terry wedi mynd i'r rhyfel hefo'r Llynges Frenhinol a rhoddwyd Jeretta Bourne, a oedd yn feichiog unwaith eto, a'i dwy ferch ar drên i Fangor, efallai oherwydd mai honno oedd tref enedigol ei thad, dwn i'm. Beth bynnag, i Gerlan aethon nhw, lle cyfarfu Jeretta ag Eileen Williams, oedd erbyn hyn yn byw yn Geraint View yn Gerlan ac a oedd newydd eni ei hail fab, Meirion. Roedd William John, ei gŵr, yn gweithio yn Chwarel y Penrhyn, ond mi fu'n rhaid iddo ynta fynd i'r rhyfel fel Stretcher Bearer yn 1943. Daeth Eileen a Jeretta, neu Jerry fel yr oedd Eileen a genod Bethesda'n ei galw, yn ffrindiau mawr; cyfeillgarwch a barodd drwy gydol eu bywydau... fwy neu lai.

Ddigwyddodd fawr ddim rhyfela mewn gwirionedd ar ddechrau'r Ail Ryfel Byd, ac ni welwyd chwaith y Blitz disgwyliedig. Felly cafodd yr efaciwîs eu galw'n ôl adre, ac i ffwrdd â Jerretta, Val a Pam yn ôl i Lundain. Ond wedyn, wrth gwrs, yn unol â Rheol Sod, y munud landiodd eu traed ar blatfform Euston, bron â bod, gyrrodd Hitler yr Heinkels drosodd. Roedd y Blitz yn dechrau go iawn y tro yma, ac aeth y teulu bach yn ôl ar drên i Fangor; ymlaen y tro hwn i Bentir. Yn ysbyty Dewi Sant ym Mangor, lle byddai Mam, flynyddoedd yn ddiweddarach, yn mwynhau gyrfa hir a hapus fel bydwraig, ganed ei brawd bach, Peter Glyn (Yncl Bette). Llynedd, perfformiodd Bette *A Life in Three Acts* hefo'r dramodydd Mark Ravenhill. Roedd y sioe ar ffurf cyfweliad lle oedd Mark yn holi Bette am ei fywyd, ac roedd 'na lot o sôn am ei rieni, fy nain a 'nhaid, o'i ochor o. Mae o'n cofio'i fam, Jeretta, fel rhywun oedd yn teimlo fod bywyd yn wych, yn llawn o betha cyffrous. Roedd hi'n gefnogol iawn o'i benderfyniad i ddilyn gyrfa fel actor pan adawodd ei brentisiaeth fel argraffydd, a bu hi'n help mawr iddo i gael lle

yn y Central School of Speech and Drama, lle mae o'n dal i
ddarlithio'n achlysurol ac erbyn hyn yn Gymrawd.

Tra gwahanol yw ei atgofion am ei dad, Terrence Robert
Hubert. Dyn clyfar, heb os, golygus hefyd, ond yn chwerw a
siomedig oherwydd ei fod wedi gorfod gneud jobsys cachu
fel gwerthu te a hufen iâ yn Stadiwm Wembley, yn enwedig
ar ôl bod ar y Mine Sweepers ar fôr yr Iwerydd yn y rhyfel.
Mae'n debyg iddo ddychwelyd â'i wallt yn wyn. Mae Bette'n
cofio cael ei guro hefo cansan, ddim yn aml, ond yn frwnt
iawn. Doedd Terry ddim yn gallu dygymod ag ewyllys ei fab
i fod yn actor, yn enwedig ar ôl iddo ddefnyddio'i
gysylltiadau yn yr Undeb i gael prentisiaeth argraffu i'w fab
– rwbath anodd iawn i'w gael – ac roedd Terry'n ddyn
undeb brwd. Er gwaetha hynny, mae Bette'n cofio'i dad fel
dyn a oedd yn hoff o chwerthin a mwydro, yn ogystal â
chofio synau caru gwyllt a chwerthin mawr o lofft ei rieni ar
foreau Sul (tra oedd Nain a Taid Pesda yn ddwfn mewn
moliant gwahanol iawn). Mae'n siŵr bod gwallt Terry druan
wedi gwynnu mwy fyth pan adawodd Micky, y mab fenga, ei
brentisiaeth yntau yn yr argraffdy i fod yn ganwr mewn band
sgiffl! Och a gwae! A mwy amdano ynta yn y man.

Mae Mam yn cofio'i thad fel dyn digri a hoffus, os
ychydig yn sinigaidd. Dwi'n amau'n gry' mai Mam oedd
ffefryn Terry, a does 'na'm dowt mae hi roddodd y lleia o gur
pen iddo.

Unwaith erioed wnes i gyfarfod Grandad Terry, ac
mae'n siŵr mai dyna pam dwi 'di bod yn poeni Mam a Bette
a Micky gymaint hefo cwestiynau amdano fo. Ddim gymaint
Auntie Val – mae hi wedi byw yn America gydol fy mywyd i,
a tydw i ond wedi cwrdd â hi deirgwaith pan ddaeth hi
drosodd ar wyliau. Uffar o hogan: mae hi wedi mynd drwy
saith gŵr hyd yn hyn! Aethon ni i ymweld â Terry a'i ail
wraig, Christine, pan oedd Debbie a Duncan yn cystadlu
mewn cynhadledd wyddbwyll yn Llundain yn 1972. Roedd

o'n fonheddig a chroesawgar, ac mi nes i g'nesu ato fo'n syth bin. Mae'n rhaid bod yr ymweliad hwnnw wedi bod yn foment enfawr i Mam, achos doedd hi ddim wedi gweld ei thad wedi i'w briodas o a Jerretta chwalu. Ac mae hynny'n dod â ni (o'r diwedd) at sut y daeth Emyr Wyn a Pamela Lois at ei gilydd...

Erbyn i'r Bournes ddychwelyd i Lundain o Bentir yn 1941, roedd Nanny a Nain wedi dod yn ffrindiau da, a'u plant hefyd wedi dod i nabod ei gilydd. Yn 1942 cafodd y teulu bach ei hel i'r wlad eto, ond y tro yma aeth Nanny i Northampton i eni ei phedwerydd plentyn, Michael Hubert, ac aeth Val, Pam a Pete i Sir Gaint, a hynny tan ddiwedd y rhyfel. Mae'n debyg i'r rhwyg yma yn y teulu ddeud ar Mam druan gymaint nes ei bod hi'n methu siarad am beth amser wedyn.

Siawns bod ei lleferydd a'i brên yn ôl ar yr un dudalen erbyn 1955, pan oedd yn 17 oed ac yn gwneud ei hyfforddiant pri-nyrsing yn yr Yarrow Convalescent Home For Children yn Broadstairs, Caint. Cafodd lythyr gan ei mam, yn gofyn, mwya sydyn ac owt of ddy blŵ, a fysa hi ffansi mynd i ymweld ag Auntie Eileen ym Methesda. Wel, na, dim diolch, oedd yr ateb, ond rhoddodd Nanny berswâd arni drwy ddeud gymaint fydda meibion Eileen, Emyr a Meirion, yn licio'i gweld hi ar ôl yr holl amser. Felly trip arall ar drên i stesion Bangor, un tyngedfennol, a'r tro yma dan amgylchiadau llawer iawn hapusach.

Yn ogystal â William John, Eileen, Emyr a Meirion, pwy oedd yno i'w chyfarfod ar y platfform? Ia, sbot on unwaith eto – 'rhen Giwpid, a'r targed y tro hwn oedd Dad a Mam, Emyr Wyn a Pamela Lois. Ma' raid ei fod o'n shot ded âi hefyd, achos ar ôl wythnos o gerdded y bryniau ac ymweld â theulu a ffrindia, roedd Emyr wedi deud 'ai lyf iw' a'r ddau mewn cariad. Mae'n debyg i Mam greu dipyn o stŵr ar stryd

Pesda yn ei dillad teddy girl – nid ei bod yn un o'r rheiny
mewn gwirionedd, dim ond gwisgo be oedd yn ffasiynol yn
Llundain yr adeg honno oedd hi, ac mae pawb yn gwybod
bod ffasiwn yn cymryd canrifoedd lawer i deithio o Lundain
i Gymru wledig. Ta waeth am hynny, dyna lle oedd hi, yn ei
thop llawes Dolman shocking pinc hefo pompoms arno,
trwsus drênpeip a sgidia balerina fflat, ei gwallt mewn poni
têl; a fedra i weld Dad rŵan, yn sgwario rownd y pentra hefo
hi, 'fath â dyn hefo dau goc. A'r hogia, mets Dad:

'Hei Wili,' (Wili Tshainî oedd llysenw Dad, am fod 'i
llgada fo'n mynd 'fath â Tshainî pan mae o'n gwenu. PC ta
be!), 'be ddudis ti oedd 'i henw hi?'

'Pam?'

'Mond 'sho gwbod.' Ha ha bwm bwm.

Ar ôl y wefr o syrthio mewn cariad hefo howget, aeth
Mam yn ôl i Lundain i ddarganfod fod priodas ei rhieni wedi
chwalu. Roedd Nanny'n amau bod cyfeillgarwch Terry hefo
Patricia Whybrow, oedd yn byw yn y fflat islaw, wedi croesi'r
llinell; fuo 'na ffrae enfawr a'r canlyniad oedd i Terry hel ei
bac a gadael 49, Gloucester Drive am y tro olaf. Cafodd
Jeretta un garwriaeth arall yn Llundain; dyn o'r enw Vic
oedd yn drydanwr yn yr ysbyty lle roedd hi'n gweithio fel
ysgrifenyddes. Mae Yncl Bette'n ei gofio'n symud i mewn, fo
a'i biano; a symud allan rai misoedd wedyn, fo a'i biano, ar ôl
iddo'i thrin hi'n ryff am tro cynta – a'r unig dro. Chae o ddim
cyfle arall. Un peth oedd Nanny wastad ei angen mewn dyn
oedd iddo fod yn ŵr bonheddig bob amser.

Yn ystod y cyfnod hwnnw hefyd, tua 1958, bu i Val,
chwaer fawr Mam, syrthio mewn cariad hefo Americanwr,
aelod o Lu Awyr yr Unol Daleithiau o'r enw Joe Hansen, a'i
briodi. Roeddan nhw'n symud i le bynnag y'i gyrrwyd nhw
gan y Llu Awyr, a ganed Russell iddyn nhw yn Nhexas yn
1960, Laurie Ann yn yr Almaen yn 1964 ac efeilliaid, Tina a
Kim, yn Ffrainc yn 1966. Wedi i Nanny gael gwared o Vic a

chlywed bod Val yn disgwyl, penderfynodd fynd ati hi i America i'w helpu tra oedd yn feichiog. Ac yn fanno, coeliwch neu beidio, yn disgwyl amdani hi roedd ein hen gyfaill Ciwpid, ynghyd â Mr Horace Smith, peiriannydd rheilffordd Wells Fargo. Cyfarfu'r ddau mewn neuadd fowlio deg yn Amarillo, Texas a phriodi ac ymgartrefu'n fanno;

Nanny Jet a Grandad Horace yn Amarillo, Texas.

a'r deng mlynedd rhwng 1961 ac 1970, pan fu farw Horace, oedd yr hapusaf ym mywyd Nanny. Roedd hi wedi cymryd at y ffordd Americanaidd o fyw yn syth, ac wedi dod o hyd i ŵr bonheddig go iawn oedd yn dotio arni hi. Cafodd ail gyfle ar fywyd, hefo enw newydd a phopeth. Jet oedd yr Iancs yn ei galw hi, Jet Smith; ac roedd yr enw hwnnw'n ei siwtio i'r dim.

Ond lle roeddan ni dwch, a phryd? O ia, Llundain 1958, a Grandad Terry wedi gadael 49, Gloucester Drive. Roedd Dad yn gweithio i'r GPO, Mam yn hyfforddi i fod yn nyrs yn y Royal Free Hospital, a'r ddau wedi dyweddïo. Cafodd Dad waith fel peiriannydd yn y BBC yn Llundain er mwyn cael bod hefo Mam, ac yn Gloucester Drive y buon nhw nes iddyn nhw briodi ar 28 Mawrth, 1959.

Yn syth ar y nyth amdani ma' raid, achos cyn bo hir roedd Mam yn feichiog hefo Debbie, roedd Dad wedi cael transfer i BBC Bryste ac roedd y cwpwl ifanc wedi symyd i

fflat yn Cannynge Square yn y ddinas honno. Yr unig go'
sgen i o'r Bîb ym Mryste ydi parti Dolig plant y staff yn1970,
cyn i ni symyd i Gymru. Roeddan nhw wedi mynd â meri-
go-rownd a waltsyrs i'r stiwdio deledu fawr. So ffâr so gwych,
ac i ychwanegu at y gwychni, roedd rhyw sbardun disglair o'r
Gorfforaeth wedi meddwl: 'o, yn hytrach na chael Siôn Corn
i ddosbarthu anrhegion y plantos yn ôl yr arfer, pam na
chawn ni anghenfilod *Dr Who* i wneud, gan eu bod nhw yma
'lly.' Ym Mryste oedd y rhaglen yn cael ei ffilmio bryd hynny.
Rŵan ta, roedd Neil bach yn chwech oed ac ofn holl
anghenfilod *Dr Who* drwy dwll ei din ac allan, boed yn
ddalec neu'n seibyrman neu beth bynnag (a hynny o'r tu ôl
i'r soffa, a nhwtha'n gaeth yn y bocs teledu du a gwyn yng
nghongl y stafell fyw). Ac os oedd yna un anghenfil yn fy
ngwneud yn wan, yn sâl o ofn, yr Ice Warrior oedd hwnnw.
A phwy, feddyliwch, oedd fy Santa personol ym mharti Dolig
plant staff y Gorfforaeth Ddarlledu Brydeinig, yn stiwdio
fawr Television Centre, Bristol yn 1970; ac nid mewn du a
gwyn, yn fach ar sgrïn deledu ond yn fyw, yn real ac yn dod
amdanaf hefo bocs bach wedi lapio mewn papur Nadoligaidd?
'AAAAAAAAAAAAAAAAAAAAAA!!!' gwaeddais, gan
ddechrau rhedeg. 'ICE WARRIOOOOOOR', a sylweddoli
bod y lle'n llanast o blant yn sgrechian a rhedeg ar draws ei
gilydd gan floeddio DAALEEEK! CYBERMAAAN!
HEEELP, MUMMYYY! ac yn y blaen. Stomp. Jeli a
blwmonj ym mhobman. Plant yn haipyrfentuletio a
mamau'n wfftio: 'who's bright idea was that then?' a'r math
yna o beth. Ond ta waeth, o leia mi alla i ddeud yn onest
'mod i wedi dod wyneb yn wyneb â Dalec, Seibyrman ac Ice
Warrior, a byw i ddeud yr hanes!

Peiriannydd electroneg oedd Dad pan aeth i weithio i'r
BBC, wedi ei hyfforddi yn y GPO fel oedd hi, BT erbyn hyn,
wrth gwrs. Mae'n rhaid gen i ei bod hi'n joban dda i'w chael
ym 1960 i ddyn ifanc oedd ar fin magu teulu. Serch hynny,

ches i erioed y teimlad ei fod o'n mwynhau ei waith yn yr
ystyr ei fod o am wneud 'gyrfa' ohono. Ffordd i dalu bilia
oedd o, i gadw'r teulu a thalu am ei amryw ddiddordebau.
Mae Dad wastad wedi bod yn un sy'n licio herio'i hun.
Enillodd sawl gwobr mewn sioeau efo'i ganêris Red Factor
ym Marne Close; roedd Mam ac yntau'n chwarae Bridge i'r
Sir ac roedd Dad, fel mae o'n dal i fod, yn hoff o wyddbwyll
ac yn chwaraewr o safon. Mi basiodd y gêm ymlaen i ni'r
plant hefyd – roedd Debbie a Duncan yn chwarae mewn
cynadleddau ledled y wlad cyn eu bod nhw'n ddeg oed, ac
aeth Duncan ymlaen i garfan dan bedair ar bymtheg Cymru
pan oedd o'n bedair ar ddeg oed. Mae Dad yn sôn fy 'mod
inna wedi dangos dawn fel plentyn ifanc, ond fuo gen i
erioed ddiddordeb fel Duncan, na'i ymroddiad o i dreulio
pnawniau Sul hir yn astudio gemau gwyddbwyll y meistri
Rwsieg. Ffurfiodd Dad glwb gwyddbwyll yn Nhregarth a
Chyngrair Cylch Bangor, sy'n dal i fod mewn bodolaeth hyd
heddiw; er ei fod o bellach yn byw yng ngwlad y meistri
gwyddbwyll rheiny, yn St Petersburg, Rwsia, hefo Tatiana ei
wraig. Cyfarfu'r ddau pan oedd Dad yn ymweld â St
Petersburg tra'n astudio Rwsieg ym Mhrifysgol Bangor wedi
iddo ymddeol o'r BBC. Yn fanno mae o'n dilyn diddordeb
mawr arall iddo, sef biliards Rwsieg. Yn chwaraewr snwcer o
safon, mae o erbyn hyn yn chwarae biliards a phŵl am bres.

Yn Cannynge Square oedd Pam a Willy (fel roedd Mam
yn galw Dad), pan drodd dau yn dri ar gyrhaeddiad Debbie
Jane yn Chwefror 1960. Roeddan nhw wedi symud i fflat yn
Alma Road erbyn i Duncan Meredydd landio ym Mai '61.
Tua'r un amser roedd Meirion a'i wraig Gwenda (o
Gwernydd, Gerlan; chwaer Marian a Les Dal Byd – mi fydd
pobol Pesda'n cofio hwnnw, yn enwedig y rheiny sy'n cofio
teithio ar fysus moethus Moduron Porffor. Ffaith fach i chi:
Bangor i Fethesda, via Glasinfryn, Tregarth, Mynydd
Llandygái, St Anne's a Phont Tŵr – AWR! Cris croes torri

'nghoes. Tin sgwar, trwyn yn rhedag, penna glinia 'di fferu, a'r cwbwl am bunt a phump ceiniog), wedi manteisio ar gynllun prynu tai drwy British Rail, lle gweithiai Meirion fel dyn tân ar y locos stêm, a phrynu semi hefo gardd a garej yng Nghaer, lle maen nhw'n dal yn byw. Ta waeth, yn ôl Mam roedd hyn wedi ysgogi Dad i dynnu bys o'i din, a digon posib bod Nain wedi cael gair bach i gorddi'r dyfroedd yn rwla, ond diwedd y gân oedd i Mam a Dad brynu rhif 4, Marne Close yn Stockwood ar gyrion Bryste, cul de sac newydd (ar ffurf aren) o semis tŵ yp tŵ down hefo gardd gefn go lew a sgwaryn bach o iard o'i flaen. Mae'n rhaid eu bod nhw wedi symud rhwng haf a gaeaf '63, pan oedd Mam yn feichiog hefo fi. Yn ôl Mam cefais fy nghreu ar fwrdd cegin Alma Road. Dipyn mwy o wybodaeth nag oedd ei angen arna i, ond dyna ni.

Yn Marne Close mae fy atgof cerddorol cynta – dwi'n cofio clywed 'Penny Lane' ar y weiarles yn y gegin yno, a finna dan draed Mam ar y pryd. Mae 'All Kinds of Everything' gan Dana hefyd yn mynd a fi'n ôl i'r un lle, a 'Downtown' gan Petula Clarke yn mynd â fi i siopa Dolig hefo Nanny Jet yng nghanol Bryste, a hitha'n prynu gwisg plismon i mi. Roedd 'na lot o fiwsig yn tŷ ni. Roedd Mam yn cael gwersi gitâr glasurol, ac yn gwrando ar LPs Segovia a John Williams. Mae gan Mam chwaeth eitha eang y tu hwnt i'r clasurol, a dwi'n cofio 78s Peggy Lee a Glen Miller, a singyls yr Everly Brothers, Pat Boone, Buddy Holly, 'Danny Boy' gan Des O'Connor (roedd honno'n arbennig acw oherwydd y cyw fenga), ac wrth gwrs Mike Berry, brawd bach Mam, oedd wedi cyrraedd rhif 3 yn y siartiau, neu'r Hit Parade fel yr oedd o ar y pryd, yn 1963 hefo sengl o'r enw 'Don't You Think It's Time'. Cyrhaeddodd un arall, 'A Tribute to Buddy Holly' (a oedd wedi ei ladd mewn damwain awyren yn 1959), y deg uchaf hefyd. Mewn band sgiffl oedd Yncl Mick ar y dechra, a wedyn symudodd at roc a rôl. Cafodd hit arall yn 1979 hefo can o'r enw 'The Sunshine of Your Smile', ac mae o a'i fand, Mike Berry And The Outlaws, yn dal i gigio hyd heddiw. Er nad ydi ei steil o ar fy nant i, ac er ei fod yn ewyrth i mi, mae o'n berfformiwr top of the range, fel ma Rob Lewis, fy nhad-yn-cyfarth yn ddeud.

Tra 'mod i'n sôn am fiwsig a dylanwadau a ballu, nodyn bach (ha! Nodyn!) am Emyr Wyn, fy nhad annwyl, a dwi'n siŵr na fydd o'n meindio 'mod i'n deud hyn. Mae pawb yn fy nheulu agos,

Fi hefo un o'r gitârs adeiladodd Dad i Mam.

yn cynnwys fy neiniau a'm teidiau (pan oeddan nhw'n fyw, wrth reswm) yn medru canu. Heblaw Dad. Tôn Deff. 'Fath â madfall. Mae'r peth yn ddirgelwch i mi, ond hogia bach, yr hwyl dan ni wedi 'i gael yn chwerthin am ei ben dros y blynyddoedd, fedra i'm dechra deud. Dydi'r ffaith nad ydi o'n medru canu erioed wedi ei stopio fo rhag canu. Mae o'n gwybod toman o ganeuon, a rioed wedi bod yn swil o'u llofru… perfformio nhw. Dwn i'm faint o weithia mae'r teulu i gyd wedi bod yn glanna chwerthin wrth i Dad fynd drwy ei repertoire, o Driawd y Buarth i 'Bless ma Soul a what's Wrong with Me' a phopeth rhwng y ddau. Pan fyddan ni'n mynd yn y car, mi fydda ganddo fo gynulleidfa gaeth, wrth gwrs, ac roedd unrhyw daith, boed yn swae i

Weston Super Mare neu Weymouth am ddiwrnod ar y traeth, neu'r marathon i Fethesda at Nain a Taid, yn esgus i gael cymanfa deuluol, gydag Emyr Wyn yn ei elfen, yn arwain y cacoffoni ac yn dwyn y solos i gyd. Wel, tydi o'm callach, nac 'di, ei fod o'n tôn deff. Fel mae athroniaeth Zen yn ei ddatgan, miwsig ydi pob sŵn. Ac mae moch yn hedfan. Mae gan Dad lais hyfryd, cofiwch, ac mae'r rhythmau geiriol yn berffaith iawn ganddo fo – mae o'n adrodd barddoniaeth cystal â neb. Ond fasa fo'm yn gallu taro nodyn 'tasa'i fywyd yn dibynnu arno fo. Serch hynny, mae ganddo fo chwaeth gerddorol siort ora. Mae Nana Mouskouri a Roberta Flack yn ffefrynau iddo fo, ac er gwaetha'i ddiffyg 'clust' gerddorol, mi lwyddodd i adeiladu dwy gitâr glasurol i Mam, sy'n dal i fynd, ac yn dal yn braf iawn i'w chwarae, yn aros mewn tiwn ac yn soniarus. Dipyn o gamp. Ond dyna fo, dipyn o bry ydi'r hen Emyr Wyn.

Wel, dyna ddigon am y tad, am y tro: stori'r mab ydi hon. Sôn oeddwn i am atgofion cerddorol cynnar, ac er nad ydw i'n cofio hyn, yn ôl Mam, mi fydda hi'n rhoi LP trac sain y ffilm *West Side Story* ar y Radiogram (pwy sy'n ddigon hen?) ac mi fyddwn inna, yn ddwyflwydd oed, yn ista hefo 'nghlust yn erbyn y sbîcyr a llaw yn dynn am y glust arall; yn cynhyrfu'n lân pan fyddai miwsig y rymbyl, y frwydr rhwng y Jets a'r Sharks, yn dod ymlaen. Mae'n debyg 'mod i'n medru canu'r rhan fwya o ganeuon *West Side Story* a *The Sound of Music* yn dair oed. Medda Mam, beth bynnag.

Ond ta waeth, gair bach am hai ffai y cyfnod, priodas erchyll rhwng technoleg a décor, peiriant a dodrefnyn: y RadioGram. Fel sy'n cael ei awgrymu yn yr enw, cyfuniad o radio a gramophone oedd y radiogram. Radio o safon ac iddo bedwar band; Long, Medium a Shortwave ar AM, a'r peth diweddara ar y pryd, FM Stereo. Roedd y chwarewr recordiau yn well fyth. Roedd modd stacio chwe record sengl ar ben y polyn bach yn y canol, taro'r switch ymlaen a hwnnw, ar sbring, oedd yn cychwyn y majic mecanyddol. Y record gynta'n disgyn ar y trofwrdd a'r fraich yn swingio'r steilŷs allan uwchben y record, y bachyn yn y fraich yn rhyddhau hefo clync a chael ei dympio'n ddiseremoni ar ymyl y record. Yna byddai'r majic electronig yn cymryd drosodd, miwsig yn canu o'r sbiîcyrs stereo hirgrwn bob ochor i'r cwpwrdd pren a phlastig erchyll oedd yn gartra i'r peiriant, hefo'i goesa tenau a'i dop pren oedd yn agor fel boned car ar hinj hir ar hyd y cefn. Roeddwn i wrth fy modd hefo'r peth – mi es i â fo hefo fi hyd yn oed pan symudis i i fflat uwchben Stiwdio Les yn Rhes Ogwen, Bethesda, ac roedd o'n dal i weithio a swnio'n o lew ar ôl pum mlynedd ar hugain o abiws. Roedd pedwar sbîd RPM i'r trofwrdd, y 33 a 45 ar gyfer senglau ac LPs, 78 ar gyfer y 78s, a hefyd 16 RPM! Hyd heddiw tydw i'm 'di dod ar draws record 16 RPM, ond ma 78 'Rock Around the Clock' yn werth ei chlywed ar 16! Ond mi ddaeth yr 16 yn handi i mi'n ddiweddarach er mwyn arafu caneuon i mi fedru codi riffs a ballu. Felly'r radiogram oedd fy nghyfrwng cerddorol cynta a'm cyfaill cyson trwy fy arddegau.

28 Gorffennaf, 1967, Ysbyty Broad Mead, a chyrhaeddiad y cyw olaf. Ond nid y lleiaf – deuddeg pwys namyn owns neu ddwy, lwmp o hogyn bach fydda'n byw ac gweithredu dan yr enw Danny Lloyd. Roedd y tylwyth bach yn gyflawn wedi hynny, ac yn hydref y flwyddyn honno symudon ni i'r ddinas, i Kent Road. Yn wahanol i Marne Close, mae gen i atgofion go iawn o fywyd yn fan hyn, fel dysgu reidio beic hefo stabilisers ar y pafin, neu wylio Mam yn ymarfer y gitâr, Dad yn fy ngyrru fi allan o'i weithdy pan oedd o wrthi'n stemio'r pren i siâp ar gyfer corff y gitâr gynta iddo ei hadeiladu, 'cofn i mi ddechra ffidlan a malu rwbath.

Dwi'n cofio'r ysgol, wrth gwrs. Dwi'n cofio fy niwrnod cynta; cerdded yno hefo Mam, gan basio giât gefn Karen

Bees a'i mam hitha fel roeddan nhw'n cychwyn, a phawb yn cerdded hefo'i gilydd. Dwi'n cofio fy ffrindia cynta: Jeffrey Curtis a David Green. Roedd gan David glustia budur. Tatws a moron a bob math yn tyfu ynddyn nhw. Rhedodd David Green a finna o'r ysgol un pnawn, jyst am hwyl, i weld sut beth fysa fo. Ar ôl cinio, yn lle mynd yn ôl i'n dosbarth, sleifion ni allan a rhedeg nerth ein traed i bwy a ŵyr lle. Parodd y cyffro a'r hwyl tan i ni ddechra blino a bod isho bwyd, a dechra poeni nad oedd gynnon ni glem lle roeddan ni. Doedd dim amdani ond troi rownd a trio ffeindio'n ffordd adra, a thrwy ryw wyrth mi lwyddon ni i wneud hynny. Be wna i byth ei anghofio tra bydda i byw ydi troi'r gongol ar ôl croesi Stryd Fawr Horfield a gweld Mam, Mrs Smith y Brifathrawes, Mrs Green, Mam David Clystia Tatws, a dau blismon yn dod i'n cwfwr ni, 'fath â Wyatt Earp a Doc Holliday a'r posse i gyd. O cach.

Dwi erioed wedi cael fy mwytho a'n swsio a'm waldio ar yr un pryd cyn nag ar ôl y diwrnod hwnnw – gan Mam, beth bynnag. Wela i ddim bai arni chwaith, roeddan ni wedi diflannu oddi ar wyneb y ddaear am bron i bum awr, a fedra i ond dychmygu'r boen aeth Mam druan drwyddo tra roeddan ni ar goll. A'r gosb, yn ogystal â'r mwytho, swsio a cholbio oedd dod adra o'r ysgol, cael te a mynd yn syth i 'ngwely am wythnos gyfa. Lesson learned. Blot ar y copibwc oedd yr helynt hwnnw a deud y gwir. Fues i erioed yn hogyn drwg; doedd gen i ddim rheswm i fod. Ro'n i wedi setlo i mewn i 'mywyd, yn bwrw ymlaen ar ben fy nigon, ac felly oedd petha pan ddaeth y newyddion yng ngaeaf 1970 y byddem yn symyd i Gymru, i bentref o'r enw Tregarth, ddim yn bell o dŷ Nain a Taid ym Methesda.

Pennod 2

Avon i Arfon

13 Chwefror, 1971. Tua un ar ddeg y bora. Roedd lori John Owen Removals wedi hen lwytho'r dodrefn a'r nialwch a gadael 15 Kent Road yn wag fel ogof. Dad oedd yn gyrru'r car, Mam yn y sêt ffrynt a Debbie, Duncan, fi, Danny a Choux y bwldog ar draws y set gefn. I ffwrdd â ni. Roedd hi'n siwrne hunllefus ar y gorau, chwe awr ar o leia (yn ddibynnol ar nifer y stops salwch car) rhwng Bryste a Bethesda. Hon fyddai'r daith olaf. Nid ymweliad â Nain a Taid am wylia a swaes a phicnics oedd hwn, ond symud cartref, i Fryn Tirion, 2 Craig y Pandy, Tregarth, Bangor, Sir Gaernarfon, Cymru, y Byd, Y Bydysawd.

Fi oedd y gwaetha am fod yn sâl car. Roedd 'na ryw dabledi pinc oedd i fod i helpu ond doeddan nhw ddim, ddim i mi beth bynnag. Y ddwy awr ola o'r daith oedd y cilar: rhwng Llangollen a Bethesda, yr holl droeada 'na, a phan welwn y chevrons mawr du a gwyn, mi oeddwn yn gwybod eu bod yn fy rhybuddio bod fy stumog ar fin troi drosodd unwaith eto. Ych a fi, dwi'n teimlo'n reit sâl wrth feddwl am y peth.

Mi gyrhaeddon ni dŷ

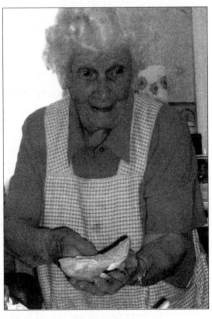

Nain Coetmor

39

Nain a Taid erbyn tua chwech, pawb wedi blino'n lân. Roedd hi'n dywyll, yn bwrw eirlaw ac yn oer iawn, a thendans Nain a'r tanllwyth o dân glo yn stafell fyw 18, Maes Coetmor jyst y feri peth. Ar ôl mygiad o goco a chacan neu ddwy neu dair, daeth yn amser gwely, i gysgu tan fore trannoeth pan fyddwn yn teithio prin ddwy filltir ar draws y dyffryn, croesi afon Ogwen a chychwyn bywyd newydd ar yr ochor arall.

Un o'm hoff ffilms erioed yn y byd i gyd ydi *The Shining*, campwaith Stanley Kubric. Yn y munudau agoriadol, rydan ni'n gweld siwrne Jack Torrence, ei wraig Wendy a'u mab ifanc, Danny, yn eu car bach melyn; yn weindio drwy dirwedd mawreddog talaith Colorado ac ymlaen i newid byd yn gofalu am yr Overlook Hotel. Y miwsig sy'n gyrru'r olygfa, trombôn bas yn bangio pedwar i'r bar, hefo pwyslais ar bob curiad fel camau traed rhyw anghenfil anweladwy, yn dilyn y teulu anffodus. Be sy'n ei wneud mor dda ydi'r teimlad o rybudd yn y gerddoriaeth, sy'n gweithio'n well fyth o weld y ffilm am yr eilwaith, achos ma' rhywun yn gwybod yn union be sy'n disgwyl y Torrensiaid druan. Mae'r olygfa honno yn fy atgoffa o'r siwrne honno o Fryste i Fethesda yn Chwefror 71, a sut y byddai'r miwsig hwnnw'n gweddu, hefo llunia o'r awyr o'n car bach ym mawredd Dyffryn Ogwen, yn weindio ar hyd yr A5 rhwng y Glyderau a'r Carneddau, fel car Jack Torrence yn nyffrynoedd Colorado. Nid bod ysbrydion yn ein disgwyl ni, dim ond y teimlad o gyffro aniddig, swrreal bron, o fod mewn sefyllfa mor estron. Roedd y syniad na fyswn i'n gweld 15, Kent Road na'r ysgol, parc St Andrews a'r siop dda-das oedd yn gwerthu gobstopyrs anfarth, na'r Downs, na Horfield Baptists Sunday School, na dim o ddinas Bryste o gwbwl fyth eto, yn un abswrd, dim ots pa mor wir.

Yn y *Shining*, rydan ni'n ymuno â'r teulu bach yn y car fel maen nhw'n nesau at yr Overlook Motel, y tensiwn yn adeiladu trwy ddeialog rwystredig. Yn ein ffilm fach deuluol ni, ymunwn ag Emyr, Pam, Debbie, Duncan, Neil, Danny a Choux y ci yn y car bach ar y daith o Goetmor i groesi'r A5 ac afon Ogwen, dros bont Bryn Bela ac i fyny i bentref Tregarth, heibio stad Maes Ogwen, i lawr yr allt, bron cyn belled â Siop Alf, cyn troi i'r chwith i fyny i Graig y Pandy a stopio yn rhif 2: Bryn Tirion. Os oedd 'na siarad yn y car yn ystod y siwrne fer honno, sgen i ddim co' ohono.

Wrth i ni basio Swyddfa Bost Tregarth, ro'n i wedi gweld hogyn ifanc mewn bomyr jacet frown, jîns a welintons yn llifio cangen o goeden ar ochor y lon hefo llif fach. Ddalis i ei lygad o fel roeddan ni'n pasio, ac mi stopiodd ynta ei lifio a fy hoelio i hefo edrychiad o atgasedd pur. Rodney Roberts oedd y bonheddwr hefo'r lli, erbyn dallt, oedd flwyddyn yn hŷn na fi ac yn hen hogyn iawn, er i ni gael ambell ryn-in.

Rhyw dri chan llath i fyny lôn Sling, parciodd Dad y car ar ochor y lôn o flaen ein tŷ newydd: Bryn Tirion. Tŷ dan unto, dau lawr. Roedd yr enw uwchben y drws gwydr ar ffrynt y portch, a rhif 2 arian ar y ffrâm uwchben twll y clo. Roedd ffenestri sash y naill ochor i'r drws wedi eu gosod yng ngwenithfaen du-las wal y tŷ, y fframiau wedi eu peintio'n wyn.

Dringais allan o'r car i'r oerfel a sefyll ar y lôn, yn sbïo ar Bryn Tirion ac o 'nghwmpas, yn fud. Roedd pawb yn fud. Neb yn deud dim. Diwrnod mud, oer, mwll, llwyd, llonydd. Roeddan ni i gyd yn sefyll fel 'tasan ni mewn c'nebrwng. C'nebrwng y bywyd yr oeddan ni wedi ei adael ar ôl.

Gyferbyn â'r tŷ roedd wal gerrig bedair troedfedd o uchder (ac mae hi'n dal yno). Yr ochor arall i'r wal mae 'na gaeau am y gwelwch chi, a bryn bach o gerrig mawr, fel rhyw gastell naturiol, yng nghanol y cae gyferbyn â'r tŷ.

'Can we play in the fields?' gofynnodd rhywun, fi mae'n debyg.

'No, they belong to the farmer,' oedd yr ateb.

'There's nothing in them, though.'

'You can't play in the fields and that's that. There are plenty of places to play.'

Trwy ddagrau chwerw daeth: 'I don't like it,' ac 'I want to go home.'

Wnaeth yr ypset ddim para'n hir. Munud oedd o a deud y gwir, er yn funud enfawr i hogyn chwech oed. Roeddwn i wedi gadael criw bach o ffrindiau yn Bishop's Road Infants, a hyd yn oed cariad, Karen Bees. Roeddan ni'n gymwys i fod yn gariadon gan fy 'mod i wedi dangos f'un i iddi hi a hitha wedi dangos ei hun hitha i minna. Roeddan ni'n dipyn o fêts hefyd, cofiwch. Gyda llaw, roedd y dull hwnnw o garu yn sylfaen delfrydol i arddull ramantus ein sefydliad addysgol newydd, Ysgol Bodfeurig.

Yn fuan ar ôl cyrraedd, ddiwrnod neu ddau ella, aethon

Newydd landio yn Nhregarth – hefo Choux y ci.
Hon ydi'r olygfa o Sling dros Sir Fôn. Fi ar y dde, '71.

42

ni am dro i fyny'r ffordd: heibio i'r troad am ffarm Pandy, lle
ma'r pandy ei hun a'i felin ddŵr, ymlaen heibio rhes o dai ar
y dde, Waen y Pandy, a chwerthin wrth weld fod rhywyn
wedi sgwennu 'Andy' o flaen y Pandy ar yr arwydd.
Chwerthin mwy byth wrth weld arwydd ar ben lôn Waen
Pandy yn cyfeirio at Dob.

'What's Dob, Dad?' Triodd Dad ateb, ond bu chwerthin
afreolus wrth i ni'r plant ddechra deud Dob drosodd a
throsodd mewn lleisiau gwirion. Ma' raid gen i fod hyn oll
yn rhyfedd iddo fynta hefyd – fo mor gyfarwydd â'r ardal a'i
henwau, a'i blant ei hun, Saeson bach rhonc, yn methu
cymyd y lle o ddifri.

'It's a little place up the lane,' medda Dad.

'What, Dob? Dob Dob Dob Dibby Dobby Doo ha, ha,
ha...!' ac yn y blaen.

Ymlaen â ni i fyny'r ffordd, heibio capel Chwarel Goch,
lle byddan ni'n mynd i'r ysgol Sul, heibio i Fron Heulog ar y
chwith, Llety a'r llwybr i'r ffridd ar y dde, ac ymlaen at lle
mae'r allt yn mynd yn serth, cyn dod at y pentre bach nesaf
a darllan yr enw.

'Sling.... What's Sling, Dad? Ha, ha, ha – Sling Sling Sling
Dob Dob Dob Sling Sling ha, ha, ha.' Roeddan ni wedi
cerdded tua hanner milltir i fyny allt, a finna'n barod i droi'n
ôl, pan gyrrhaeddon ni giât ffarm bren ar y dde hefo'r enw
Sling Farm arni hi. Agorodd Dad y giât ac arwain y ffordd i
fyny at y bwthyn. Agorodd y drws heb gnocio a gweiddi
helô.

'Helô!' atebodd llais dynes, 'is that you Emyr? Come in.'
Ac i mewn â ni, i gyfarfod Anti Florrie, ei gŵr, Yncl Oswald,
brawd Nain, a'u merch Anti Mair, c'neithar Dad. Nyrs oedd
Anti Mair, hen ferch oedd yn eitha ffrindia hefo'r singl molt
mae'n debyg. Dynes nobl hefyd – fyswn ni ddim wedi licio'i
chroesi hi – ond roedd ganddi dwincl yn ei llygaid ac mi
ddes i'n hoff iawn ohoni. Bwthyn mewn rhyw hanner acer

ydi Ffarm Sling yn hytrach na ffarm go iawn, ond mi oedd yno berllan fala, a dyna oedd babi Yncl Os. Mi fydda fo yn y berllan yn tendiad ar ei goed fala byth a beunydd. Roedd ffarm Sling yn lloches handi iawn ar y ffordd adra o'r ysgol, a chroeso a lluniaeth i'w gael bob amser. Roedd y lle'n ddihangfa weithia hefyd – un tro, ar ôl i Dafydd Sgryff (roeddwn i mewn band hefo fo flynyddoedd yn ddiweddarach) a Malcolm Roberts droi 'mraich tu ôl i 'nghefn i drio 'nghael i i ddeud 'mod i'n cefnogi Lufypwl, mi lwyddais i ddianc (heb ildio) a rhedeg nerth fy nrhaed o'r ysgol i lawr yr allt. Ro'n i'n gwbod bod Malcolm yn gynt na fi, ond ro'n i wedi cael jyst digon o flaen arno i gyrraedd giât Ffarm Sling fel roedd o'n estyn ei law am fy ngwar. Ro'n i wedi cael cip o blŵ rins Anti Mair ar y llwybr ffrynt, felly bloeddiais 'ANTI MAAAAAIIIIIR' nerth fy mhen yn gyfeiliant i hanner canllath ola'r sbrint. Naid dros y giât ac i gwtch Mair Fodryb. Ffiw. Clôs shêf. Roedd ei phresenoldeb sylweddol wedi rhoi taw ar gynlluniau llofruddiol Mr Roberts, a bu'n rhaid iddo fo droi ar ei sawdl a'i rhodio hi adra, bob cam i St Anne's, ar hyd dwy filltir o elltydd igam ogam yn bytheirio bob math o betha dan ei wynt. Ha ha. Mi fu chydig o wleidyddiaeth y brodyr mawr wedyn: Duncan yn cael gair bach hefo Dafydd Rwdl-didl-dal, brawd mawr Malcolm, a dyma fi, yn fyw i ddeud y stori. Ta waeth, roedd ffarm Sling yn lle da ac roedd lot o hwyl i'w gael hefo Anti Mair, yn enwedig pan fydda hi wedi cael sieri neu ddau.

Er nad oeddwn i'n gwbod hynny ar y pryd, roedd y tro cynta hwnnw i fyny'r allt wedi fy nghyflwyno i'r filltir sgwâr y byddwn yn ei galw'n gartref. Wrth gerdded adra o Ffarm Sling i lawr yr allt, mi gawson ni brofi am y tro cynta yr olygfa anhygoel sydd i'w gweld o Sling, a dechra dod i nabod y lle'n dipyn gwell, o wneud y daith am yn ôl, fel petai. Hyd heddiw dwi'm yn gwbod be mae'r enwau Sling na Dob yn olygu, ond dwi'n cofio darllan yr arwyddion eraill a gofyn i Dad os o'n i'n eu deud nhw'n iawn. 'Nain a Taid', 'Betws-y-coed' a 'Cau dy geg': dyna fy ngeirfa Gymraeg cyn symud yma. Yr esenshals yn unig. Roeddan ni'n gwbod bod 'Ff' yn 'F' a 'F' yn 'V'; bod 'Ch' yn sŵn fflem yn hytrach na 'Ch' fel yn 'Ch-ee-se', bod 'i dot' yn 'ee' fel yn 'ch-ee-se', a bod 'y' yn 'uh' yn hytrach na 'why' ond weithia yn 'u' fel yn 'tŷ'. Eglur? Da iawn. Roeddan ni hefyd yn dallt fod Sowth Wêlians yn methu deud 'u' – eu bod nhw'n deud 'i dot' fel yn 'ch-ee-se' ac yn galw 'u' yn 'u bedol' er mwyn gwahaniaethu rhwng yr 'u' a'r 'i' go iawn. Dal yn eglur? Rhagorol. Pan ofynnis i Dad pam oedd hynny, mi nath o fwmian rwbath am sowth Wêlians yn methu siarad Cymraeg yn iawn. You can take the boy out of Bethesda...

Rhes Groes (cartref John Ogwen), Godre'r Parc, Llety. Roeddwn i'n deud yr enwau'n ara bach a phwyllog wrth eu pasio: 'is that how you say it, Dad?' a fynta'n cywiro neu'n deud 'Yes, not bad.' Rêl Dad, wastad yn deud bod lle i wella. Dwi'r un fath yn union hefo 'nghywion fy hun. I lawr chydig ymhellach; Fron Heulog ar y dde, cartref John a Rene Ellis-Jones. Mae Angharad, Rhodri a Catrin, eu plant, yn gyfoedion i Duncan, Danny a finna, ac mae Rhodri, sydd bellach yn ffotograffydd newyddiadurol enwog, a finna'n ffrindiau agos hyd heddiw. Arwydd Waen Pandy:

'W-a-en Pandy, like that, Dad?'
'Well yes, but we say Weun.'
'Why?'
'It's the accent.'
'Oh.'

Roedd 'na ddyn yn potsian hefo'i gar o flaen tŷ o'r enw Penllyn wrth i ni gerdded heibio. Galwodd, 'hello there!' a gwenu'n llydan, gan ddangos bwlch mawr rhwng ei ddannedd ffrynt. Cyflwynodd ei hun i Dad fel Peter Liguz. Roedd o a'i deulu ifanc, fel ninnau, wedi symud i'r ardal yn ddiweddar – o Birmingham y daethon nhw. Mi fuo 'na dipyn o sgwario rhwng Ricky, y mab hynaf, a finna mae'n debyg, ac mi bostiais i gerrig mân drwy letyrbocs Penllyn. Ges i gopsan go iawn am hynny. Anghofia i fyth yr ias oer aeth i lawr fy nghefn pan atebais y drws a gweld Pete yno hefo'i wên a'i ddannedd:

'Hi. You're Neil aren't you?' a gofyn fysa fo plîs yn medru cael gair hefo Mam neu Dad. Eeeeek! fel y byddan nhw'n deud yn y *Beano*.

'Oh, hi there, sorry to disturb you,' medda fo wrth Mam, 'But there seems to be a problem between one of your boys and mine,' a throi'r wên i 'nghyfeiriad i. 'And these had been put through our letterbox,' wrth agor ei ddwrn i ddatguddio'r cerrig mân. Tystiolaeth gadarn.

Erbyn hyn, roedd yn hysbys i mi fod llosgfynydd mewnol f'annwyl fam yn fwrlwm. Roedd ei gên yn gwthio allan fel Marlon Brando yn y Godffaddyr, roedd ei dannedd yn crensian, ac roedd 'na ryw olwg bell wedi dod drosti, fel Kathy Bates yn *Misery*.

'Oh, I see' medda hi. 'Well, thank you for letting me know.' Saib hir, echrydus. 'What have you got to say for yourself, Neil Richard?' Y-O, roedd hi'n defnyddio fy enw canol. Roeddwn i'n rhy ifanc i farw.

'Sorry,' medda fi, a chyn i mi gael cyfle i ddechra ar y malu cachu, achubodd Peter Liguz fy mywyd drwy ddeud:

'That's okay. Look, why don't you call round, the boys just want to be friends.'

A dyna fu. Ricky, Alex a Gregory oedd 'the boys'. Chwe mis yn iau na fi ydi Ricky, a mae'n cyfeillgarwch ni'n para hyd heddiw – mae o'n dad beddydd i Nel a Gwenlli. Mae Alex ryw ddwy flynedd yn iau, a Greg yr un oed â Danny. Yn aml iawn roeddan ni i gyd yn un criw, allan yn crwydro neu'n chwarae ffwtbol neu griced, ambell dro yn gneud dipyn o fisdimanars. Dim byd rhy ddrwg chwaith, ond roedd gynnon ni 'glwb' dwyn fala o'r enw Apple Bingo. Roedd

Duncan, Stephen Owen a Gareth Huws, yr hogia hŷn, yn aelodau blaenllaw o'r clwb, ac roedd 'na rengoedd fel yn yr armi hefo profion i'w pasio er mwyn cael dyrchafiad. Un o 'mrhofion i oedd torri mewn i storfa Siop Alf yn Nhregarth ac 'achub' crât o gwrw sunsur i'r gang. Dro arall bu'n rhaid i mi dynnu sylw hen ledi oedd yn byw yn Dob, drwy gnocio'i drws ffrynt a gofyn iddi faint o'r gloch oedd hi, a malu cach, tra oedd y lleill yn ysgafnhau ei choed fala, gellyg ac eirin. Druan ohoni. Go iawn hefyd – deimlis i gywilydd mawr y flwyddyn wedyn pan aethon ni yno ar reci, i ffeindio'i bod hi wedi torri'r coed ffrwythau'n ôl i'r bonion. Doedd hi ddim am i fasdads bach y fro ddwyn ei ffrwytha eto. Graduras.

Mi gafon ni gopsan sawl gwaith hefyd, wrth reswm, a'r un orau oedd pan welish i, o'm safle delfrydol hanner ffordd i fyny coeden fala mewn gardd fawr ym Mraich Talog, ddrws cefn y tŷ'n agor, a'r ledi oedd biau'r berllan yn dod drwyddo fo. Wrth lwc, roedd hi â'i chefn tuag ata i, felly mi fachis fy nghyfle i neidio i lawr a mynd i guddio tu ôl i'r wal. Codais fy mhen uwchben y wal i sbecian, ac roedd y darlun welais i, tua ugain troedfedd uwch fy mhen yn y goeden fala fawr, yn glasur bythgofiadwy. Alex Liguz, yn llwytho ffrynt ei anorac hefo fala, hynny allai o, hitha'n ei wylio a fynta ddim callach. Yn y diwedd, sbïodd i lawr a'i gweld. 'Aaaa!' medda fo, a bu bron iawn iddo fo ddisgyn o'r goeden. Wrth arbed ei hun gollyngodd y falau i gyd. A'r lein, wrth iddo ddringo'n ofalus i'r llawr? 'I just wanted a better view of your lovely flowers.' A gyda hynny, cliriodd y wal mewn un naid a diflannu. Hen hwyl cefn gwlad ynte.

Erbyn i ni setlo'n iawn, roedd Ricky a finna wedi dod yn ffrindia mawr, ac ar aml i fore Sadwrn mi fyddwn i'n gwisgo, claddu 'mrecwast a rhedeg y ddau gan llath i fyny i Benllyn, lle roeddan ni'n cael cadw sŵn a reiat fel na welodd tŷ ni erioed. Bosib fod Pete a Lynne yn rhieni mwy modern na Mam a Dad, ac roedd gan Pete gymhwyster mewn Seicoleg

Plant. Debyg fod yn well ganddyn nhw fynd hefo'r fflô na thrio rheoli tri mab a'r holl wêffs a strês fydda'n ymgynnull ar eu haelwyd. Roeddan nhw i weld yn mwynhau ein cael ni yno beth bynnag, ac ro'n i'r un mor gyfforddus yng nghwmni Pete a Lynne ag oeddwn i hefo'r hogia. Fydda Lynne yn gadael i ni neud sgons a ffŷj yn ei chegin – mi fydda'r sgons yn fwytadwy weithia, y ffŷj yn flasus ond yn slwdj, a'r stomp a'r llanast yn anghredadwy o fawreddog. Mi wnaethon ni wisgoedd *Spiderman* un tro – doedd fawr o siâp ar y gwisgoedd, mae gen i ofn, felly ofer fu aberth cyfars cwshins Lynne. Mi fydda Pete hefyd o blaid unrhyw syniadau am chwareaon, a dwi'n ei gofio fo'n ein helpu ni i adaeladu cwrs rhwystr eitha cymhleth yn ei ardd gefn, a mynd ati wedyn i adeiladu ffrâm ddringo anferth allan o goed. Roedd o hefyd wedi clirio'r atig yn gyfan gwbwl, sandio'r llawr a chryfhau'r trapdôr i greu cae ffwtbol dau bob ochor o dan do. Aidial. Roeddan ni'n mynd amdani'n fanno hefyd. Sut ddaru neb landio'n y C&A dwn i ddim. A gyda llaw, Spiderman 'di'r unig Swpyr Arwr credadwy oherwydd mae o'n edrych ar ôl ei hen fodryb ac yn gorfod trwsio'i wisg ei hun pan fydd hi'n rhwygo.

Er hyn i gyd, y peth dwi'n ei gofio fwyaf am yr hwyl fyddan ni'n ei gael yn Chez Liguz ydi neidio o gwmpas y stafall fyw yn gwrando ar Slade.

Slade: *Grŵp pop gorau'r byd yn yr yrli-tŵ-mud-sefntis*

Pnawn Sadwrn o law mân, mis Hydref 1971. Camais i mewn i County Records ar Stryd Fawr Bangor a ffeirio pishin chweigian hefo'r ledi tu ôl i'r cowntar am fag papur brown plaen. Yn y bag hwnnw roedd amlen sgwâr o gardbord hefo twll mawr crwn yn y canol. Tu mewn i'r amlen, roedd 'na gylch o blastig du. Fy sengl gynta. Yng nghanol y cylch roedd 'na label coch, crwn, yr un faint â'r twll yn yr amlen. Wedi'i sgwennu ar y label, o dan y logo a Polydor, roedd 'Coz i Luv You by Lea/Holder'.

Cefais fy llorio gan y gampwaith hon. Mae hi wedi para hefyd, yn dal i gael ei chwarae ar y radio, ac mae hi gen i ar yr ai-pod, ynghyd â llawer mwy o ganeuon Slade. Maen nhw'n cael mwy o werthfawrogiad rŵan fel cerddorion a chyfansoddwyr nag a gawson nhw yn y saith degau.

Mi o'n i'n ffan o'r cychwyn. Bryd hynny, roedd hoff fand yn cael ei gefnogi fel tîm pêl-droed, fel Lerpwl neu Man-Iw. Welis i gyfweliad hefo Kelly Jones, y Stereophonic, yn sôn fel roedd hi'n hanfodol iddo fo fod yn ffan o Led Zep a Led Zep yn unig er mwyn osgoi cael ei leinio gan hogia handi Cwm Aman. Felly roedd hi ochra ni hefyd i raddau. Os oeddat ti'n licio Slade, 'na fo, rheiny oeddat ti'n licio, ac mi fydda raid i ti sgwennu S L A D E ar flaen dy ddyrna a dy fodia fel roeddan nhw wedi 'i neud ar glawr albym *Slayed*? Doeddat ti'm yn cael licio T Rex, na Gary Glitter, na'r Sweet, na neb arall 'tasa hi'n dod i hynny. Wel, ddim yn gyhoeddus beth bynnag. Siŵr ei bod hi'n saff cyfadda, erbyn hyn, fy nghariad tuag at artistiaid fel yr uchod, ac eraill hefyd. Gan ein bod ni yn y gell gyffes, mi ddeuda i'n onast y byddwn, ar fin nos Sul, yn recordio'r Top 20 ar Radio Cassette Debbie fy chwaer. Doedd hi'm yn meindio 'mod i'n gneud, achos doedd gynni hi'm mynadd stopio'r tâp yn ystod y malu cachu a trio recordio'r miwsig yn unig, fel oedd gen i.

Ella 'mod i'n dechra mwydro rŵan – gan Emyr Wyn, fy nhad annwyl, ma'r malu-awyr-aitis ma'n dŵad. Mae o werth ei weld, yn enwedig hefo sylwebwyr chwaraeon:

'Oes raid i ni gael John Motson i ddeud 'than ni bod Paul Scholes wedi chwarae lyfli thrŵ-bôl i Ryan Giggs? Siawns medra i weld drostaf fy hun os oedd y thrŵ-bôl yn lyfli ne' beidio. Wyt *ti* angen John Motson i ddeud 'tha chdi, Neil, y? Ydyn nhw'n meddwl bod pobol yn ddall, Neil, ta jyst stiwpid?'

Hulêriys. Ac mae sylwebwyr snwcyr, ei sbeshalist sybject ef ei hun, wrth gwrs, yn ei yrru'n gwbwl bananas, yn enwedig John Virgo. Dwi'n cytuno hefo fo'n fanna a deud y gwir. Ma' hwnnw'n trin y gwylwyr 'fath â plant ysgol feithrin, a be ddaru o ennill erioed? Aeth Dad yn gyfangwbwl boncyrs pan welodd o fod pobol sy'n gwylio'r snwcyr yn fyw yn y gynulleidfa yn prynu teclyn clust i wrando ar y sylwebu...

Ta waeth, yn ôl at yr ugain ucha. Roeddan ni'n mynd yn deulu yn aml ar ddydd Sul i Fethesda. Naill ai i Goetmor at Nain neu i Gerlan at Nanny – i rif 8, Tan Treflys. Yn llofft bach tŷ Nanny y byddwn i'n gneud fy ngwaith ar y Radio Cassette, ac ar ôl gorffen, chwarae Rita Coolidge yn canu 'Close The Window', drosodd a throsodd, hefo un o'r petha bach gwrando un-glust 'na. Pam mai'r gan honno sy'n sefyll allan yn y co', dwn i ddim, ond mi oeddwn i'n tŵ–teimio Noddy, Dave, Jim a Don hefo Rita Coolidge. Mi oedd gen i soft sbot am ambell faladyddes a deud y gwir – Randy Crawford a'i 'One Day I'll Fly Away', Rose Royce a 'Love Don't Live Here', 'Evergreen' Barbra Streisand. Pan yn dair ar ddeg, brynis i LP Abba a gwrando arni drosodd a throsodd wrth sbïo'n gariadus ar Agnetha ar y clawr....

O 1971 a'r sengl gynta 'na hyd at 1977 pan luchiwyd y

ddaear oddi ar ei hechel gan *Never Mind The Bollocks Here's The Sex Pistols*, Slade oedd fy hoff fand. Mae atyniad llais a phersonoliaeth Noddy yn eitha amlwg, ynghŷd â'r agwedd a'r dillad Glam. Yn llai amlwg, i ni ar y pryd, beth bynnag, oedd y grefft gerddorol, yr arddull cynhyrchu, a'r peth 'na sy'n cael ei alw'n 'bandcraft', a sydd ond yn dod hefo chwarae'n fyw yn aml a chyson. Yn 2010, gwahoddwyd Maffia i berfformio cân ar y rhaglen *Nodyn*. Roeddan nhw am i ni ganu cân newydd. Wel wel, be i neud hogia bach. Doeddan ni ddim wedi gweld ein gilydd ers Gŵyl y Faenol y flwyddyn cynt, ond ta waeth. Roedd Gwyn wedi sgwennu cân o'r enw 'Byth', a dyma fo'n e-bostio demo bras i Siôn, Hef, Deins a finna. Chwarae teg, Jôs Jiwniyr, clincar o gân fach: riff syml o dan y bennill, shifft i fyny i'r gytgan, brêc yn y canol i Siôn gael gneud rwbath, a diwedd pendant. O fewn pnawn, roeddan ni wedi ei chnocio hi i siâp ac mi recordiwyd hi'n fyw ar gamera, ar gae ffwtbol bob tywydd Ysgol Dyffryn Ogwen, mewn tri têc, neu 'pass' fel maen nhw'n deud ym myd y teledu. Nid 'mod i'n chwythu fy nhrwmped fy hun, na'n rhoi Maffia ar yr un blaned â duwiau Wolverhampton, ond ma honno'n enghraifft o bandcraft am wn i – blynyddoedd o brofiad – a dwi'n reit falch o'r perfformiad bach yna. Ma gan Gwyn stoc o diwns newydd medda fo. Stedi 'wan, Jos. Pwy mae o'n feddwl ydi o 'dwch, Roger Taylor? Twt lol, blwmin drymars, be newch chi 'de? Ta waeth.

Mae'r cwestiwn pam fod gymaint o fandiau Cymraeg yn dod o ardal Bethesda wedi codi'n aml dros y blynyddoedd, ac mae hi'n ddifyr hefyd gweld gymaint o fandiau roc a ddaeth o orllewin canolbarth Lloegr yn y saith degau: Slade, Led Zep, Black Sabbath, Saxon; Wizard ac ELO. Yn hwyrach ymlaen daeth Duran Duran, wrth gwrs, er bod eu sŵn nhw'n drwm o ddylanwad yr wyth degau, ac erbyn hyn mae Kasabian yn cario fflam y fro honno. Rwbath yn y dŵr ella, neu'r holl ddiwydiant? Pwy a ŵyr. O'r rhestr uchod, Led Zep ydi'r artistiaid gorau mae'n siŵr, ac yn llawn haeddu'r teitl. Mae eu gwaith yn ddwys a soffistigedig, a'u stwff gora nhw'n wirioneddol wych. A sôn am ddrymar: a gafodd drwm ei daro erioed hefo mwy o fwriad na chan Mr Bonham? Ond wedi deud hynny, a doffio 'nghap, does dim dwywaith fod lot o stwff Zep, fel aml i fand oedd o gwmpas ar droad y saith degau, yn hirwyntog, yn bell, bell fyny eu twll din eu hunain, ac yn ddiflas. Gorfododd rhyw gitarydd, rhyw dro (Siôn Maffia o bosib, ond maddau i mi Jôs os nad tydi) fi i ista drwy Jimmy Page yn crafu gitâr hefo bwa feiolin ar yr *Old Grey Whistle Test* am un hanner awr, a finna isho rhoi 'nrhoed drwy'r sgrîn ar ôl un hanner munud. Gwthio ffiniau cerddoriaeth gyfoes? Hmmm. Yn ôl hanesyddion y dydd, roedd Slade, T. Rex, Gary Glitter, The Sweet, Wizard a'u sort yn adwaith i'r llinyn tronsys yn eu jîns fflêr hefo gwalltia hirion 'fath â chyrtans dros eu hwyneba, yn sbïo ar eu traed drwy sbectols pot jam wrth chwarae eu solos gitâr di-ben-draw ddiflas. Glam Roc oedd y 'niw thing'. Caneuon tri munud, y geiria'n annog y dorf i gael hwyl yn fwy na dim – ac wrth gwrs, y dillad. Mae'n debyg bod Slade, neu Chas Chandler, eu rheolwr, wedi penderfynu newid delwedd y band yn 1970. Cyn hynny, sginheds oeddan nhw, yn chwarae o dan yr enw 'Ambrose Slade'. Y broblem oedd fod y sginheds ar y pryd yn gwrando ar ska, ac nid y stomp rock newydd, fel roedd sŵn y band yn cael ei ddisgrifio yn *Sounds* a *Melody Maker*. Felly cwtogi'r enw, tyfu'r gwalltia a thollti'r hogia i mewn i drowsusa leicra lliwgar a stac bŵts oedd y ffordd ymlaen. Roedd gan Noddy het 'fath â het *Bill & Ben*, hefo drychau bach crynion drosti, ac mi fuo Ricky Liguz a finna'n brysur yn adran wisgoedd Penllyn yn stêplo topia poteli llefrith ar ryw hen dop hats roedd Lynne wedi'u ffeindio, i ni gael eu gwisgo nhw tra oedden ni'n bowndian o gwmpas y lle'n canu 'Mama Weer All Crazee Now',

'Gudbuy To Jane' a 'Skweeze Me Pleeze Me'. Mae 'na sôn fod Jim Lea, y cyd-gyfansoddwr, oedd ar un adeg yn gwisgo siwt goch sgleinllyd ysblenydd, wedi cwyno wrth Dave Hill y gitarydd ei fod o'n mynd yn rhy bell hefo'i ddillad gwirion a'i gitârs siap sêr ac ati, fod y ddelwedd yn tynnu oddi wrth y miwsig; a hwnnw wedi ateb: 'You just write the songs, and I'll sell 'em.' Pwynt ddiddorol, mewn ffordd, achos o dan y colur gwallgo a'r gwisgoedd camp, roedd 'na fiwsig a chyfansoddi gwych – ac mae'r traddodiad Glam a'r elfen theatrig mewn roc wedi parhau hefo cewri fel Elton John a Queen.

Yn y saith degau cynnar, yr unig ffordd i weld ein harwyr oedd ar *Top of the Pops*, ac roedd yn rhaid i mi ddisgwyl tan haf 1983 am y cyfle i weld y Wolverhampton Wonders yn fyw yn y cnawd. Dixieland Bae Colwyn, ar y pier. Ricky, Dafydd Sgryff a finna, wedi pasio 'mhrawf gyrru ers rhyw bythefnos, yn y Traiymff Toledo, fy nghar cyntaf. Bu'n rhaid i mi stopio ar y ffordd adra er mwyn i Sgryff fedru dwyn un o'r lampia fflachio melyn 'na oedd yn cael eu gosod lle maen nhw'n gweithio ar y ffordd. Isho'i roi o yn ei lofft, medda fo. Pam mae pobol yn gneud petha fel'na 'dwch?

Roeddwn i chydig yn nerfus cyn y gig a deud y gwir, 'cofn na fydda Slade yr hyn o'n i'n ddisgwyl. Wedi'r cyfan, roedd yr hogia yma'n gonglfaen yn fy mywyd i. Doedd dim angen i mi boeni. Hyd heddiw dwi ddim wedi gweld gwell, na clywed uwch. Roedd fy nghlustia'n tincian am dridia wedyn. Romp fyddarol am ddwy awr a hanner. Yr hits i gyd, ac ambell un o'u b-sides diddorol. Pan aethon nhw oddi ar y llwyfan ar ôl y set gynta, dyma'r dorf yn dechra canu 'So here it is, Merry Christmas,' a dyma fo Noddy'n ymddangos mewn siwt Siôn Corn a gweiddi: 'I fink you wannar 'ear summink!' Aeth y lle'n bananas, a dyma nhw'n rhwygo i mewn i sengl rhif un Nadolig 1974 ar noson boeth, ganol haf ym Mae Colwyn, hefo chwe chant o rocyrs chwyslyd yn bowndian o gwmpas y lle 'fath â plant 'di cael gormod o ffusi pop. Gwych, gwych, gwych – a fedrwn i ddim tynnu fy llygaid oddi arnyn nhw. Yn enwedig Noddy. Roedd ei wylio fo'n wers mewn sut i ffryntio band na wna i byth ei hanghofio.

Doedd canwr y sypôrt, druan ohono fo, ddim yn yr un cae. Spider oedd enw'r band, hogia lleol am wn i, yn chwarae 'roc trwm'. Roedd hwn yn dipyn o gyfle iddyn nhw. Ma' raid gen i fod y canwr druan wedi bod yn cerddad o dan res o ystolion, baglu dros gathod gwynion ac yn malu drychau gymaint o anffawd oedd yn ei ddisgwyl. Gawson ni intro hir, diflas gan y band, i adeiladu'r tensiwn w'chi, a dyma fo'n brasgamu i'r llwyfan ac i lawr y canol at y meic, yn goc i gyd yn ei jîns coch sgin-tait a'i grys T cap-slîf, ei wallt du hir (fel Lawrence Llywelyn Bowen) yn llifeirio tu cefn iddo. Ymlaen at y meic â fo, ar gopa ton yr intro, lledu ei freichiau, agor ei geg a..... dim byd. O gwbwl. Doedd y meic ddim ymlaen, neu wedi torri, neu rwbath. Doeddwn ni ddim mwy na phum llath oddi wrtho fo, ac mi welais i ei wep yn disgyn a'r panic yn ei lygaid wrth iddo sylweddoli be oedd wedi digwydd – a chwarae teg iddo fo, ar ôl cael creisus mewnol bach (ac mi ydw inna 'di cael sawl un o'r rheiny) mi gariodd ymlaen i ganu'n fud a stumio fel 'tasa 'na ddim byd yn bod. Yn anffodus i Spider, a'r canwr druan yn arbennig, collodd y gynulleidfa ddiddordeb hanner ffordd drwy'r intro hir, felly hyd yn oed 'tasa'r meic wedi bod gweithio o'r dechra, y gorau fysan nhw wedi medru ei ddisgwyl oedd gig anodd a phrofiad da o ganlyniad. Sesiwn galed yn yr ysgol fandcrafft. Roedd gan ffawd un tric slei arall ar gyfer Lawrence druan. Yn sydyn reit daeth y meic yn fyw, mi glywson ni ei lais o, mi glywodd o ei lais ei hun, ac roedd popeth yn dda. Am tua eiliad. Wedi iddo sylweddoli bod ei feicroffon yn fyw a phopeth yn dda, dyma fo, fi, a phawb arall yn Dixieland yn gweld, mewn ffŵl gloriys HD Slo-Mo, fflemsan fawr werdd yn codi o resi blaen y dorf a setlo ar glun dde jîns coch Lawrence, ac roedd popeth yn ddrwg unwaith eto. Drwg iawn. Fedrwn i ddim peidio edrych arni. Na fynta chwaith. Yr oll roedd rhywun yn ei weld oedd y fflemsan. Nid creisus mewnol mo hwn. Marwolaeth araf a chyhoeddus oedd hon. Hyd yn oed ar y ffordd adra'n trafod y gig, dyna'r oll roedd pawb yn ei gofio am Spider.

Ychydig flynyddoedd ar ôl pync oedd hi, ac roedd poeri ar y band os nad oeddan nhw'n plesio'n dal i ddigwydd weithia. Aeth criw ohonan ni i weld y Clash yng Nghanolfan Hamdden Glannau Dyfrdwy yn 1980, a chafodd y Jiving Daleks, band ifanc o Gaer, a Mikey Dread, oedd yn artist a DJ Reggae dylanwadol, eu pledu hefo poer nes bu'n rhaid iddyn nhw adael y llwyfan. Afiach 'de. Eironi'r noson honno oedd mai gan y Clash y cawson ni'r perfformiad sala. Traed moch diawledig. Dwi'n cofio cyfri'r lampau yn y rig uwchben y llwyfan, ro'n i mor bôrd. Ta waeth, dwi'n dechrau malu cachu eto rŵan, ond mi ddown yn ôl at yr her a'r helynt o berfformio'n fyw ambell waith eto, saff 'chi.

Slade ydi teitl y bennod yma, ac mae 'na un rheswm arall. Y dyn hefo'r siwt goch. Y cyd-gyfansoddwr, Mr James Lea. Aeth 'Coz i Luv You' i rhif un yn y siartiau yn 1971, ac felly cafodd Slade ymddangos ar *Top of the Pops*. Roedd Jim Lea yn chwarae'r ffidil ar y trac, ac ar *TOTP* hefyd. Roedd gan y BBC bolisi o recordio ymlaen llaw a meimio ar gyfer ambell raglen gerdd (dwi'n cofio Maffia'n perfformio 'Dŵr i'r Môr' i'r Bîb yng Nghaerdydd un tro, ac felly oedd hi yno hefyd). Rwbath i'w wneud hefo hawlfraint; pwy oedd bia'r perfformiad. Hyd heddiw (ac i 'nghywilydd) ma'r busnes hawlfraint a breindal a ballu yn niwl trwchus. Aeth y Stranglers ar *TOTP* i ganu 'No More Heroes' heb dannau ar eu gitârs mewn protest nad oeddan nhw'n cael canu'n fyw. Ta waeth, y ffidil oedd yn nwylo Jim ar y rhaglen, ac nid ei offeryn arferol (sef gitâr drydan, ond hefo gwddw hirach na rhai Noddy a Dave Hill, a dim ond pedwar peg ar y pen, yn hytrach na'r chwech arferol). Hmmmm...

Bariau cyntaf 'Let The Good Times Roll' oedd y foment Eureka. Pedwar bar o bes gitâr. Ar ei phen ei hun. Ffantastig! Ers hynny, am y bas y bydda i'n gwrando gynta, di o'm ots be 'di'r miwsig. Fues i'n lwcus i daro ar Slade, o edrych yn ôl, achos mae eu sŵn yn eitha syml, hynny ydi, mae pob offeryn yn amlwg yn y mics, a'r chwarae'n gyhyrog a chlir. Hefyd mae steil Jimmy Lea yn adnabyddus iawn ac yn swnio fel ei fod o ei hun yn mwynhau ei waith yn arw.

Erbyn tua 1975, ro'ni'n medru rhyw fath o blycio alaw un o ddarnau gitâr glasurol Mam, o'i gwylio hi a chofio'r dôn. Mi fydda Mam yn ymarfer yn gyson ac yn ddiwyd, hefo'i throed chwith ar stôl fach bwrpasol a'r gitâr, y corff, y dwylo a'r bysedd yn gorfod cael eu dal ar onglau union gywir. Mae'n rhaid cael ewinedd hir ar y llaw dde a rhai byr ar y llaw chwith, a fyswn i byth wedi medru cofio peidio cnoi fy rhai i. Pan aeth Mam yn ôl i weithio a chael ei hyfforddi i fod yn fydwraig, bu'n rhaid iddi rhoi'r gora i'r gitâr gan ei bod yn gorfod cael ewinedd byrion ar y ddwy law, am resymau amlwg. Roedd yr holl gyboitch yn edrych yn lletchwith ac yn anghyfforddus braidd, ac er mor dda roedd Mam yn chwarae; yr alawon a'r rhythmau'n plethu hefo'r arpeggios a'r strymio fflamenco; fuo'r gitâr glasurol erioed yn rwbath roeddwn i isho mynd i'r afael â hi. Lot fawr o ffaff, dim lot o laff.

Mîn-wail, i fyny'r lôn ym Mhenllyn, mi fydda Pete Liguz yn ein diddanu weithia drwy godi gitâr a'i chwarae mewn steil honci tonc, neu country blues: bawd y llaw dde'n cadw dau guriad yn y bar ar y tannau bas, a'i fysedd yn plincio fel diawl ar y trebla. Mi fydda fo'n canu ar yr un pryd hefyd. Ganddo fo glywson ni 'Can't Love You 'Cos Your Feets Too Big' am y tro cynta. Gitâr hefo tannau dur arni oedd gan Pete, a fydda fo'n ei tharo hi ar draws ei lin ar ei ista neu'n gwisgo strap a sefyll, yr holl beth i weld yn hawdd a didrafferth. Mewn gair, lot llai o ffaff, lot mwy o laff. Hon oedd y clinshar. 'Look,' medda fo un diwrnod. 'If you tune the strings to a chord, you can play a song with one finger.' Wel, o fewn pum munud, hefo bys cynta'r llaw chwith yn taro'r tannau, ro'n i'n chwarae twelf bar blŵs erchyll, hefo ysbryd John Lee Hooker ei hun yn pwmpio trwydda i. 'Yeah that's it,' medda Pete Liguz, 'something like that...' a cherddad o 'na'n chwerthin. A dyna fo'r drws wedi ei agor, a finna wedi camu drwyddo.

Ysgol Bodfeurig a'r Bwrdd Croeso

Ar y diwrnod cynta, niwlog hwnnw yn Chwefror 1971, ro'n i yng ngardd gefn Bryn Tirion, y tŷ newydd, yn archwilio a thyrchu o gwmpas ymysg y drain a'r chwyn oedd yn tyfu'n wyllt yno. Roedd yr ardd tua phum llath ar hugain wrth ddeg llath; pedwar sgwaryn o wair, dau bob ochor i lwybr a redai hyd yr ardd. Mymryn bach o iard gefn oedd yn Kent Road, felly roedd hwn yn fyd newydd. Roedd ynddi lwyn rhododendron anferth, coeden ellyg, cyraintsh duon, mwyar duon, gwsberis, riwbob a mafon. Ym mhen pella'r ardd, fel ym mhob gardd yng Nghraig Pandy, roedd dau gwt mochyn hefo bariau llechi arno, fel bariau cell. Anhygoel. Cytia cŵn fyddai dyfodol y rhain, i filgwn Dad (bob dim yn rhan o'r mastyrplan). Ta waeth, rywbryd yn ystod y pnawn mi gawson ni ymweliad gan deulu rhif deuddeg: Alun ac Eirian Owen, Ruth, eu merch (oedd yn chwech oed fel finna) a

Ysgol Bodfeurig '71

Meical bach, dwyflwydd oed, yn todlo mewn Terri Napi a'r sêffti pin anorfod. Roedd Steven, yr hyna' oedd yr un oed â Duncan, allan yn chwarae ac mi fyddwn i'n dod yn ffrindia hefo fo maes o law. Roedd Dad yn nabod Alun ac Eirian ers ei blentyndod ei hun, ac mae'n siŵr ei bod hi wedi bod yn ddifyr i'r rhieni gyflwyno'u plant i'w gilydd. Helôs cwrtais a swil rhwng Ruth a finna cyn cael ein gadael ar ein pennau'n hunain – a'r sgwrs yn boenus o rhwystredig achos nad oedd gen i Gymraeg, a hitha ond smijin o Saesneg, a hwnnw mewn acen annealladwy. Roedd gan Taid Coetmor acen, ond roedd hwnnw'n siarad y Cwîn's Inglish o'i gymharu â Ruth Owen. Ro'n i wedi arfer â'r sefyllfa yma i radda' – roedd yr ysgol fabanod ym Mryste'n llawn o blant brown, melyn a du, a llawer o'r rheiny'n methu siarad Saesneg, ond roedd cyfarfod Ruth yn ragflas o'r hyn fyddai'n fy nisgwyl o gwmpas y lle ac yn yr ysgol ar ddechra'r bywyd newydd 'ma yng nghrombil y fro Gymraeg. O'i chymharu â Bishop Road Infants and Juniors, roedd Ysgol Bodfeurig fel planed wahanol. Bim mi yp Sgoti! Pedwar ugain o blant yn hytrach na thri chant a hanner, a phawb yn siarad iaith Nain a Taid, heblaw amdana i, Duncan, Debbie a'r Stewarts o St Anne's, Aiden a Rachel. Roedd y Stewarts wedi cyrraedd yr ardal ychydig o'n blaenau ni, ac mi ddaethon ni'n ffrindia'n syth. Roedd Duncan ac Aiden yr un oed, a Rachel a finna 'run fath. A deud y gwir, Rachel oedd fy nghariad cynta yng Nghymru. Mi gafwyd snogs. Gyda llaw, mae lleoliad Ysgol Bodfeurig gyda'r brafia'n y byd i gyd. Ar dop yr allt lle mae lôn Sling a lôn Penyffriddoedd yn uno cyn dringo i Fynydd Llandygái, mae'r olygfa o ffenestri mawr y stafelloedd dosbarth yn wirioneddol ogoneddus. Dros Dregarth, Pentir a Bangor, y Fenai yn agor allan i'r môr heibio pwynt Penmon, Ynys Seiriol a'r Gogarth, ac ar ddiwrnod clir Sir Fôn i gyd ac mor bell ag Ynys Manaw. Lle braf i gael mynd i'r ysgol.

Oherwydd ein bod yn newydd ac yn ddiarth, fe'n rhoddwyd dan ofal rhai o'r genod hŷn, genod safon pedwar fel roedd hi'r adeg honno, ac mi ges i fy ngosod o dan adain Rhiannon Jones. A chwarae teg i blant Bodfeurig, roeddan nhw'n groesawgar a charedig iawn. Wel, y genod beth bynnag. Dwi'n cofio Thelma Edwards (chwaer fawr Dylan Sgwâr, hwnnw fydda, flynyddoedd wedyn, yn chwarae dryms i Jecsyn Ffeif, Band Martin Beattie, The Strand a Proffwyd) yn help mawr wrth i mi drio mynd i'r afael â'r Gymraeg. Catherine Parry, Carol Owen a Nia Huws hefyd – mi fyddan nhw, yn syml iawn, yn deud wrtha i sut i ynganu'r geiriau a'r brawddegau, chwerthin am fy mhen a chael modd i fyw yn dynwared fy nghynigion chwithig, ond yn dal i hamro nes oeddwn yn ryw siap o lwyddo, ac wedyn, 'Hei, ddassut!' neu 'Feri gwd, ddass rait, da iawn chdi.' Roedd diffyg Saesneg rhai o'r locals wedi creu ambell sefyllfa o ddryswch difyr. Gofynnodd Paul Coyne i mi un tro yn y dosbarth:

'Can I lend a bairo?' Wel, dyma fi'n codi 'meiro i ddangos iddo fo a deud:

'No thanks, I've got one.'

'Yes,' medda Paul, 'can I lend it plîs?'

'But I've already got it,' medda finna. Mi fu'n rhaid i Miss Davies, athrawes annwyl safon un a dau, fy achub o 'nryswch drwy esbonio:

'Paul wants to borrow a biro, Neil,' ac egluro mai 'benthyg' ydi 'borrow' yn Gymraeg, a 'benthyg' ydi 'lend' hefyd, ond ei fod yn dibynnu ar y cyd-destyn: pwy sy'n benthyg a phwy sy'n benthyg. Aha...

Dro arall, ar ddiwedd pnawn, ro'n i wedi gwneud pos jig-sô, a dyma Anwen Williams yn deud:

'Feri gwd, iw can cip ut naw.' Aidial, meddylis, a dechra rhoi'r jig-sô yn fy mag. 'No no, cip ut,' medda Anwen eto.

'I am,' medda fi.

'No no, cip ut un ddy cybyd.' Dryswch eto, a Miss
Davies tŵ ddy resciw:
'Anwen means put it away.'
'But she said I could keep it!'
Esboniodd Miss Davies, a phawb yn dallt, a'r jig-sô'n
cael ei chadw yn y cwpwrdd. Dyna'r ffordd i ddysgu ynte, ac
o fewn ychydig fisoedd ro'n i'n siarad Cymraeg cystal â'r
rhan fwyaf a gwell na rhai, ac wedi dysgu'n gwbwl naturiol
heb hyd yn oed sylweddoli 'mod i'n gneud. Roedd Dad yn
cadw llygad yn ddistaw ar y sefyllfa, yn twîcio a chywiro yma
ac acw, o hyd yn herio, ac wrth gwrs roedd Nain a Taid
Coetmor – Taid, yn enwedig – wrth ei fodd yn gweld eu
wyrion yn dysgu'r iaith. Roedd Taid ei hun yn fardd amatur
oedd yn nabod R. Williams Parry a'i griw, ac mi oedd o'n
siaradwr hardd. Fel mae hen hogia Pesda, byddai Taid yn
sirad yn ara deg a phwyllog, yn mwynhau pob sillaf a
gorfoleddu yn acen drwchus, ogleddol yr ardal. Mi fyddwn i
wrth fy modd yn gwrando arno fo, ac wrth gwrs, fel roeddwn
i'n datblygu, siarad hefo fo yn Gymraeg. Roedd gen i
diddordeb byw yn y gwrthgyferbyniad rhwng y ddwy iaith, a
sut oedd petha'n trosi a threiglo rhyngddynt (neu ddim,
wrth gwrs, fel hefo'r busnas 'benthyg' a 'chadw' yn Ysgol
Bodfeurig). Enghraifft arall ydi'r her o drio cael geiriau
Cymraeg i lifo'n naturiol o fewn miwsig roc, sydd yn
wreiddiol o America, wrth gwrs. Mae'n goblyn o her, ac yn
un dwi wedi mwynhau reslo hefo hi dros y blynyddoedd.

Er mai Saesneg oedd iaith ein cartref, roedd cael Dad a
Nain a Taid a'u byd o Gymreictod wrth law yn fantais
allweddol i mi a 'mrodyr, o'n cymharu â'r Stewarts, er
enghraifft, oedd yn uniaith Anglo Sacson ar yr aelwyd.
Dwi'n deud fi a 'mrodyr, heb gynnwys Debbie na Mam,
oherwydd bod eu profiad nhw wedi bod yn dra gwahanol.
Roedd Debs yn un ar ddeg yn symud o Fryste, felly nid yn
unig roedd hi wedi datblygu gymaint mwy yn ei Saesneg,

ond roedd ei ffrindiau newydd yn Ysgol Bodfeurig wedi cael rhywun i ymarfer eu Saesneg arni, felly roedd y Gymraeg dipyn yn ridyndant iddi. Oherwydd hynny, i ysgol uwchradd Friars, Bangor, yn hytrach na Dyffryn Ogwen, Bethesda, aeth Debs. Yn eironig, dwi'n ei chofio hi'n dod adre ar ôl wythnos o 'wyliau' ym mynwes dyner Urdd Gobaith Cymru yng ngwersyll Llangrannog, yn gwisgo crys T ac arno ddarlun mewn silhouette o gwpwl yn labswchan uwchlaw'r logo 'Popeth Yn Gymraeg'. Roedd hi hefyd, ar ôl wythnos o'r Hutlyr Iŵth, yn ffan o rhyw bop sdâr o'r enw Dafydd Iwan. Felly pan welish i D I yn perfformio, mewn du a gwyn ar y teli, ar *Cawl a Chân* dwi'm yn ama, ro'n i'n disgwyl petha mawr. Dipyn yn simoedig o'n i, a deud y lleia. Doedd o'm yn Noddy Holder, nag oedd?

I mi, prin yn saith oed, roedd y newid byd o ddinas Bryste i gefn gwlad Sir Gaernarfon yn eitha hawdd a didrafferth, a 'nghyfoedion lleol, ar y cyfan, yn groesawgar a chyfeillgar. Nid felly oedd hi i Duncan a Debbie. Gawson nhw, a finna weithia pan o'n i ar hyd y lle hefo nhw, gryn dipyn o driniaeth. Gan griw bach o'r hogia hŷn, y Bwrdd Croeso, oedd yr abiws yn dŵad, rhai o Sling a rhai o Fro Syr Ifor a Maes Ogwen yn Nhregarth. 'Ffyc off Inglish Pigs' a 'Ffyc off bac tŵ Ingland' fyddan nhw'n weiddi, weithia'n taflu cerrig a phoeri, neu'n pledu ni hefo cachu defaid. Neis! Roedd na un hogyn, Squares roeddan nhw'n ei alw fo (oherwydd ei sbectol fawr sgwâr, dwi'n cymryd), a hwnnw dwi'n ei gofio fel y tormentor-in-chîff. Roedd o'n byw ym Maes Ogwen, stâd hanner cylch o dai Cyngor wrth ymyl Ysgol Tregarth, ac roedd o wedi cymryd yn erbyn Duncan yn ddiawledig. Roedd o'n dal ac yn llydan hefo mop o wallt browngoch, ac yn llawn bygythiad a bwriadau milain. Y tro cynta i mi ddod ar ei draws, roedd Duncan a finna'n cerdded adra o Fethesda, o dŷ Nain a Taid, yn cael ein gwynt atom ar ôl rhedeg i fyny'r

Tîm ffwt Ysgol Bodfeurig.
Fi ydi'r gôli doji yn y cefn, Dafydd Sgryff ydi'r un mawr yn y ffrynt
a'r un bach yn sefyll ar y chwith ydi Gareth Blondi, oedd yn
chwarae bas i Tynal Tywyll.

grisiau o bont Bryn Bella i Bro Derfel. Wrth i ni droi'r gongol
a chychwyn i lawr yr allt heibio Maes Ogwen, dyma'r gêm
bêl-droed oedd yn cael ei chwarae ar un o'r ddau lecyn o wair
o flaen y tai, yn dod i stop sydyn; a carfan o'r hogia, dan
arweiniad Squares, yn heidio i'r lôn ac ar draws ein llwybr.
Gawson ni'n troi rownd a'n hebrwng yn ôl i droad Braich
Talog, a chyhoeddodd Squares y bydda fo'n torri'n breichia
ni 'tasa fo'n ein gweld ni'n dod heibio'i le fo eto. Felly, am nad
oeddan ni'n gyfarwydd â'r amryw lwybrau ar hyd cefnau Parc
Dob ac o Benyffriddoedd i Sling, bu'n rhaid i ni gerdded yr
holl ffordd i fyny i Ysgol Bodfeurig ac i lawr lôn Sling am adra,
tua dwy filltir yn ychwanegol. Braf de?

Dro arall, roeddan ni'n chwarae ar sleid Dob, craig serth,
lyfn yng nghoedwig Parc Dob, pan ddaeth y cyfaill Squares
heibio i godi'n calonnau unwaith eto. Yn ei gwmni roedd y
brodyr Pritchard, Adrian a Gareth, meibion Alf Siop Alf.

Mae Gareth, sy'r un oed a fi, yn un o'r bobol mwyaf hoffus a droediodd y ddaear erioed, felly Duw a ŵyr be oedd y creadur wedi'i neud i haeddu'r hyn oedd i ddod, ond penderfyniad Capten Squares (a liwtenant A. Pritchard, choelia'i fyth) oedd y bydda 'na frwydr ddyrnau rhwng N. Williams a G. Pritchard, yn y fan a'r lle, os oedd N. Williams a D. Williams am gael llonydd. A dyna fu. Doeddwn i ddim yn medru credu'r peth, fwy nag oedd Gareth druan. Welwyd neb erioed yn llai parod i ymladd na ni (tan Audley Harrison, ella) ac ella mai dyna pam mai fi ddaeth allan orau o'r gyflafan druenus. Fel ro'n i'n deud, yng nghwmni'r brawd mawr fyddai'r trafferthion yma'n digwydd gan amla, a'r unig dro i mi'i chael hi'n unswydd oedd pan ges i fy martsio i fyny i dop y cae uwchlaw tai Godre'r Parc yn Sling gan griw o hogia'r un oed â Debbie, cael fy ngwthio'n belen i mewn i hen gasgen olew rydlyd a'm rowlio i lawr i waelod y cae. Ddois i o'r gasgen yn grafiadau ac yn snot ac yn ddagrau, fy llygaid a 'nhrwyn yn llawn o ddarnau mân o fetal rhydlyd, a phendro nes 'mod i'n methu sefyll. Wel, roedd yr hen hogia'n meddwl bod hyn yn hwyl nas gwelwyd ei debyg erioed o'r blaen, ac ar ôl i mi ffeindio fy nrhaed unwaith eto, yn ôl i dop y cae â ni, y gasgen a finna, i orfod gneud yr holl beth unwaith eto. Prin iawn yw'r digwyddiadau yn fy mywyd sydd wirioneddol wedi peri i mi feddwl am ddial, ond roedd hwn yn un. Amgylchynnodd yr un criw Debbie wrth droad ffarm Pandy, yn canu, ar dôn 'Yankee Doodle': 'Debbie dwwdaa go bac hôm, dwdaa, dwdaa, dw not efyr cym bac hiyr, dwda dwda dei,' drosodd a throsodd tra oedd Debs yn beichio crïo; yn methu dianc a finna'n methu gneud dim i'w helpu. Basdads. Er, roedd y gân yn un handi i'w hedliw iddi pan fyddan ni'n dau'n ffraeo, ond roedd yn rhaid sicrhau pellter tactegol cyn ei defnyddio oherwydd roedd cweir gan Big Sis yn beryg bywyd yr adeg honno. Tydi genod ddim yn gwybod pryd i rhoi'r gora iddi, nac 'dyn?

Roedd y berthynas rhwng Debbie a fi yn un reit od wrth sbïo'n ôl. Pedwar mis ar ddeg sydd rhyngddi hi a Duncan, felly erbyn i mi dyfu digon i fedru ymuno yn y sgwrs, fel petai, roeddan nhw wedi cael deng mlynedd, fwy ne' lai, o lonydd i fod yn frawd a chwaer. Roedd ei byd hi a fy myd inna'n gwbwl wahanol, heblaw ein bod yn byw dan yr un to. Roedd Debs yn dipyn o domboi. Anodd peidio â bod hefo tri brawd, ma' siŵr, ac ar gae pêl-droed roedd gofyn ei chael ar eich tîm chi am resymau oedd yn ymwneud â iechyd a diogelwch. Doedd fy chwaer annwyl ddim yn gwbod, nag yn hidio am y gwahaniaeth rhwng tacl deg a chomyn asolt, a dwi'm yn ama ei bod hi wedi cael ei gwahardd rhag ymuno yn yr epics oedd yn digwydd ar gae pêl-droed Tregarth ar ddyddiau Sul. Roedd y gemau hynny'n para o tua un ar ddeg y bore tan amser te, hefo hyd at ddeg ar hugain o chwaraewyr ar bob ochor. Roedd pobol yn mynd adra am ginio ac wedyn yn ailymuno, ac mi fydda'r hogia hŷn, fel Adrian Pritchard a Dewi Womble, yn rhyw fath o oruchwylio pwy oedd yn chwarae pa ffordd a chadw sgôr ac ati – a chadw mêniacs 'fath â Debs oddi ar y maes. Felly ar hyd llwybrau jimnastics a jiwdo deithiodd Debs, a chafodd felt du mewn jiwdo maes o law. O ia, a dawnsio creadigol, syniad rhyw wag yn yr Urdd i godi cywilydd ar grwpiau truenus o ferched ifanc ledled Cymru. Pan welis y dawnsio creadigol am y tro cynta, ro'n i'n meddwl mai sgetch ddoniol oedd hi.

Roedd Debs yn ddi-fai yn hyn oll —roedd hi wastad yn rhoi cant y cant i'r gweithgaredda 'ma. Fy nisgwyliadau i oedd y broblem, sy'n dod â ni at y gymnasteg. Roedd Debs wedi ennill ei bathodynnau BAGA (British Amateur Gymnastic Association) i gyd. Yr efydd, yr arian a'r aur, ac roedd hi'n medru cerdded ar ei dwylo a gneud fflic-fflacs a ballu. Fydda hi'n 'u gneud nhw yn yr ardd gefn tra byddwn i'n trio chwarae ffwtbol. Felly pan gyhoeddodd Dad ein bod yn mynd, yn deulu, i Ganolfan Chwaraeon Plas Arthur, Llangefni i gefnogi, doedd fy nisgwyliadau ddim yn gwbwl realistig. Wedi'r cyfan, yr unig gymnasteg oeddwn i wedi ei weld oedd yr Olympics ar y teli; genod bach o'r hen Floc Sofiet hefo cyrff rhyfeddol gyhyrog oedd yn medru gneud campau eithriadol. Olga Korbutt a Nadia Komanechi, neu hogia Japan; Sukahara a'i fêts. Ma gen i go' o un o fechgyn Japan yn cyflawni perfformiad ar y cylchoedd a fynta wedi torri ei goes, er mwyn i'w dîm ennill y fedal aur. Awtch. Ta waeth, dyna'r safon ro'n i'n ei ddisgwyl yn y gystadleuaeth rhwng genod Arfon a genod Cei Conna. Y realiti? Ges i 'ngyrru allan gan Mam hefo bonclust am chwerthin ar 'u penna nhw. Ro'n i yn fy nagrau. Roedd cyrff rhai o'r rhain yn rhyfeddol hefyd, a'u doniau'n wirioneddol ddoniol. Y bîm, er engrhaifft. Tymblo hyderus, esmwyth, egniol, a glaniad glân hefo symyrsolt a thro fel Ms Korbutt, a sgôr o ddeg perffaith? Naci. Tri cham petrusgar a disgyn oddi ar y peth wrth geisio rhyw hopsan fach dila ar un droed, a sgôr o ddau pwynt pump. Ches i ddim hyd yn oed gweld perfformiad Debbie, ro'n i'n waharddedig erbyn hynny. Ddeudodd Mam ei bod hi'n dda iawn. Mae Mam wedi deud erioed ei bod yn gweld Debs a finna yn reit debyg o ran natur, yn gwyro tuag at y celfyddydau yn hytrach na'r gwyddorau, er enghraifft, a wnaeth yr un o'r ddau ohonan ni ddewis llwybr gyrfa a'i ddilyn, fel y gwnaeth Duncan a Danny. Meddyg oedd Duncan isho bod erioed, a Danny'n gemegydd. Unwaith landiodd y Thomas Salter Chemistry Set yn hosan Dolig Danny Lloyd, welson ni ddim lliw ei din tu allan i'w lofft rhyw lawer wedyn. Roedd o wedi mopio hefo modelau Airfix hefyd, a nenfwd ei lofft yn dew hefo eroplêns o'r Ail Ryfel Byd. Heinkels a Messerschmitts, Spitfires, Hurricanes a Wellington Bombers yn hongian ar linyn 'sgota: Battle of Britain blastig uwchben ei wely. Swît drîms! Roedd Duncan wedi cael ffês Airfix pan oedd o'n fychan hefyd –

brenhinoedd Lloegr a chymeriadau hanesyddol oedd ei betha fo. Dwi'n ei gofio fo'n cymryd oes i beintio Harri'r Wythfed. Joban fawr, honno.

Un cynnig digon ffwr' â hi gafodd y modelau Airfix gen i: Concorde, ac ro'n i wedi ei malu hi cyn llwyddo i roi'r darnau mawr at ei gilydd hyd yn oed. She'll Never Fly. Roedd gan fy nau frawd fynadd, diddordeb a disgyblaeth ac, wrth gwrs, y gallu hwnnw i ddatrys problemau gwyddonol a mathemategol na fu gen i erioed. Roedd Dan wedi cracio'r Rwbics Ciwb o fewn awr, ac ar ôl y tro cynta hwnnw roedd o'n medru datrys y peth mewn munud a hanner. Un ochor o'r diawl peth nes i erioed. Dwi'm yn gwbod am Debs. Ma'n siŵr 'mod i wedi bod yn boen tin annioddefol iddi hi, y brawd bach ffrom hel. Os oeddan ni'n sgwrsio, roeddan ni'n ffraeo, ac roedd hi fel 'tasa hi wrth ei bodd yn cario straeon amdana i i Mam a Dad. Rownd y bwrdd bwyd amser te fydda hyn yn digwydd gan amla. Pawb yn byta'n hapus, ac yn sydyn reit mi fydda hi'n cychwyn: 'Neil's been swearing again, haven't you Neil,' ac mi fydda'r gegin gefn glyd, yr olygfa o deulu'n ymborthi'n llon, wedi troi'n llys y goron, neu'n llys cangarŵ o leia – a finna yn y doc heb na thwrna nag esgus na leg tŵ stand on, yn palu clwydda a rhawio fy hun yn bellach a phellach i 'medd; a'm chwaer annwyl gyferbyn hefo gwên fuddugoliaethus yn chwarae ar hyd ei gwep. Pam ro'n i'n trafferthu deud clwydda, dwn i ddim. Roedd Mam a Dad yn gweld drwyddyn nhw'n syth. 'I can read you like a book, Neil Richard,' chwadal Mam. Hyd heddiw, mae hi'n edliw'r tro hwnnw y dois i adra un pnawn braf o wylia ha hefo briwsion busgets Rich Tea o gwmpas fy ngheg ac ar hyd fy nillad. Roedd Mam wedi gweld y busgets dan sylw ar ochor y ffordd wrth droad ffarm Pandy eisoes, ac felly'n gwbod yn iawn o le ro'n i wedi'u cael nhw heb orfod gofyn. Ond rhaid oedd gofyn, wrth reswm. Wrthi'n llyncu gweddillion y 'sgedan ola oeddwn i pan ddaeth y cwestiwn.

'You haven't been eating biscuits off the side of the road, have you Neil?' Yr ateb: 'No, why?' My, how they laugh. Fy nghlwydda stiwpid fy hun oedd y ffordd ora i 'mrodyr neu fy chwaer annwyl fy landio fi yn y cach. Weithiau mi fydda Dad yn cael llond bol ar y cecru ac yn rhoi ram-dam i Debs, cyn mynnu distawrwydd llwyr er mwyn iddo fo gael ei fwyd mewn heddwch. Mi fyddwn yn cadw fy ngwên smyg ar gyfer llygaid fy chwaer annwyl yn unig.

Beth bynnag fo pwnc y sgwrs, a beth bynnag y pryd, mi fydda Choux y bwldog Ffrengig, tra oedd hi'n fyw, wedi ei pharcio wrth fy nhraed. Nid oherwydd unrhyw ffyddlondeb arbennig na chydymdeimlad i'r cyhuddiedig, ond am mai fi oedd y bytwr blera ac mi fydda hi'n elwa o'r titbits a'r briwsion fyddai'n disgyn o 'mhlât.

Heblaw ambell gopsan, roedd 'na lot o hwyl i'w gael wrth y bwrdd bwyd yn tŷ ni. Fydda Mam a Dad yn hoff o ollwng ambell fom ddadleuol i'n cadw ni ar flaenau'n traed, ac roeddwn inna'n cael rhwydd hynt i baldaruo a mynd trwy 'mhetha, deud jôcs a dynwared ac ati. Chwedl boblogaidd arall ymysg y teulu ydi stori'r Sgrambyld Eg. Fel y mae'r teitl yn ei awgrymu, roeddan ni'n cael wy 'di sgramblo ar dost. Mae'n debyg 'mod i wedi ymgolli gymaint yn fy nhraethiad (beth bynnag oedd hwnnw), nad oeddwn wedi sylweddoli 'mod i'n llusgo 'mhlât yn nes ac yn nes at ymyl y bwrdd. Roedd pawb arall wedi stopio byta, wedi stopio gwrando, wedi stopio'n stond; eu sylw wedi'i hoelio ar y plât a'i gynnwys ar ei daith anochel, mewn slo-mo, dros y dibyn i'r llawr ac i enau eiddgar Mon Petit Chouxfleur.

Gerbron y teulu mae'r mwyafrif o yrfaon perfformio yn blaguro, mae'n rhaid gen i, ac mae hynny'n berffaith wir yn f'achos i. Mae unrhyw hyder sydd gen i pan ydw i'n perfformio, dwi'n siŵr, yn deillio o'm gallu, mor bell yn ôl ag y medra i gofio, i beri i 'nheulu chwerthin; yn aml iawn rownd y bwrdd bwyd, yn malu cachu.

Roedd fy mherfformiad cyhoeddus swyddogol cyntaf ar y trydydd o Fedi, 1966, yn Wimbledon – y Neuadd Ddinesig, nid y Cwrt Canol – yng ngwledd briodas Yncl Micky, brawd bach Mam. 'I Like To Be In America' oedd y gân. Wrth i mi baratoi i ddechra, mae'n debyg fod Bette Bourne wedi rhoi stop ar y mân siarad drwy weiddi: 'Ladies and Gentlemen, please, the child is about to sing.' Tair oed oeddwn i, mewn siwt a dici bô, a 'sgin i'm co' o gwbwl. Llais mawr – mawr a chlir, yn ôl yr adroddiada. Dwi'n cofio rwbath tebyg yn cael ei ddeud yn Ysgol Bodfeurig gan Miss Davies, athrawes hoffus safon un a dau. 'Ma' gan yr hogyn ma lais, Mr Jones,' medda hi wrth Mr Jones y prifathro, ar ôl i mi ganu 'Canaf yn y bore' o flaen y dosbarth. (Flynyddoedd yn ddiweddarach, ar faes pebyll ym Mhontrhydfendigaid, tua chwech y bore ar ôl dawns yn y neuadd fawr y noson cynt, dyma 'na ryw idiot oedd wedi bod yn yfed ei oriau cysgu yn agor fflaps pebyll pobol, sticio'i wyneb i mewn a bloeddio 'Canaf yn y Bore' nerth esgyrn ei ben hyll. Gwyn Maffia tŵ ddy resciw, i'm llusgo o 'na o olwg ffermwr mawr o Ffostrasol, cyn ein bod ni angan gofal cu go iawn. A, y ddiod gadarn. Twt lol. Mwy o ddrincs, ac anturiaethau, eto.)

Mae bod yn blentyn ifanc hefo llais da yn gallu bod yn boen weithiau. Mae'n cael ei orfodi i ganu neu darllan ar lafar unrhyw ddarnau erchyll sy'n cymeryd ffansi oedolion cyfrifol. Yn fy achos i, roedd hyn yn cynnwys darllan yn y Gwasanaeth, trwy gydol f'amser yn yr ysgol; yn llawer iawn amlach nag oedd yn deg. Yn Ysgol Dyffryn Ogwen ges i'n sbotio'n reit handi gan Thelma Sgrup, yr athrawes Ysgrythur (oedd yn ferch, fel mae'n digwydd, i Idwal Pandy, ein nemesis o'r ffarm gyferbyn â'm tŷ ni. Eban Jones i ni'r Sioniaid Blew Coch. Roedd rêd lwyddiannus ar blyms Pandy yn un i'w ddathlu). Roedd Thelma wedi 'nghlywed i'n siarad Saesneg, ac felly ro'n i ar ei rota i ddarllan yn y Gwasanaeth Saesneg, hwnnw'n digwydd bob dydd

Mercher. Doedd hi fawr o rota. Ychydig iawn oedd yn rhugl a hyderus yn y Saesneg, felly cefais fy hun yn rheolaidd ar lwyfan y neuadd, gerbron yr ysgol gyfan, yn sbowtio rhyw ddameg neu stori 'fodern', 'foesol'. Rachel Stewart, roedd hi ar y rota hefyd. Roedd y Diwrnod Rhyngwladol yn hulêriys, pan fydda 'na wasanaeth arbennig i yrru cyfarchion a faibs da i blant bob cenedl ym mhob iaith. Wel, ambell iaith. Dau Welsh Nash o'r Chweched i neud y Gymraeg; fi a Rachel Stewart i neud yr Inglish; fy ffrind Rhodri Caradog Ellis Jones, mab i Rene sy'n enedigol o Lwcsembwrg, i neud y Jyrman; ei chwaer Angharad i neud yr Utalian a Caroline Davies i neud y Ffrensh. Yr un rhai bob blwyddyn. Yr un neges bob blwyddyn. Hir, diflas, di-ddychymyg.

Roedd gen i grysh ar Caroline Davies, oedd yn nosbarth Duncan ac allan o 'nghyrraedd i – yn aeddfed ac egsotig a rhyw debygrwydd i Suzannah York iddi hi. Mae hi'n ferch i Geoff Davies, neu Geoff Douglas, am mai fo oedd yn cadw tafarn y Douglas ym Methesda.

Roedd mantais hefyd i gael llais da – cael y brif ran yn y Sioe Dolig. Clêm tŵ ffêm cynnar ydi mai fi oedd yr hogyn cyntaf yn hanes ddisglair natufitis Ysgol Bodfeurig i gael chwarae rhan Joseff yn Safon Tri. Carys Tomos oedd Mair, hithau yn Safon Pedwar. Dwi'n dal i gofio'r gŵs pimpyls a'r cryndod yn fy llais wrth ganu 'Suai'r Gwynt'. Roedd 'na lot o eiria 'w cofio hefyd. Gwddw sych, dwylo chwyslyd, nunlla i guddio. Y flwyddyn wedyn, ges i'r fraint o atgyfodi 'mherfformiad, hefo'r hyfryd Rachel Stewart yn Fair. Hen law erbyn hyn, 'doeddwn? Mi ddeudis i'r hanes yma wrth Awel, fy nghariad. 'Gwranda ar hon ta,' medda hi. 'Ro'n i'n gorfod chwarae Mair a Joseff hefo Carwyn 'y mrawd. Yn capel!' Capel Salem, Porthmadog oedd hwnnw, gyda llaw. Artaith Nadolig y capel i mi ydi pan fu'n rhaid i mi, Debs, Duncan a Danny ganu Kwmbayah o flaen cynulleidfa orlawn yn Jeriwsalem, Bethesda, Dolig 1972. Roedd Debs yn strymio'r gitâr a doedd yr un ohonan ni'n gwbod sawl cytgan oedd i fod cyn y diwedd, a'r felltith peth yn mynd a mynd ymlaen ac ymlaen a rownd a rownd tan y bu'n rhaid i un o'r blaenoriaid weiddi: 'DIOLCH yn fawr iawn i wyrion Mr a Mrs Williams Maes Coetmor am eu dehongliad hyfryd o Gwmbaiâ.' Nain a Taid, nêmd an shêmd. Ro'n i'n boeth hefo cwilydd.

Heblaw am ambell drychineb fel yr uchod, roedd y busnes canu, a pherfformio'n gyffredinol, wedi dechra cael gafael arna i. Wrth reswm, roedd 'na elfen o fod isho dangos fy hun, ond hyd yn oed pan oeddwn i'n blentyn ifanc roedd fy agwedd tuag at y weithred o ganu cân yn un o ddifri calon. Pan ganis i 'Suai'r Gwynt' yn ddeg oed, yn gwisgo shît gwely a lliain sychu llestri wedi 'i glymu rownd fy mhen, roeddwn i isho ei chanu hi'n iawn; yn onast ac yn ddiffuant. Hyd heddiw, ma' gen i ffug-o-medr sydd yn or-sensutuf i ffalsrwydd mewn miwsig, fel y ffasiwn diweddar mewn canu pop i neud trils a spils o gwmpas bob nodyn, fel Beyoncé neu rywun, jyst er mwyn gneud. Cefais ryw synnwyr fod yr X-ffactor-aitus yma ar y gorwel pan ges i fy ngwahodd i Goleg Menai, Bangor, i weithio hefo myfyrwyr y celfeddydau perfformio, ac i gyfarwyddo eu chynhyrchiad o *West Side Story*, fy hoff sioe gerdd. Roedd hyn beth amser cyn yr X Factor a'i fath, ond ar ddechra'r sesiwn gynta, ofynnis i faint o'r myfyrwyr oedd yn bwriadu dilyn gyrfa fel canwr neu actor, dawnsiwr neu gerddor. Rhoddodd y rhan fwyaf eu dwylo i fyny. Aethon ni ymlaen i drafod pam, a sgwennu'r rhesymau ar fflip chart. Roeddwn i eisoes wedi sgwennu, ar yr ail dudalen, y teitl 'Dau Reswm dros Beidio â Dilyn Gyrfa Berfformio' ac o dan hwnnw, mewn llythrennau mawr coch: 'Pres' ac 'Enwogrwydd'. Ro'n i wedi disgwyl i ambell un gynnig yr atebion hynny, ond nid pawb. Wel wel. Felly ymlaen at y clyweliadau ar gyfer y sioe, ac o diar. Roedd y genod i gyd isho chwarae Maria, ac mi ddaru nhw i gyd, bob un wan jac yn ddieithriad, ganu cân *Titanic* Celine Dion. Tua pymtheg ohonyn nhw – gollis i gownt, ynghyd â'r ewyllys i fyw. Nid jyst pennill a chytgan chwaith, ond yr holl beth. 'For I know that my heart/this song/plîs na/ will go on.' Un o bnawnia hira 'mywyd i, latsh bach.

Toes 'na nunlla cweit fel y perffformiad unigol. 'Loneliest place in the world,' sibrydodd Bryn Fôn yn fy nghlust wrth i mi ddisgwyl 'action' ar shot agos, sengl mewn golygfa yn y gyfres Meibion Glandŵr. Diolch Bryn, ond mae o'n llygad ei le, wrth gwrs. Boed yn actio, canu, adrodd, chwarae offeryn neu beth bynnag, yr un ydi'r her a'r un ydi'r ofn i'w oresgyn er mwyn cyflawni'r peth. Pan â'r perffformiad yn dda, mae pawb yn fodlon, ond pan aiff petha o chwith mae gwir unigrwydd y sefyllfa'n cael ei bwysleisio. A'r eironi ydi, dim ots faint mae'r sawl sy'n perffformio'n trio am berffeithrwydd a'r sawl sy'n gwylio'n dymuno'r gorau, yn aml iawn yr eiliadau hynny o drychineb sy'n uno'r perffformiwr a'r gwyliwr, ac yn dod â bywyd i'r peth na fyddai yno fel arall. Prif joban y perffformiwr druan pan â'r hwch drwy'r siop ydi papuro dros y smonach gystal ag y gall o.

Sychu, neu anghofio'r geiriau, ydi'r drychineb fwya poblogaidd, os ga i ddeud fel'na. Pan o'n i'n ddeuddeg ac yn chwarae rhan Twmi yn y ffars *Gwyro i Goncro*, trosiad o ddrama Oliver Goldsmith, ro'n i i fod i ateb y cwestiwn: 'Beth wyt ti'n ei weld, Twm?' hefo 'Buwch'. Ond fedrwn i feddwl am y gair 'buwch'? Na. Dim ond 'Cow'. Ond fedrwn i'm deud 'cow' achos mi fydda hynny yn yr iaith anghywir. Felly be i ddeud? Erbyn hyn roedd pawb yn y neuadd yn disgwyl yr un mor eiddgar â fi i unrhyw sŵn ddod o 'ngheg fawr, ac yn sydyn daeth y gair delfrydol i'm meddwl. 'Cysgod'. A be frefais i? 'SHADO.' Tydi Dad erioed wedi gadael i mi anghofio honna.

Urdd Gobaith Cymru

Fan hyn ydi'r lle, am wn i, i ddechra sôn am fy nghyfathrach gariadus/casinebus at y sefydliad yma. Wrth sbïo'n ôl, dwi'n sylweddoli faint o ddylanwad gafodd yr Urdd ar fy ngyrfa yn y byd adloniant, mewn un ffordd neu'r llall. Roedd y gair ei hun, 'Urdd', yn destun sbort i'r Sais bach o Fryste ar y dechra, fel Dob a Sling gynt. 'How do you say it, E-U-R-TH? Sounds like being sick, ha ha ha!' Dechra da 'de. Miss Parry oedd Gestapo Ejynt yr Urdd yn Ysgol Bodfeurig, yn Welsh Nash danllyd, a ddim yn un i'w chroesi. Gwers i'w dysgu'n reit handi oedd osgoi gneud hwyl am ben yr Urdd yng ngwydd Obergruppenführer Parry, jyst rhag ofn. Rhyfedd 'de, hyd yn oed yn saith oed yn 1971, roeddwn i'n gweld gwahaniaethau rhwng pobol 'normal' a rhai Welsh Nash. 'Na i fyth anghofio, ar ôl i mi ddod yn rhugl yn y Gymraeg, Dewi Owen, mêt da i mi yn Ysgol Bodfeurig, yn deud: 'Ai doant yndystand iw. Iw tôcun laic y Welsh Nash.' Mae Dewi'n un o wyth o blant, os dwi 'di cyfri'n iawn. Cofis. Eu mam yn rhannu pen-blwydd hefo Nhad. Pam 'mod i'n dal i gofio hynna 'dwch? Roedd ei chwaer, Iona, yn wrthrych chwant i 'mrawd Duncan; ei chwaer Bethan 'run fath i Danny ac mi fu ei chwaer Carol a finna'n 'gariadon', yng nghyd-destun carwriaethol cynradd yr oes a'r ardal, sef (yn bennaf) snogio cysdadleuol. Hynny yw, yn erbyn y cloc ac yn erbyn cyplau eraill. Dwi'm yn ama mai ni oedd y pencampwyr am sbel. Rhamant pur. Roedd ffeirio Wriglis Gym yn rhan o'r hwyl, wrth gwrs. Mae Carol rŵan yn briod hefo Gerald Cochyn, un o 'nghyd-chwaraewyr yn nhîm pel-droed Bryncoch, eu mab Craig yn bêl-droediwr o fri, wedi bod hefo clwb Everton. Roedd Gerald hefyd yn 'drewi o sgil' fel maen nhw'n deud yn Dre. Cafodd yr Owens eu symud yn ôl i Gaernarfon o Godre'r Parc, y tai Cyngor yn Sling, oherwydd bod bwci bôs yn eu tŷ. Roedd Dewi wedi gweld yr oriawr arian gafodd ei dad yn rhodd gan gwmni Avery Scales am bum mlynedd ar ugain o waith a gwasanaeth, yn codi oddi ar y silff ben tân ar ei liwt ei hun a hedfan yn ara, bedair troedfedd uwchben y llawr i'r gegin, cyn disgyn a malu'n ddeilchion ar y teils. Sbŵci.

Ta waeth, yn ôl at ddrychiolaethau ein Mudiad Ieuenctid Cenedlaethol. Un weithgaredd dwi'n ei chofio oedd y cwis rhwng ysgolion, oedd yn ymwneud â Chymru, Cymry a Chymreictod. Pethau fel daearyddiaeth y wlad, enwau'r siroedd, hanes y seintiau, straeon a chwedlau'r Mabinogi ac, wrth gwrs, lashins o feirdd a barddoniaeth. Stwff da a difyr, ac mi ffeindis fy hun yn y tîm. Gawson ni'n hamro gan Ysgol Llanllechid yn y rownd gynta, ond ta waeth am hynny. Eisteddfod yr Urdd oedd y peth mawr, a Miss Parry yn ei gogoniant wrth baratoi ei phlantos bach ar gyfer eu perfformiadau a'u cystadlaethau. Mewn parti dawnsio gwerin oeddwn i, ac mae gen i ryw go' o chwarae ricordyrs mewn grŵp (twrw diawledig), a chanu 'Dafad Rwdl Didl Dal', hefyd mewn grŵp. Ro'n i'n licio honno – roeddan ni'n ei chanu hi mewn rowndel, fel relay cerddorol. Dwn i'm ai canu arferol 'ta cerdd dant oedd yr arddull, na be oedd y gwahaniaeth. Dwi'm yn saff o hyd. Mae cerdd dant yn ddirgelwch pur i mi. Oes wir ei angen? Acquired taste, ma raid. Ydi rhywun yn cael marciau ychwanegol am y tynnu stumia, 'ta jyst am y canu? Ydi'r telynau'n cael eu cludo i ryw drigfa dawel yn y wlad i orffwys ac adfywio wedi'r blincathon di-derfyn, greulon?

Yn ysgol Tryfan oedd Steddfod y Cylch – tua 1973. Chafon ni'm smel o lwyfan yn y downsio gwirion, nadu hefo ricordyrs na'r parti canu, felly roeddan ni'n rhydd am weddill y pnawn i derfysgu un o blant posh yltra-Cymreig swpyr dwpyr Welsh Nash Bangor, Eilir Jones. Brawd mawr y prifardd Tudur Dylan ydi Eilir, ac mae o'n uffar o foi iawn. Daris i arno fo yn y BBC yng Nghaerdydd yn eitha diweddar a chael pwt o sgwrs hefo fo. Ond yn ôl yng ngwanwyn '73, roedd o wedi canu unawd, ac mae'n bosib mai cerdd dant oedd o, achos roedd o'n tynnu stumia 'fath â rhywun yn stryglo i gael cachiad, a dwi'n cofio'r gair 'ysblennydd'. Plygodd ei gorff ymlaen, nodio ac ysgwyd ei ben, gwenu lled ei wep a chanu 'ysblennydd' i gyd yr un pryd. Wel, roedd o'n ffêr gêm, doedd, ac mi aethon ni ar ei ôl o rownd yr iard, yn ei bledu hefo cerrig tra'n disgwyl y feirniadaeth. Fo enillodd wrth gwrs, oherwydd mai fo oedd y gora ac nid, wrth gwrs, oherwydd ei fod yn deillio o deulu swpyr dwpyr Welsh Nash o Benrhosgarnedd.

Roedd y syniad bod y gwobrau'n mynd i'r crachach, fel Tryfan neu Morgan Llwyd neu Rydfelen, i ni'r werin datws ym Methesda yn fyw ers cyn co'. Roedd 'na un tro lle gawson ni gam heb os, ac roedd hynny'n ddigon i roi hir oes i'r theori. Steddfod Cylch unwaith eto, 1978, neu ella 79, yn neuadd J P Bangor, a chystadleuaeth y Côr Cymysg. 'Zadoc Yr Offeiriad' oedd un o'r darnau, ac fe'i hoeliwyd gan yr howgets. Ro'n i'n cael gŵs pimpyls, a chafwyd y thyms-yp a gwên fel giât gan Deilwen Crump, ein harweinydd. Peth prin, coeliwch fi – os nad oeddan ni'n haeddiannol, doedd y clod ddim yn dod. Ni oedd y cynta i ganu, felly mi gawson ni weld a chlywed corau Syr Huw a Thryfan. Dipyn yn ddifywyd oeddwn i'n gweld perfformiad y Cofis, a Thryfan yn siop siafins hefo camgymeriadau amlwg, oedd yn awgrymu nad oeddan nhw'n gwbod y darna'n iawn. Wrth ddisgwyl am y canlyniada, roeddan ni wedi dechra meddwl mai ni oedd pia hi, ac roedd hyd yn oed Miss Crump yn rhyw nodio'i phen yn ffafriol, ond heb fod isho i neb fod yn rhy obeithiol. Un o'r werin datws di hitha 'fyd, o badlands Blaenau Ffestiniog, ac wedi bod yno o'r blaen, fel 'tae. Daeth y canlyniad. Yn

DRYDYDD... Ysgol Dyffryn Ogwen, Bethesda. Y? Sori? Sgiws mi? Yn Ail, Ysgol Syr Huw Cofi, ac yn fuddugol, wrth gwrs, am eu bod wedi gwneud yr ymdrech i godi o'u gwlâu, llnau eu dannadd a throi i fyny, Ysgol Tryfan, Bangor, prifddinas plwy Bangor. Roedd 'na ryw falu cachu yn y feirniadaeth am leisiau unigol i'w clywed yn ein côr ni, a dyna oedd yr eironi, ac o posib y rheswm dwi'n cofio cystal. Ian Morris Williams, un o'r tenoriaid, oedd yn cael trafferth 'blendio'. Mae gan Ian lais arbennig, ac mi oedd o wedi bod yn brif goristr yng Nghôr Cadeirlan Bangor, yn Foi Soprano, ac mi aeth ymlaen, wrth gwrs, i fod yn ganwr yn y band Tynal Tywyll. Yn yr ymarferion roeddan ni wedi rhoi cryn amser i'r feri peth hwnnw; bod ambell lais, ac Ian yn arbennig, yn amlwg iawn; ac un o'r petha roedd Deilwen mor blês hefo fo yn y perfformiad oedd pa mor dda oedd Ian, a phawb arall, wedi llwyddo i blethu eu lleisiau i dôn cyffredinol y côr. Ddim 'mod i isho ymddangos yn chwerw na dim byd felly, ond roedd honno'n ffics ar yr un sgêl a bingo Clwb Ffwtbol Pesda.

A sôn am hynny, hefo'r clwb pêl-droed, 'Aelwyd Bethesda' y ces i un o 'mhrofiadau gorau hefo'r Urdd, sef ennill cwpan Pantyfedwen. Tîm ieuenctid Clwb Pêl-droed Bethesda Athletic oeddan ni mewn gwirionedd, ond o dan ddwy ar bymtheg ar gyfer gystadleuaeth yr Urdd, yn hytrach nag un ar bymtheg ar gyfer y gynghrair arferol. Felly hefo'r hogia hŷn ar gael, roedd gynnon ni dîm cryf. Yn y dyddiau hyny, yn un ar bymtheg oed, ro'n i ar fy ngorau o ran bod yn heini ac yn medru chwarae gêm lawn yng nghanol y cae heb feddwl ddwywaith am flino na dim byd felly. Pêl-droediwr brwdfrydig ac uchel fy nghloch o'n i, yn gapten tîm o dan bymtheg Tregarth a thîm cynta'r ysgol. Ro'n i'n medru pasio hefo'r ddwy droed, taclo a phenio, a darllen y gêm yn o lew. Ro'n i'n sgorio'n siâr o gôls ac yn gyfrifol am giciau rhydd, corneli a chiciau cosb. Chwaraewr cant y cant, ond doeddwn i'm digon cyflym i neud unrhyw beth ohoni, a'r feirniadaeth ges i gan ambell hyfforddwr oedd nad oedd gen i ddigon o gythral. Digon teg, beryg. Mae chwarae hefo, neu yn erbyn, pobol sydd â'r doniau angenrheidiol i fynd yn bellach yn rhoi petha felly mewn perspectuf. Ddois i ar draws Malcolm Allen mewn gêm gynradd rhwng Ysgol Bodfeurig ac Ysgol Deiniolen. Fi oedd yn y gôl, a dwi'n cofio Malcs, nid yn unig achos mai ganddo fo oedd y bêl am y rhan fwya o'r gêm, ond oherwydd iddo ergydio hefo cic dros ei ben, neu cic beic, un go iawn 'fyd. Arbedais yr ergyd, yn gwbwl ddamweiniol, hefo 'ngwynab. Daeth Malcolm i chwarae hefo ni yn nhîm Ieuenctid Pesda am sbel hefyd, ac roedd rhywun yn medru gweld yr adeg honno ei fod yn chwaraewr arbennig a 'mod innau, ar y llaw arall, ddim. Ta waeth, yn ôl a ni, neu ymlaen, dwi'm yn siŵr, i rownd gynderfynol Cwpan Pantyfedwen, 1980. Aelwyd Bethesda v Aelwyd Llanuwchllyn. Hymdingar. Gêm dau gymal, adra ac oddi cartra, a drodd yn gem dri chymal oherwydd bod y dyfarnwr yn methu cyfri. Esboniaf rŵan hyn.

Cyfartal oedd y cymal cyntaf, 1-1 yn Llanuwchllyn, eu gôli nhw wedi gwneud rhes o arbedion gwych yn yr ail hanner. Roedd 'na foi o'r enw Twm yn chwarae ar yr asgell iddyn nhw – cyflym uffernol – ac roedd y frwydr rhwng Twm a Paul Jenkins, sbruntar arall (a drymar India) oedd yn chwarae yn y cefn i ni, yn werth ei weld. Roedd Geraint Roberts, aeth ymlaen i chwarae i Ddinas Bangor a Porthmadog, ar y fainc i Lanuwchllyn, yn bedair ar ddeg oed. Ma gen i go' o hwnnw, a gweddill carfan tîm Porthmadog, Meilir Owen hefyd, yn landio yng Nghlwb Ifor Bach un nos Sadwrn pan oeddan ni'r Maffia'n canu yno, ar ôl iddyn nhw fod yn chwarae yn Y Barri. Daeth Geraint, oedd wedi cael peth lluniaeth hylifol, ata i a deud: 'T'laen Neil, dangos i'r sgowsars 'ma (y bonheddwyr o Lerpwl oedd yn chwarae ffwt i Port hefo fo) be 'di miwsig go iawn.'

Sgowsars? Miwsig go iawn? Dim preshyr yn fanna 'ta. Gafon ni uffar o noson dda. Mae Meilir Owen yn ddawnsiwr unigryw. Adawa i hi'n fanna a mynd yn ôl at gystadleuaeth pêl-droed Urdd Gobaith Cymru, Cwpan Pantyfedwen, ac i Barc Meurig, Bethesda am yr ail gymal. Roedd milwr newydd yn rhengoedd byddin Meirionnydd y tro hwn, llanc o'r enw Iwan oedd ar lyfrau clwb Wrecsam ac yn chwarae yng nghanol y cae. Yn yr un safle i Aelwyd Bethesda, yn erbyn yr Iwan 'ma, roedd N. Williams o Dregarth. Am yr ugain munud cynta, doeddwn i'm yn gwbod lle o'n i. 'Cicia'r cont,' oedd cyngor Gareth 'Bych' Hughes, amddiffynnwr didrugaredd a oedd yn berchen ar sweet left foot fel maen nhw'n deud. Roedd yr Iwan 'ma'n gyflym ac yn gry, roedd o'n medru rhoi dau dro am un i mi ac roedd ganddo fo fwy o driciau na Paul Daniels. Ond o dipyn i beth, ddois i i mewn iddi a threulio'r gêm gyfa'n marcio'r boi 'ma, ei haslo fo, taclo, gafael yn ei grys ('W't ti'sho'n ffwcing nghrys i, wâ?') a'i gicio fo ambell dro hefyd. Mynd am y bêl oeddwn i, wrth gwrs, onest reff. 'Fath â Remi Moses i United yn erbyn Maradona a Barcelona yn '84. Ha! Ta waeth, cyfartal unwaith eto rhwng yr Howgets a'r Balawâs, 1-1, a'r un fath wedi chwarae amser ychwanegol, felly i'r lotyri annioddefol honno, y penalti shŵtowt. Mae cae Pesda'n gae mawr. Mae dwy awr yn amser hir i fod yn hela cysgod Iwan Maradona o'r Bala, a'r gwir ydi i mi guddio pan ddaeth y cwestiwn pwy oedd am gymryd cic gosb. Ro'n i'n crîm cracyrd, fel 'dan ni'n deud yn y Gymraeg, ond dim cymaint â'r reffari, yn amlwg. Ma' raid bod sefyll yn y cylch canol mewn dillad du, hefo badj FAW, cardia coch a melyn, llyfr poced, pensal a chwiban yn cymeryd *llawer* mwy o egni. Ella bod yr hunan-bwysigrwydd yn drwm arno fo erbyn y diwedd. Beth bynnag am hynny, roedd ei allu i gyfri ciciau cosb wedi mynd i'r diâwl, fel maen nhw'n deud yn Bala. Roedd y penaltis yn artaith. Roedd hon yn semi ffeinal, pob chwaraewr wedi rhoi

pob owns i mewn iddi, a *neb* isho bod ar yr yr ochor fyddai'n
colli. Mae rheolau cystadleuaeth ciciau cosb i benderfynu
gêm gyfartal yr un fath, yn glir ac yn gyson, ledled y byd.
Pum cic yr un, ac os yn dal yn gyfartal, sudden death: a'r
cynta i fethu sy'n colli. Creulon, ond syml. Bethesda aeth
gynta, ac ar ôl pedair cic yr un, roedd y sgôr yn 3-3. Felly os
fasan ni'n sgorio'r nesa, a nhwtha'n methu, ni fydda'n ennill.
Dwi'm yn cofio pwy oedd o, yr oll dwi'n gofio ydi'r chwydd
yn y sach nionyn a'r dathlu bananas. Job y dyfarnwr, mewn
achos fel hyn, ydi cadw sgôr, dim mwy a dim llai na hynny.
A'r sgôr ar y pwynt hwnnw, 5-4 i Fethesda, a Llanuwchllyn
angen rhwydo er mwyn aros yn y gêm. A be nath ein
dyfarnwr FAW annwyl? Taflu'i frên i'r afon Ogwen gerllaw
a chwythu'r chwiban olaf. Mae'n debyg, yn ôl y chwedl, fod
yna reffarî ers talwm wedi cael ei gario o'r cae gan y dorf,
nhwtha'n canu: 'I'r afon â fo, i'r afon â fo,' a'i sodro yn y
dyfroedd.

Felly roedd y gêm drosodd, a roeddan ni drwodd i'r
ffeinal, yn ôl y dyfarnwr. Ond roedd pawb yn gwbod bod
hwnnw wedi 'coco pethe lan' felly roedd 'na deimlad
annifyr, anniben i'r holl sioe wedi'r holl ymdrech, ac
addawodd aelwyd Llanuwchllyn apelio. Canlyniad yr apêl?
Gêm arall. Roeddan ni'n reit falch o hynny, a deud y gwir.
Doedd hi ond yn deg. Felly i gae Ysgol y Berwyn, ac ennill o
ddwy gôl i ddim; ond ges i 'mrifo a gorfod dod oddi ar y cae
am yr unig dro yn fy ngyrfa ddisglair. Neidio am beniad
oeddwn i, a glanio hefo un droed mewn twll. Es i drosodd ar
fy migwrn ac mi chwyddodd hwnnw 'fath â balŵn. Diolch
byth, aeth y chwydd i lawr yn o handi, ac o fewn wsnos
doeddwn i'm 'run un.

Aelwyd y Gurnos, Ystalafera oedd yn ein disgwyl yn y
rownd derfynol. Drwy lwc, gêm o ffwt ac nid Steddfod oedd
hi, neu fysa 'na fawr o bwynt trafferthu, na f'sa? Ta waeth. Ar
un o gaeau moethus Prifysgol Aberystwyth y chwaraewyd

hi, ar bnawn Sadwrn heulog, di-fai. Ar y bỳs ar y ffordd yno, dwi'n cofio Eurwyn Hughes (Twts) yn gweiddi arna i i 'dgoi'g ffwcin shit na i lawg.' Roedd Paul Jenkins a fi'n gwrando ar Rush ar y Radio Casét. Tydi Rush ddim at dant pawb. Roedd Eurwyn a fi yr un flwyddyn ysgol – ddois ar ei draws yn fform-wan, blwyddyn saith erbyn hyn. Un o Rachub ydi o, ac roedd o wedi dod o Ysgol Gynradd Llanllechid, yn un o sawl pêl-droediwr dawnus i ddod o fanno (Colin Jones a Gwynfor Owen yn ddau arall). Mae pobol Rachub yn wahanol i bobol Bethesda, pawb arall hefyd, ran hynny, ac yn ymfalchïo yn y gwahaniaeth. Ma' gynnyn nhw eu nashynyl aidentuti eu hunain. Band o Rachub, nid Bethesda, ydi Celt, i chi gael dallt. Es i mewn i'r Royal Oak yn Rachub rhyw dro i brynu baco, ac mi aeth y lle'n dawel fel y Slaughtered Lamb yn *American Werewolf in London*. Doedd y ffaith 'mod i'n nabod pawb yn y lle'n gneud dim gwahaniaeth – roedd yn rhaid rhoi'r croeso traddodiadol. Daeth llais o'r tywyllwch: 'ydi dy basbort gin ti?' Ha ha bwm bwm. Mae lot o hogia Rachub yn cefnogi Leeds. Hynny'n deud cyfrola tydi. Eurwyn hefyd. Ond dwi erioed wedi dod ar draws neb hefo rheolaeth mor naturiol dros bêl-droed, ac er mor fychan roedd o'n gry ac yn gyflym hefyd. Canol isel a chydbwysedd da. 'Tasa fo chydig yn fwy, neu wedi'i eni yn ne America neu Sbaen, lle mae 'na lai o bwyslais ar faint corfforol a mwy ar sgìl yn eu diwylliant pêl-droed, ella 'sa Eurwyn wedi mynd ymhellach, ein Lionel Messi ni ein hunain. Wir i chi, doedd dim posib cael y bêl oddi wrtho fo. Y rheswm mae Twts yn cael mensh arbennig yn fama ydi rwbath ddeudodd o dro arall. Ym minibys cyn-hanesyddol Ysgol Dyffryn Ogwen oeddan ni, tîm ffwt o dan dair ar ddeg, ar ein ffordd i Ysgol Glan y Môr, Pwllheli, am gêm gwpan, a phawb yn swp sâl oherwydd y carbon monocsaid. Llond minibys o ffiwms egsôst, y feri peth i baratoi'r hogia. Eniwe, roeddan ni wedi cael sawl stop ar gyfer taflu i fyny, ac roedd Peter Harlow, y gôl-geidwad, yn ein 'difyrru' hefo stori hir a diflas iawn am hwylio neu griced, neu'r haenau o graig ignews yn ardal Eryri, neu rwbath. Ma Pete yn filfeddyg y dyddia yma, ac yn foi annwyl iawn; ac mae o mor beniog, dwi'n siŵr bod ganddo fo fwy nag un brên. O'r diwadd peidiodd llais Pete, ar ganol brawddeg bron. Doedd na'm punshlein na diweddglo, ac wedi peth distawrwydd, a thymblwîd yn chwythu heibio, allan o'r hen lonyddwch chwithig daeth llais Twts: 'Stogi dda Haglo, sgin ti un agall?' Pete Druan. A'r sgôr? Glan y Môr 0, Dyffryn Ogwen 6. Aidial. Crasfa, a clîn shît i Pete. Ta waeth, yn ôl â ni i ffeinal Cwpan Pantyfedwen, y troffi pêl-droed mwyaf yn y byd, gyda llaw. Yn arian solat, mae o fymryn yn dalach, mae'n debyg, a hefo'i blunth derw ac arian, yn drymach na Chwpan Pencampwyr Ewrop. Rhodd gan rhyw filiwnydd ecsentrig oedd yn gefnogol i'r mudiad yn y 1930au dwi'm yn ama. Beth bynnag am hynny, mi drodd y ffeinal i fod yn dipyn o epic hefyd.

Aethon ni ar y blaen ar ddechrau'r ail hanner, ein capten, Gwynfor Owen, yn amseru'i naid yn berffaith i'r cwrt chwech, a phenio'n bwerus i lawr ac allan o gyrraedd y gôli, o gic gornel gan eich awdur oedd yn berffaith i'r fodfedd, os newch chi esgusodi fy niffyg diymhongarwch. Lwmp o gôl. Ddaethon nhw'n gyfartal yn fuan wedyn, a sgorio eto fwy ne' lai'n syth. Sicnar. Ar hyn, dyma hyfforddwr Aelwyd y Gurnos, dyn bach crwn hefo sbectols pot jam, nid yn annhebyg i Wali Tomos, na chwaith i Mistar Urdd ei hun (a'r unig un o garfan cwm Tawe oedd â gair o Gymraeg, bai ddy wê), yn derbyn yr ysbryd glân mewn bollten o'r nefoedd. Dechreuodd fowndian i lawr yr asgell yn sgrechian: 'GIRRNOOOS! GIRRNOOOS! I GYMRIII – I GID-DDIIIN – I GRIIIIIST! I GYMRIII— I GID-DDIIIN— I GRIIIIIST! GIR-NOOOS! GIIIR-NOOOOOOS! Ro'n i'n siŵr 'i fod o'n mynd i gael hartan.

Roedd o'n ffrothian. Pwysa mawr ar amddiffyn GIIIRNOOOOS fuo hi wedyn am weddill y gêm, ac mi aeth petha'n flêr ac yn fudur ar adega. Ges i gyfle euraid i sgorio ar ôl chwarae pas un-dau hefo Colin Jones yn y cwrt cosbi ac ergydio am gornel ucha'r gôl, ond i'w gôli nhw neidio 'fath â samwn i wthio'r bêl yn erbyn y trawst, a llwyddodd Kev Bach i roi'r bêl rydd drosodd. Am eiliad ro'n i'n meddwl 'mod i 'di sgorio'r wunar. 'Sa hi wedi bod yn dipyn o foment hefyd, achos roedd Gillian Rees a Lynwen Mai, cariadon Colin a finna, WAGs cyn bod WAGs yn bod, y tu ôl i'r gôl, yn neidio i fyny ac i lawr mewn cyffro wrth i'r bêl gychwyn ei thaith o ochor fewn fy nhroed dde, nhwtha hefyd yn meddwl ei bod hi i mewn. Soniwn ni eto am y leidis maes o law. Ac na phoenwch, gawson ni'r gôl angenrheidiol, a llawn haeddiannol, tua deng munud o'r diwedd. Cic gosb, ac a deud y gwir 'san ni 'di medru cael sawl un. Dwi'm yn siŵr oedd yr hwntws yn cofio ein bod ni'n chwarae hefo pêl yn hytrach nag wy. Gwynfor Owen unwaith eto, y bêl yng nghefn y rhwyd, a'r sgôr yn ddwy yr un. Fedrwch chi glywed Nic Parry'r Barnwr yn 'i ddeud o, medrwch? Gôl-geidwad Gurnos oedd chwaraewr y gêm, 'sna'm dwywaith am hynny, a diolch iddo fo'n bennaf, di-sgôr oedd yr amser ychwanegol. Unwaith yn rhagor, felly, i dir dê-ja-fŵ, a chiciau cosb. Os mai eu gôli nhw oedd chwaraewr y gêm, ein un ni oedd yr arwr. Fel yn y semi, jibiais y shŵtowt a gwrthod bod yn un o'r pump detholedig. Methodd Gwynfor Owen ei gic y tro yma, ond doedd dim ots. Arbedodd Steven Speddy dair o benaltis y Gurnos. Stephen Spitfire, mab Gareth Spitfire, Cadeirydd Clwb Pêl-droed Bethesda Arthritic, a gamodd ymlaen ar gyfer y gic dyngedfennol, i yrru'r hoelen olaf i arch Aelwyd y Gurnos. Mae Stephen Jones bellach yn drefnwr angladdau. Claddodd y penalti, beth bynnag. Dathlu gwyllt, pawb yn cael medal a Gwynfor yn derbyn y gwpan enfawr. Gwagio sawl potal o Pomagne i mewn iddi wedyn a'i phasio rownd i bawb gael swig. Fel roeddan ni'n newid glywson ni floedd dorfol yn dod o stafell newid y Gurnos. Roedd y newyddion newydd gyrraedd fod clwb Abertawe wedi cael dyrchafiad i adran gyntaf Cynghrair Pêl-droed Lloegr. Tîm John Toshack, yn llawn o gyn-chwaraewyr Lerpwl. Mi wnaethon nhw'n o lew am dymor cyn suddo'n syth i'r bedwaredd adran. Ta waeth, yn ôl yn Aberystwyth, roedd pawb yn hapus, a llwyddiant Abertawe wedi lleddfu'r boen o golli i fois Ystalafera (heblaw am Mistar Urdd ei hun, o bosib), a bỳs Moduron Porffor yn llawn o hogia bodlon eu byd yn ymlwybro adra i Besda, hefo cwpan fwya ffwtbol on-bôrd.

Ymlaen â ni i'r gwersylloedd gwyliau (neu'r Al-Caîda trêning camps), Llangrannog yn y Gorllewin Gwyllt a Glan-llyn, yn y Baibyl Belt. Ydach chi'n gyfarwydd â'r gân 'Mudder Fadder' gan Allan Sherman, honno ganodd Gari Williams yn y Gymraeg mewn gwist Boi Sgowt? Felly oedd hi.

Yn 1973 ges i'r fraint a'r wefr o gael mynd i Langrannog am wythnos o hoe a hwyl a Chymreictod pur – mynyddoedd o'r stwff, nes roedd o'n llifo o bob twll a chornel, laic ut or not. Ar y ffordd i lawr ar fỳs moethus y Moduron Porffor mi ges fy ngwthio'n ôl ar y sêt gefn gan Paul Coyne a Malcolm Roberts, a ddaliodd fi'n llonydd er mwyn tywallt Dandelion & Burdock i lawr fy nghorn gwddw nes i mi daflu i fyny. O, am hwyl. Doeddwn i ddim angen help i ychwanegol i fod yn sâl ar fỳs ar yr A487, a doedd y weithred ddim byd i'w wneud â Chymreictod mewn unrhyw ffordd, jyst yn rhan o'r abiws arferol ro'n i'n ei dderbyn gan Messrs Roberts a Coyne o bryd i'w gilydd – am fy mod yn coci, neu'n cefnogi Man-Iw, neu jyst yn digwydd bod wrth law. Roedd yr abiws ges i gan y Swogs yn Llangrannog, myfyrwyr o Bantycelyn a JMJ, gan amla, yn fater arall. Ges i 'ngholbio ar fy mhen hefo fflachlamp gan un twat sadistaidd am siarad Saesneg hefo Owen Thomas, oedd newydd symud i Fynydd Llandygái o Fanceinion. Pan driais i esbonio i Herr Goebbels nad oedd fy nghyfaill eto'n gyfarwydd â iaith y Fuhre-sori-nefoedd, slap arall a 'dim Saisneg' oedd y gair ola. Twll clust nes o'n i'n tincian ges i hefyd am ateb y cwestiwn 'Y ti ishe wî?' wrth y bwrdd brecwast hefo: 'Dim diolch, newy' fod.' Ha ha, bwm bwm, slap, aawtsh! Er gwaetha ymdrechion sawl un o'r swogs, ges i amser da, ar y cyfan. Ar yr ail fore ges i fy ngwirfoddoli i fod ar y 'sgwod'; y tîm o wersyllwyr fyddai'n helpu i weini brecwast, golchi'r llestri a llnau wedyn. Y? Be? Pam fi? Ond dalied eich dŵr am funud bach. Gwir, roedd hi'n dipyn o joban, ac roedd angen bod ar ddyletswydd erbyn chwech o'r gloch y bora – ond ar y llaw arall, roeddwn ni'n cael byta hynny fedrwn i o gig moch, wya, sosijis, bîns a bara saim. Does dim gwobr am ddyfalu pwy oedd yn y ffreutur am chwech ar ei ben bob bora, yn gwirfoddoli fel na welsoch ynghynt nac wedyn. Mae'n wahanol erbyn hyn, ond yr adeg honno roedd y genod yn cysgu mewn chalets ac yn y prif adeilad, a'r bechgyn mewn pebyll canfas gwyn yn y cae islaw. Roedd y pebyll yma'n rhannol barhaol, os ga' i ddeud fel'na, hefo lloriau pren a phedwar bync-bed ym mhob un. Roedd Owen Thomas, Dafydd Gruffydd a finna o Ysgol Bodfeurig mewn pabell hefo'n gilydd, ynghŷd â phump o hogia diarth. Roedd 'na lot o hwyl a mudnait ffîsts, a'r swogs yn trio rhoi stop ar y gwledda – rhai yn gêm ac yn gneud sbort o'r peth gan gymryd breibs o dda-das a Chorona, rhai eraill fel Herr Goebbels yn cymeryd eu swyddi o ddifri calon. Ond un noson, ganol yr wythnos, cafodd y truan yn y bync uwchben Dafydd Gruffydd yr anffawd rhyfedda. Roedd hwn yn cysgu hefo'i geg ar agor a'i dafod allan, a'r noson honno disgynnodd allan o'i fync a glanio ar ei ên ar y llawr pren. Bu bron i'r creadur frathu'i dafod i ffwrdd. Dechreuodd sgrechian, gwaed dros y lle, a bu'n rhaid iddo fo fynd am 'sbyty Penglais i gael pwytho'i dafod yn ôl at ei gilydd.

Roedd y gwersyllwyr yn cael eu rhannu rhwng pedwar 'tŷ', fel y gwyddoch mae'n siŵr: Menai, Tawe, Dyfi a Teifi, er mwyn i'r gwahanol weithgareddau fod yn gystadleuaeth ar hyd yr wythnos. Yn nhŷ Dyfi oeddwn i, a tawn i'n smecs, Dyfi ddaeth o'r gyflafan ar y brig, Menai yn ail agos. Sail y fuddugoliaeth, yn fy nhyb i, oedd ein perfformiadau yn y Noson Lawen. Wnaethon ni sgetsh, a finna'n chwarae bos yn ista tu ôl i ddesg yn ram-damio'i staff am fod yn chwit chwat ac anghofus, ac ar y diwedd roedd y bos yn gorfod croesi'r llwyfan i adael, a phawb yn gweld ei fod o wedi anghofio'i drowsus.

Ta waeth, adroddiad cymysg fyddwn i'n ei roi i'r 'gwyliau' yn Llangrannog. Gormod o *orfod*, beryg, yn cynnwys gorfod, heb fymryn o isho, nofio yn nhonnau gwyllt môr Iwerddon. Nofio neu suddo, yn llythrennol. Hithau'n hurt o oer, y tonnau'n uchel ddychrynllyd a phosibilrwydd eitha real o foddi. Helth an Sêffti? Pah. Ac i rwbio halen ym mriwiau Llangrannog druan, mi gawson ni fynd am wythnos wedyn i Barc Glynllifon. Dim cymhariaeth ma' gen i ofn. Wythnos o 'ysgol breswyl' oedd hi i fod – wythnos o chwarae ffwt ac antura yn y coed bambŵ fu hi, cysgu yn y plasty moethus a dawnsio hefo genod Caernarfon yn y disgo ar y diwadd. Paradwys.

Gwanwyn 1979 oedd y tro nesa i Urdd Gobaith Cymru a finna ddod wyneb yn wyneb, ac mae'n rhyfedd sut mae petha'n medru troi. Llio Haf Tomos, chwaer Angharad Tomos, oedd ein hathrawes gerdd yn Ysgol Dyffryn Ogwen ar y pryd, ac ro'n i'n nesau at fy mhenblwydd yn bymtheg. Roedd Llio'n pwyso'n drwm arna i i drio'n lwc yn Steddfod yr Urdd. Nid mewn côr na pharti, i chi ga'l dallt, o na – ond canu ar ben fy huuuuuun!! Ro'n i'n chwys oer jyst yn meddwl am y peth. Serch hynny, ro'n i wedi penderfynu derbyn y sialens pan ddaeth y newyddion fod yr Urdd yn cynnal clyweliadau ar gyfer eu Cwmni Theatr Ieuenctid Cenedlaethol, a'r sioe gerddorol *Jiwdas*. Yn ôl y manylion, roeddan nhw'n chwilio am actorion, cantorion, dawnswyr a cherddorion. Aidial. Felly i lawr i Neuadd JP Bangor â ni: Dylan Parry (sy'n frawd i'r actor Erfyl Ogwen, nytar o'r uwch gynghrair ac o bosib y gitarydd gwaethaf i hambygio'i offeryn erioed), Elan Hughes a fi. Ro'n i wedi mynd a 'ngitâr fas a Dylan ei gitâr drydan, gan feddwl ella basan ni'n cael bod yn y band. Wnaethon nhw'm gofyn i mi chwara hyd yn oed (na Dylan, diolch i Dduw). Doeddan nhw'm yn chwilio am gerddorion – roeddan nhw eisoes wedi ffeindio'r rheiny. Hergest oeddan nhw, a Rhys Ifans, mab Gwynfor Evans, fydda'n chwarae'r gitâr fas. Delwyn Siôn, eu canwr a oedd hefyd yn gyfansoddwr a chyfarwyddwr cerdd y sioe, fyddai'n cynnal y clyweliad. Doedd neb wedi deud hynny chwaith. Hergest oedd y band Cymraeg cynta i mi erioed ei weld yn canu'n fyw, yn Neuadd y Penrhyn ym Mangor. Stiwdio radio'r BBC oedd y neuadd, ar gyfer recordio cerddorfaoedd a chorau a chyngherddau byw; ac oherwydd bod y gig yn cael ei recordio, roedd mynediad yn rhad ac am ddim. Roedd dau fand lleol yn canu hefyd, The Pumps a Hot Water. Sheila McCartney oedd yn canu hefo Hot Water (mi fues i'n chwarae mewn band hefo hi flynyddoedd yn ddiweddarach). Dwi'n cofio'r noson yn glir, ac roedd Hergest yn wych – ac yn well fyth am nad oeddwn yn gwbod dim amdanyn nhw cyn hynny. Ta waeth, yn ôl i glyweliad *Jiwdas*. Dyna lle roeddan ni'n dau; Delwyn Siôn y seren enwog a finna'r hogyn ysgol; wrth y piano mawr yn Neuadd JP.

'Shwd ma dy range?' gofynnodd Delwyn.

'Hmyffm?' medda fi. Rwbath fel'na.

'S'm ishe' i ti fod ofon. Allet ti gâni'r nodyn hyn?' A dyma fo'n chwarae nodyn ar y piano, nodyn reit isel.

'Aaaa,' canais, fwy ne lai mewn tiwn hefo'r nodyn. Ro'n i wedi troi'n fflamgoch.

Na fe,' medda Delwyn, 'a beth am hon?' Nodyn reit uchel.

'Aaaa,' canais eto.

'Co ti, ma 'da ti range itha.' Dyma fo'n chwarae sgêl: do-re-mi-ffa-so-la-ti-do, a finna'n canu ar ei ôl o: la-la-la-la-la-la-la-laa. Ro'n i wedi ymlacio rhywfaint erbyn hyn, tan i Del ofyn:

'Nawr te, beth s'da ti i gâni i mi de?' Sa rhywun yn meddwl ei fod wedi gofyn i mi ddadansoddi sgrôliau'r Môr Marw. Doedd gen i ddim clem am be oedd y dyn yn siarad. Doeddwn i erioed wedi bod mewn ôdishyn o'r blaen, a doedd y syniad o baratoi cân erioed wedi croesi 'meddwl, a doedd neb wedi sôn bod angen gneud y ffasiwn beth. Felly, wedi prosesu'r cwestiwn am eiliadau hir, hir, be ddaeth allan o 'ngheg? 'Iesu Tirion'. Mewn llais crynedig, erchyll, nad oeddwn erioed wedi'i glywed o'r blaen. Un pennill ac allan â fi. 'Sgen i'm co' o ddeud 'diolch' na 'ta ta' na dim, ro'n i jyst angen bod yn rhywle arall, ar fy mhen fy hun, neu yn ôl yn y groth. Ella bod hynna chydig yn or-ddramatig, ond roedd 'na lot o chwerthin hefo'r gweddill ar gownt 'Iesu Tirion', y gân Gymraeg gynta i mi erioed ei dysgu. Mae 'nghasineb at glyweliadau hyd heddiw'n deillio o'r profiad hwnnw dwi'n siŵr, yn enwedig y rhai unigol, ffurfiol. Dwi wedi mwynhau ambell un sydd wedi bod ar ffurf gweithdy, fel y rhai ar gyfer y gyfres deledu *Amdani* a sioe lwyfan *Llyfr Mawr y Plant*. Pawb yn yr un cwch, ar yr un pryd. Aidial.

Felly yn ôl â ni i'r ysgol, a finna'n dechrau meddwl am ganu ar fy mhen fy hun yn Steddfod yr Urdd, tan i'r newyddion anhygoel gyrraedd rhyw wythnos yn ddiweddarach 'mod i, a Dylan Parry hefyd, wedi cael ein derbyn i ymuno â chast *Jiwdas*, yn aelodau o'r Cwmni Theatr Ieuenctid

Genedlaethol, iff iw plîs. (Tusw brwd, fel ma' Gwenno
Hodgkins yn ddeud.) Ro'n i wedi gwirioni'n lân. Y drefn
fyddai taith drwy Gymru, gan ymweld â Theatrau Gwynedd,
Clwyd, Y Werin, Felinfach a'r Bute yng Nghaerdydd, wedi
pythefnos o ymarfer yn Llangrannog. Doedd ddim angen i
mi bryderu ar gownt hynny y tro yma a deu' gwir – roedd
hwn yn mynd i fod yn brofiad gwych, bythgofiadwy.

Aeth Dylan a finna i lawr yno yn y car hefo Emyr a Vera,
ei fam a'i dad, Emyr yn ei elfen yn disgrifio'r daith i ni ar hyd
y ffordd. Dwi'n cofio rhyfeddu at harddwch a gwyrddni'r
wlad wrth deithio, ac er bod y salwch car felltith yn bygwth
codi'i ben fu dim rhaid i ni stopio. Erbyn cyrraedd
Aberystwyth roeddan ni'n barod am ffîd. Fish a chips
gawson ni, i fyny'r grisia yn y caffi ar dop y stryd fawr. Mae
o'n dal yno hyd heddiw dwi'n siŵr. Mae gen i go' bod Emyr
Parri wedi deud mai yn ardal Aberystwyth oedd y Gymraeg
buraf i'w chlywed, am ei bod hanner ffordd rhwng y gogledd
a'r de. Anodd gwbod hefo Emyr weithia ai deud y gwir ta
malu cachu oedd o, nid yn annhebyg i 'nhad i fy hun. Ta
waeth, ymlaen â ni felly i Langrannog yn y Gorllewin Gwyllt.

Wedi diolch a ffarwelio ag Emyr a Vera, dyma lusgo'n
bagiau i fyny i neuadd y gwersyll, lle roedd pawb i ymgynyll.
Doeddwn i'm yn nabod neb heblaw Dylan. Delwyn Siôn a
gweddill aelodau Hergest oedd yr unig wynebau cyfarwydd,
ac mi eisteddais yn ddistaw ar fy nghês nes i ddyn mawr
gamu i flaen y neuadd a hawlio sylw pawb. John Japheth,
Pennaeth y gwersyll oedd o – ro'n i'n ei gofio o 'ngwyliau
bum mlynedd ynghynt. Hwn oedd y dyn fyddai'n sgwashio'i
drwyn yn fflat yn erbyn ei wyneb i ddangos nad oedd
ganddo asgwrn yn ei drwyn bellach, o ganlyniad i'w yrfa
lewyrchus ar y maes rygbi.

Gair neu ddau, tra 'dan ni yma, am y gêm genedlaethol.

Heblaw am gefnogi Cymru a'r Llewod, 'sgin i fawr o

ddiddordeb a deud y gwir. Gwraidd hyn, dwi'm yn ama, ydi cymhlethdod y rheolau. Mae isho gradd yn y gyfraith i'w cofio nhw i gyd. Mewn pêl-droed, ar y llaw arall, heblaw am y rhai amlwg, fel peidio cicio pobol na gafael yn y bêl os nag ydach chi'n gwisgo crys lliw gwahanol ac yn byw yn y gôl, un rheol sy' na, sef camsefyll. Mae honno'n ddigon hawdd i'w hesbonio dros fwrdd bwyd hefo help y poteli sôs, cwpwl o fygiau a'r potia halen a phupur. Os 'dach chi'n dal ddim yn dallt, wel mae 'na wastad hoci, netbol neu rowndyrs does? Y peth arall ydi'r busnes 'ma o *orfod*. Doedd Ysgol Dyffryn Ogwen ddim yn ysgol fawr o ran niferoedd. Tua phum cant o ddisgyblion oedd yno yn f'amser i, llai erbyn hyn, dwi'm yn ama'. Ro'n i'n gapten ar dîm pêl-droed yr ysgol, ac mi wnaed yn eglur iawn i mi bod 'disgwyl' i'r sawl oedd yn dal y safle anrhydeddus hwnnw osod esiampl drwy ymuno â'r tîm rygbi ac ymddangos yn frwdfrydig am y peth. Matar o raid oedd hi felly fod y tîm rygbi yn gymysgedd o'r tîm ffwtbol, Kevin Taff (aka Robbo, drymiwr talentog, mwy amdano fo eto) ac ambell gorff abal o garfan Welsh Nash y chweched dosbarth. Roedd Siôn Maffia'n chwip o gefnwr fel mae'n digwydd, a Paul Jenkins yn chwaraewr greddfol, cyflym. Gweithgaredd eitha diweddar oedd rygbi yn yr ardal ac yn yr ysgol, a chlwb Bethesda ei hun yn ifanc iawn ar y pryd. Joe PT, ein hathro chwaraeon, oedd un o'r sylfaenwyr – un o'r de oedd Joe, felly rygbi oedd ei betha fo wrth reswm. Roedd o'n dipyn o gymeriad ac yn hen foi addfwyn, dim ond i chi beidio anghofio'ch cit. Os oeddach chi'n anghofio'ch cit, roeddach chi'n cael eich cyflwyno i Bertie. Bat criced wedi'i lifio i lawr i faint handi ar gyfer eich waldio ar eich tintws oedd Bertie, hefo'r enw 'Bertie' wedi'i losgi ar ei hyd hefo procar poeth. Os bydda 'na dri neu bedwar troseddwr, byddai Joe yn eu leinio i fyny a'u plygu drosodd, a'r gobaith enbyd fydda i'ch tro chi fod yn gynta yn hytrach na'r ola, oherwydd mi fydda Joe'n waldio'n galetach fel yr âi ar hyd y llinell. A choeliwch fi, roedd o'n brifo. Gwaeth na chansan eni dê.

Mi fydda Joe PT yn mynd â ni i gae Penbryn i chwarae rybgi yn yr eira, y cae wedi rhewi a fynta'n mynd trwy dwll yn y clawdd am banad hefo'i fêt yn stad Erw Las, a'n gwylio ni drwy ffenast y gegin. Roedd o'n meddwl bod hynny'n hulêriys. Ond weithiau yn y bywyd 'ma, mae cyfiawnder naturiol yn dangos ei wyneb hardd. Gwers chwaraeon yn yr haf oedd hi, a ninna'n chwarae criced. Twts, ein Lionel Messi, oedd yn batio a Joe PT yn siarad hefo rhywun, a ddim yn talu sylw. Mae'n talu i dalu sylw pan fydd 'na bêl griced o gwmpas, fel roedd Joe ar fin darganfod. I lawr â'r bêl o law'r bowliwr, hwc-shot gan Twts, ac fel roedd Joe PT yn troi'i ben yn ôl tuag at y gêm, tarodd y bêl goch galed ei dalcen, a lawr â fo fel sach o datws. Shot, Twts. Ta waeth. Daeth fy ngyrfa rygbi fer a thrist i ddiweddglo diseremoni ar lawnt foethus Plas Newydd ar lannau'r Fenai. Mi fyddai'n tîm ysgol ni, yr unig un, yn chwarae yn erbyn ail dimau ysgolion Friars, Bangor, David Hughes, Porthaethwy a John Bright, Llandudno er mwyn gwneud y frwydr yn fwy hafal. Roedd chwarae yn erbyn eu timau cyntaf yn wastraff amser, sgoriau o 75-0 a gwaeth yn aml, a tydi hynny ddim yn hwyl i neb, yn enwedig y sawl ar ben tîn yr harnish, bulîf-iw-mî. Roeddan ni wedi ennill gêm agos a chyffrous yn Nôl Dafydd, Bethesda, yn erbyn ail bymtheg David Hughes, felly ar gyfer yr ail gyfarfod roeddan nhw wedi 'cryfhau' rhywfaint, drwy roi 'un neu ddau' o'u tîm cyntaf i mewn. Neb o bwys, jyst eich comyn-or-gardyn Robin McBrydes a'ch Dafydd Emyrs, w'chi. Ar ben hynny, roedd ein pymtheg ni dipyn yn wannach yr eildro – sawl un yn sâl neu'n methu dod oherwydd trefniadau teulu, gan fod y gêm ar fore Sadwrn. Mae Gogledd Cymru yn gartref i rhai o'r meysydd chwaraeon mwyaf gogoneddus ar wyneb yr hen blaned 'ma, a'r cae rygbi ar dir Plas Newydd yn un ohonyn nhw. Roedd y bore Sadwrn hwnw'n ogoneddus hefyd; ychydig yn oer dan haul yr hydref, dail o bob lliw yn barod i ddisgyn oddi ar y coed mawreddog a'r rheiny oedd ar lawr eisoes wedi ymgynnull mewn pwyllgorau crin ar hyd y lle, yn felyn, yn frown ac yn goch; dail derw, sycamor, ffawydd, coed concyrs a phob mathau. Bore Sadwrn llonydd, heb hyd yn oed furmur o awel i aflonyddu'r dail – a dim awgrym o'r trais a'r boen oedd o'n blaenau.

Pan fydd pêl yn gron, ac yn cael ei thrafod drwy gyfrwng y droed, dwi'n gwbod lle ydw i, i ba gyfeiriad dwi'n mynd a be 'di'r anghenion. Felly, dwi'n medru mynd ati i geisio cyflawni'r anghenion hynny, a rhoi fy noniau cyfyngedig i'w defnydd gorau posib, er lles fy nhîm a thuag at ganlyniad ffafriol. Ond pan nad ydi'r bêl yn bêl, ond yn hytrach yn wy i'w drafod hefo'r dwylo, sy'n gorfod mynd yn ôl cyn mynd ymlaen, mae'r gwrthwyneb i'r uchod yn wir. Ar gae rygbi, doeddwn i'n ddim ond damwain ar ddwy goes, yn disgwyl ei foment fawr. Y bore Sadwrn hardd hwnnw, yn y lleoliad ysblennydd hwnnw, oedd y foment honno. Mae rygbi'n gêm beryg hyd yn oed dan amgylchiadau delfrydol, pan fydd pawb sy'n cymryd rhan yn hyddysg yn ei reolau a'i sgiliau. Mae hi'n beryclach fyth pan mae dihirod fel fi'n rhuthro o gwmpas y lle heb obedeia be maen nhw'n drio'i neud. Fflancar o'n i, i fod. Ydi, mae o'n odli, tydi. Blaen asgellwr 'ta. Ochor agored, iff- iw-plîs. Sa fo 'di medru bod yn ochor o ham, gymint ag oeddwn i'n wbod. Yr oll a ddywedwyd wrtha i mewn hyfforddiant oedd fy mod yn gorfod rhoi hanner fy nghorff, hynny ydi un fraich ac ysgwydd, i ochor y sgrym, a helpu i wthio. Os oeddan nhw'n rhoi'r bêl i mewn, y 'pwt-un', ro'n i'n gorfod disgwyl i'w mewnwr gael y bêl mas o'r sgrym, a'i basio mas o'r mewn a mas i'r maswr. Ar hyn, ro'n i'n gorfod torri i ffwrdd o'r sgrym, ei heglu hi am y maswr, a'i lorio. Syml 'de, ar bapur. Yn ymarferol, nid felly, gwaetha'r modd. Gan amla, erbyn i mi gyrraedd y maswr, roedd o wedi ymadael, a ngadael i, a'm ymdrech i'w daclo, yn lwmp ar y llawr; ambell dro hefo hoel poenus styds ei sawdl yn fy ngwep neu ar fy mrest, yn poeri gwair a pridd o 'ngheg. Lyfli. Neu mi fyddai'r dyfarnwr yn chwythu (byw mewn gobaith) oherwydd 'mod i wedi torri'r sgrym yn rhy fuan, neu gamsefyll, neu ddod i mewn o'r ochor, neu heb ollwng y bêl, neu fod oddi ar fy nhraed mewn ryc, neu ar fy nhraed mewn môl, neu'n sefyll ar fy mhen yn canu Ianci-Dŵdl-Dandi, neu be bynnag ddiawl 'di'r rheol am hynny. Ta waeth, wedi'r ornest dyngedfennol hon, rwbath hanesyddol fyddai gêm y bêl hirgron i mi.

Roeddan ni ymhell ar ei hôl hi'n fuan yn y gêm, ac roedd hon yn amlwg yn mynd i fod yn bedwar ugain munud hir a phoenus. I mi, a dau o hogia Borth, roedd yr amser yn llai, ond y boen yn fwy, oll o'm herwydd i. Y cynta i ddiodda oedd llanc o'r enw Gashe. Mae o'n feddyg rŵan, aeth i'r coleg yng Nghaerdydd hefo Duncan 'y mrawd. Byd bach, de? Mi fu'n lwcus i gael mynd.

Mewn ryc oeddan ni, neu môl, sut bynnag mae disgrifio'r amrywiol dwmpathau dynol ar gae rygbi. Ro'n i'n ymwybodol bod fy nhroed dde'n sefyll ar rwbath meddal, ond nes i'r cyrff glirio ar ôl y chwiban i ail drefnu ar gyfer sgrym, wyddwn i ddim mai gwddw Mr Gashe oedd o dan y droed. Ddaru o ddim symud o gwbwl am chydig, ac ro'n i'n poeni bod rwbath mawr yn bod. Ar ôl dipyn, dechreuodd dagu a phoeri a chodi ar ei ista, diolch i'r nefoedd. Mi fu'n rhaid iddo adael y cae beth bynnag, a chael ei gludo i Sbyty Gwynedd. Wps, sori, ond hei ho, dyna fo, ymlaen â'r gêm. Dwi'm yn cofio enw'r milwr nesa i ddisgyn. Hogyn tal hefo mop o wallt melyn oedd o, wedi teyrnasu yn y lein-owts gydol y frwydr. Eironi anaf y truan yma oedd mai o dacl berffaith y digwyddodd o, mae'n bosib iawn mai honno oedd yr unig un i mi erioed ei chyflawni. Wrth iddo gamu i'r ochor a cheisio swyrfio heibio, llwyddais i droi'n ôl a'i ddal rownd ei ganol, llithro i lawr ei gorff a chloi 'mreichiau rownd ei goesau islaw ei bennau gliniau. Lawr â fo, a finna ar ei ben. Roedd 'na sŵn 'wwhhwmff', ac wrth i mi godi ar fy nhraed, roedd y creadur yn griddfan ar y llawr, yn methu cael ei wynt. Ymlaen â'r hyfforddwr, ac er i'r hogyn ddod ato'i hun wedi chydig funudau, mi fu'n rhaid iddo ynta ymadael 'run ffordd â Mr Gashe. Mae'n debyg ei fod wedi hanner gollwng y bêl yn y dacl, ac wrth iddo drio ailafael ynddi roedd pwynt y bêl o dan ei asennau, ac wrth i'r pwynt arall daro'r llawr, hefo pwysa'r chief a finna'n ei ddilyn, gyrrwyd y bêl i mewn i'w solar plecsys a chnocio'r gwynt i gyd o'i gorff. O diar. Dau i lawr, tri ar ddeg i fynd. Naci, un i fynd, a gesiwch pwy. Ymlaen â ni felly at ddiweddglo urddasol fy ngyrfa rygbi bitw. Ryc neu môl arall oedd hi. Sgarmes 'di'r gair Cymraeg iawn, bosib. Siŵr 'mod i wedi'i glywed o tra'n gwylio rygbi ar S4C. Ta waeth, yno roeddwn i'n tyrchu am y bêl, ochor chwith fy mhen yn dynn yn erbyn pen glin un o flaenwyr Porthaethwy, yn gweiddi 'SYPÔRT, SYPÔRT.' Ro'n i'n gweld y cafalri trwy fy llygad dde yn cyrraedd ar garlam: Kevin Taff, ein wythwr, ar y blaen. Dyna'r peth ola welis i. Ffrwydrodd pen glin Robbo i ochor dde fy mhen bach bregus a'i ddryllio i mewn i'r pen glin o Borthaethwy. Sêr cartŵn uwch fy mhen a dyna ni, fel maen nhw'n deud, y gêm drosodd. A'r bêl hirgron a fi'n ffarwelio am y tro olaf. Dim mwy o gemau rhwng tîm yr ysgol a chyfuniad o athrawon a thîm cyntaf clwb Bethesda (esgus handi iawn i'r athrawon hynny oedd isho waldio hogia ifanc 'o fewn rheolau'r gêm'). Dim mwy o gael fy llorio gan ffermwyr anferthol o Ddyffryn Conwy hefo ffrecls a gwallt coch. Dim mwy o redeg hyd cae ar ôl y bêl dim ond i weld y basdad peth yn hwylio dros fy mhen y ffordd arall a gorfod troi rownd a rhedeg ar ei hôl eto. I be, Mr Chiswell? I be yn wir?

Yn ôl â ni at Gwmni Theatr Urdd Gobaith Cymru, yn Llangrannog i ddechrau ymarfer yr opera roc *Jiwdas*. Allai'r teimlad y tro hwn ddim bod yn fwy gwahanol i'r tro cynta i mi fod yno. Nid plant bach yn cael rhestr hir o gwnewchs a pheidiwchs oedd hyn, ond croeso cynnes i griw o bobol ifanc oedd yno i weithio a chreu. Ar ôl araith John trwyn fflat, araith gan Emyr Edwards, awdur y geiriau a chyfarwyddwr y sioe, ac wedyn fy hen fêt Delwyn Siôn, Cyfansoddwr, Cyfarwyddwr Cerddorol ac arwr in jenyral. Y dasg nesa oedd trefnu pwy fydda'n cysgu ym mha gaban. Roedd Dylan Parry a finna'n rhannu caban hefo neb llai na Stifyn Parri a Phil Reid. (Rees oedd o bryd hynny). Mi oedd 'na ddau arall, ond fedra i'm cofio'u henwa, sori hogia. Fydda 'na ddim esgus i anghofio Stifyn, na fydda, ac mae Phil a fi wedi bod yn ffrindia ers blynyddoedd. 'Na'i byth anghofio Stifyn, yn fore iawn un bore yn y cyfnod ymarfer, yn ateb y cwestiwn, 'faint o'r gloch 'di?' a ddaeth o un o'r byncs eraill, heb godi'i ben oddi tan ei gwilt, hefo: 'Chwarter wedi septic, rŵan ffyc off.' Ffraeth iawn. Wedi i bawb fynd â'u stwff i'w stafelloedd, y traddodiad pwysicaf a mwyaf pleserus: swpar. Mae 'na lawer sy'n fy adnabod fydda'n deud mai ardal y bwrdd bwyd yw fy nghynefin, lle dwi fwyaf cartrefol ac ar fy ngorau, boed yn frecwast, cinio, te, swpar, 'lefnsus, cacan dri, snacs achlysurol, beth bynnag. Wrth y bwrdd swpar yn Llangrannog, y swpar cyntaf, ges i gyfle i sbïo o gwmpas a gweld pwy oedd yno. Ro'n i gyda'r fenga ar y cwrs, ac yn teimlo'n fychan ac yn swil iawn yng nghwmni'r holl bobol hyderus ac uchel eu clychau, os ga' i ddeud fel'na. Roedd llawer ohonyn nhw'n nabod ei gilydd eisoes, rhai yn fyfyrwyr drama yng Nghaerdydd, Bangor neu Aberystwyth, fel Simon Fisher a Dewi Rhys neu, fel Stifyn Parry, wedi bod yn rhan o gynhyrchiad y flwyddyn cynt, *Miss Gwalia*. Roedd Siân James yno, Pauline Williams (fyddai'n gynhyrchydd teledu ymhen amser, a *Tipyn o Stad* ymysg ei phrosiectau),

Mari Emlyn (mi gafodd ei mêt affêr hefo Gareth y drymar, sgandal fawr), Dylan 'Dawns' Davies (fu'n labswchan hefo Siân James – sori Jôs, ond ymhell, bell cyn...) ac Elfed Tywydd, oedd yn chwarae Annas. Stifyn oedd Caiaffas. Dwi'n deud hynny'n fan hyn achos un o'r Phariseaid oeddwn i, ac roedd y Phariseaid yn hofran yn y cefndir gan amla pan fyddai Caiaffas ac Annas yn strytio'u stwff. Roedd Phil Reid yn Pharisead hefyd, hwnnw'n gwisgo DMs, licio'r Clash a chefnogi Chelsea. Roedd Simon Fisher, Dewi Rhys a Rhys Powys yn ddisgyblion i Iesu G – dwi'n cofio hynny oherwydd bod ganddyn nhw wisgoedd unigol, lliwiau pastel golau, o'u cymharu â ni'r Phariseaid mewn rhyw fath o iwnifform o glogyn glas tywyll hefo tabard du drosto. Milwr Rhufeinig oedd Dylan Parry. Roedd 'na giang ohonyn nhwtha hefyd, yn eu hiwnifforms coch ac aur. Y Phariseaid a'r milwyr oedd yn ffurfio'r corws, fwy na heb, felly roeddan ni ar y llwyfan y rhan fwyaf o'r amser, ac wedi gorfod dysgu lot o ganu a choreograffi. Yn aml iawn yn ystod y cyfnod ymarfer, roedden ni'n cael ein galw'n ôl ar ddiwedd sesiwn i fynd dros ein rwtîns. Ddim 'mod i'n cwyno – roeddwn ar ben fy nigon.

Huw Bala oedd seren y sioe, Jiwdas ei hun, a'i frawd Robin yn chwarae rhan Iesu G. Roedd Fflur Tomos, chwaer Angharad a Llio Haf, fy athrawes gerdd, yn y sioe hefyd, a Deilwen Crump, fyddai'n cymryd ei swydd ar ei hymadawiad, yn chwarae ffidil yn yr adran linynnau. Roedd Euros Evans, brawd Tecwyn Ifan, yn chwarae'r piano, ac mi wnaeth hwnnw hefyd stint yn Adran Gerdd Ysgol Dyffryn Ogwen, fel myfyriwr Ymarfer Dysgu, yn fy mlwyddyn Lefel O.

Ar ôl swpar ar y noson gynta, gawson ni redeg yn hamddenol ac anffurfiol drwy ganeuon y sioe: Delwyn Siôn ar gitâr acwstig, Euros ar y piano, y prif gantorion yn canu a'r gweddill ohonon ni'n rhyw fwmian ymuno fel roeddan ni'n teimlo y medran ni. I mi, roedd y sesiwn honno'n hudolus. Roedd pawb wedi cael casét o'r caneuon, fersiynau cynnar, bras a Delwyn Siôn yn eu canu, neu eu 'marcio' nhw, ond ar y noson gynta honno y daethon nhw'n fyw am y tro cynta, yn y lleisiau roeddan nhw wedi'u cyfansoddi ar eu cyfer. Doeddwn i ddim yn sylweddoli ar y pryd, wrth gwrs, ond roedd hon yn foment fawr i Delwyn ac Emyr hefyd; y cyflwyniad cyntaf o'u gwaith gerbron y cwmni. Ro'n i wedi rhyfeddu. Trwy gydol fy mywyd proffesiynol yn y theatr, mae'r cyfnodau ymarfer wedi rhoi mwy o foddhad a mwynhad i mi na'r cyfnodau perfformio. Y broses o chwilio a darganfod, chwynnu, twtio, ailwampio a pharatoi ydi be sy'n ddiddorol i mi. Hynny a natur breifat y broses honno, y stwff sy'n digwydd o fewn y 'teulu', o lygad y cyhoedd. Wrth gwrs, mae diwedd y cyfnod a'r perfformiadau cyntaf yn gyffrous ofnadwy, ac mae rhywun isho gweld sut mae'r peth yn gweithio a be fydd adwaith cynulleidfa, ond y gwaith, y 'nyts'n' bolts', sy'n fy nghyffroi i. Dwi 'run fath hefo miwsig, yn aml iawn yn mwynhau ymarferion a sowndchecs gystal os nad gwell na'r gigs, ac yn hapusach yn creu mewn stiwdio recordio nag yn unrhyw weithle arall yn y byd.

Eniwe, yn ôl at y sing-song yn Llangrannog hefo Pwy 'di Pwy adloniant Cymru 1979, lle breintiedig i hogyn fel fi yn ddi-os, ac mi es i 'ngwely'r noson honno wedi blino'n llwyr ac wedi 'nghyffroi llawn gymaint. Ond cyn mynd am y ciando, roedd un traddodiad arall i'w gyflawni. Ro'n i wedi anghofio am hwn ers fy 'ngwyliau' ysgol gynradd: yr Epilog hwyrol. Ia siŵr Dduw, i GYMRIII, i GID-DDÎN, i GRIIIIST. Nes i'm sylweddoli y bysan nhw mor frwdfrydig am y god-boddyring yn y cyd-destun theatrig hwnnw, cofiwch, ond coeliwch chi fi, roeddan nhw'n ffwl on. Delwyn Siôn ei hun yn arwain yr emynau, ac roedd 'na weddïo a bendithio a phob math o shenanigans Duwiol cyn ein bod ni'n cael deud 'nos da'. Roedd yn eitha job i mi fedru cadw wyneb syth wrth weld y ffyddloniaid yn mynd i hwyliau orgasmig yr addoli i gyfeiliant nefolaidd gitâr acwstig Delwyn Siôn, fin nos yn y Gorllewin Gwyllt. Er i mi gael fy magu yn Eglwys y Bedyddwyr (o ryw fath), mynd i'r ysgol Sul a'r capel hefo Nain a Taid, ddaru Mam a Dad erioed hwrjio crefydd arnon ni'r plant; a thrwy gydol fy mywyd, er i mi drio cadw meddwl agored ynglŷn â'r holl gyboitch, tydw i erioed wedi medru cymryd y peth o ddifri a phrynu'r ticad, fel 'tae.

Nid felly hefo'r busnes 'shêw' 'ma. Mae'n ddigon posib mai yn ystod y pythefnos hwnnw yn Llangrannog y penderfynais i, yn fy isymwybod, mai yn y byd yma mewn rhyw ffordd neu'i gilydd, yr oeddwn i isho bod yn y pen draw. Roedd pob dydd yn llawn, yn hir ac yn waith caled, yn gorfforol a meddyliol, ac mi oeddwn i wrth fy modd. Roeddwn i yn 'stafell ymarfer y band bob eiliad sbâr, lle fyddai Delwyn, y cantorion a'r cerddorion yn siapio a golygu'r caneuon, neu ambell dro pan fydda'r band yn jamio. Roedd fy sylw wedi ei hoelio ar Rhys 'D King' Evans. Dyna sut arwyddodd o fy sgript. Roedd pawb wedi arwyddo sgriptiau pawb arall, wrth reswm. Rhys oedd y gitarydd bas, ac roedd yn fraint ac yn wers amhrisiadwy i mi gael gweld a gwrando'n fanwl ar ddatblygiad strwythur, arddull a sŵn y gerddoriaeth, ac yn enwedig sut roedd y bas a'r drymiau'n cloi ac yn plethu, yn gosod y sylfaen i bopeth arall.

Yn ystod yr ail wythnos o ymarfer symudwyd y band o'u caban clyd i mewn i'r neuadd, er mwyn rhoi'r actio, y canu, y dawnsio a'r gerddoriaeth at ei gilydd a dechrau 'rhedeg' y sioe yn ei chyfanrwydd. Ar ôl cinio ar y dydd Llun, wedi bore o ail-ymarfer ambell gân neu rwtîn, dyma fynd ati i ddechra yn y dechra a pharhau tan y diwedd. Mae'r wefr a'r cyffro, y don o emosiwn ac egni ffrwydrodd drwy'r cwmni'r prynhawn hwnnw yn drysor o atgof i mi. Mae'r 'ryn' gyntaf, neu'r 'stagyr thrŵ' fel mae'n cael ei adnabod, yn garreg filltir bwysig yn y broses ymarfer, ac yn foment dwi wastad yn edrych ymlaen ati (ac ychydig yn drist o ffarwelio â hi), pa bynnag sioe dwi'n gweithio arni. Mae'r 'chwarae' fwy neu lai drosodd – twtio, rhoi sglein a hoelio pia' hi wedyn. Dwi'n cofio Robin Evans, mêt Phil Reid o Ysgol Penweddig, oedd yn gweithio'r ddesg sain, yn wên lydan gydol y rhediad cynta, ac yn deud wedyn dros swpar: 'Wel, ma'r show ma'n bril bois.' 'Bril' oedd clywed hyn ganddo fo'n arbennig, yn un peth achos os ydach chi isho'r gwir amrwd am unrhyw sioe, gofynnwch i'r technegwyr. Dydyn nhw *byth* yn deud celwydd. Ac yn beth arall, pync rocyr fel Phil a finna oedd Robin, a fyddai yn mynd ymlaen i chwarae bas i'r Sefydliad, un o fandiau pync gorau'r genedl; a doedd Robin ddim yn un fyddai'n debygol o ddeud bod sioe canu a dawnsio am stori brad a thranc y Crist Iesu'n 'bril' os nad oedd hi. So ddêr.

Felly i ffwrdd â ni i Theatr y Werin, Aberystwyth, ar gyfer yr ymarferion technegol, a chyrhaeddiad y goleuo a'r sain a'r gwisgoedd; lojistics cyrraedd a gadael y llwyfan, newid y golygfeydd a phopeth felly. Wedyn daeth y 'dress', yr ymarfer llawn mewn gwisg, sy'n parhau tan y diwedd heb stop, doed a ddel. I mi, hud a lledrith pur. Bythgofiadwy. Dwi'n gwbod bod y lyfi darling thespiaid yn licio malu cachu am 'treading the boards', a'r 'smell of the greasepaint' a phetha felly, ond mae 'na wirionedd yn hynny, i mi beth bynnag, er bod deud y fath beth yn gymaint o ystrydeb. Ar dripiau Dolig staff BBC Bangor i Lerpwl hefo Dad a Mam, wedi i'r hogia fynd yn y pnawn am Anfield neu Goodison ac wedi i'r genod hitio'r siopau, mi fydda pawb yn mynd i'r Royal Court neu Theatr yr Empire gyda'r nos i weld y Panto. Welson ni Cannon & Ball yn *Aladdin* ac Anita Harris yn *Peter Pan*, ond y gorau gen i oedd Cilla Black fel Dick Whittington. O ganol y chwerthin a'r miri, canodd, 'Oh You Are A Mucky Kid'. Ar ddiwedd y gân roedd y gynulleidfa'n fud mewn tristwch, am eiliad neu ddwy, a Cilla'n ei dagrau.

Wedi'r ffrwydrad o gymeradwyaeth, o fewn curiad calon a gwên lled y Ferswy gan Cilla, roeddan ni'n ôl yn yr hwyl a'r slapstic. Yn *Jiwdas*, yr un profiad oedd o, ond o'r ochor arall, o'r tu mewn fel petai, ac yn rhan o bob agwedd o'r broses. Mae'n lle breintiedig i fod, a tydw i erioed wedi blino ar gael bod yno. Pan oeddwn i'n teithio hefo sioeau fel technegydd ar y tîm cynhyrchu, mi fyddwn i wastad yn mwynhau cyrraedd theatr wag, dywyll, a'i gadael ar ddiwedd yr ymweliad yn yr un modd, fel 'tasa 'na ddim byd wedi digwydd o gwbwl. Fel 'mod i'n rhannu cyfrinach hefo'r gofod roeddan ni newydd fod ynddo. Sofft 'de?

Ta waeth, yn ôl yn Theatr y Werin, roeddan ni'n barod rŵan i agor y sioe. I gymryd y plynj. Pawb ar biga, heblaw Stifyn Parri oedd mor ynfflapabyl ag erioed, a Fflur Tomos. Roeddan nhw'u dau'n dipyn o fêts, ac yn help mawr i bawb arall jyst oherwydd eu bod wedi ymlacio, yn sgwrsio'n hamddenol ac yn deud jôcs. Doeddwn i'm yn gwbod be i neud hefo fi fy hun ro'n i mor nerfus, a dwi'n cofio Simon Fisher, oedd wedi 'nghymryd o dan ei adain, chwarae teg iddo, yn cynnig cyngor yn ei lais sibrwd trwm: 'Paid becso, reit, anâdli'n ddwfn s'ishe arno' ti, a cher drwyddo be s'da ti i neid yn dy ben cyn myn' mhlân i neid e.' Diolch Si, nais wan. Cyngor da hefyd, ond 'sa fo 'di medru bod yn siarad Swahili, ffasiwn stad ro'n i ynddi, a dim ond yn y corws oeddwn i. Roedd Theatr y Werin dan ei sang ar gyfer y premiére, ac roedd y sioe yn llwyddiant ysgubol – pawb gefn llwyfan yn rhedeg o gwmpas yn sgrechian a chofleidio a chrïo a bod yn ddramatig, hyn oll ddegawdau cyn *High School Musical*, a chyn *Fame* hyd yn oed. Dwi'n cofio sefyll wrth ochr y llwyfan yn gwylio golygfa marwolaeth Jiwdas, yn barod i fynd ymlaen ar gyfer y gân olaf a'r finale. Mae llwyfannu crogi yn effeithiol ar lwyfan, heb beryglu'r actor sydd â'i wddw yn y rhaff, yn broblem dragwyddol i gynllunwyr a chyfarwyddwyr, ac mi fu peth trafodaeth ac arbrofi cyn penderfynu pa ddull i'w ddefnyddio. Silhouette o Jiwdas wedi'i daflunio ar gefn y set aeth â hi, a hynod effeithiol oedd o hefyd. Ar ôl iddo ganu 'Gardd Gethsemane', fy hoff gân yn y sioe, aeth ati i ddifa'i hun, clymu'r rhaff wrth fonyn yn bwyllog fwriadol mewn tawelwch llethol, wir i chi, mi fasach chi wedi medru clywed pin yn glanio, a phan ddigwyddodd 'y weithred', daeth ebychiad tri chant a hanner o bobol yn un. Hud a lledrith unwaith eto. 'Majic' chwadal Wali Tomos.

Ymlaen i daith *Jiwdas*. Ar ôl y premiere gogoneddus yn Aberystwyth, aeth yr holl shebang o gwmpas Gwalia ar daith. Dyddia hapus, di-hid; gwell na gwylia mewn ffordd, achos roedd 'na bwrpas i'r peth. Bysus Regina, o Flaenau Ffestiniog, oedd yn mynd â ni – Duw a ŵyr pam 'mod i'n cofio hynny – bysus coch a hufen oeddan nhw. Dwi'n cofio pasio drwy Fethesda, ac un o ffrindia Mari Emlyn (roeddan nhw'n giang o dair, genod Rhydfelen), yn deud: 'O, man *hyn* yw Bethesda, wi 'di cliwed shwd gimint am Fethesda,' a dyna'r tro cynta i mi gael y syniad bod Bethesda'n enwog mewn rhyw ffordd yng Nghymru fawr, fel 'tae. Ma' raid i mi gyfadda i mi deimlo balchder – roedd y rhain yn genod soffistigedig, o'r brifddinas. Roeddan nhw'n betha handi 'fyd. Rhedag i ffwrdd hefo'r drymar nath hon, 'ta beth'. Lle'r oedd hi'n bosib ar y daith, roedd pobol yn cynnig llety i'w gilydd, ac mi ges i aros yng nghartref hogyn o'r enw Dylan Hughes, un o 'nghyd Phariseaid, yn Rhuthun pan oedd y sioe yn Theatr Clwyd, fynta'n aros hefo ni yn Nhregarth pan ddaethon ni i Theatr Gwynedd. Gweler y llun: Mam a fi, dau o filgwn Dad a hanner Dylan Hughes o Ruthun. Roedd ffotograffiaeth Dad llawn cystal â'i ganu. Welais i 'mo Dylan am flynyddoedd maith wedyn, ond ddois ar ei draws pan oedd o'n Rheolwr Theatr Twm O'r Nant, Dinbych, a finna yno hefo un o sioeau Theatr Gwynedd. Da 'fyd, doedd o wedi newid dim.

Hanner Dylan Huws, Mam a fi.

Mi wnawn ni adael taith *Jiwdas*, ac Urdd Gobaith Cymru, am y tro, hefo hon – y sioc farwol o gyrraedd Theatr Felinfach a chael ein croesawu gan Reolwr y Theatr: neb llai na Cleif Harpwood. CLEIF HARPWOOD! Rhywun ar gloriau LPs Edward H Duncan 'y mrawd, a'i lais yn dod o'r stereo, oedd Cleif Harpwood siŵr Dduw, nid person go iawn, o gig a gwaed, yn croesawu'r sioe i Theatr Felinfach. Rargian annw'l, swpyrstar arall, ac mi oedd o mor addfwyn a chymwynasgar do'n i'm yn gwbod be i ddeud, wir. Yn neuadd Coleg Technegol Bangor y byddwn i'n gweld Cleif nesa, ym mherfformiad olaf Edward H. Dwi mor falch 'mod i wedi cael y cyfle i'w glywed yn fyw – roeddan nhw'n ffantastig. A phwy fasa'n meddwl, pan fyddwn i'n cymryd fy nghamau babi cyntaf ym myd actio teledu, mai Mr

Harpwood, y cyfarwyddwr, fyddai'n gafael yn y rêns. Mwy am hyn oll letyf on, chwadal Wali.

I fynd yn ôl rhyw fymryn: meddyliwch amdana i'n hogyn ifanc ar ben ei ddigon, tua diwedd safon pedwar Ysgol Bodfeurig, yn dechra troi fy meddwl at fynd i'r lle mawr, scêri hwnnw ym Methesda, Ysgol Dyffryn Ogwen. Alistair Griffiths a fi oedd y bechgyn hynaf, ac yn hynny o beth ynghyd â'r genod; Rachel Stewart, Catherine Parry, Nia Hughes a Carol Owen; yn rhyw fath o chweched dosbarth bach o flaen ein hamser. Pan aethon ni i'r ysgol fawr, roedd hi'n gysur cael bod yno'n griw, fwy na heb, gydol ein hamser yno tan y chweched go iawn. Gair o ddiolch, cyn ymadael, i Huw Jones, y Prifathro, am gynnal ysgol fach mor weithgar ac egnïol, ac yn fwy na dim, hapus. 'Swn i'n mentro deud bod Mr Jones o flaen ei amser mewn sawl ystyr, wrth sbïo'n ôl. Bodfeurig oedd yr unig ysgol yn yr ardal i osod gwaith cartref i safon tri a phedwar bob dydd, er mwyn i'r disgyblion ddod i arfer â'r peth cyn mynd i'r ysgol uwchradd. Roedd doniau'r disgyblion hefyd yn cael cefnogaeth cant y cant. Dwi'n cofio sgwennu stori un tro, rhyw antur danddaearol o hud a lledrith, hefo ogofau yn llawn trysorau a dewinau a gwrachod a'r math yna o beth, ac ar ddiwedd y wers, doeddwn i ddim wedi gorffen. O weld bod yr awen yn llifo, rhoddodd Mr Jones ganiatâd i mi barhau, yn lle ymuno â'r gwersi eraill, am weddill y dydd. Gofynnodd a oedd rhywun arall yn yr un sefyllfa, a chododd llaw Rachel Stewart i fyny. Felly dyna lle fuon ni'n dau'n sgwennu fel slecs. Erbyn diwedd dydd, roeddan ni'n dal wrthi, felly ein gwaith cartra ni'r noson honno oedd cario 'mlaen nes ein bod ni wedi gorffen y gwaith fel roeddan ni isho. Roedd y pwyslais ar 'fel 'dach *chi* isho' a dyna oedd yn grêt am Mr Jones. Drannoeth, rhoddais ffrwyth fy llafur ar ddesg Mr Jones, a Rachel yr un fath. Roeddan ni'n dau wedi sgwennu oddeutu ugain tudalen yr un. Ddeudodd o ddim llawer, ond roedd y wên fach o falchder ganddo'n ddigon i neud i mi deimlo fel brenin y byd.

Ro'n i'n ista yn y Gwasanaeth un bora yn fy mlwyddyn gyntaf yn Nyffryn Ogwen, a dyma'r prifathro, Frank Rhys Jones, yn deud ei fod am ddarllan dwy esiampl o waith sgwennu creadigol gan blant cynradd, a dechra darllan. Howld on, Defi John – ro'n i'n nabod y stori gynta. Pwt o'r twenti-pejar ro'n i 'di 'i sgwennu'n Ysgol Bodfeurig oedd hon, ac aeth ymlaen i ddarllan pwt o un Rachel hefyd. Ar ôl gorffen, llongyfarchodd y ddau ohonon ni, ein hannog i gario 'mlaen hefo'r gwaith da a deud fod hyn yn esiampl o'r safon oedd yn bosib ac yn ddisgwyliedig ac yn y blaen, ac ymlaen ac ymlaen, fel mae prifathrawon yn dueddol o neud yn yr Asembli, ben bora. Ond da iawn eto Huw Jones Bodfeurig, am feddwl pasio'r gwaith ymlaen yn ddistaw bach. Mae addysg gynradd cefn gwlad yn bwnc llosg gwleidyddol ers peth amser, wrth gwrs, ac mae'r ysgolion bach mewn perygl enbyd, llawer ohonyn nhw wedi cau eisoes. Rhan o 'ngwaith erbyn hyn ydi athro cerdd peripatetig, ac mae ymweld yn wythnosol â llefydd fel Ffrwd Win, Llanfachraeth a Chylch y Garn ym mhellafoedd Sir Fôn, a'r gofal cariadus mae'r plant yn ei gael gan y penaethiaid a'r staff, yn fy atgoffa o'r dechreuad delfrydol ges inna yn Ysgol Bodfeurig. I mi, mae'r ysgolion bach, a'r rhai sy'n gweithio ynddyn nhw, yn drysor amhrisiadwy, fel y bobol ifanc yn eu gofal. Pregeth drosodd.

Ychydig wythnosa cyn diwedd fy nhymor ola ym Modfeurig, cyrhaeddodd hogyn newydd un bora Llun. Paul Jenkins oedd ei enw, ac mae'r un enw'n dal ganddo fo. Mae o flwyddyn yn iau na fi, felly yn safon tri y gosodwyd o. Cliciodd cyfeillgarwch rhwng Paul a finna o'r cychwyn cyntaf, ac mae'n para hyd heddiw. Fel y daethon ni i nabod ein gilydd, daeth y diddordeb roeddan ni'n ei rannu mewn cerddoriaeth i'r amlwg. Roeddan ni hefyd, dros y blynyddoedd, mewn timau pêl-droed a rygbi yn yr ysgol, yn nhîm pêl-droed o dan 15 Tregarth, tîm ieuenctid Bethesda a'r aelwyd, yng nghwpan Pantyfedwen, fel y soniais ynghynt. Dwi'n cofio Jenks yn deud, ar y bŷs adra ar ôl y fuddugoliaeth honno yn Aberystwyth, ynghanol y dathlu: 'Imagine how we'd be feeling if we'd lost.' Roedd Paul yn fabolgampwr o safon, yn eithriadol o gyflym, a chryf am ei faint. Pan oedd o'n bymtheg oed, daeth yn bencampwr Cymru am daflu'r ddisgen, gan ychwanegu pum medr i'r record flaenorol. Aeth ymlaen i gynrychioli Cymru yn y Bencampwriaeth Brydeinig a dod yn bumed. Roedd hyn yn gamp eithriadol i rywun o daldra normal a phwysau ysgafn, yn cystadlu'n erbyn cewri. Dwi'n ei gofio fo'n sôn ei fod wedi derbyn tystysgrif gan Geoff Capes, y shot pwtar Olympaidd ac enillydd cystadleuaeth gynta *The World's Strongest Man*. 'He's huge,' chwarddodd Jenks, ei lais yn codi

Y Siswrn!

octef ne ddwy, 'a different scale of human being altogether.' Tra 'dan ni'n sôn am fabolgampau, a phwtio'r shot ac ati, gweler y llun. N. Williams ydi hwn, eich awdur ffyddlon; yn bymtheg oed ac yn cyflawni'r naid uchel ar ddiwrnod mabolgampau Ysgol Dyffryn Ogwen yn 1978. Sylwer yr arddull. Y Siswrn. Oherwydd mai ar wely o dywod oedden ni'n glanio yn hytrach nag ar sbwnjis, y 'siswrn' oedd yr unig ffordd ddiogel o neidio dros y polyn. Yn y gystadleuaeth hon rhwng tai'r ysgol sef Dafydd, fy nhŷ i, Tryfan a Llewelyn, mi ddois, yn barchus ac yn annisgwyl, yn ail. Bawd i fyny, pawb yn llon. Ddois i'n ail hefyd yn y shot pwt, fy mhrif weithgaredd. Paul Jenkins, tŷ Llewelyn, oedd yn fuddugol. Taflodd hwnnw'r belen haearn fedr yn bellach na fi'n braf, heb drio rhyw lawer, cyn syfrdanu pawb drwy daflu'r ddisgen o'r cylch ar y cae top, i Gapel Curig, fwy ne' lai.

Yn ôl yr arfer, y sawl oedd yn fuddugol ym mabolgampau'r ysgol oedd yn cael mynd ymlaen i gystadlu yn y Cownti Sbors, ar faes athletau'r Coleg Normal (cae pêl-droed newydd Dinas Bangor erbyn hyn). Felly, roeddwn i'n meddwl y bysa diwrnod Cownti Sbors 1978 yn ddiwrnod o chwarae hefo 'nhraed yn yr ysgol, tra byddai Jenks a Peter Harlow a Twts a Robert Rowbotham a Martin De Waart a Ruth Roberts a Melanie Davies a gweddill yr athletwyr elite yn ei chwysu hi ar lan y Fenai. Ond na. Roedd Kevin 'Woody' Pritchard, pencampwr y naid uchel, wedi tynnu'i hamstring, ac roedd Mr Jenkins, fy nghyfaill mynwesol, yn cystadlu yn y rasys cyflym i gyd, y ras gyfnewid, ac wrth gwrs y ddisgen (chwalodd y record, gyda llaw), felly pwy fydda'n cynrychioli'r ysgol yn y naid uchel a'r shot pwt? Cywir – mygins, eich awdur anffodus. Wedi ymlwybro i ardal pwtio'r shot, mi welais gawr o ddyn hefo gwallt hir, melyn a locsyn trwchus yn stompian ac yn rhochian yn ôl ac ymlaen, ei osgo'n ddigon bygythiol. Ymhen sbel, plygodd i lawr at ei fag ac estyn shot pwt ohono. Pwysodd y belen at ei wddw, rhwng ei ên a'i ysgwydd, gweiddi 'Hwrrrwwwwuuyyy' a sythu ei fraich. Ffliodd y pwt tua phymtheg llath. Wyth pwynt tri pump medr oedd fy ngorau i, ac mi oedd yr hyni monstyr hwn wedi dyblu'r pellter hwnnw fwy ne lai, a dim ond rhyw gynhesu i fyny oedd y chief. Doedd o ddim hyd yn oed wedi gneud yr hopian am yn ôl ar un goes a throi cyn taflu'r peth. Ond fedrwn i'm bod yn cystadlu yn erbyn hwn, na fedrwn? Roedd o'n gorfod bod o leia pump ar hugain oed, hefo locsyn fel'na. Anghywir. Roedd y bonheddwr yma'n iau na fi, digwydd bod, jyst yn llawer, llawer mwy. Fo a phawb arall oedd yn 'pwtio'r shot', ac roeddan nhw i gyd yn pwtio'r shot lawer pellach na fi hefyd. O wel, ho hym, ymlaen i'r naid uchel. Y peth cynta i mi sylwi arno fo wrth gyrraedd yr ardal neidio oedd mai gwely o gwshins, fel yn y Gemau Olympaidd, oedd yno i'r neidwyr lanio arnynt, ac nid pwll o dywod gwlyb, trwm, cyntefig, fel ar gae top Ysgol Dyffryn Ogwen, chwe milltir a dwy ganrif i ffwrdd. Www, neis iawn, meddyliais, bosib bod 'na hwyl i'w gael yn fama. Ac mi oedd – ond nid i mi, oherwydd y peth nesa i mi sylwi arno oedd uchder y bar. Roedd y bar yn uwch na 'mhen. Profais hynny drwy gerdded oddi tano sawl tro mewn anghrediniaeth. Camgymeriad oedd hyn, ma' raid; fydda neb yn medru neidio dros hwn, siŵr Dduw, tra bo'r ddaear yn troi a'r haul yn codi yn y bora a machlud yn nos ac yn y blaen. Mae 'na dueddiad mewn digwyddiadau fel rhain i'r sawl sy'n cymryd rhan gael eu galw yn ôl trefn yr wyddor, felly hefo'r cyfenw Williams, ro'n i wedi hen arfer bod gyda'r ola ar y rhestr. Neu'r ola un, fel y tro hwn. Un fantais i'r drefn yma, gan amla, yw cael gweld sut siâp sydd ar y lleill, a be sydd ei angen er mwyn eu curo nhw. Wrth weld y llinynnau tronsys tal, tena, sbringi o Fangor, Caernarfon, Llandudno, Pwllheli a phob cwr o Wynedd yn hedfan yn urddasol, yn hawdd, wysg eu cefnau'n glir dros y bar, sylweddolais mewn fflysh boeth o gywilydd mai fi oedd y mul yn y Gran Nashnyl hon. Ro'n i'n teimlo 'fath â lwmpyn bach tew hefo plwm yn fy sgidia, a hefo 'nhechneg siswrn cyn-hanesyddol, ro'n i'n mynd i edrych 'fath â twat hefyd. O wel, ffycut, amdani'r gora medrwn i, meddyliais, ac mi redais nerth fy nghoesa cwta am y ffrâm, neidio, taro'r bar hefo fy ysgwydd, mynd â fo hefo fi am weddill y ffleit a glanio ar ei ben o ar y cwshin. Wrth godi ar fy nhraed ro'n i'n clywed y lleill yn chwerthin, ac wrth ailymuno â'r llinell, dyma fachgen tal, brown, o Ysgol Aberconwy, yn gofyn mewn acen Pacistani: 'Cân't iw dw ddy fflob, meit?' 'No. Sandpit,' medda fi, neu rywbeth felly. Yn y naid uchel, mae pob cystadleuydd yn cael tair ymgais ar bob uchder o'r bar, felly gan mai fi oedd yr unig un i fethu yn y rownd gyntaf, ro'n i'n cael ail, ac wrth gwrs trydedd ymgais yn syth. Erbyn hyn roedd y gêm drosodd a'r hiwmuliêshyn yn gyflawn, felly nes i dipyn o sioe o'r peth, codi llaw a moesymgrymu, ar ôl rhedeg trwy'r bar am y tro olaf, a chael rownd o gymeradwyaeth gan y gweddill. Y cyfaill o Aberconwy aeth â hi. Roedd o'n werth ei weld. Dwi'm yn ama ei fod o wedi clirio dros ddau fedr. Es i ato i'w longyfarch a dymuno lwc iddo yn y chwaraeon cenedlaethol, cyn mynd i weld fydda Jenks yn llwyddo i daflu ei ddisgen i Sir Fôn.

Roedd y teulu Jenkins wedi symud o Fethesda, lle ganwyd Paul, i Landegfan, ynys Môn, a dychwelyd yn 1975 i Lys Geraint ar allt St Anne's. Roedd Sarah a John, ei frawd a'i chwaer, yn Ysgol Friars, Bangor; Sheila ei fam yn Weithwraig Gymdeithasol, a'i dad, David, y dyn neisia yn y byd i gyd, yn Ddeon yr Adran Geoleg yn y Brifysgol. Dwi'n dal i ddisgwyl cerydd am ddefnyddio'r gair 'neis'. Mi fydda Alun Hobson, fy athro Saesneg, yn ein gwobrwyo hefo arhosiad ar ôl yr ysgol pe welai'r gair 'nice' yn ein gwaith. 'It is a vague word with no meaning, and its use displays laziness and a lack of imagination.' O wel, os dach chi'n deud, Mr Hobson. Ta waeth, mi fyddwn yn treulio oriau lawer yn Llys Geraint yn y blynyddoedd i ddod, a Jenks yntau ym Mryn Tirion, Craig Pandy.

Mae 'na un cyfaill arall i'w gyflwyno'n fama, y pedwerydd yn y 'gang of ffôr' efo Williams, Jenkins a Liguz. Ei enw ydi

Rhodri Caradog Ellis Jones a dwi wedi sôn amdano wrth basio yn barod. Ym Mhenllyn, tŷ Ricky, y dois ar draws hwn am y tro cynta. Roedd eu mamau, Lynne Liguz a Rene Ellis Jones, yn ffrindiau, ac roedd Rhodri wedi dod yno un bora Sadwrn i gadw reiat hefo'r hogia. Fron Heulog, rhes o dri thŷ i'r chwith rhwng Waen Pandy a Sling ydi cartref yr Ellis Jonesus, ychydig uwchlaw capel Chwarel Goch, lle byddwn i'n mynd o bryd i'w gilydd i'r ysgol Sul. Nhw sydd pia rhif dau a thri. Roedd yr Ellis Jonesus byw yn rhif dau ac roedd rhif tri yn cael ei ddefnyddio yn ôl yr angen – fel stydi a storfa i John, tad Rhodri, sy'n Archeolegydd, neu yn ddiweddarach, mi fydda ystafell dywyll Rhodri yno, ar gyfer ei waith fel ffotograffydd. Erbyn hyn, mae o wedi teithio'r byd hefo'i gamera ac wedi bod yn dyst i brydferthwch ac erchylltra'r blaned a'i phobol. Mae o wedi cyhoeddi sawl llyfr erbyn hyn ac arddangos ledled Ewrop, ac mae ei waith yn wirioneddol werth ei weld. Yn yr Eidal mae o'n byw ers blynyddoedd bellach, ac yn teithio mewn fan VW hefo gwely yn y cefn a llwyfan ar y to ar gyfer y camera. Anaml y bydda i'n gweld Rhodri erbyn hyn, ond rydan ni'n dal yr un fath hefo'n gilydd ag y buon ni erioed. Mae'r un peth yn wir am Paul a Ricky hefyd, a dyna ydi stamp gwir gyfeillgarwch, am wn i; mae'r cysylltiad â'r ddealltwriaeth yno, tydi o ddim ots pa mor aml neu anaml y cyfathrebu. Yn wahanol i'r ddau arall, lle medra i ddeud nad oes gen i ddim co' o gael geiriau croes hefo nhw erioed, mae Rhodri a fi wedi cael ein brwydrau, a chyfnodau o styfnigwydd a nonsens. Dwi'n cofio un tro, roedd 'na gang ohonan ni'n chwarae criced yn 'stadiwm' Cae Het yn Sling. Pwt o gae bach ar lethr uwchlaw Godre'r Parc, y rhes o dai Cyngor, ydi Cae Het, gyda llaw. Bat a phêl newydd Rhodri oedd yn cael eu defnyddio, y bat yn nwylo medrus Stephen Owen a phawb arall yn eu tro'n ceisio'i fowlio. O'r diwedd, wedi sgorio tua saith gant o rediadau, roedd Steve allan, wedi taro'r bêl yn syth i'r lôn.

Roeddan ni'n chwarae rheol 'chwech ac allan' – os oedd y bêl yn mynd, heb fownsio, dros y wal i'r cae nesaf, i'r lôn, i ardd Mary Williams yn y top, neu ardd rhif 10, Godre'r Parc yn y gwaelod, roedd pwy bynnag darodd hi'n cael chwe rhediad ond roedd o allan. Taro'r ffin heb fownsio ac yn aros ar y maes, chwech ac aros i mewn. Pe byddai'r bêl yn mynd drwy ffenast cegin fach rhif 10, Godre'r Parc, bowns neu ddim, roedd y gêm drosodd a phawb yn chwalu i bob cyfeiriad (roedd aros yn fyw yn bwysicach nag unrhyw sics ân' owt). Ddigwyddodd hynny fwy nag unwaith. Ta waeth, sôn am Rhodri oeddan ni. Roedd Steve Owen wedi taro'r bêl i'r lôn, felly chwech ac allan, a Rhodri oedd y nesa i mewn. Tarodd ei belan gynta'n syth ata i, yn y safle 'midwicet', rhyw bymtheng llath i'r dde oddi wrtho fo. Be nath y crinc, yn lle sefyll ei dir yn ddiogel, oedd mynd am rediad, newid ei feddwl ar ôl pum cam a throi'n ôl. Ffetal. Bocs mawr cardbord oeddan ni'n ei ddefnyddio fel stymps, targed mawr neis, ac wrth i Rhodri droi anelais am y bocs, taflu'r bêl a chnocio'r bocs drosodd. Roedd Rhodri druan yn bell o'i dir, ac felly allan yn ddi-os. Roedd ei arhosiad hir ddisgwyliedig yn y man batio, hefo'i fat newydd ei hun, wedi para cwta ugain eiliad. A dyma hi'n dŵad: 'O'n i i mewn!' Wedi eiliad hir o anghrediniaeth, triodd pawb ddal pen rheswm hefo fo ond doedd dim yn tycio, ac os nad oedd o'n cael cario 'mlaen i fatio, adra oedd o am fynd, ei fat a'i bêl newydd sbon hefo fo. A dyna fu, adra aeth o dan gwmwl mawr o bwdu a rhwystredigaeth. Mae'r rhinwedd styfnig neu benderfynol sy'n perthyn iddo wedi bod o fudd iddo fo hefyd, oherwydd beth bynnag mae o'n ei neud, mae o'n mynd amdani gant y cant, ar ei liwt ei hun yn ei ffordd ei hun, yn atebol i neb ond fo ei hun, wastad yn fodlon brwydro'n ffyrnig dros ei safbwynt. Pan oeddan ni yn ein harddegau hwyr, roedd Rhodri fwy neu lai yn byw yn rhif tri Fron Heulog, a'r parlwr yn stafell ymgynnull i'r pedwar ohonon ni; Rhods, Ricky, Paul a finna; ac ambell un arall fel Sera James ac Andrew Bennett. Roedden ni'n treulio nosweithiau'n smocio sbliffs (mariwana pan oedd gynnon ni beth neu 'scotch broom', petalau blodau melyn nid yn annhebyg i flodau'r gors, wedi eu sychu yn y popty, pan nad oedd gynnon ni ddim), gwrando ar albyms Bob Dylan a rhoi'r byd yn ei le. Dwi'n cofio'r cyfnod pan oedd Rhodri'n llysieuwr, yn heddychwr ac yn 'ddisgybl' i Mahatma Ghandi. Roedd o'n gwisgo côt Parka hefo dwrn a dau fys i fyny mewn arwydd heddwch, yn fawr mewn beiro ar y cefn, hefo'r gair 'heddwch' oddi tano. Yr heddychwr mwya tanllyd a welsoch erioed. Roeddan ni'n dau wedi rhyw fath o ddod i nabod ein gilydd yn ein blynyddoedd cynradd, er bod Rhodri wedi mynd i Ysgol Llandygái, ac yn brysur iawn hefo gweithgareddau ecstra-cyriciwlar; roedd o'n Foi Soprano fel Ian Morris Williams Tynal Tywyll, yng nghôr Cadeirlan Bangor, yn cael gwersi ballet (fedrwch chi ddychmygu'r abiws gafodd y creadur am hynny), a theithio ar ei ben ei hun i'r Almaen a Ffrainc a Groeg, i aros hefo perthnasau ei fam neu ffrindiau'r teulu. Mae Rene'n enedigol o Luxembourg, a John wedi treulio amser maith yn archeolegu yng Ngroeg. Pan oedd o'n blentyn roedd Rhodri'n rhugl yn y Gymraeg, Saesneg ac Almaeneg, ac erbyn hyn mae Ffrangeg, Eidaleg a rhywfaint o Swahili ganddo fo hefyd, ar ôl ei amser yn Affrica. Felly roedd y Rhodri Ellis Jones 'ma'n eitha gwahanol i weddill y criw. Er bod hynny wedi tynnu rhywfaint o drwbwl ar ei ben, ac er ei fod yn gorfforol fychan, yn fuan iawn daeth yn glir nad oedd hwn yn mynd i gymryd shit gan neb, yn cynnwys N. Williams oedd yn byw lawr y lôn yng Nghraig Pandy. Pan oeddwn i'n byw yng Nghaerberllan, Bethesda yn '89, ac wedyn yn Gerlan wedi i mi briodi Jaine (roeddwn yn briod â hi tan 2003) mi fydda Rhodri'n galw pan oedd o yn y wlad, ac mi fyddwn i'n ymuno hefo fo i gerdded am y Carneddau, i waelod Ysgolion Duon, i fyny Pen yr Oleu Wen neu'r Elan ac ar hyd topia Carnedd Llewelyn a Charnedd Dafydd. Wrth gerdded, byddai'r byd yn cael ei roi yn ei le, a'r herian yn mynd gam am gam hefo'n traed. Bu'r Maffia'n canu yn yr Anglesey yng Ngŵyl Arall, Caernarfon yn 2011, ac roedd Rhodri yno – wedi coflaid eitha dramatig (mae byw yn yr Eidal wedi gadael ei farc) roeddan ni'n tynnu ar ein gilydd fel arfer. Am dair neu bedair cân ar ddechrau perfformiad Maffia, sylwais fod Rhodri'n sefyll fwy neu lai o 'mlaen i, tua llathan i ffwrdd, yn syllu'n fanwl arna i. Wedyn daeth rhyw hanner gwên dros ei wyneb, gystal â deud 'mod i 'up to scratch' yn ei farn o, ac mi aeth ati i ddawnsio, ninnau'n cael y fraint o'i weld yn gwneud, diolch iddo. Hefo fo ar y dansfflôr y noson honno roedd Dewi Glyn, ffotograffydd nodweddiadol arall, ac roedd hwnnw mor frwdfrydig ei symudiadau nes iddo droi'i ben glin a gorfod ymweld ag Ysbyty Gwynedd. Cyfuniad o gerddoriaeth y Maffia ac oriau o luniaeth cadarn yn nhafarndai'r dre, mi dybiaf, wedi mynd yn drech na'r chief druan. Roedd Ricky yno hefyd, hefo'i gitârs a'i amps, am benwythnos o jamio, tra oedd fy nheulu bach, Awel, Nel a Gwenlli, yng Nghaerdydd. Sylwer ar y lluosog o gitâr ac amp. Mae hi'n hollol amhosib i un sy'n gitarydd fod yn berchen ar lai na dwy gitâr drydan ac o leia un acwstig, heb sôn am o leia dau amp, ac wedyn yr amrywiaeth o bedalau, sblitars, ffultyrs, compresyrs a Duw a ŵyr be arall. Maen nhw i gyd mor ddrwg â'i gilydd. Daeth Ricky i sawl gig Bryn Fôn hefo fi'n ddiweddar, am y crac ac i dynnu llunia, ac o fewn pum munud o gyfarfod Rhys Parri roedd y ddau'n pori dros offer Rhys, yn sbïo'n gariadus ar y pedalau effaith ac ar y cystom bult pedal bord, fel dwy fam ifanc yn dwndian dros fabi newydd. Ych a fi. Ond ochor bositif hyn oll oedd fy mod wedi cael benthyg gitâr Gretsch ac amp Marshall gan Rick ar gyfer gig yr Anglesey, ac roedd y sŵn yn foethus iawn. Felly dim ond Jenks oedd ar goll y noson honno, i ddod â'r hen giang o bedwar ynghyd. Roedd chwith ar ei ôl o, a phawb yn deud hynny hefyd. Mae Paul yn byw mewn canolfan Fwdhaidd yn ardal y llynnoedd yn Lloegr, yn athro yn y maes yn fanno. Mae 'na gysylltiad arall rhyngddo fo a'r Maffia – mae Gwyn a fynta'n ffrindia ers bod yn yr un dosbarth yn Ysgol Dyffryn Ogwen, ac mae gan Gwyn hefyd diddordeb dwys mewn Bwdistiaeth. Roeddan nhw hefyd yn ddrymars ifanc hefo'i gilydd, yn dechrau dysgu waldio pethau crwn mewn patrymau rhythmig.

Ricky Liguz, Paul Jenkins, Rhodri Jones a finna, Rachel Stewart, Carol Owen, Nia Huws, Ruth Owen, Ruth Roberts, Shirley Roberts ynghyd â Colin Jones, Eurwyn 'Twts' Hughes, Peter Harlow, Gwynfor Owen, Siôn a Gwyn Jones, Deiniol Morris, Hefin Hughes, John Doyle, Duncan 'y mrawd mawr, Dafydd Rhys a Gwynfor Dafydd, Lynwen Mai a Gillian Rees. Ella bod hwn yn adeg briodol i ymweld â'r amser lle cafodd y cymeriadau yma i gyd, a llawer mwy, eu tywallt i'r un cawl yn yr un lle, Ysgol Dyffryn Ogwen, Bethesda.

Ysgol Dyffryn Ogwen

Do, mi nes i sefyll o flaen y wardrob las gola yn fy llofft, yn sbïo i'r drych hir yn ei drws yn y dillad roedd Mam newydd eu prynu yn siop Buckley Wyn ym Methesda yng nghwmni Nain, oedd yn hawlio rôl flaenllaw yn y materion hyn. Crys llwyd hefo tei streips trilliw, aur, glas tywyll a llwyd, siwmper lwyd tywyll, trywsus llwyd hefo plygiad powld i lawr y canol, sgidia du newydd sbon, a blêsyr ddu hefo arfbais yr ysgol wedi'i wnïo i boced y frest. Cynrychiolaeth o fynyddoedd ydi o i fod, dwi'n meddwl, ond mae o wastad wedi fy atgoffa i o hufen iâ llechi. Mae'r llythrennau Y.D.O. yn nyffrynnoedd yr hufen iâ, ar y top, a 'Bydded Goleuni', arwyddair yr ysgol, ar y gwaelod. I orffen, satchel lledar browngoch newydd sbon dros f'ysgwydd, ogla'r lledar yn gry' yn fy ffroenau. Teimlad od iawn oedd sefyll yn yr iwnifform newydd, yn rêl boi a rêl ffŵl ar unwaith, ond teimlad bythgofiadwy er hynny. I lawr y grisia wedyn at reithgor y teulu – nid yn unig Mam a Dad, Debs, Dunc a Dan, ond haleliwia, Nain, Bess ac Edith, triawd y buarth. 'Oww, del iawn, yes, iawn yes, iawn yes. Very del dear, del dear, del dear. Yes dear, very smart, smart, smart. Www, nice blazer dear, azer dear, azer dear, handy satchel, handy, yes handy, plenty of room for your books dear, books dear, books dear.' Sêl bendith y rhai pwysig, felly, er gwaetha crechwenu'r brodyr a'r chwaer. Ond beth bynnag, fel hyn y cerddais y canllath i fyny'r ffordd i gyfarfod bỳs cyn-hanesyddol Purple Motors ar gyffordd Craig Pandy a lôn fach Ffarm Pandy, ar fore Medi 4, 1975. Roedd hi'n braf cael gadael y tŷ a ffysian Mam. 'And make sure you eat all your dinner, and don't forget your blazer if you take it off, and

Duncan, make sure he gets on the bus home.' Roedd Ruth
Owen, chwaer Stephen a'r person cyntaf i mi erioed siarad â
hi yn Nhregarth, yn disgwyl y bws hefyd, yn ei dillad ysgol
newydd sbon, fel fi. Les Dal Byd, brawd Anti Gwenda, oedd
dreifar y bỳs. 'Yncl' Les i ni, a 'Dal Byd' oedd llysenwau'r
teulu i gyd. Dwi'n cymryd mai am eu bod yn cwyno rownd y
rîl oedd hynny, ac yn sicr roedd hynny'n wir yn achos Les,
oedd yn medru bod yn gingron go iawn. Doedd y bỳs yn
ddim help i'w dymer, chwaith. O'r chydig dwi'n ei ddallt am
y ffordd mae injans modur yn gweithio, mae'r fath beth a
'synchro mesh' yn bodoli ym mecanyddwaith y gerbocs, er
mwyn hwyluso'r newid o un gêr i'r llall. Nid felly yn hen fflît
y Moduron Porffor, mae gen i ofn. Cafodd y rhain eu
hadeiladu yn y garej drws nesa i'r un lle adeiladodd Noa ei
arch. Pan fyddai angen newid i lawr er mwyn dringo'r gelltydd
mi fydda'r bỳs yn stopio hefo sŵn crensian dychrynllyd, a
Les druan, hefo'i ddwy law, yn trio gwthio'r gêrstic i'w le, ei
wyneb yn goch, ei sbectol yn stêm, perlau o chwys ar ei
dalcen a ffieidd-dra'n llifo o'i geg, o dan ei wynt. Doedd fiw
i ni gael copsan yn chwerthin chwaith – ges i ac Owen
Thomas ein ejectio gan Les Dal Byd unwaith ar y ffordd
adra, am gwffio. Roedd Owen wedi gwneud triwal yn met
(gwaith metal), ac yn ei dangos i bawb, yn ei phasio rownd,
yn falch iawn o'i grefftwaith. Neis iawn oedd hi hefyd, ond
fel ro'n i'n ei phasio'n ôl iddo, daeth yr handlan i ffwrdd yn
fy llaw. Wel, roedd hynny'n ddigon i Owen, ac yn sydyn reit,
biff bang bash, roedd hi'n Cwînsbri Rŵls arnon ni. Gawson
ni'n hebrwng yn ddisymwth oddi ar y modur gan Mr Dal
Byd. Wedi gweld lle ro'n i, y newyddion da oedd fy mod prin
ddau gan llath o ddrws y tŷ, wrth ymyl siop Alf yn Nhregarth.

'Ti isho cario 'mlaen 'ta be?' gofynnodd Owen.

'Be haru chdi 'da? Ma' gin ti ddwy filltir i gerddad adra,'
medda finna.

'Shit, oes 'fyd, wela i di fory.'

Ac i ffwrdd â fo, a dau hanner ei driwal, am ei gartref yn yr Ocar, pen pella taith y bỳs ysgol. Rhyfedd, heblaw am y diwrnod hwnnw, ches i erioed gymaint â gair croes hefo Owen.

Ta waeth am hynny, ar y bỳs y bora cynta hwnnw roedd Duncan wedi mynd at Gareth Evans, ei ffrind o Fynydd Llandygái, a hefo Ruth Owen eisteddais inna. Wedi cyrraedd yr ysgol, dwi'n cofio bod yn un o'r praidd o ddefaid newydd yn yr iard uwchlaw'r ffreutur, yn sefyll yn fud a phetrusgar yn disgwyl i rywun ddeud be oedd i fod i ddigwydd nesa neu lle oeddan ni i fod i fynd. Ro'n i 'di clywed y straeon am fform wanars yn cael eu 'dycio' yn y toiledau, neu'n cael malwod wyn slwdj i lawr eu cefnau, ac roedd y posibiliadau hynny'n sicr yng nghefn fy meddwl. Ches i ddim o hynny, fel mae'n digwydd. Llond ceg o flodau dant y llew ges i, diolch i Gareth Bych a Dafydd Robaitch. 'Na chi hogia, nêmd ân' shêmd.

Unwaith roeddan ni i mewn yn yr ysgol, yn y neuadd ar gyfer yr Asembli, roedd posib dechra gneud synnwyr o'r lle – gymaint o ddisgyblion oedd yno, a chymaint o athrawon. Roedd y sŵn, yn un peth, yn fyddarol – pum cant a hanner o leisiau'n trydar yn gyffrous. Yn sydyn reit dringodd un o'r athrawon i'r llwyfan i 'stumio am ddistawrwydd yn y neuadd. Mr Tom Pritchard oedd y cyfaill hwnnw, neu Pritch Wood, athro Gwaith Coed fel mae'r enw'n awgrymu. Mae'n rhaid mai Mr Pritchard oedd wedi'i ddethol yn swyddogol i gael trefn ar y dorf cyn dyfodiad Mr Frank Rhys Jones, y Prifathro, achos fo oedd yn gwneud gydol f'amser i yn yr ysgol. Mi fydda fo'n cyrraedd y llwyfan, sefyll yno'n awdurdodol am ryw hanner munud a disgwyl i'r tawelwch gymryd lle'r twrw, wedyn gadael y llwyfan a disgwyl Frank; hwnnw wedyn yn ymddangos yn ei ŵn, fel Proffesor Dymbldôr hefo gwenyn yn ei drôns, i gynnal yr Asembli. Un bore bythgofiadwy, bu'n rhaid i Frank ddisgwyl yn hirach nag arfer i gael gwneud ei ymddangosiad mawreddog. Roedd Pritch Wood yn methu'n glir â chael plantos yr ysgol i stopio chwerthin, a bu'n rhaid i Thelma Morris, Ysgrythur (merch Idwal Pandy) ymuno hefo fo ar y llwyfan a sibrwd yn ei glust. Fyswn i wrth fy modd yn cael gwbod be oedd ei hunion eiriau, ond rwbath i'r perwyl: 'Tom, 'sa well i chdi gau dy falog,' oeddan nhw ma' raid. Trôns coch a rhyw siâp crwn, o bosib y biji-bô ei hun, oedd i'w gweld, a chynffon crys yn pipian trwodd hefyd, i gwblhau'r cywilydd. Wrth iddo gau'r balog gyda brys dyn wedi cael copsan aeth ei wyneb yn wyn mewn gwewyr yna mor goch â'i drôns, ac mewn ymdrech i adennill dipyn o urddas ac awdurdod, gwaeddodd ar dop ei lais: 'Na fo, rŵan, jôc drosodd.' Wel nag oedd wir, Mr Pritchard.

Ro'n i'n nabod Mr Jones y Prifathro eisoes. Roedd o'n byw yn Nhregarth, ei dŷ'n cefnu ar y cae pêl-droed, ac roeddwn i wedi siarad hefo fo sawl tro yn y pentref a'i gael yn ddyn digon hoffus. Roedd o'n arholwr mewn Hanes i Fwrdd Addysg Llundain, ac wedi cael gyrfa ar y môr, mae'n debyg. Beth bynnag am hynny, roedd o'n anifail tra gwahanol yn yr ysgol yn ei siwt a'i ŵn, ei aeliau yn sticio i fyny fel gwdihŵ, ac roedd ganddo fo dempar cythreulig ar adegau. Anghofia i fyth y gweir gafodd Martin Dewaart ganddo fo am gario Karen Rowlands, ei gariad, i lawr y grisiau bach wrth ymyl prif fynedfa'r ysgol. Roedd Frank yn digwydd bod yn cerdded tuag atyn nhw ar hyd y coridor ac, yn anffodus, wedi cyrraedd gwaelod y grisiau fymryn o'u blaenau. 'PUT HER DOWN, NOW!' bloeddiodd Frank. Unwaith roedd Karen ar ei thraed, gwthiodd Frank y greaduras yn erbyn y wal gerfydd ei gwddw a gweiddi, 'You should be walking the streets!' cyn dechra waldio pen Martin druan hefo cledr ei law, yr holl ffordd yn ôl i fyny'r grisiau ac i'w swyddfa, o le y clywyd colbio a gweiddi am beth amser. Ella fod y bennod fach honno wedi selio cwlwm cariad Martin a Karen – maen nhw hefo'i gilydd byth.

Yn y dyddiau hynny, wrth gwrs, roedd athrawon yn cael defnyddio dulliau 'corfforol' i ddisgyblu'r angylion bach yn eu gofal, ac oedd rhai yn manteisio ar yr hawl yn fwy nag eraill. Roedd cefn llaw Mrs De Bruin, Cerdd, yn chwedl, a Mona Wyllt, Saesneg, yr un modd. 'Sa Rafael Nadal yn falch ohoni. Roedd honno'n cadw potal o jin a phaced o ffags yn nrôr top ei desg. Wariar. Ond mi ddoth hi â Dickens yn fyw. Evans Maths wedyn – roedd hwnnw'n ded shot hefo dystar bwrdd du fel taflegryn. Cofio nhw? Blocia o bren, llond llaw sylweddol, hefo sbwnj ar y gwaelod. Fydda fo'n pwyntio at a gweiddi enw un disgybl wrth anelu at ben un arall, ar ochor arall y stafell, a'i ddaro yn ddieithriad. Roedd Erfyl (Ogwen) Parry'n ista wrth f'ymyl un tro, yn sbïo allan drwy'r ffenast, ei feddwl yn bell. 'VAUGHAN ROBERTS!' ffrwydrodd Mr Evans, codi'r dystar mewn ystum jafelin a'i anelu. Sbïodd Vaughan, oedd yng nghongl bella'r 'stafell, i fyny o'i waith mewn dryswch a phenbleth. Gwibiodd y dystar heibio i 'nhrwyn a tharo clust Erfyl. Shot. Er gwaetha hyn oll roedd Mr Evans Maths yn ddyn poblogaidd ac yn athro da, er yn eitha gwreiddiol yn ei ddulliau disgyblu. Ar ddiwrnod mabolgampau, pan fyddai ras wyth can medr y genethod hŷn wastad yn denu'r dorf fwyaf o fechgyn (sgwn i pam?), Mr Evans fyddai'n cychwyn y rasys hefo pistol cychwyn rasys, oedd yn saethu bwledi blanc. Roedd y pistol hwnnw, weddill y flwyddyn, yn byw yn nrôr ucha ei ddesg yn ei ddosbarth, fel potal jin ac Embassy No6 Mona Wyllt yn ei desg hitha. Mewn un wers Fathamateg roedd Susan Wright, oedd yn eistedd wrth y ddesg yn union gyferbyn â desg Mr Evans, yn siarad yn lle gneud ei sỳms, ac wrth weiddi, 'SŴSAN RÂIT!' mi dynnodd Mr Evans y gwn cychwyn rasys o'r drôr, ei anelu ati a'i saethu. Mae gwn blancs yn gwneud yr un sŵn â gwn go iawn, felly am eiliad roedd Susan, a phawb arall, yn meddwl bod Mr Evans wedi ei saethu go iawn. Wedi i sgrechian Susan dewi a'r cyffro

cyffredinol ddiflannu, meddai Mr Evans: 'Swsan Rait, wil iw
naw caindli bi cwaiet, and dŵ ior wyrc?' Roedd o'n un da am
roi 'hyndryd lains' hefyd. Yn hytrach na'r rhai arferol fel
'Mae'n rhaid i mi fod yn dawel,' dwi'n cofio cael hon ganddo
fo un tro, am chwerthin yn y dosbarth: 'Neil Williams, cant
o linellau, ar fy nesg, mewn llawysgrifen dwt a darllenadwy,
ar ôl y gwasanaeth bora fory. Cymerwch hyn i lawr. He who
laughs last laughs longest, and Mr Evans is laughing now. Ha
ha ha.' Bwm bwm.

  Ges i'r gansan gan Frank ddwywaith; unwaith am gael
copsan i lawr yn y stryd amser cinio ar ôl cael rhybudd y
diwrnod cynt i beidio â gadael tir yr ysgol yn ystod amser
ysgol, ac unwaith am ddojio. Nid chwarae triwant go iawn
oeddwn i, ond yn hytrach 'anghofio' mynd i wers Hanes Mr
Ieuan 'Ogo' Llewelyn Jones. Roedd gwersi Ogo'n jôc, a
deud yn blaen. Fo oedd ein hathro Lladin hefyd. Ia, dwi'n
gwbod. Lladin. Roedd y Llywodraethwyr, yn eu tragwyddol
ddoethineb, wedi ailgyflwyno Lladin i'r cwricwlwm yn
arbennig ar gyfer ein blwyddyn ni, ar ôl blynyddoedd hapus
a didrafferth hebddi. Wel, o leia roeddan nhw'n gyson yn un
peth – uno'r pwnc lleia defnyddiol hefo'r athro lleia
ddefnyddiol. Amo, Amas, Amat, Ai Cwd'nt Guf a Shit. Er ei
fod yn hanesydd nodedig, yn ysgolhaig ac yn ddyn hynod
addfwyn, caredig a gweithgar; fel athro i blant roedd o'n
anobeithiol, wedi hen dorri'i galon a cholli pob diddordeb,
ac wrth gwrs, mae plant yn dallt petha felly'n syth. Roedd
Frank yn ymwybodol hefyd, ac o dro i dro mi fydda fo'n
ymweld â'r dosbarth hanes i weld sut oedd petha'n mynd.
Fel yr union dro ro'n i wedi dewis peidio bod yno, felly
roedd o, wrth gwrs, yn dyst i f'absenoldeb. Ges i 'nal ganddo
fo ar fy ffordd i ddal y bws adra, a'm hebrwng i'w swyddfa ar
gyfer y swish-thwac ar draws cledrau 'nwylo hefo'r gansan
bambŵ, a gorfod cerdded adra.

  Roedd gwersi Ogo'n esgus am bob math o gadw reiat, ac

ro'n i'n fwy na bodlon cymryd rhan flaenllaw yn y miri. Am
nad oedd ganddo lawar o fynadd dysgu mewn gwirionedd,
ar lafar nag yn gorfforol, mi fydda Ogo'n rheolaidd yn
sgwennu nodiadau ar y bwrdd du canfas oedd yn rowlio
rownd. Y syniad oedd disgwyl tan oedd pawb wedi copïo'r
hyn oedd ar flaen y bwrdd du, wedyn ei rowlio rownd i
ddatgelu'r nodiadau ar y cefn, ac i ninnau gopïo'r rheiny. Un
diwrnod, a gwers Hanes yn syth ar ôl cinio, roedd dau
saboteur, Pete 'Sherm' Davies a finna, wedi bod yn stafell
Ogo, rowlio'r bwrdd du rownd, sgrwbio'r nodiadau oddi ar
y cefn a chopïo paragraff ffrŵti iawn o'r cylchgrawn *Mayfair*
yn eu lle cyn rowlio'r bwrdd du yn ôl i'w safle gwreiddiol.
Am unwaith, roedd pawb yn gweithio'n ddygn. Roedd si ar
led fod rwbath ar droed, ond roedd y pandemoniym a
grëwyd pan drodd Ogo'r bwrdd du i ddatgelu 'hanes' y
cwpwl trachwantus yn stori *Mayfair* yn stŵr na welwyd ei
debyg o'r blaen. Wnaeth yr hen Ogo ddim sylwi am rai
munudau, ond erbyn iddo sylweddoli nad hanes cestyll
Edward oedd ar ei fwrdd du mwyach roedd y dosbarth fel
ffair ac yn beli papur i gyd, ac yn sydyn, o rwla, daeth
meddwl, corff ac ysbryd Ogo Pogo'n un, ac mi ffrwydrodd.

Yn ôl y sôn, roedd Ogo wedi bod yn bencampwr bocsio
tra oedd o'n baratrŵpar yn y fyddin, a phan ddechreuodd fel
athro ysgol, pan oedd Emyr Wyn, fy nhad, yn ddisgybl,
doedd o ddim yn ddyn i'w groesi ar chwarae bach. Mae'n
debyg i rywun, rywbryd wneud yn union hynny, a chael y
ffasiwn gweir nes bod Ogo wedi addunedu na fyddai'n codi
llaw yn erbyn plentyn ysgol eto. Mae'n debyg ei fod wedi
bod yn driw i'r adduned honno'r holl flynyddoedd, tan y
diwrnod hwnnw pan wthiodd hogia 3A y creadur dros y
dibyn. 'Chi fechgyn,' bloeddiodd, 'does 'na'r un ohonach
chi'n mynd nes bydd y llanast 'ma wedi'i llnau.' Doeddwn
ddim cweit wedi synhwyro pa mor ddifrifol oedd o.
Doeddwn i erioed wedi gweld Ogo fel hyn o'r blaen. Dwi'n

cofio codi caead un o'r desgia hen ffasiwn a sbïo mor heriol
ag y medrwn i arno fo cyn ei gau yn glep nerth fy mreichia.
Dyna'r eiliad, mwya 'nghywilydd, a benderfynodd mai fi
fyddai'r disgybl cynta i gael cweir gan Ieuan Llewelyn Jones
ers sefntîn fforti wan. Bang, bang, bang, bang, o gwmpas fy
mhen a 'nghlustia, nes o'n i'n tincian.

'Iawn ta'r basdad,' medda fi, 'Dwi'n mynd i ddeu'th Dad
bo chdi 'di hitio fi'n 'y ngwynab.'

'Gwnewch hynny ar bob cyfri, a chofiwch esbonio pam,'
medda fynta, gan atalnodi hefo clustan hegar arall. 'A
pheidiwch â meiddio rhegi yn fy ngŵydd i byth eto. Rŵan
rhowch y papura 'ma i gyd yn y bin. Bob un ohonyn nhw.'

Gêm, set an' match. Ges i sioc ar fy nhîn, ac wrth gwrs y
peth ola ro'n i'n mynd i neud oedd deud wrth Dad. 'Sa
hwnnw 'di 'mlingo fi.

Heblaw am Ogo, Mrs Bebb Jones, Beiol, oedd yn cael ein
triniaeth pum seren gan amla, am nad oedd ganddi hitha
unrhyw glem sut i reoli dosbarth chwaith. Pan fyddai
petha'n mynd yn ormod iddi, mi fydda hi'n mynd i guddio a
chrïo yn stafell gefn y labordy. Unwaith yr oeddan ni wedi ei
chael hi i ddeud: 'Dwi ddim yn mynd i'ch dysgu, 5A!' roedd
hi'n ffri ffor ôl – rhoi locustiaid byw yn ei handbag, pledu'n
gilydd hefo llygaid bustych ac ymddwyn yn gyffredinol fel
giang o fwncïod, yn hytrach na chriw o fyfyrwyr Lefel O.
Dwi'n cywilyddio wrth gofio hyn a deud y gwir, a does dim
esgus, mi wn i, ond cael hwyl oedd y bwriad. 'Tasa Mrs Bebb
druan wedi medru cadw trefn, a diddordeb y dosbarth, ella y
bysa llwybr fy mywyd inna wedi bod yn dra gwahanol. Natur
ac anifeiliaid y byd ydi un o 'mhrif ddiddordebau erioed, ac
roedd swoleg yn bwnc y bues i'n ystyried ei ddilyn tan y
daeth hi'n glir 'mod i wedi gwneud smonach o fy Lefel O
Biol.

Yn yr arholiad, dwi'n cofio sbïo drwy'r cwestiynau a

chwerthin mewn anobaith wrth sylweddoli bod 'na dair awr hir o wneud fawr ddim o 'mlaen, gan nad oedd gen i Obadeia am be roeddan nhw'n sôn. Felly penderfynais roi ar bapur, yn ei chyfanrwydd, theori esblygiad bywyd ar y ddaear yn ôl Mr N. R. Williams, yn seiliedig ar waith Mr D. Attenborough ar BBC 2. Ugain ochor A4 o rwtsh pur, ond mi ffliodd y tair awr ac mi ges i E am fy nhrafferth. Yn yr hen bres, roedd graddau A, B ac C yn pasio, D ac E yn methu, ac U yn 'unclassified'. Ro'n i wedi mynd i nôl fy nghanlyniadau hefo Peter 'Sherm' Davies – agorodd y ddau ohonan ni'r amlenni hefo'n gilydd a phlygodd Pete ei bapur fel ei fod o'n medru datgelu'r rhestr o ganlyniadau fesul un. 'Art' oedd y cyntaf ar y rhestr, ac wrth ei ymyl, A. Dyddiau difyr, a dim gwahanol i'r disgwyl. Arlunio, ac animeiddio'n arbennig, ydi maes Pete. Enghraifft gynnar o'i waith ydi'r stori strip cartŵn 'Babi Pesda Roc' sy'n rhan o waith celf yr albym *Da Ni'm Yn Rhan O'th Gêm Fach Di* gan y Maffia. Roedd hi'n dda o beth mai hwnnw ydi'i faes o hefyd, achos heblaw'r A mewn Celf, rhes U ddieithriad oedd ar ei bapur canlyniadau. Aeth o'n wyn fel shît. 'Fuck,' medda fo. 'Mum's gonna kill me. I can't go home with this.' Do'n i'm yn gwbod be i ddeud. Erbyn iddo droi i fynd roedd y dagrau wedi dod, ac mae'n debyg nad aeth o adra am ddeuddydd. Rhyfadd sut oedd y petha 'ma'n medru ymddangos mor enfawr a hollbwysig yn yr oed hwnnw. Dwi'n cofio diwedd fform thri, blwyddyn naw rŵan, pan oeddan ni'n dewis pynciau; ro'n i wedi cael marc o 24% mewn Cemeg ac 13% mewn Lladin. Yn lle mynd i'r tŷ drwy'r drws ffrynt ar ôl neidio oddi ar y bỳs ysgol, ro'n i wedi dringo dros wal y garej acw a mynd i ista yng nghwt Tranquil y milgi, a rhoi mwytha i hwnnw tra oeddwn i'n poeni am be fysa gan Dad i ddeud. Ar ôl sbelan, ymddangosodd Mam yn nhop 'rardd.

'What's wrong?' gofynnodd. Rhoddais yr adroddiad iddi.

'Chemistry and Latin, what's Dad gonna say?' medda fi.
'You're not taking them for O Level are you?'
'No.'
'Well it doesn't matter then, does it? Now come on in you daft aipurth.'

Roedd Dad o'r un farn yn union â Mam, ac ro'n i 'di poeni am ddim byd. Ofn iddo ffeindio allan am fy ymddygiad oeddwn i dwi'n meddwl, wrth sbïo'n ôl, ond doedd athrawon byth deud yn onest pa mor ddrwg oeddwn i. Mewn adroddiadau, roeddan nhw'n sgwennu petha fel: 'Byddai safon Neil yn codi pe bai'n canolbwyntio'n well,' yn hytrach na: 'Twat bach di-ddeud, digywilydd, dinistriol, swnllyd ac annymunol ydi Neil, a phe byddai'r hawl gennyf, mi fyddwn yn ei saethu, ei gladdu, a dawnsio'r glocsen ar ei fedd.' Mae'n bosib y byddai bod yn fwy gonest yn gyfaddefiad o'u methiannau nhw fel arweinwyr ac addysgwyr, dwn i'm. Pedwar pas Lefel O ges i'r tro cynta: B mewn Cymraeg Iaith, Saesneg Iaith a Saesneg Llenyddiaeth, ac C yn Ysgrythur. Fues i'n lwcus ddiawledig yn 'Sgrythur. Roedd 'na ddau arholiad, un ar yr Hen Destament a'r llall ar y Testament Newydd. Ro'n i wedi adolygu dipyn ar yr Hen Destament, ac yn ffyddiog 'mod i 'di gneud yn o lew yn yr arholiad. Nid felly'r llall. Doeddwn i ddim wedi gneud strôc ar ei gyfer, a dwi'n cofio ista yn y neuadd yn meddwl y byswn i'n traethu hanes bywyd Mr I. Grist yn ôl Mr N. R. Williams, yn seiliedig ar waith Mr D.W. Niddim am y tair awr nesa, pan ges i fy achub gan neb llai na Mr D. H. Alluog ei hun. Esgynnodd Mrs Thelma Morris, ein hathrawes Ysgrythur, fel yr Ysbryd Glân i'r llwyfan i gyhoeddi fod yna 'leak' wedi digwydd. Bod rhywun mewn ysgol arall rhywle yng Nghymru wedi agor amlen ac ynddi bapurau arholiad y Testament Newydd y diwrnod cynt, ac wedi gneud y papurau felly'n nyl and foid. 'Felly mae arholiad heddiw wedi'i ganslo, ac mi fyddwn yn cynnal arholiad newydd ddydd Mercher nesaf,' meddai'r Ysbryd Glân. Newyddion da o lawenydd mawr? Ond dal d'afal: 'Oes 'na rywun sy'n methu bod yma ddydd Mercher nesaf?' Hwn oedd fy arholiad olaf, ac ro'n i wedi trefnu i fynd i aros at Uncle Mick ac Auntie Sue yn Llundain yr wythnos wedyn. Rhoddais fy llaw i fyny, gan ofni y byddai hi'n deud bod rhaid i mi ganslo 'ngwyliau. Ond na, hapus, hapus, ddifyr ddyddiau, mi fyddwn yn cael mynd i Lundain ac mi fyddwn yn cael asesiad gan fy athrawes Ysgrythur, yn seiliedig ar fy ngwaith drwy gydol dwy flynedd y cwrs. Wel sôn am jami. Ro'n i wastad wedi tynnu mlaen yn dda hefo Thelma – roedd ei gwersi'n ddifyr a diddorol ac unrhyw nonsens yn cael ei stopio'n syth. Felly ro'n i wedi gwneud fy ngwaith a bod yn ddisgybl da. Ges i radd C, ac roedd hynny'n ddigon da gen i.

Y Chweched Dosbarth amdani wedyn, i 'studio Lefelau A mewn Cymraeg, Saesneg a 'Sgrythur, ac i ail wneud Lefelau O Maths a Ffiseg. Ges i B yn Ffiseg, ond D am yr eildro yn yr hen Faths. Ro'n i wedi gofyn am gael mynd i ddosbarth Mr Evans, i'r ffrwd B, ac eistedd yr arholiad CSE i drio cael gradd 1, oedd, o dan y system ar y pryd, yn cyfri fel gradd C Lefel O. Yr ateb ges i gan Mr Northam, pennaeth Maths, oedd: 'Na, mi gewch ail eistedd y lefel O. Cafodd eich brawd radd A, a does dim rheswm pam na fedrwch chi hefyd.' Ia, wel.

Serch hynny, ro'n i'n eitha hoff o Godfrey Northam. Roedd o wedi dysgu Cymraeg mewn tri mis, neu rwbath hurt fel'na, ac yn siarad yn gyflym mewn acen oedd yn ddeheuol ond ddim rîli chwaith, ac roedd hynny ynddo'i hun yn gwneud ei jôcs corni yn fwy digri nag oeddan nhw mewn gwirionedd. Fel athro roedd o'n drylwyr ac amyneddgar tu hwnt, ond yn fecanyddol a diddychymyg. I mi, rhywun nad oedd yn cael algebra a geometreg yn hawdd, doedd yr un esboniad dro ar ôl tro yn dda i fawr ddim, ac yn y pen draw mi fyddwn i'n deud 'mod i'n dallt er mwyn rhoi

taw ar y diwn gron. Mae 'na un enghraifft sy'n aros yn glir yn
fy nghof, sef 'simultaneous equations solved by matrices'.
Maddeuwch y Saesneg yn fama ond sgin i wir ddim syniad
sut i ddeud hynna, heb sôn am 'i neud o, yn y Gymraeg. Mae
'na ddwy ffordd, mae'n debyg, i ddatrys y petha 'ma, ac
roedd y ffordd arall yn un o'r ychydig dechnegau
mathemategol ro'n i wedi cael hwyl go lew arnyn nhw, ac yn
medru mentro deud 'mod i'n mwynhau eu gneud nhw.
Yna'n sydyn reit, dull arall, uff iw plîs, y blydi meitresus 'ma.
Niwl? Sŵp pys slwdj. Eniwe, un diwrnod roedd Mr
Northam adra'n sâl, ac Evans Maths wedi cymryd y wers.
Bachais fy nghyfle a gofyn iddo fo esbonio'r matrices felltith.
'Aaa, mai old ffrends ddy metrussîs,' medda Mr Evans yn ei
acen Fethesda drwchus, a'i lais main, uchel. 'Naw dden.
Thinc of ddy top lefft nymbyr ass a Heinkel bomyr, and ddy
bottom rait nymbyr ass ddy siti of Cofyntri, diwring ddy
secynd wyrld wôr. Ddy Heinkel fflais across tw daif bomb
Cofyntri....' ac ymlaen fel'na. Rŵan, dwi'm yn mynd i smalio
am eiliad 'mod i'n cofio sut i neud y sỳm, ond mi allaf ddeud
fod Evans Maths wedi dod â'r peth yn fyw, a 'mod i wedi
dallt ar y pryd, yn eitha rhwydd. Bosib iawn y byswn i wedi
pasio Maths yn braf taswn i wedi bod yn nosbarth Mr Evans.
Roedd pawb yn gorfod bod ar flaena'u traed hefo Mr Evans,
a dwi wastad wedi bod ar fy ngorau o gwmpas y math yna o
arweiniad. Biti nad oedd Mr Northam yn fwy fel'na, neu o
leia'n dod â'i gymeriad doniol i mewn i'w waith fel athro.
Roedd o'n un am ei restrau a'i gofrestrau; yn cadw
cofrestrau o waith cartref, absenoldeb o'r dosbarth,
camymddwyn a phob lliw o fisdimanars, ac yn gosod gwaith
cosb oedd yn cyfateb i'r cofnodion yn ei gofrestrau. Roedd
ganddo fo 'ly-fyr-bach-coch', a 'lly-fyr-bach-du', a'r rhain
oedd yn cynnal fflam ei fodolaeth ar brydiau. Ar un pwynt,
yn fy mhumed flwyddyn, doeddwn i ddim wedi rhoi chwech
neu saith gwaith cartref i mewn, am y rheswm syml nad

oeddwn wedi trafferthu eu gneud nhw. Ro'n i'n gwbod bod y cachu'n mynd i hitio'r ffan yn o fuan, ac nad oedd 'wedi anghofio, syr' neu 'ma'r llyfr adra, syr' yn mynd i weithio'n llawer hirach. Beth oeddwn i ddim yn ei ddisgwyl, ar unrhyw gyfri, oedd cnoc ar ddrws tŷ ni, tua saith o'r gloch ar nos Fawrth, a gweld Mr Northam yn sefyll yn y portico, hefo cornel ei ly-fyr-bach-coch yn sticio allan yn fygythiol o dop poced ei gôt. 'Helo Neil,' meddai, 'ydi-aich-Mam-nai-aich-tad-yma?' Roedd hyn yn arswydus, a thu hwnt i unrhyw synnwyr a rheswm. Roedd o wedi gyrru o'i dŷ cynnes, clyd yn Stad Coetmor, Bethesda (tu cefn i dŷ Nain) i Dregarth, gyda'r nos, ganol wsnos, i chwilio am waith cartra Maths gen i. Copsan? Bang tw raits, hogia bach. Llyfr gwaith cartref, heb ei dwtsiad ers wythnosau, a chofnodion i'r perwyl hynny yn y lly-fyr-bach-coch. Thinc of ddy Heinkel bombyr ass Mistyr Northam, and ddy siti of Cofyntri ass Nîl Williams, strymmun hus gitâr at hôm on a tiwsdê ifning... Doedd y boi'm yn gall, siŵr Dduw. Y peth ryfedda oedd 'mod i wedi disgwyl croeshoeliad go hegar gan Mam a Dad, ond na, dim gair. Dwi'm yn ama'u bod nhw wedi dychryn cymaint â finna.

Pan fethais Lefel O Maths am yr eildro, daeth Godfrey Northam ar fy ôl 'fath â teriar i lawr twll cwningen am ddyddia i 'nghael i i drio eto, ond ro'n i 'di cael llond bol, ac mi ddeudis hynny wrtho fo'n onest. Y gwir oedd 'mod i 'di dechra cael llond bol ar ysgol yn gyffredinol. Ro'n i wedi cychwyn ar gyrsiau Lefel A hefo rhyw syniad o fynd ymlaen i goleg drama. Roedd Alun Hobson, y pennaeth Saesneg, yn frwdfrydig dros y llwybr hwnnw i mi, a phetawn i wedi aros, dyna fyddwn i wedi trio'i neud, ma' siŵr. Ro'n i'n mwynhau Chaucer a *Macbeth*, a drama hefyd, er mai gweithgaredd tu allan i amser ysgol oedd hwnnw; ond hanner ffordd drwy dymor y gaeaf ro'n i ymhell ar ei hôl hi yn Ysgrythur, wedi colli diddordeb, ac yn y Gymraeg yn yr un modd. 'Tasa

Elwyn Hughes yn dal wrth y llyw, ella bydda petha wedi bod yn wahanol, ond roedd o bellach yn ddirprwy Bennaeth, a Helen Owen o Lanllyfni a safai, hefo'i choesau siapus yn eu neilons duon, o 'mlaen gydol y gwersi dwbwl hir o Hen Gymraeg, Cymraeg Canol, awdlau R. Williams Parry, *Cysgod y Cryman*, a'r peth mwyaf dychrynllyd mewn addysg uwchradd ers y sumylteniys ecwêshyn bai metrussîs, y Dadansoddiad Gramadegol yn yr arholiad Lefel A Cymraeg. Adferf? Y gorffennol-berffaith? Y? Does dim rhaid gwybod sut mae injan yn gweithio er mwyn gyrru car, nag oes? Mi wn i, esgusodion – ond beryg y byddai Lefel A Cymraeg wedi bod y tu hwnt i 'ngallu i beth bynnag, hyd yn oed taswn i wedi gweithio'n galed. Doeddwn i ond wedi cael gradd E yn Llenyddiaeth Lefel O wedi'r cwbwl. Mae hi'n gwestiwn gen i erioed faint o anfantais oedd y ffaith mai Saesneg oedd fy mamiaith ac iaith yr aelwyd.

Ta waeth, erbyn Chwefror 1980, ac arholiadau'r Pasg ar y gorwel, roedd y sgwennu ar y wal yn hytrach nag yn ffeils gwaith eich annwyl awdur. Ar gyrraedd adra un noson, roedd Mam wedi gosod pecyn o bapurau ar fwrdd y stafall fwyta. 'Have a look at these.' Ffurflen gais, a hysbyseb am swydd clerc ar gowntar Swyddfa'r Post oedd y papura. 'What do you think?' gofynnodd, wedi i mi daro golwg arnyn nhw. Doedd dim rhaid gofyn ddwywaith. Roedd hon yn ddihangfa bosib, ac mi oeddwn i am fynd amdani. Wrth lenwi'r ffurflen gais, ro'n i'n saff fod f'amser fel myfyriwr ysgol wedi dod i'w derfyn.

Y sbanar yn y wyrcs, wedi meddwl, oedd methu'r Lefel O Cerddoriaeth, ac wedyn peidio'i ail-eistedd. Dyna ydi'r unig beth o'm cyfnod yn yr ysgol dwi'n ei ddifaru go iawn. Ro'n i wedi gwneud ceirch o'r papur theori, dwi'n cofio treulio llawer gormod o amser ar un cwestiwn ac wedyn yn methu gorffen y cwestiynau i gyd, ac roedd y papur Hanes Cerddoriaeth yn wastraff amser gan nad oeddwn i wedi dysgu'r gwaith. Doedd gwbod dyddiadau geni a marw Mozart, Beethoven, Bach a Tchaikovsky ddim yn mynd i wneud y tro pan oedd gofyn trafod dylanwad Puccini ar y newid mewn arddull o'r rhamantus i'r real mewn opera yn y bedwaredd ganrif ar bymtheg. Roedd Miss Deilwen Crump, ein hathrawes gerdd, wedi cyrraedd yr ysgol ar gyfer fy mlwyddyn Lefel O, ac wedi ailgynnau fy niddordeb yn y pwnc. Fel yr athrawon gorau i gyd, roedd ei safonau'n uchel a doedd hi'n diodda dim lol; a taswn i wedi llwyddo yn y Lefel O mae'n bosib iawn y byswn i wedi mwynhau'r na i Lefel A hefo arweiniad heriol a disgybledig Miss Crump. Roedd 'na ddigon o hwyl i'w gael hefo hi, ond y gwaith oedd yn dod gynta. Nid bod 'na ddim o'i le hefo Llio Tomos oedd yn y swydd o'i blaen, y sawl a driodd ddwyn perswâd arna i i ganu'n unigol yn Eisteddfod yr Urdd, ond ei bod o bosib yn rhy addfwyn, a finnau'n rhy barod i gymryd mantais a slacio.

O feddwl mai yn ac o amgylch byd cerddoriaeth ac adloniant rydw i wedi byw ac ennill fy mara menyn ers fy ugeiniau cynnar, mae'n rhyfedd gen i ei bod wedi cymryd tan yn ddiweddar iawn i mi fynd i'r afael ag agweddau ffurfiol y maes, fel darllan y dots ac astudio'r theori. Yn ddiweddar iawn dwi wedi dechrau dysgu chwarae'r tiwba E Fflat. Feddylis i y byddai hynny'n rhoi ongl ffres ar gerddoriaeth i mi, a'm helpu i 'ddarllan' a phetha cyffelyb. Roedd y tiwba hefyd yn apelio gan ei fod yn offeryn bas, yn cyflawni'r un math o ddyletswyddau â'r gitâr fas drydan, ond mewn meysydd cerddorol gwahanol. Doeddwn i ddim wedi disgwyl i'r peth ddod yn obsesiwn, ond y gwir amdani ydi fy mod yn diflannu i'r sied acw, a chyn i mi droi rownd mae dwyawr neu fwy wedi gwibio heibio, a finna di gyrru Aws druan bron o'i cho', nes ei bod yn erfyn arna i i ddod i'r tŷ. Dwi'n cael modd i fyw hefo'r blwmun peth. Mae o hefyd yn ail gyfle i mi hefo offeryn pres.

Daeth fy nghyfle cynta yn ôl yn 1976, a finna'n

ddeuddeg oed, a newydd gael fy rhoi yn nosbarth 1A ar gyfer yr ail dymor yn Ysgol Dyffryn Ogwen. Un o byrcs bod yn nosbarth y plant clyfar oedd cael cyfle i ddysgu chwarae offeryn cerdd. Y bas dwbwl oedd fy newis i, ond roedd yr unig fas dwbwl ym meddiant John 'Carrots' Evans, 2A, felly roedd yn rhaid i mi ddewis un o'r offerynnau oedd ar gael i'w benthyg. Felly setlais am y trombôn. Trombôn bas oedd o, un eitha newydd yr olwg, ei fetal euraid yn sgleinio a'i sleid yn sleidio'n llyfn. Ro'n i'n chwarae thema *Teliffant* o fewn munudau. Ges i gerydd am hynny gan Bill Evans, yr athro Cerdd a phennaeth yr Adran, neu Bawnsing Bili oherwydd y ffordd roedd o'n cerdded, yn bowndian ar hyd y coridorau ar flaena'i draed, mewn sgidia Iesu Grist gan amla, ei wallt mylet yn dawnsio i fyny ac i lawr ar ei benglog mewn cydymdeimlad. Roedd o'n chwarae'r ffidil yn un o fandiau pop/gwerin cynnar ein sîn gerddoriaeth gyfoes, Y Dyniadon Ynfyd Hirfelyn Tesog. Welis i nhw ar y teledu'n canu 'Well I Couldn't Speak a Word of English Until I Was Ten' – roeddan nhw'n ddylanwad mawr ar Geraint Løvgreen, mae'n debyg, ond ro'n i'n eu gweld nhw fymryn yn crîpi. Hwntw ydi Billy, a 'wi'n grac iawn' oedd un o'i hoff ddywediadau, a lein agoriadol fy ngherydd am chwarae *Teliffant* ar y trombôn. Yn dynn ar din y cerydd hwnnw daeth darlith hir, ddiflas yn egluro pa mor freintiedig o'n i, i gael defnyddio offeryn mor werthfawr, a pha mor bwysig oedd hi i gymryd gofal ohono ac i ymarfer yn gyson a ballu. Roedd Bill chydig yn or-frwdfrydig am gerddoriaeth, yn rhoi'r argraff mai miwsig oedd yr unig beth o bwys yn y byd. Yn y dosbarth, i groesawu'r to newydd a thorri'r iâ, mi fyddai o'n canu 'Be di'ch enw chi-i?' fel 'so-so-so-so-so-mi' mewn sol-ffa, i bawb yn eu tro, a disgwyl i bawb ganu'r ateb yn yr un modd. Sôn am greu gwaith iddo'i hun. Daeth amdana i gynta, wedi gweld 'mod i'n rêl ceg, ma' siŵr, ac mi ganais 'NîylRichardWill-iams' yn ôl ato fo, yn glir fel cloch, yn union fel roedd o wedi gofyn, a chael laff gan y dosbarth a 'da iawn' gan Billy. Yn anffodus iddo fo, wedi'r dechrau addawol, i'w gynefin o, sef sowth, yr aeth petha. 'Be di'ch enw chi-i?' canodd i gyfeiriad Carol Owen, yn addfwyn hwyliog. 'Carol Wyn Owen,' medda Carol. 'Na na, wi moyn 'chi *gâni* fe,' medda Billy. 'Na 'naf,' medda Carol. Ro'n i'n nabod Carol ers yr ysgol gynradd, ac erioed wedi dod ar draws neb mor gwrtais a chywir yn ei hymddygiad tuag at bobol eraill, yn enwedig athrawon. 'Be di'ch enw chi-i?' canodd Billy eto, yn llai addfwyn hwyliog y tro hwn, a mwy fel Ozzy Osbourne. Roedd o wedi dechra colli'r plot. Dim gafodd o gan Carol Wyn Owen ond sniffls a dagrau a sbïo ar ei thraed. 'Reit, mas!' ffrwydrodd Billy, 'os 'ych chi ddim yn myn' i gâni, sdim lle i chi myn 'in!' ac allan â hi yn ei dagra, bechod. Roedd Billy wedi sefydlu'r confensiwn, felly roedd yn rhaid iddo wahardd pawb oedd wedi gwrthod cydymffurfio, sef tua chwarter y dosbarth, a fynta'n mynd yn fwy a mwy 'crac' nes cyrraedd o dop y caetsh, ei wyneb yn goch a gwythiennau ei ben yn pwmpio, a ninnau erbyn hyn yn sbïo arno mewn distawrwydd llethol a pheth syndod. Nid pawb sy'n medru, nag isho, canu; a tydi arthio a gweiddi arnyn nhw'n mynd i helpu'r un iot. Ond fel'na mae rhai athrawon, a chwarae teg i Billy, doedd na'm byd cas amdano fo mewn gwirionedd – person angerddol oedd weithiau'n or-frwdfrydig oedd o. 'Swn i'n licio medru deud 'run fath am y cyfaill nesa 'ma, Mr Jack Beardmore, athro peripatetig yr offerynnau pres. Rŵan 'mod i â rhywfaint o brofiad o fod yn 'peri', gobeithio nad ydw i'n bod yn rhy ddigywilydd wrth feirniadu gwaith un arall. Mae gen i brofiad o fod yn athro ym maes Aikido, yn dysgu plant ac oedolion, ac un o egwyddorion sylfaenol Aikido ar gyfer dysgu plant ydi gadael iddyn nhw chwarae'n hapus. Wrth reswm tydi hyn ddim yn golygu gadael iddyn nhw chwarae o gwmpas a rhedeg reiat, ond mae'n golygu trio creu cyd-destun a sefyllfa i ddysgu'n hapus ynddi, lle maen nhw'n medru arbrofi hefo'r technegau – a lle mae cael pethau'n anghywir yn gwbwl hanfodol yn hytrach nag yn rwbath i'w osgoi a'i ofni. Mae hyn yn rwbath y bydda i wastad yn trio ei gadw mewn co' wrth ddysgu yn fy ngwersi offerynnol neu wrth fentora cerddorion ifanc. Haws deud na gneud yn aml iawn, achos wrth gwrs mae 'na adegau ym mhob maes sy'n mynd i fod yn waith caled, a chyfnodau lle mae disgwyl perfformiadau cywir, safonol. I mi mae canfod ffordd o gydbwyso'r gwahanol agweddau hefo gwahanol bobol yn rhan o'r her a'r pleser o fod yn athro. Ta waeth, dwi'n teimlo fy hun yn mynd 'off ar un', fel maen nhw'n deud. Yn ôl at yr hen Jack.

Bandsman yn y lluoedd arfog oedd Mr Beardmore, a'r cefndir hwnnw i'w weld ym mhob agwedd ohono. Fydda fo wastad fel pin mewn papur, ei osgo'n syth fel milwr a'i ddull o ddysgu i'r gwrthwyneb yn llwyr i'r hyn ddisgrifiais i uchod. Sgêls, osgo'r corff, safle'r fraich, anadlu, sgêls, osgo corff, safle'r fraich, anadlu.... Ella mai'r rhain ydi'r sylfaen, a dwi'n dallt bod yn rhaid gosod y sylfaen, ond iesgob, ma' isho i *ryw* ran o'r gwaith fod yn hwyl, neu o leia deimlo fel rwbath cerddorol. Un o Swydd Efrog oedd yr hen Jack, dwi'n meddwl, ac ella mai hiwmor sych yr ardal honno oedd ganddo fo, a hwnnw'n mynd dros fy mhen, dwn i'm, ond yn lle deud 'well done' ar yr adegau prin rheiny pan fyddwn i'n gwneud rwbath yn iawn, mi fydda fo'n fwy tebygol o ddeud, 'and about time too, don't you think?' Ond hon oedd y clinshar, a'r rheswm penna am fyrhoedledd fy ngwersi. Pan fyddwn yn gwneud camgymeriad, ac roedd hynny'n digwydd yn aml, dyma fydda'r hen Jack annwyl, amyneddgar, positif, ysbrydoledig, yn ddeud. 'Right, back t' top o' piece, and try t' remember t' notes yer readin, 'n keep yer elbow owt.' Doedd o'm yn swnio'n annhebyg i Geoff Boycott. Mi fyddwn i'n mynd yn ôl i ddechrau'r darn ac mi fydda fo'n cyfri, 'One, Two, Three, Four, One, Two, Three, Four,' trwy gydol y peth, ac ar bob 'One' yn fy waldio ar dop fy mhen hefo pen trwm ei feiro Parker. Hanner awr o wers, lot o gamgymeriadau, lot o waldio. Bosib iawn bod Jack Beardmore yn athro da i fyfyrwyr hŷn oedd yn medru chwarae i ryw fath o safon, ond i mi roedd o jyst yn ddyn cas, blin oedd yn fy nghasáu i gymaint ag oeddwn i'n ei gasáu o. Ro'n i wedi rhoi'r trombôn yn y to o fewn chwe mis, a gesiwch pwy oedd yn grac iawn hefo fi? Ai, dach chi'n sbot on eto, Bawnsing Billy Evans, ac mi fu darlith hir, ddiflas i gloi'r bennod drist honno hefyd. Dyma roddodd y tun hat ar y cwbwl: tua'r un adeg, rhoddodd John Carrots y gorau i'r bas dwbwl hefyd, felly dyma fi at Billy a gofyn faswn i plîs yn medru cael gwersi ar y feiolin fawr fawr. 'Wel na, Neil Williams,' medda Billy. 'Os ti'n ffili dal arni da'r trombôn, sa i'n myn i adel 'ti ddisgi dim bid arall, sbo.' Twat. A dyna ni. Mr W Evans wedi cau'r drws yn glep ar fy ngyrfa fel fyrtiwoso clasurol. Ddaru 'na neb chwarae'r bas dwbwl 'na wedyn drwy gydol f'amser i yn Ysgol Dyffryn Ogwen, ac mi fu'n sefyll yn hel llwch yn y stafell gerdd fach gyferbyn â'r neuadd. Dyna i chi wastraff.

Felly, ar droad 1976, ro'n i wedi ymsefydlu yn nosbarth 1A. Fi, Rhodri Jones, Alistair Griffiths, Ruth Owen, Nia Hughes, Carol Wyn Owen, Rachel Stewart, Siân Evans, Rhian Davies a Gillian Davies, i gyd yn dod ar fysus y Moduron Porffor o Dregarth a Mynydd Llandygái, yr ochor arall i'r Ogwen; Peter Davies, Sandra Westlake, Lynne Jones ac Eluned Hill o Fangor, Alun Jones o waelod stryd Bethesda, Susan Ellis o siop Regent House, Gina Butler o ganol stryd, Colin Jones a Kevin Owen o Faes Coetmor (yr un stad â Nain a John Gwyn); Peter Harlow oedd yn byw ar Ffordd Bangor, Erfyl Ogwen Parry a Morfudd Roberts (merch y ficer) o Ros y Nant, dros ffordd i'r cae ffwtbol; Martin Parry a Shirley

Roberts o Gerlan; Paula Howard, Ruth Roberts a Susan Randall o Dalybont. Roedd Elan Hughes, Carys Jones a Nicola Hughes yn byw yn Rhos y Coed, dros y ffordd i giatiau'r ysgol; Linda Roberts, Nerys Jones a Susan Williams oedd yn cynrychioli Carneddi a Gillian Williams a Kevin Beattie, brawd Martin y canwr, yn dod o Abercaseg, pen pella'r pentref. Roedd Jaqueline Roberts yn ista hefo Lynne ac Eluned, ond dwi'm yn cofio lle oedd hi'n byw. Jaqueline ydi, neu oedd, o leia, y person distawa ar y ddaear i gyd. Sgin i'm co' o ffeirio mwy na 'helo' hefo hi erioed. Mae'n bosib iawn ei bod yn teimlo bod llawn ddigon o sŵn yn dod o gyfeiriadau eraill yn y dosbarth, yn cynnwys f'un i, ac yn sicr roedd hi'n un o'r nifer fu'n sefyll tu allan i'r Stafell Gerdd am wrthod ateb eu henwau ar gân i Bawnsing Billy Evans.

Dwi'n meddwl 'mod i wedi eu cofio a'u henwi nhw i gyd, oherwydd rhain oedd fy nheulu o foreau Llun hyd bnawniau Gwener am bum mlynedd, ac mi gawson ni'r un profiadau fel criw. Roedd llawer mwy o enethod nag o fechgyn, ond doeddwn i'n malio dim am hynny. Dwi wedi bod yn hapus yng nghwmni'r rhyw deg erioed, ac ro'n i'n gysylltiedig mewn modd mwy na chyfeillgar hefo Rachel, Shirley, Rhian, Siân, Lynne ac Elan (ar wahanol adegau) yn y blynyddoedd cyntaf, cyn i mi, yn f'oed a f'amser (yn bedair ar ddeg) syrthio mewn cariad â Lynwen Mai – (rhai) manylion i ddilyn.

Yn ein system addysg ganoloesol roedd yn rhaid dewis rhwng gwaith coed a gwnïo, gwaith metal a choginio. Doedd dim gwahaniaethu ystrydebol ar sail rhyw yn fanno o gwbwl, felly. Roedd Duncan 'y mrawd wedi fy rhoi ar ben ffor' hefo met, gan ddeud mai'r oll oedd rhywun yn ei neud, fwy na heb, oedd ffeilio; ac ro'n i'n ffansio fy hun yn ddipyn o ddab hand yn gegin, felly ymunais â'r merched a Kev Beattie yn nosbarth coginio Mrs Barnes. Dau gi ymhlith y geist, ac yn hapus fel moch yn y mwd. Mae hi'n fraint od cael bod yng nghanol sgwrsio benywaidd, ac mae'n wir fod genod yn fwy gonest ac agored ymysg ei gilydd, ac yn bell o'n blaena ni'r hogia pan oedd eu sgwrsio'n troi'n las. Genod droog, yn wir. Roedd 'dybl cwcri' ar bnawn Llun yn wers y byddwn edrych ymlaen ati – roedd o fel bod yn westai ar *Loose Women* ar f'enaid i. Ta waeth, mi ddois yn ffrindia mawr hefo Rhian Davies, Paula Howard a Susan Williams yn arbennig, ac roeddan ni'n 'deud bob dim' wrth ein gilydd, gydol ein hamser yn 'rysgol.

Roedd 'na glymau eraill yn fy uno â 'nghyd ddisgyblion. Ro'n i'n nabod Colin Jones, Kevin Owen a Peter Harlow ers y dyddiau pan fyddwn yn dod am wylia at Nain a Taid o Fryste, ac roedd eu rhieni hwytha' wedi bod yn 'rysgol hefo Dad. Gan Doreen Jones, Mam Colin, ges i wybod mai Willy Tsiainî oedd llysenw Dad pan oedd o'n hogyn bach. Roedd Gwen Davies, chwaer Rhian, yn yr un dosbarth â Duncan, a

Dolig '78: fi, Danny, Nanny Jet a Duncan.

Huw, ei brawd bach, yn yr un dosbarth a 'mrawd bach inna, Danny. Huw, yn wir, oedd gwas priodas Dan. Roedd 'na lot o'r math yna o blethu teuluol a chenhedlol yn ein hysgol ni, ac mae hynny'n elfen bwysig o'r hyn sy'n creu cymuned glos, mae'n rhaid gen i, fel sydd yn yr ardal o hyd.

Perfformio ar y llwyfan

Yn ystod fy mlwyddyn gynta yn Nyffryn Ogwen, perfformiwyd cynhyrchiad o stori'r Pibydd Brith yn yr ysgol, mewn miwsig a meim, a ges i'r fraint o chwarae'r Pibydd. 'Na'i byth anghofio'r wefr ges i wrth arwain y llygod mawr o'r llwyfan trwy ganol y gynulleidfa ac allan drwy gefn y neuadd. Ro'n i wir yn teimlo mai fi *oedd* y Pibydd, ac mai llygod mawr oedd y plant eraill yn eu penwisgoedd a'u cynffonau. Roedd Erfyl Ogwen yn actio rhan y Maer, os cofia i'n iawn. Mae Erfyl yn actor 24/7 ers eiliad ei eni, dwi'm yn ama, ac mi oeddan ni'n dau – a Martin Parry, Elan Hughes, Shirley Roberts a Susan Williams – o'n dosbarth ni wastad yn hapus i fynd ar lwyfan.

Perfformiad mawr arall y flwyddyn honno oedd Noson Lawen foethus Mrs Eirwen Llewelyn Jones (Ogo Posh, am ei bod yn briod annwyl i Ogo), gŵrw hunan-apwyntiedig unrhyw faterion dramatig a/neu theatrig yn yr ysgol, a'r plwy ehangach (babi Ogo Posh oedd Cwmni'r Llechen Las). Atgyfodais y sgetsh am y bos a anghofiodd ei drowsus ar gyfer y Noson Lawen honno, a dwi'n cofio Phil Holland (sydd rŵan yn wneuthurwr hufen iâ ac iogwrt ansbaradi-gaethus Môn Ar Lwy) a Gwyn Williams (a ganodd yn y band Doctor) yn canu 'Soldiwr Soldiwr Nei Di 'Mhriodi i' fel cân ddigri. Welis i 'dantrym creadigol' cynta 'mywyd yn ystod yr ymarferion rheiny. Roedd Mrs Ogo Posh, cyfarwyddwr y sioe, am i'w merch, Siân Llewelyn Jones (Siân Ogo Posh) oedd yn yr un dosbarth â Duncan 'y mrawd, ymarfer ei pherfformiad ar y delyn un waith yn rhagor; ond roedd Siân yn teimlo'i bod wedi gwneud hen ddigon o ymarfer yn barod, ac mi aeth petha'n wresog.

'Cerwch yn ôl ar y llwyfan 'na'r munud yma!'

'Na 'naf, dwi'n mynd adra!'

Allan â Siân mewn stêm, a drysau dwbwl y neuadd yn swingio ar eu sbrings ar ei hôl. Dramatig iawn, ac Ogo Posh yn gwneud yn fawr o'r brad gan ei chig a'i gwaed ei hun, ac yna gwneud mwy fyth o stryglo yn ei blaen yn arwrol trwy'r loes a'r dagrau, at y gân ddigri arall yn y Noson Lawen. Ges i 'nharo gan berfformiad hyderus a didwyll gan hogyn o ddosbarth 2A, Siôn Rhys Lloyd Jones. Dwi'n cofio cael pwt o sgwrs hefo fo, a chynhesu ato fo. Roedd 'na rywbeth yn wahanol am hwn. A phwy oedd y llanc? Neb llai na Siôn Maffia ei hun. Mae'n bosib mai'r 'gwahaniaeth' oeddwn i'n ei synhwyro oedd mai mewnfudwyr i'r ardal, fel ni, oedd y Jonesus yma; Gareth a Nia a'u meibion, Siôn a Gwyn. O ardal Llanbedr Pont Steffan roeddan nhw wedi dod, a'r hogia, hefo'u hacenion hwntw gorllewinol, wedi gorfod wynebu Bwrdd Croeso'r locals yn Adwy'r Nant, Glan Ogwen, Glan Ffrydlas ac Ysgol Penybryn, fel ninnau yn Nhregarth, Sling a Mynydd Llandygái. Ma' Siôn a Gwyn yn dal i droi'n hwntw pan fyddan nhw'n siarad hefo'u tad, ma'r peth yn wych. Un o Nebo ger Cross Inn ydi Gareth, wedi ymddeol bellach ac yn byw ym Mhenarth wedi gyrfa liwgar fel actor, athro a gyrrwr loris, ac yn dal i fod yn gefnogwr brwd i Blaid Cymru, rygbi Cymru, ac wrth gwrs Maffia Mr Huws. Mae Gillian Elisa'n ei gofio'n athro Saesneg arni hi yn ysgol uwchradd Llanbed, ac yn cofio Siôn a Gwyn yn betha bach ciwt, diniwed, mewn trowsusau byrion. Bechod! Athrawes gerdd, cantores a phianydd oedd Nia Jôs, mam yr hogia, yn enedigol o Flaenau Ffestiniog, ac un o'r bobol mwya prydferth ac addfwyn i mi erioed gael y pleser o'i nabod. Pan oedden nhw'n gwpwl ifanc roedd eu gwaith yn mynd â nhw yma ac acw, ac o ganlyniad cafodd Siôn ei eni'n nwyrain Llundain, o fewn clyw i glychau Bow; felly ma' Jôs Siniyr, fel dwi'n ei alw, yn Gocni cymwys, bona fide. Yng

Nghaint gafodd Gwyn, Jôs Jiwniyr, ei eni. Mae 'na wrth gwrs air, un tebyg iawn, yng ngeirfa Caernarfon a'r cylch, sy'n gynghanedd gyfatebol i Gaint, ond fyddan ni'm yn mynd i lawr y lôn honno oni bai bod Gwyn yn camfihafio.

Maddeuwch i mi am fynd ar ôl sgwarnog bach sydyn: babis Awst ydi'r brodyr Jones a Hefin Huws, Leos y tri, a finna'n Aries, hefo Leo'n codi. Mae lot o dân yn fanna, felly, os ydach chi'n nabod eich astroleg, fel rydw i i ryw raddau. Mae lot o ego hefyd, ac o bryd i'w gilydd mae petha o fewn y band wedi bod yn danllyd. Ma' Deins yn Gemini, yn eitha cŵl a thawel, sydd jyst y peth pan fydd y gwreichion yn fflio. Scorpio oedd Al Eds, hwnnw wrth ei fodd ynghanol y miri, yn hapus i ddeud ei ddeud ac yn malio dim os nad oedd pobol yn licio hynny. Roedd hi'n ddiddorol iawn pan ddaeth John Doyle i'r cawl, hwnnw'n Libra, hefo cydbwysedd a thegwch yn uchel ar ei agenda. Do, mi ddaeth â rhyw fath o gydbwysedd i'r deinamics rhwng y personoliaethau, a hefyd i'r miwsig roeddan ni'n ei greu. Dwn i'm, ella mai lol botas ydi'r cwbwl, ond byth ers i astrolegydd amatur deniadol iawn o Perth, Awstralia, ddadansoddi fy siart geni (a bachu ei chyfle i gymryd mantais arna i 'run pryd), dwi wedi cymryd diddordeb yn y peth.

Ta waeth, yn ôl i'r stori. Roedd Noson Lawen sbectaciwlar Ogo Posh wedi achosi i lwybrau Siôn a fi groesi, felly ro'n i'n ymwybodol ohono fo, ac yn ei weld o gwmpas y lle, fel arfer hefo'i ffrind Dafydd Meurig. Roedd Siôn yn yr un dosbarth â Deiniol Morris, ond sgen i'm co' o siarad hefo hwnnw nes y gwelis i o'n chwarae bas hefo Siôn a Gwyn yn y grŵp Weiran Bigog. Fo, mae'n debyg, fyddai un o'r hogia lleol cyntaf i'r brodyr Jones ddod ar ei draws wedi iddynt symud i mewn i'r Bwthyn ar Lôn Pant, gan ei fod yn byw ar Ffordd Garneddwen, prin hanner canllath i ffwrdd. Dafydd Meurig yn un arall, Erfyl a Dylan Parry o Ros y Nant, Dafydd 'Vandal' Roberts a'r brodyr Huws, Bryn, Hefin, Gareth a

Tecwyn, o Lanogwen. O'r rhain i gyd, dim ond Bryn a Tecs Huws wnaeth ddim canu, actio, recordio na chwarae offeryn.

Ddois i ddim ar draws Hefin Huws yn iawn, er ein bod yn yr un flwyddyn, tan ryw bnawn oer ar ochr cae pêl-droed Ysgol John Bright yn Llandudno. Roeddan ni'n dau'n eilyddion i'r tîm dan 13, yn pasio pêl yn ôl a blaen i gadw'n gynnes, a dyna fo. Roedd o'n ddigon dymunol. Fel yn achos Siôn, ro'n i'n ymwybodol ohono fo wedyn, ond ches i fawr ddim i'w neud hefo fo mewn gwirionedd nes i mi ymuno â Maffia Mr Huws. Nes i ddim chwarae pêl-droed yn nhîm yr ysgol tan fy ail flwyddyn, ac erbyn hynny roedd Gwyn Jones, brawd Siôn, Gareth Huws, brawd Hef, Paul Jenkins a Ricky Liguz, Kevin 'Taff' Roberts, Dafydd Vandal a Gareth 'Cochyn' Williams, Keith Doyle (cefnder John), Guto Orwig, Gareth 'Blondie' Williams, Ian Morris Williams, Dafydd Richards a Nathan Hall i gyd yn Fform Wan. Roedd John Doyle, Hefin Huws, Elan Hughes, Alun 'Bach' Jones a Iôrs Trwli yn Fform Tŵ; Siôn Jones, Deins 'Morro' Morris, Dafydd 'Sgryff' Griffiths a Steven Bolton yn Fform Thrî, a Dylan Parry a Gethin Evans yn Fform Ffôr. Er nad oedd yr un ohonon ni fymryn callach ar y pryd, byddai'r uchod yn aelodau o'r bandiau a ganlyn: Weiran Bigog (Siôn, Gwyn, Deins, Guto Orwig), Maffia Mr Huws (Siôn, Gwyn, Deins, Hefin, fi a John Doyle yn ddiweddarach), Proffwyd (Gareth Cochyn, Dafydd Vandal, John Doyle, Gareth Huws), Sgryff (Dafydd Sgryff, Paul Jenks, Dylan Parry a finna), India (Ricky, Jenks a finna, ac Elan Hughes am sbel ond erioed yn gyhoeddus), Marchog (Alun Jones, John Doyle, Keith Doyle, Hefin Huws), Tynal Tywyll (Ian Morris Williams, Gareth Blondie, Nathan Hall, Dafydd Richards a Gareth Huws), Celt (Steven Bolton). Ymunodd Siôn, Gwyn, Hefin a Kevin Taff hefo Les Morrison ar wahanol adegau fel aelodau o'i fand Offspring, ac mi fu Taff a finna am sbelan yn chwarae bas a dryms i Chwarter i Un hefo Dafydd Rhys, sy'n ddolen gyswllt bwysig yn yr hanes. Roedd o'n pontio sawl cangen a chenhedlaeth ar hyd y ffordd, fel cerddor, rheolwr a threfnydd, ac yn wy cynnar i ddeor o nyth cerddorol annhebygol Ysgol Dyffryn Ogwen yn 1977. Y cyw cyntaf ro'n i wedi dod yn ymwybodol ohono oedd John Gwyn, fel dwi 'di sôn eisoes, a chwaraewyd caneuon Brân gan Arwel Jones yn y disgos ysgol. Yn ogystal â bod yn athro ymarfer corff, Arwel oedd Arwel Disgo'r Llais, a doedd o ddim angen llawer o esgus i droelli'i ddisgiau ar lwyfan y neuadd. Roeddan ni'n cael clywed Edward H, Geraint Jarman, Meic Stevens, Heather Jones, Shwn, Hergest, Crysbas a ballu yn aml ac yn uchel – ella bod hynny wedi mynd o dan grwyn y to ifanc, pwy a ŵyr?

Roedd 1977 yn flwyddyn fawr i fiwsig pop ym Mhrydain, wrth gwrs, hefo dyfodiad pync. Mae'r albym *Never Mind the Bollocks Here's The Sex Pistols* erbyn hyn yn cael ei chlodfori gan y gwybodusion am newid tirwedd cerddoriaeth boblogaidd ym Mhrydain am byth. Dwi'n cytuno, ac yn cofio'i phrynu a gwrando arni'n ddiddiwedd. Hyd heddiw, pan fydda i'n clywed 'God Save The Queen', 'Anarchy In The UK' neu 'Pretty Vacant' ar y weiarles, mi fydda i'n dal i gael gŵs pimpyls; mae'r egni amrwd yn dal i neidio allan. Mae'r gân 'Bodies' yn stori wahanol. Pan o'n i'n dair ar ddeg, ro'n i'n chwarae'r trac hwnnw drosodd a throsodd – y rhegfeydd, y mileindra a'r angerdd noeth yn y llais wedi gafael yndda i'n llwyr. Doeddwn i ddim wedi dallt mai adwaith Catholig John Lydon i erthyliad ydi testun y geiriau. Doedd yr hogyn prin ugain oed pan sgwennodd y caneuon yna. Da chdi, Johnny.

Yn yr un modd â Slade pan ddaethon nhw i'r amlwg, roedd sŵn y Pistols a'u hagwedd yn gyferbyniad llwyr i'r rwtsh oedd yn y siartiau ar y pryd. Erbyn 1977 roedd amser Slade wedi bod; ro'n i'n barod am arwyr roc'n'rôl newydd a

Johnny Rotten, Steve Jones, Paul Cook a Glen Matlock oeddan nhw. Er 'mod i'n 'swyddogol' rŵan yn bync rocar, ro'n i'n dal i wrando ar y Top 20 bob amser te dydd Sul ac yn gwylio TOTP bob nos Iau; ac mae'n saff i mi gyfadda, bymtheng mlynedd ar hugain yn ddiweddarach, 'mod i wedi prynu albym ABBA a gwrando arni hyd syrffed yn ôl f'arfer. Roeddwn i hefyd yn gwrando ar hoff fiwsig Duncan 'y mrawd, Queen a Pink Floyd, ac yn raddol bach, stwff Cymraeg, 'S'neb yn Becso Dam' a 'Tacsi i'r Tywyllwch', a Sosban hefo Richard Rees ar fore Sadwrn. Tydi rhai petha byth yn newid.

Ta waeth, roedd effaith y Sex Pistols wedi cyrraedd Ysgol Dyffryn Ogwen, ar ffurf band Pync Roc Cymraeg, Y Chŵd Poeth. Dwi'm yn gwbod os ydi haneswyr a gwybodusion y sîn roc yn ymwybodol o fodolaeth y bonheddwyr yma, ond beryg na fydda 'na Faffia na Thynal Tywyll na Phroffwyd (na neb o'r rhestr flaenorol) heb iddyn nhw ddangos y ffordd. Andrew 'Titch' Owen o Rachub oedd yn canu, mae'n rhaid ei fod o yn y chweched isa'. Roedd ganddo fo bresenoldeb ac edrychiad nid annhebyg i Johnny Rotten, ac roedd hynny, a'r hyn ddigwyddodd yn ystod eu hunig berfformiad ar lwyfan neuadd Ysgol Dyffryn Ogwen, yn ddigon i godi'r Chŵd i lefel chwedlonol ym mhantheon miwsig Bethesda. Hefyd yn y band roedd Dafydd Rhys, Dylan Parry, Guto Orwig a Gethin Evans (gitârs) a Gwyn Morris Jones (gŵr yr actores Bethan Dwyfor, piano yprait acwstig). Doedd dim drymar a neb ar y bas. I sawl un oedd yno mae sî-bŵts gwyrdd Guto Orwig yn sefyll yn y co', ynghyd â'r taflu dŵr, ond y gân Status Quo-aidd hyfryd 'Basdad Bach Oedd Elvis' ddechreuodd y miri.

Yn y gynulleidfa roedd dyn ifanc lleol o'r enw Les Coc Haearn. Dwi 'di dod i'w nabod yn reit dda dros y blynyddoedd – mae o'n reit agos at ei le, ac yn addoli Man-

Iw ac Elvis, felly doedd Les ddim yn hapus o glywed Titch
Owen a'r Chŵd Poeth yn canu'r llinellau:

Basdad bach oedd Elvis, dau a deugain oed,
Fo di'r basdad mwya welis i erio-o-oed, Oi-Oi-Oi!

Yn anfodlon â'r hyn a glywsai, dringodd L.C. Haearn, mewn
peth angerdd a hast, y grisiau pren i'r llwyfan a mynd ati i
golbio Titch Owen o gwmpas ei ben a'i wep hefo'i ddyrnau.
Roedd Titch yn hogyn handi ei hun, a chan nad oedd yn
gwerthfawrogi'r fath sylw aeth yntau ati i'w amddiffyn ei
hun, fwy ne' lai yn yr un modd. Mewn cachiad nico aeth
petha'n ffliwt, a dyna ddiwedd y daith i'r Chŵd Poeth. Mi
wnaeth Frank Rhys Jones yn saff o hynny ben bore'r Llun
canlynol. Gwnaed yn glir i'r hogia na fyddan nhw'n cael
defnyddio stafelloedd nag adnoddau'r ysgol, a'u bod nhw i
gyd hefyd wedi chwalu unrhyw siawns o ddod, rhyw ddydd,
yn Brif Fachgen. Landiwyd Mr Arwel Jones, Disgo'r Llais,
hefyd yn y cach, braidd – am ei fod o, cyn y gig
dyngedfennol, wedi cytuno i fod yn rheolwr ar y band, a
hynny heb wybod sut ddeunydd oedd ei ddisgyblion hoff
am ei gyflwyno. Cymerodd hwnnw gamau (cyflym ac am yn
ôl) i bellhau ei hun oddi wrth y band dadleuol, a dyna fywyd
byr, gogoneddus y Chŵd Poeth drosodd. I mi, a Siôn a
Gwyn, Deins a Hefin, Jenks, Gareth Cochyn, Dafydd
Vandal a'r gweddill, roedd Titch a'r hogia, yn yr ugain
munud gwallgo hynny yng ngaeaf 1977, wedi agor drws y
byddan ni i gyd yn rhedeg, cerdded, sgwario, baglu neu
ddeifio drwyddo yn y blynyddoedd i ddod.

Yn 1977, ro'n i'n dair ar ddeg a'r syniad o fod mewn grŵp
wedi dechra cael gafael arna i, a digwyddodd rwbath yn yr
ysgol un amser cinio i hoelio'r syniad hwnnw. Weithiau, wel,
yn amlach na weithiau, mi fyddai hi'n tresio bwrw, ac

awdurdodau'r ysgol yn trugarhau ac yn gadael i ni'r angylion bach aros yn y neuadd ar ôl byta. Ar y diwrnod tyngedfennol hwnnw, yn yr awr ginio a hithau'n ei thywallt hi, roedd Gethin Evans a Dylan Parry'n digwydd bod ar y llwyfan yn jamio hefo'u gitârs trydan, ac roedd 'na feicroffon wedi ei gysylltu i un o'u amps. I unrhyw gitâr gîcs (a 'dach chi'n gwbod yn iawn pwy ydach chi), roedd gan Gethin Marshall Stack, hed 100 Watt yn gyrru cab 4x12. Lwmp o dwrw, yn fudur ond hefyd yn crîmi. Ta waeth, yn sydyn reit, roeddan nhw'n chwarae'r intro i 'Pishyn', ac ro'n i wedi gafael yn y meic ac yn clywed fy hun yn canu: 'Pishyn pishyn, i ble rwyt ti'n mynd,' ac yn y blaen. Aeth y plant yn y neuadd yn bananas, pawb yn canu'r 'bab bab, shŵ-bi-dŵ-ab bab' a bob dim. Wel am hwyl, ac am deimlad.

Ro'n i wedi cael benthyg un o hen gitârs Mam, ac yn rhyw fath o ddysgu fy hun i chwarae. Roedd Mam a Dad isho gweld faint fyddwn i'n cymryd ati cyn meddwl gwario ar offeryn i mi. Yn ara bach ro'n i'n dechra cael hwyl arni a mwynhau. Chwarae recordiau a thrio chwarae hefo nhw fyddwn i gan amla, yn trio codi riffs ac alawon cyn ffeindio cordiau syml fydda'n asio. Caneuon Slade, y Sex Pistols a'r Stranglers, hefo ambell gân o gasgliad Mam, fel 'Dream' gan yr Everlys, ac ambell diwn o'i llyfr caneuon gwlad, fel 'Home On The Range'. Roedd Mam yn chwarae rhyw ddarn clasurol; mae'r dôn yn adnabyddus ond dwi erioed wedi medru cofio'i henw; ac mi ddysgais honno drwy ei gwylio hi'n ei chwarae, cofio'r siapiau roedd ei llaw chwith yn eu ffurfio ar y llinynnau, a chofio'r dôn.

Roedd 'na rywbeth bach yn fy ngwthio tua 'gwaelod' y miwsig hyd yn oed yr adeg honno. Mae lot o riffs y Stranglers yn cael eu chwarae ar y gitâr fas gan Jean Jaques Burnel, fel ar eu sengl fawr gyntaf, 'Peaches', hefo sŵn unigryw fel injan car bron a bod, a dechreuais bigo'r llinellau bas 'ma allan, a gwrando fwyfwy am yr offeryn neu'r llinell bas, beth bynnag y gerddoriaeth. Dwi'n gneud hynny hyd heddiw.

Roedd hi'n dechra edrych yn debyg felly y byddai'r llythyr i Siôn Corn yn 1977 yn gofyn, plîs, am gitâr fas. Gyda llaw, drymiau fyddai fy newis cynta wedi bod heb os, ond roedd y drafodaeth honno hefo'r pawyrs ddat bî, Mam a Dad, wedi bod yn un fer. Na. Rhy swnllyd, dim lle, rhy ddrud. Felly be am y bas, partnar y dryms? Roedd sawl un yn yr ysgol eisoes â gitârs trydan. Roedd Peter Harlow wedi cael un ac wedi dod â hi i ddangos, ond doedd gan neb gitâr fas, cyn belled ag y gwyddwn i.

Yng ngwersyll gwyliau Bytlins, Bognor Regis o bobman, y cafodd y penderfyniad ei hoelio. Aethon ni'n deulu yno am wythnos o wyliau yng nghanol Awst 1977, ac mi ges i fodd i fyw yno. Rhyddid llwyr i neud beth bynnag liciwn i. Hynny fedrwn i fyta, hynny o bing pong, snwcyr, ffwtbol, nofio, reids ffair, sinema a rhedeg ar ôl genod allwn i ei stwffio i mewn i ddiwrnod, i gyd am ddim. Gyda'r nos, yr Entyrtêinmynt. Gêms a chystadlaethau i'r teulu, bingo, disgo (roedd 'I Feel Love' gan Donna Summer newydd ddod allan), ac yn holl bwysig i mi a 'mhenderfyniad, roedd 'na fand cabaret byw go iawn. Canwr a chantores, piano, gitâr, dryms, bas, sacs, trymped a thrombôn, a repertoire o glasuron roc a rôl a bandiau mawr y 1950au, drwodd i'r Beatles a stwff o'r siartiau ar y pryd. Roeddan nhw'n edrych yn dda hefyd – gwalltia mawr swmpus un ac oll, yr hogia i gyd mewn tuxedos gwyn hefo streips aur i lawr ochrau'r trywsusau, a'r gantores hitha mewn ffrog sgleiniog wahanol bob nos; lot o sequins a hollt yn y sgertia er mwyn dangos dipyn o glun. Siapus iawn, chwarae teg. Roedd y rhain yn dipyn o gerddorion hefyd, a hoeliais fy holl sylw ar y boi hefo'r gitâr hir pedwar tant, y pyrm a'r 'tash. Deu' gwir, roedd hwn rai blynyddoedd o flaen y ffasiwn, yn edrych fel roedd o, fel aelod o dîm pêl-droed Lerpwl yn yr 80au,

Souness neu Alan Kennedy. Ych a fi. Ond doeddwn i'm i wbod hynny ar y pryd, nag o'n, a beth bynnag, ro'n i wedi fy swyno gymaint hefo chwarae'r chief, 'sa fo'n edrych fel Cwasimodo fysa dim ots gen i. Un bore, ro'n i'n digwydd mynd heibio'r neuadd fawr ac mi glywais fiwsig, felly piciais i mewn i weld be oedd yn mynd ymlaen. Roedd y band wrthi'n ymarfer. Aidial. Eisteddais i lawr yn reit handi yn y cefn gan obeithio nad oeddwn i wedi tynnu sylw ataf fy hun, gwrando'n astud a gwylio'r baswr fel barcud. Ar ddiwedd y sesiwn, cyn i mi sylweddoli be oeddwn i'n neud, ro'n i wedi mynd at y llwyfan i gael golwg agosach ar y bas, oedd newydd gael ei gosod i bwyso'n erbyn yr amp.

'That's a bass guitar isn't it?' clywais fy hun yn deud, a theimlais y gwres yn fy wyneb wrth i mi gochi.

'Yeah,' medda Mr Mwstash. 'Do you play?'

'No, well, guitar, a bit.' Y? 'I want one for Christmas.' Neil, nei di plîs gau dy geg?

'Oh, good lad,' medda'r Mwstash, 'Hope you get one, you won't be sorry. See you later!' a ffwr â fo. Wel, hwn oedd y boi mwya cŵl yn y camp, ac roedd fy mhenderfyniad wedi'i neud. Gitâr fas o'n i isho Dolig.

'Well, we'll see,' oedd yr ateb pan ofynnais i Mam, ateb oedd yn ennyn gobaith petrusgar, yn enwedig o'i gymharu â'r ymholiad am y dryms. Roedd gen i deimlad fod Myddyr on bord. Ond bu bron iawn i'r cwestiwn fod yn un academaidd, amherthnasol a dianghenraid.

Un o hoff ddisgrifiadau fy annwyl fam ohona i, fel roeddwn yn 'datblygu', ydi 'accident prone'. Yn hynny o beth, roedd hi'n dangos peth addfwynder mamol, achos mi fydda 'unbelievably stupid' wedi bod yn decach disgrifiad, o ystyried sawl digwyddiad anffodus. Ar fy mhen-blwydd yn ddeg oed, mi ges i oriawr Timex hefo wyneb du a bysedd a rhifa dotia gwyrdd oedd yn gloywi yn y tywyllwch. Dydd Sadwrn oedd hi, a dwi'n cofio mynd i Fethesda hefo Dad a

Duncan i wylio'r ffwtbol, gan sbïo i weld faint o'r gloch oedd hi bob hanner munud a gyrru pawb o'u coeau'n cyhoeddi'r amser bob tro. Gyda'r nos, wedi sylwi fod y geiriau 'water resistant' wedi'u sgwennu ar gefn yr oriawr, be nath Neil bach er mwyn profi gwirionedd y geiriau hynny? Rhedeg y tap dŵr oer yn y bathrwm a dal y Timex newydd sbon yn y llif am funud neu ddau. A be ddigwyddodd? Stemiodd y gwydr fel nad oedd hi'n bosib gweld dim byd, a weithiodd hi erioed wedyn, hyd yn oed ar ôl ei rhoi yn y cwpwrdd êrio i sychu. Cliriodd y niwl oddi ar yr wyneb, ond roedd y geriach mewnol wedi rhydu'n lwmp.

Dro arall, ro'n i wedi llnau tu mewn i gar Dad am bres pocad, ac ro'n i wrthi'n edmygu fy ngwaith pan, am reswm sydd y tu hwnt i mi, bwysais y leitar sigaréts i mewn i'r pen. a Pan neidiodd yn ôl allan, tynnais o allan a'i bwyso i mewn i ddefnydd sêt y gyrrwr, jyst i weld fydda fo'n gadael marc. A sypreis sypreis, mi wnaeth. Roedd hoel clir y cylchoedd fflamgoch ar y defnydd, nid yn annhebyg i'r blaned Jwpityr. Felly be nath Neil bach? Cyfyngu'r difrod drwy gyfaddef yn llawn a disymwth? Naci. Deud wrtho fo'i hun bod posibilrwydd na fydda ei dad yn sylwi, a hyd yn oed smalio bod yn Dad a cherdded drwy'r garej at ddrws y gyrrwr i gadarnhau'r ddamcaniaeth. Peidio sbïo ar y marc llosg cwbl amlwg, siâp Jwpityr, yn y sêt, rhoi ei ben glin yn union dros y marc llosg er mwyn gwyro i mewn i'r car a gweld pa mor lân, a joban mor dda oedd Neil wedi'i neud o'i llnau, a gwyro allan o'r car drachefn, gan adael ei ben glin dros y marc llosg siâp Jwpityr nes iddo droi ei gorff, ac yn bwysicach, ei lygaid, i ffwrdd o gyfeiriad y marc llosg siâp Jwpityr. A do, mi weithiodd yr hunan dwyll, ac mi es i i'r gegin i ymuno â'r teulu wrth y bwrdd bwyd, a deud wrth Dad fod y car yn lân ac yn barod am inspecshyn.

'Oh, very good,' medda Dad, ac allan â fo. Tua deng eiliad wedyn, daeth yn ôl hefo gwynab tin. 'So what have you

got to say for yourself?' Cyn i mi gael cyfle i agor 'y ngheg,
agorodd Debs ei hun hi.

'What have you done *this* time, Neil?' Roedd Llys
Ynadon Bryn Tirion wedi agor. Roedd Dad yn fwy gonest
na Mam: 'For someone who's supposed to be intelligent,
you can be surprisingly stupid, do you know that, Neil?' Mae
o'n deud hynny hyd heddiw.

Ond hon 'di'r un sy'n cael y slepjan. Chydig ddiwrnodau
ar ôl i ni ddod adra o Bytlins, roedd Dad wrthi'n ailbointio
gêbl-end y tŷ, a finna wedi fy ngorfodi i weithio fel labrwr.
Mae 'na sgetsh gan Harry Enfield lle mae Kevin, yr
arddegwr, yn golchi car ei rieni. Digri iawn, a gwir iawn – yr
un lefel o frwdfrydedd oedd gen i'n helpu hefo'r pointio,
ond ella y byddai mymryn o shôw-wiling wedi mynd yn bell
o ran cael anrheg Nadolig hefo pedwar tant a gwddw hir.
Roedd Dad wedi cael benthyg micsar sment gan un o'i fêts
oedd yn adeiladwr, tad Gary Eyeballs, fel mae'n digwydd,
oedd yn un o giang Maffia ac yn gyrru'r fan i ni weithia. Ta
waeth, swydd y labrwr oedd rhoi tywod, sment a dŵr yn y
peiriant a chadw llygad ar yr ansawdd, fel y dangosodd Dad
i mi, tra'i fod o'n trywalu'r gymysgedd ar wal y tŷ. Dyna
ddigwyddodd hefyd, fwy neu lai, tan i Dad biciad i dop
'rardd i'r cytiau cŵn, a 'ngadael i gadw golwg ar y llwyth nesa
o sment. Hynci dôri, dim drama, fel maen nhw'n deud. Ond
yn yr ychydig funudau hynny o wneud dim a disgwyl, trodd
fy mrên yn rwdan, ac mi es ati i 'chwarae' hefo'r micsar
sment. Peiriant hefo injan betrol oedd o, yn troi cogyn gêr
bychan, hwnnw'n gyrru'r dannedd gêr a redai o amgylch
ochor allan y gasgen ei hun. Rŵan, mi ddylai bod giard dros
y dannedd rheiny, ond tydi hynny ddim yn esgus. I ddechra,
mi rois fy llaw ar y dannedd, mynd hefo troad y gasgen, a'i
thynnu'n ôl jyst cyn iddi gyrraedd y cogyn bach yn y motor.
Ro'n i'n gneud hyn yn hamddenol, yn ddiog, hyd yn oed, on
ac off, on ac off hefo rhythm troad y gasgen, nes bod y syniad

mwya stiwpid dwi erioed wedi'i gael wedi ffurfio yn y rwdan rhwng fy nglustia. Be, ystyriais, am i mi weld os fedrwn i stopio'r peiriant, neu ei slofi i lawr, drwy dynnu yn erbyn y gasgen? Www ia, am syniad penigamp – dyna oedd f'ateb i 'nghwestiwn fy hun, ma' raid, oherwydd dyna wnes i. Gafaelais yn nhop y gasgen, ond cyn i mi gael amser i dynnu yn erbyn affliw o ddim, ro'n i'n sefyll yn stond, yn edrych ar fy llaw dde oedd newydd gael ei thynnu drwy'r cogyn bach yn injan y micsar sment. Roedd top y bys cynta yn gyfan ac yn ei le. Roedd gweddill y croen a'r cnawd yn hongian yn racs o'r gwaelod, ac mi o'n i'n gweld yr asgwrn yn wyn trwy'r gwaed, tywod, slwdj ac olew gêr oedd dros ac i mewn yn yr holl stomp. Roedd ewin y bys canol wedi'i rwygo allan a'i hollti yn ei hanner, ac mi sefais yno'n sbïo ar y difrod am beth amser, yn troi'r llaw ffordd yma a ffordd acw er mwyn cael ei weld o bob ongl bosib. Roedd y rwdan rhwng fy nghlustia wedi troi'n ôl yn ymennydd rhywbryd yn ystod hyn, ma' raid, ac mi sylweddolais y byddai'n well i mi fynd i ddeud a dangos, ac wynebu'r gerddoriaeth, fel petai. Mi fydda ffotograff o Mam, yr eiliad welodd hi fi, yn un gwerth ei weld. 'Mum,' galwais wrth ddod drwy'r drws cefn i'r gegin, 'I've cut me finger.' Roedd hi wrthi'n codi cinio, wy a chips dwi'm yn ama, a phan gerddais i mewn roedd hi'n mynd â'r platia cynnes o'r popty at y bwrdd. Ar fy ngweld i cododd ei dwylo dros ei cheg, arhosodd y platia a'r lliain sychu llestri'n llonydd yn yr awyr am foment, cyn disgyn a malu'n deilchion. Hwnnw fyddai'r llun.

'Oh Neil, oh Neil, what have you *done*?' Dwi'm yn cofio'n iawn be ddeudis i fel ateb, rwbath am y micsar sment ma' raid. 'Oh you stupid, stupid, STUPID thing!' Roedd Mam yn ei dagrau, mewn poen mamol ac wedi gwylltio hefo fi am fod mor 'unbelievably stupid'. Roeddan ni'n dau mewn sioc, a finna'n wyn fel y galchen ac ar fin llewygu, yn ôl Mam. A hitha'n nyrs brofiadol, pwy 'dwi i daeru, ond gallaf ddeud 'mod i'n cofio teimlo'n dawel braf ac yn berffaith iawn, heblaw am fy llaw dde, wrth gwrs, er nad oedd poen yn fanno chwaith ar y pwynt hwnnw. Roedd pen proffesiynol Mam wedi cymryd drosodd ar ôl ychydig eiliadau, wrth iddi wthio'r sioc a'r emosiwn o'r neilltu.

'Let me see,' medda hi, a dal fy ngarddwrn i fyny i gael gweld y difrod yn iawn. 'Okay, let's get in the car.' Erbyn hyn roedd Dad yno, wedi clywed Mam yn gweiddi neu'r platia'n malu neu rwbath, ac wedi rhedeg i lawr o'r cytiau cŵn yn ei welis. Ma' raid ei fod wedi mynd i nôl goriadau'r car tra oedd Mam yn rhoi lliain glân yn rhwymyn llac o amgylch fy llaw, achos erbyn i ni'n dau fynd allan drwy'r cefn, heibio'r micsar sment (oedd erbyn hyn yn segur), roedd injan y car yn rhedeg a ninnau'n barod i gychwyn am ysbyty'r C&A ym Mangor, lle mae Morrisons erbyn hyn. Pan gyrhaeddon ni, ges i fy ngweld gan y meddyg cyffredinol a'm rhoi mewn stafell arall i ddisgwyl barn meddyg uwch ei gymhwyster. Fues i'n fanno am awr neu fwy, mae'n siŵr, ac yn yr amser hwnnw, wrth i'r sioc a'r anaesthetig naturiol gwyrthiol sy'n dod hefo fo ddechra pylu, dechreuodd fy llaw frifo, a chyn bo hir roedd poen erchyll yn saethu ar hyd fy llaw i bennau 'mysedd hefo pob pŷls o waed. Mae poen fel'na'n hawlio pob sylw, pob egni a phopeth arall ym mod y sawl sy'n mynd drwyddo, a chymaint oeddwn i'n gwerthfawrogi bod fy rhieni yno hefo fi, ewadd annwyl 'swn i 'di medru gneud yn iawn heb Mam yn mwytho 'ngwallt a deud, 'It's okay, love,' yn ddi-baid. Yn hwyr neu'n hwyrach mi ges fy ngalw i weld y meddyg mawr. Dr Ieuan Wyn Jones oedd y chief yma, yn gonsyltant, ac yn ôl y sôn, yn llawfeddyg orthopaedig byd-enwog. Mae Duncan 'y mrawd (sy'n feddyg ei hun) yn deud, er ei bod yn gwbwl bosib fod Dr Jones yn fyd enwog, ei bod hi'n arferol i or-frolio llawfeddygon er mwyn cynyddu'r effaith plasebo. Ta waeth, llawdriniaeth yn syth oedd penderfyniad Dr Jones, enwog neu beidio, a chafodd Dad ei

yrru adra i nôl pijamas a brwsh dannadd i mi ar gyfer cwpwl
o nosweithiau yng ngofal yr hen Wasanaeth Iechyd. Mae'n
debyg bod Duncan wedi crïo'r noson honno, yn poeni
amdana i. Wyddwn i 'mo hynny tan eleni, pan oeddan ni'n
sgwrsio a hel atgofion, yn Rwsia o bobman. Aeth fy mrodyr
â fi, fel anrheg pen-blwydd, i weld ein tad, yr hwn wyt yn St
Petersburg, am swae.

Yn ôl yn theatr y C&A, jyst cyn i mi fynd dan swyn yr
anaesthetig synthetig, dwi'n cofio Dr Jones yn deud: 'Don't
worry, we'll give them a good old clean for you.' Hwn oedd
fy ail arhosiad yn y C&A ar gyfer llawdriniaeth. Pan oeddwn
i'n naw oed, ges i dynnu f'adenoids. Pâr o esgyrn ym
mhlyming y trwyn ydi'r rheiny mae'n debyg, sy'n bwysig i
anifeiliaid hefo synnwyr arogl da, fel cŵn neu lwynogod, ond
sydd ar eu ffordd allan yn esblygiad y bod dynol am nad
ydyn nhw'n dda i fawr o ddim yn ein trwynau anobeithiol ni.
Wel ma' raid 'mod i ar y blaen yn y gêm esblygiad 'ma, achos
doeddan nhw'm yn medru ffeindio fy rhai i. 'He doesn't
seem to have any, Mrs Williams.' Ac am y rheswm dros y
llawdriniaeth yn y lle cynta, yr anadlu trwm a'r
rhwystredigaeth barhaol yn fy ffroenau, 'he'll just have to
live with it.' A dyna wnes i. Nid ei fod yn broblem fawr o
gwbwl, ond mae o'n cyfrannu at ansawdd trwynol fy llais,
dwi'n ymwybodol 'mod i'n fytwr swnllyd ar brydiau, ac mi
fu'n broblem i'w datrys wrth drio ymdopi â'r grefft hanfodol
a delicet honno, labswchan hefo'r leidis. Ta waeth...

Pan ddeffrais ar ôl y llawdriniaeth ar fy mysedd, gwelais
fod fy mhenelin dde mewn rhyw fath o hamoc a llawes
blastig wedi'i chlymu i'r ffrâm uwch y gwely, yn dal fy mraich
a'm llaw i fyny mor uchel â phosib. Roedd y ddau fys
clwyfedig mewn rhwymynnau anferth, trwchus, ac yn
edrych fel sigârs Havana mawr gwyn. Daeth Dr Jones i
'ngweld ac esbonio'r sefyllfa – roeddwn wedi bod yn y theatr
am bedair awr, mae'n debyg, tra oedd o a'r trŵps yn llnau,

ailadeiladu a gwnïo'n ôl at ei gilydd y ddau fys sydd wedi rŵan mor ganolog i 'mywoliaeth a 'mywyd. O mor fregus, ac o, mor lwcus. Fel yr esboniodd Dr Jones, roedd y ffaith 'mod i'n llond fy nghroen, o bosib, wedi f'achub. 'You were lucky your fingers are well fleshed,' medda fo, 'because if the bone had been caught, you would have lost your arm, and you would have been in very serious trouble.' Fel roedd petha, roedd y peiriant wedi plicio'r bys cynta fel tanjarîn, ac mae craith lle bu oddeutu deg ar hugain o bwythau yn rhedeg mewn sbeiral o'r gwaelod i'r top. Mae 'na siâp chydig yn od ar y bys, ac un tendon ar goll, sy'n golygu na fedra i blygu fy mys bach. Fel arall 'di o'm gwaeth. Ar y bys canol, bu'n rhaid i Dr Jones ail-greu gwely'r gewin a gosod y gewin ynddo, ac o ganlyniad mae o'n tyfu mewn dau hanner hefo hollt i lawr y canol. Mi wnaeth o joban wyrthiol a chysidro'r llanast oedd ganddo i weithio arno. Roedd y bysedd mewn rhwymau am wythnosa, dwi'n cofio mynd yn ôl i'r ysgol ar gyfer y tymor newydd a gorfod trio sgwennu hefo fy llaw chwith. Pan ges i dynnu'r rhwymau roedd y bysedd wedi gwywo, ac yn felyn hefo'r disinffectant oedd arnyn nhw ers y llawdriniaeth, a hwnnw wedi mynd i ddrewi. Roedd Jenks acw ar y pryd, ac roedd o'n ddigon hapus i gadarnhau hynny wrth archwilio gwaith Dr Jones, yn procio a sbïo. 'Uuych, they're all shrivelled up, and they stink.' Da 'di ffrindia 'de, traed ar y ddaear. Y pwythau bach glas, plastig oedd yn fy mhoeni fi. Erbyn yr apwyntiad i dynnu'r pwythau hefo nyrs syrjeri Sgwâr Buddug ym Methesda, roedd gewin newydd y bys canol wedi tyfu dros y pedwar oedd yn fanno, a bu'n rhaid iddi dyrchu o dan y gewin hefo'i thwîsyrs i gael atyn nhw. Neis. Felly dyna ni, y diwrnod a'r ddau fys wedi eu hachub, a'r gitâr fas yn ôl ar restr Siôn Corn.

Doedd gan neb yn tŷ ni'r un Obadeia pa fath, faint fyddai cost na sut i fynd o gwmpas prynu'r ffasiwn beth â gitâr fas, felly daeth yn amser i alw ar un oedd yn hyddysg a phrofiadol yn y materion hyn, sef Michael Bourne, Uncle Micky i ni, brawd bach Mam. Ei enw cyhoeddus ydi Mike Berry, ac ers y 1960au cynnar mae o wedi bod yn ganwr roc a rôl adnabyddus, hefo sawl record yn cyrraedd deg uchaf y siartiau yn Lloegr. Rhannodd lwyfannau hefo'r Beatles a'r Rolling Stones yn y dyddiau cyffrous rheiny, mi fu'n recordio hefo Peter Green a chwaraeodd Jimmy Page ifanc ar un o'i sesiynau. Pan ganodd yng nghlwb y Cavern yn Lerpwl, a'r Beatles yn cefnogi, cynigodd John Lennon a Paul McCartney gân iddo i'w recordio, ond gwrthododd rheolwr Mike. Roedd hyn ychydig fisoedd cyn i'r sgowsars hoff goncro'r byd. O wel, wun sym, lŵs sym. Yn 1979 recordiodd hen gân o'r enw 'The Sunshine Of Your Smile', ac er syndod i bawb, aeth hi i'r deg uchaf. Roedd Uncle Micky ar *Top of The Pops*! Ma' raid mai ffeindio bargen o gitâr fas i'w nai yng Nghymru roddodd yr ysbrydoliaeth iddo.

Aeth Dolig 1977 heibio heb unrhyw offerynnau â gyddfau hirion a phedwar tant, ond cefais addewid bod rwbath ar ei ffordd. Roedd hyn yn ddigon i mi, achos 'ella' oedd y cwbwl ro'n i wedi'i gael hyd hynny, felly oedd yr addewid yn gadarnhad, ac mewn ffordd mi wnaeth hynny'r Dolig hwnnw'n well o'r herwydd, os ydi hynny'n gneud synnwyr.

Fis Chwefror '78, daeth Dad adra o'i waith yn y BBC ym Mangor rhyw bnawn hefo rwbath mawr hirsgwar wedi'i lapio mewn papur brown o dan ei gesail. Ro'n i yn y stafell fyw yn gwrando ar recordiau neu'n gwylio'r teledu.

'Does somebody called Neil live here, Pammy?' gwaeddodd Dad heibio i mi, yn smalio nad oedd o'n fy ngweld. 'Oh yes, here he is,' medda fo, a gwenu 'tha giât wrth roi'r parsal i mi. Yn y papur brown roedd rôl trwchus o fybl-rap, oriau o hwyl ynddo'i hun wrth gwrs, ac o fewn y bybl-rap, y gitâr fas hirddisgwyliedig. Hirddisgwyliedig ac annisgwyl hefyd, am ei fod wedi cyrraedd allan o'r blŵ, fel

Fy nghitâr fas gyntaf.

'tae. Roedd hi'n un anarferol hefyd, a maddeuwch foment fach gitâr-llyd arall rŵan. Shaftesbury oedd y gwneuthurwr, a'r offeryn yn gopi o gitâr 6 thant Rickenbacker 330, lliw 'fireglow' fel yr un a ddefnyddiwyd gan George Harrison, John Lennon, Paul Weller, Tom Petty ac eraill. Ni wnaed y model hwnnw erioed mewn bas gan Rickenbacker, ond gwelodd pobol Shaftesbury yn Siapan yn y saith degau cynnar dwll yn y farchnad, ac roedd eu hofferynnau'n opsiwn fforddiadwy a safonol, yn hytrach na'r 'Rickos' go iawn, sy'n ysblennydd ond yn ddrud. I roi syniad i chi, mi fyddai'n rhaid ffarwelio â rhwng pymtheg cant a dwy fil a hanner o'ch hard-ŷrnd-styrling i gael R330 newydd.

Roedd Uncle Micky wedi cael y 'Shaft' am £30, mae'n debyg. Roedd o wedi cael y go-ahéd i fynd i chwilio gan y pawyrs ddat bî, unwaith roedd tynged bysedd fy llaw dde yn glir, a dyma ffrwyth ei lafur. 'It's a great one to start on, nice thin neck. All ya gota do nah is learn to play,' dyna ddeudodd o pan ffoniais i ddiolch. Bargen hefyd: 'bloke didn' know wot ee 'ad.' Dwi'n cofio ista ar y soffa'n chwarae'r tant E trwchus drosodd a throsodd hefo gwên fawr ar fy wyneb. Felly ro'n i'n berchen ar gitâr fas, ac es ati'n syth i drio riffs y Stranglers, y Pistols a Slade (rheiny oeddwn i wedi eu dysgu ar hen gitâr Mam) ar yr offeryn newydd, a chael modd i fyw. Doedd gen i'm amp i ddechra, ond roedd hynny'n ocê, gan fod y bas yn rannol acwstig, o fath, hefo twll F yn y corff; ac roedd Dad ar y cês, beth bynnag. Beth roedd hynny yn ei olygu oedd ei fod yn dod adra o'r Bîb wedi 'benthyg' gwahanol eitemau o offer chwyddo a î oedd wedi bod yn y storfa ers ail wampio system sain Arch Noa, ac mi gawson ni lot o hwyl yn gweld be fydda'n plwgio i mewn i be i chwyddo sain yr offeryn, a be oedd yn plwgio i mewn i be i greu mwg a sbarciau. Fy 'rig' cynta, wedi peth arbrofi hefo ffrîbis o'r Bîb, oedd hen amp 30 Watt o'r stiwio radio, hwnnw'n ddim ond chassis metal hefo'r falfiau a'r trawsnewidiwr yn noeth arno, a hen ddarseinydd 15 modfedd mewn 'cab'. Speaker ydi darseinydd, gyda llaw. Ddois ar draws y gair pan oeddwn yn gweithio i gwmni theatr Hwyl a Fflag. Roeddan nhw wedi etifeddu rhywfaint o offer y diweddar Gwmni Theatr Cymru yng nghanolfan y Tabernacl ar Ffordd Garth ym Mangor, ac roedd y monitors yn y stiwdio sain i fyny'r grisiau wedi'u labelu 'darseinydd de' a 'darseinydd chwith' hefo'r hen dâp plastig trwchus hwnnw roeddach chi'n pwyso'r llythrennau i mewn iddo hefo gwn pynshio. Huw Castell-nedd, oedd yn beiriannydd sain hefo C Th C ac wedyn Barcud, sy'n cael y clod am y gair 'darseinydd', cyn belled â dwi'n dallt. Da iawn Huw, am gadw'r Gymraeg yn fyw.

Yn ôl yn Ysgol Dyffryn Ogwen, erbyn tymor y gaeaf 1978 roedd trafodaethau pwysig yn stafell gyffredin y chweched dosbarth, a symudiadau ar droed i ffurfio band o ludw'r Chŵd Poeth. Doedd Titch Owen ddim am ailgydio yn nyletswyddau'r prif leisydd, felly Duncan M. Williams gafodd y job. Ailgydiodd Dylan Parry, Guto Orwig a Dafydd

Rhys yn eu gitârs, ond y tro hwn roedd 'na adran rhythm, sef Robin 'Bryn Cul' Evans, brawd mawr Ann Catrin y gof, ar y dryms, a Neil R, brawd bach Duncan M, ar y bas. Ro'n i'n bedair ar ddeg, ac mewn band pync. Ro'n i wedi gwirioni. Ar bapur, roedd hwn yn ddipyn o dîm. Yn ymarferol, dim cweit. A'r rheswm? Wel, yn bennaf, Robin Bryn Cul. Mawr obeithiaf y caf ganddo faddeuant am yr hyn yr wyf yn awr am ei gyhoeddi, oherwydd mab ffarm sylweddol ei faint a'i rym corfforol oedd Robin, a fu'n brop i dîm rygbi Bethesda am dros ugain mlynedd. Hefyd, o bosib, y drymiwr gwaetha dwi erioed wedi'i glywed. Prif swydd drymiwr, yn ôl yr arfer, ydi cadw amser, neu gadw rhythm rheolaidd. Mi fydda Robin yn cyflymu a/neu'n arafu gymaint, byddai'n llwyddo i ymadael â, ac ail ymuno hefo, tempo gweddill y band ddwywaith dair yn ystod pob cân, a hynny heb hyd yn oed hedyn o syniad fod unrhyw beth o'i le. Athrylith. Doedd ei 'ddrym kit' yn fawr o help. Nid dryms arferol 'mo'r rhain, chwaith.

Peiriannydd ydi Robin yn ôl ei alwedigaeth, a dwi'n cofio injans ceir, motobeics, tractors a phob mathau mewn darnau ar hyd y buarth a'r shed ym Mryn Cul lle fyddan ni'n ymarfer. I be âi o i wario ar ddryms, a hitha'n haws gneud rhai eich hun? Awê ta, Robin. Casgliad o gasgenni olew, jeri-cans a bili-cans oedd dryms Robin, hefo un symbal ar stand, o eiddo Dafydd Rhys. Casgan olew fawr haearn ar ei hochor oedd y drwm bas, a'r pedal a wnaed i'w daro yn pièce de résistance. Fysa Ann Catrin yn prowd o'i brawd. Bosib bod y peth yn dal yn ei meddiant, fel ysbrydoliaeth iddi yn ei gwaith. Plât hirsgwar o bren oedd y sylfaen. Ar gefn hwnnw roedd Robin wedi sgriwio hinj drws. I'r hinj drws roedd o wedi weldio stribyn o fetal oedd yn ymestyn i flaen y ddyfais, lle fyddai'r ffwtplêt ar un go iawn, ac i hwnnw, y llafn hefo'r bîtar. Olwyn rolyr sgêt oedd y bîtar. Mi wnes i a'm ffrind Bryn Williams sgêtbôrds tua'r un adeg, drwy sgriwio dau hanner rolyr sgêt o dan sgwaryn o bren, ond roedd fy rhai i wedi eu gosod chydig yn gam, felly byddai'r sgêtbôrd yn mynd rownd mewn cylchoedd. Ta waeth, yn ôl i shed wartheg Bryn Cul, Tregarth. Un o'r pethau mae drymiwr yn chwilio amdano yn ei bedal drwm bas ydi 'ymateb'. Safon a dolenwaith y sbring sy'n rhoi'r ymateb yma'n fwy na dim, ac mi fyddai'n deg cynnig y ddadl mai dyma elfen bwysica pedal effeithiol. 'System' Robin oedd stribyn o ledar trwchus wedi'i dynnu'n dynn ar draws blaen y sylfaen, wedi'i godi tua modfedd gan ddau ddarn o fetal y naill ochor iddo, a'i hoelio i mewn i ochor y pren. Y syniad oedd i'r stribyn o ledar 'ddal' egni'r ffwtplêt pan fyddai'r drymiwr yn sathru i lawr arno, ymateb fel sbring a gyrru'r pedal yn ôl i'w safle parod. Dwi ddim yn siŵr pa egwyddor beirianyddol oedd ar waith yn y system hon, ond dau beth sydd yn sicr. Un, bod yr 'ymateb' ym mhatant Mr Bryn Cul yn fach a deud y lleiaf, a Dau, bod yr ymdrech egnïol yr oedd gofyn amdano i weithio'r pedal yn achosi cramp yn y goes dde ar ôl tua wyth bar, os nad oedd gennych, yn rhodd gan natur, gryfder annaturiol fel Mr Bryn Cul ei hun. Ond hei ho, mae'r holl drio a methu 'ma, hefo amps, sbîcyrs, drymiau, drymars a'r holl gyboitch yn rhan annatod o addysg y cerddor hunan ddysgedig. Dau frigyn trwchus o goeden Sycamor oedd drymstics Robin, wir i chi, a dwi'n ei gofio fo'n sôn ei fod wedi prynu llawlyfr i ddysgu chwarae. Ddaru o'm meddwl prynu stics, chwaith, ond ta waeth, mi gafodd y llyfr fflîch yn reit handi oherwydd, yng ngeiriau Robin: 'Ar yr ail bejan, nath o ddechra sôn am 'bawns'.'

Beth bynnag, mi gawson ni lot o hwyl yn ymarfer yn shed Bryn Cul, a hefyd yng nghegin fawr Talsarn, Llanllechid, cartref Daf Rhys a'i deulu. Dwi'n cofio Gruff, ei frawd bach oedd ddim mwy na saith oed, yn ista'n ddistaw yn gwrando ar ein twrw. Daeth Huw Orwig, brawd mawr Guto, i un sesiwn hefo peiriant recordio Revox, meicroffons

a geriach, ac mi fyddwn wrth fy modd yn cael gwbod os ydi
tâp y sesiwn honno'n dal mewn bodolaeth. Os ydi o, hwnnw
ydi'r unig gofnod o'r Maffia gwreiddiol, mae gen i ofn,
oherwydd fu 'na erioed berfformiad byw, mwya'r piti. Dwi'n
deud hynny am fy mod yn cofio i ni swnio'n dda, neu o leia'n
wirioneddol egnïol, hyd yn oed hefo drymio rhyfedd Robin,
fyddai'n ymweld â'r gweddill ohonan ni ddwywaith dair yn
ystod bob cân, wrth daranu ymlaen ar ei liwt a'i lwybr ei hun.
Roedd Duncan 'y mrawd yn rhoi cant y cant i'r canu a'r
cyfansoddi. Mae'r gân 'Hogan Drws Nesa' yn sefyll yn y co',
y geiriau yn ymdrin yn sensitif â thema necroffilia, yng
nghyd-destun cariad dyn ifanc at ei ddiweddar gymydog
agos. Roedd y clasur 'Basdad Bach Oedd Elvis' yno hefyd,
yn ogystal ag ymdrech gynnar gan eich awdur, ar y cyd â Daf
Rhys, o'r enw 'Sgin i Ddim Mynadd':

> Sgin i ddim mynadd chwarae gitâr,
> Sgin i ddim mynadd i fyw,
> Sgin i ddim mynadd i ddilyn y drefn,
> Na mynadd i gredu yn Nuw.

A'r gytgan: 'Mynadd, Sgin i ddim mynadd' x 4. Honna oedd
y falad, a'r unig gân nad oedd yn llawn rhegfeydd a ffieidd-
dra.

Roedd Daf a finna'n jamio yn y stafell gerdd fach
gyferbyn â'r neuadd un amser cinio, lle fydda Jack
Beardmore annwyl yn fy ngholbio hefo'i feiro Parker ers
talwm, ac fe ddaeth y riff a'r geiria'n sydyn reit, fel sy'n
digwydd yn aml. Wel, nid o reidrwydd yn aml, ond yn fy
mhrofiad i, fel bysus: disgwyl am hydoedd, a sawl un yn
cyrraedd ar unwaith. Ta waeth, deud oeddwn i na wnaeth y
Maffia gwreiddiol erioed berfformio'n fyw. Un rheswm
mawr oedd y trafferthion yn yr adran ddrymiau, fel y
trafodwyd eisoes. Rheswm arall oedd bod fy amp wedi

chwythu, mewn sioe o fwg a sbarciau, ar fuarth Bryn Cul un pnawn dydd Sul. Roedd y ffiws (1.5amp, gyda llaw) wedi chwythu eisoes. Pan chwytha ffiws mewn dyfais drydanol, mae'n gwneud hynny oherwydd problem yn y ddyfais, ac er mwyn arbed y ddyfais rhag niwed pellach. Nodwedd ddiogelwch, mewn geiriau eraill, ydi'r ffiws. Felly be benderfynodd Dylan Parry, Swyddog Technegol y band, a oedd ar gwrs 'lectronics yn Tec Bangor, ei wneud oedd soldro weiran gopr mains 13amp ar draws slot y ffiws. 'Na chdi, tria hwnna.' Bang, ffisian, mwg ac ogla, a lot o chwerthin, yn enwedig gan Dylan. Nytar, o'i ben i'w gynffon. Mae Siôn Maffia'n deud stori am fynd i chwarae ym Mharc Meurig, y parc lleol o goed derw hynafol, ffantastig (a achubwyd gan y gân 'Lôn Osgoi Drwy'r Coed' gyda llaw), yn fuan wedi iddo ddod i fyw i Besda, a darganfod Bryn Huws, brawd mawr Hefin, wedi'i glymu rownd ei ganol i dderwen, a Dylan Parry'n ei saethu hefo bwa a saeth, yn chwerthin 'fath â banshî. Hen hwyl cefn gwlad diniwad.

Ta waeth, y prif reswm na welodd y Maffia gwreiddiol erioed ola dydd, neu ola llwyfan, oedd y blwming llyfr geiriau. Roeddan ni wedi gofyn i Bawnsing Bili Miwsig am gael defnyddio'i stafell ddosbarth er mwyn ymarfer.

'Cewch,' oedd yr ateb, 'ac os licwch chi, ddo' i i wrindo arno chi a rhoi ty'm bach o sylwâde ac awgrimiâde adeiladol i chi.'

'Ol diolch yn dew Mr Evans.' A dyna fu. Wrth gwrs roedd yn rhaid i Duncan la la-io'r rhegfeydd a'r ffieidd-dra, tra oedd ein hathro cerdd yn rhoi ei glust broffesiynol i ni. Roedd yr olwg ar ei wyneb gydol y sesiwn yn astudiaeth mewn poendod, fel rhywun sydd efallai newydd lyncu tun o bryfaid genwair. Roedd ei 'sylwâde' a'i 'awgrymiâde adeilâdol' yn gyson â'i wep.

'So neb ohono chi'n grîndo ar ych gili, chi ddim yn ware dy'ch gili, chi gid fel bo chi miwn cistadleieth i weld p'în în galler wneid fwya o sŵn.' Ddim yn or hoff, felly, a ddim yn hoff o gwbwl o gynnwys amrwd ecsyrsais bwc swyddogol Y.D.O. – hwnnw oedd fy mrawd wedi'i adael ar ben y piano. Drannoeth, yn yr Asembli, gawson ni sioc ar ein tinau.

'Tydi'r grŵp pop Y Maffia ddim yn bodoli o heddiw ymlaen, rwyf yn eich gwahardd rhag perfformio nag ymarfer o hyn allan. Dafydd Rhys, Robin Evans, Duncan Williams, Dylan Parry, Neil Williams a Guto Orwig i ddod i'm swyddfa ar ddiwedd y gwasanaeth,' cyhoeddodd Frank Rhys Jones o'i bulpud ar y llwyfan. Roeddan ni'n methu dallt be oedd yn bod. Doedd bosib ein bod ni wedi'n banio achos bod Bawnsing Bili'n anhapus ag ansawdd ein sain? Roedd yr ateb, y llyfr geiriau, yn nwylo'r Prifathro wrth i ni ymlwybro i'w swyddfa am y ram damings a'r ddarlith hir, ddiflas am ein cyfrifoldebau fel pobol ifanc freintiedig a ballu. Yn rhyfedd iawn, doedd dim sôn am y ffon bambŵ y tro hwn, o bosib oherwydd fod 'na gymaint ohonon ni, neu fod meibion Ioan Bowen Rhys, Dafydd Orwig ac Emyr Parry, Cyngorwyr Sir a lleol yn ein plith, neu fod Frank yn ymwybodol o'r posibilrwydd o gael ei lorio gan Robin Bryn Cul. Pwy a ŵyr? Ond beth bynnag, dyna'r Prifathro wedi tynnu'r plwg ar ein hail grŵp ysgol. Pa mor roc'n'rôl 'di hynna ta?

Felly roedd fy ngrŵp cynta wedi gorffan cyn dechra, ond ro'n i wedi cael blas, a thrwy fod yn hoff o fandia fel y Stranglers a The Clash, Sham 69 a Stiff Little Fingers, The Jam, Police, The Cure ac XTC, roedd 'na gysylltiad a chyfeillgarwch yn datblygu hefo pobol eraill hefo chwaeth debyg, pobol fel Paul Jenkins a Dafydd 'Sgryff' Griffith. Roedd Daf flwyddyn yn hŷn, ac yn ffan mawr o'r Clash; Paul flwyddyn yn iau, yntau hefyd yn hoff o'r Clash a phethau ychydig mwy cwyrci fel The Cure ac XTC. Sham 69, The Skids a PIL oedd yn mynd â ffansi Kevin Taff. Roedd Keith Doyle, cefnder John, wedi modelu ei ddelwedd ar Sid Vicious, a Sid ydi o i'w ffrindia byth er hynny. Bu Keith a

John yn chwarae bas a gitâr hefo'i gilydd yn y band Marchog, ac roedd Fred Doyle, tad Keith, yn ddrymiwr hefo'r Four Ds, band clybiau lleol, hefo Dafydd Bullock, ein Tom Jones ein hunain, yn canu. Dwi'n cofio'u clywed yn chwarae 'Sweet Caroline' mewn ymarfer yng nghlwb criced Bethesda, ac yn wir, roedd gan Dafydd Bullock lwmp o lais. Y filltir sgwâr o dir cyffredin y byddai'n carfan fach ni o bync rocars yn ymgynnull arno oedd sioe radio John Peel, a ddarlledai bob nos Lun i nos Wener ar y weiarles. Yn ddi-os, mae diolch yn ddyledus i JP am ddod â'r miwsig o'r 'stryd' yn syth i ni'r gwrandawyr, a hefyd am chwalu ffiniau a rhagfarnau. Fyddwn i ddim wedi dod ar draws miwsig pobol fel Mikey Dredd a Third World, barddoniaeth John Cooper Clarke na roc gwerin Jethro Tull a Runrig oni bai 'mod i wedi gwrando ar JP ar fy radio PYE trwy'r peth clust unglust, yn gynnes glyd yn fy ngwely. Ro'n i'n rhannu llofft atig hefo Danny 'mrawd bach yr adeg honno, 1978 fydda hi, o gwmpas fy mhen-blwydd yn bedair ar ddeg. Roedd yr haf ar ei ffordd, a'r olygfa o ffenast yr atig dros erddi cefn Craig Pandy a choedwig Parc Dob yn wyrdd ac yn ogoneddus. I'r chwith, yn y pellter, mae caeau ac ambell dŷ ffarm i'w gweld yr ochor arall i Ddyffryn Ogwen, lle mae chwarel Bryn wedi'i dyrchu allan o ochor y mynydd, a'r lôn yn fforchio o Lanllechid i'r dde tuag Abergwyngregyn, neu'n syth ymlaen i lawr yr allt am Dal-y-bont, Llandygái a Bangor. Enw'r ffarm olaf ar y dde cyn y fforch yn y lôn ydi Bryn Eithin, ac mi oedd rhywun a drigai'n fanno wedi tynnu fy sylw. Lynwen Mai Williams.

Fy ffrind a 'mhartnar yn y dosbarth, Colin Jones o Faes Coetmor, dri drws i lawr o dŷ Nain, oedd fy nghyswllt hefo Lynwen yn y lle cyntaf. Roedd Col a'i ffrind hi, Gillian Rees, yn rhyw fath o fynd hefo'i gilydd, fel mae'r hen fusnas 'na'n cael ei alw, ac o ganlyniad roeddan ni'n ffeindio'n hunain yn yr un cyffiniau'n reit aml. Ar y daith gerdded noddedig, oedd yn cael ei chynnal rhwng arholiadau'r haf a diwedd y tymor – adeg braf, a thripiau ysgol, diwrnod mabolgampau a gweithgareddau hamdden yn llenwi'r amser cyn y gwyliau – roedd Colin a Gillian, Lynwen a finna wedi bod yn cerdded dipyn o'r ffordd hefo'n gilydd, yn sgwrsio a malu cachu a chael lot o hwyl. Yn sgîl hyn, a'm hyder wedi codi, trefnais 'ddêt' ryw gyda'r nos yn fuan yng ngwyliau'r haf, lle byddan ni'n pedwar yn cyfarfod yng Nghae Boncs, dros ben wal cae top yr ysgol. Ro'n i wedi galw yn nhŷ Col i'w nôl o, a dwi'n cofio Doreen, ei fam, yn deud, 'Wel, ma' *rhywun* yn dressed to kill heno 'ma!' Ro'n i'n gwisgo jîns a siaced denim newydd sbon, a dwi'n cofio teimlo'n chwithig ac anghyfforddus. Pan gyrhaeddon ni'r rendezvous, dechreuodd Lynwen a Gillian chwerthin, yn eu dyblau oherwydd y ffordd ro'n i wedi gwisgo, ro'n i'n saff o hynny; a gwaethygodd y sefyllfa pan ofynnais be oedd yn bod. Aethon nhw i ffitia nes eu bod yn eu dagrau ac yn methu siarad. Ro'n i'n teimlo fel asyn hefo dau ben, wedi mynd i'm gilydd i gyd, ac es i o 'no mewn gwres o gywilydd. Disasdar. Welis i'r genod o dro i dro yn y gwylia rheiny, ar gaeau chwarae'r ysgol ambell gyda'r nos pan oedd Paul fy nghefndar draw o Gaer yn aros hefo Nain, a'r criw i gyd; Colin Jones, Kevin Owen, Peter Harlow, Kevin Williams, Dylan Rees a phawb yn chwarae pêl-droed neu griced, a nhwtha'r genod yn taro heibio am dro. Ro'n i'n medru bod yn fwy naturiol o'u cwmpas yn y cyd-destun hwnnw, er ro'n i'n dal yn ei chael yn anodd siarad hefo Lynwen, felly roedd yn rhaid edmygu o bell, a chadw taw ar (a 'nhraed allan o) fy ngheg.

'You fancy that blonde girl, don't you,' medda Paul dros swpar yn nhŷ Nain un tro. Roedd fy nghefndar yn llygaid ei le, ond roeddwn i wedi anobeithio, gan feddwl nad oedd gan Miss Williams Bryn Eithin unrhyw ddiddordeb. Yn nhymor y gaeaf 1978, cyhoeddodd Mrs Eirian Llewelyn 'Ogo Posh'

Jones ei bod am lwyfannu'r ddrama *Gwyro i Goncro*, trosiad i'r Gymraeg o *She Stoops to Conquer* gan Oliver Goldsmith, ac mi ges fy nghastio i chwarae Twm, cymeriad sy'n troi olwynion y ffars drwy gamddallt, camarwain a chamgymryd drwy gydol y darn. Ges i dipyn o helbul yn y perfformio – bu bron i mi orffen y sioe yn gynnar hefo llinell anghywir ar ddiwedd Act 1. Shirley Roberts, ar flaena'i thraed fel arfer, achubodd fi a'r perfformiad drwy ddeud, yn berffaith yn ei chymeriad: 'Da' chi'n siŵr mai dyna'r ydych yn ei feddwl?' a gwenu hefo gwên oedd yn deud: 'rŵan deud y lein iawn neu mi ladda' i di.' Mi gafodd hi ei lein ac rydw inna'n dal yma. Dro arall, methodd Elan Hughes ei chiw i ddod ymlaen, a bu'r cast i gyd yn sefyll yn stond ar y llwyfan am tua munud cyn iddi landio. Mae munud mewn sefyllfa felly yn teimlo fel awr, gyda llaw. Ond ta waeth am hynny, roedd diwrnod y perfformiad cyntaf yn un o nerfau a thyndra a disgwyl eiddgar; gan y perfformwyr ac, fel mae'n digwydd, y gynulleidfa, er nad oeddan ni'n gwybod hynny. Ein cyd-ddisgyblion fyddai cynulleidfa'r premiere, yr ysgol i gyd, ac roeddwn i'n poeni'n arw y byddan ni'n cael ein peltio oddi ar y llwyfan hefo tomatos, wyau a ballu. Doedd gen i ddim i'w ofni. Pan agorodd y llen, cododd bloedd o gymeradwyaeth o'r neuadd, yr un peth ar ddechrau a diwedd pob act, ac ar y diwedd yn fwy byth. Ac wedyn digwyddodd y peth mwya annisgwyl a rhyfeddol. Mae drws cefn y llwyfan yn arwain i'r coridor sy'n rhedeg heibio'r neuadd, ac fel ro'n i'n croesi'r coridor i fynd am stafell newid y gampfa, clywais lais yn gweiddi, 'NEEEEIIIIIL!' Edrychais i gyfeiriad y llais, a phwy oedd yn rhedeg tuag ata i ond Lynwen Mai, a'r eiliad nesa roeddan ni'n cofleidio, a finna'n ei chodi oddi ar ei thraed a'i throelli o gwmpas, y cwshin bol tew oedd yn rhan o 'ngwisg wedi'i wasgu rhyngddan ni. Wedi i mi ei rhoi yn ôl ar ei thraed, doedd yr un o'r ddau ohonan ni'n gwbod be i'w ddeud am funud bach, ond yn yr eiliadau hynny mi gliciodd rwbath. Es i newid ac i ddathlu llwyddiant agoriad y sioe hefo'r gweddill, ond mi oeddwn ar fy nghwmwl bach fy hun am reswm tra gwahanol. Roedd perfformid ola'r sioe ar nos Wener yr wythnos honno, ac mi fydda Disgo'r Llais yn y neuadd ar y nos Sadwrn. Trwy Colin a Gillian, yn null clasurol plant ysgol, a heb fod yn awyddus i ailymweld â'r teimlad asyn deuben hwnnw yn y dyfodol agos, trefnais i gyfarfod â Lynwen yn y disgo. Fel y digwyddodd petha, ro'n i'n hwyr. Ro'n i wedi bod yn helpu Dad i baratoi'r cŵn i fynd i rasio, ac erbyn i mi gyrraedd, yn llawn ymddiheuriadau ac yn poeni 'mod i wedi gosod sbanar yn y sbôcs cyn cychwyn, roedd hi wedi dechra meddwl nad oeddwn i am droi i fyny. Ond o'r diwedd roeddan ni'n dau yn yr un lle hefo'n gilydd. Ni'n dau a'r hen gyfaill Ciwpid, hefo'i fwa saeth. Ro'n i wedi bod allan hefo un neu ddwy o enethod o'r blaen, ond erioed wedi teimlo fel hyn. Yr eiliad y gafaelon ni yn ein gilydd roedd hi'n ffizz-bang-haleliwia, ac o fewn chwinciad ro'n i wedi gwirioni 'mhen hefo Lynwen Mai, a hitha hefo fi, dwi'm yn ama. Am y tro cynta yn fy mywyd, ro'n i mewn cariad. Ar benwythnosau, ac unwaith roeddan ni wedi cyfarfod rhieni'n gilydd a'r holl srtaffig yna, mi fyddwn i'n aml yn cerdded y tair milltir i Fryn Eithin i alw amdani, mi fydden ni'n dau wedyn yn ymlwybro'n hamddenol yn ôl i'n tŷ ni a mynd i'm llofft am 'wers gitâr'. Be? Fedrwch chi'm cael 'gwers gitâr' yng ngŵydd rhieni a brodyr bach busneslyd, siŵr iawn! Ddaru hi erioed fedru meistroli'r hen offeryn hwnnw er cymaint ei hymdrech, chwarae teg a phob parch iddi; ac wedi i ni flino mi fyddan ni'n cerdded i Lanllechid unwaith eto, ac yn aml iawn mi fyddwn i wedyn yn rhedeg adra. Fuon ni hefo'n gilydd, yn ŵr a gwraig bron a bod, am dros dair blynedd, a does gen i ond atgofion melys am ein hamser hefo'n gilydd. Heblaw am y gorffen, wrth gwrs, roedd hynny'n erchyll – ei gweld hi wedyn yn gafael yn llaw rhywun arall, a'm hanghenfil gwyrdd yn codi, yn deud petha ffiaidd a difaru'n syth wedyn. Dyna fi ar fy ngwaetha dwi'm yn ama, pan mae cenfigen a chwerwder yn codi. Bosib iawn bod hynny'n wir am bobol yn gyffredinol, ond mi fydda i'n ymwybodol o ryw elfen blentynnaidd, filain ynof fy hun ar adegau felly.

Ta waeth, o ddiwedd haf 1978 tan ar ôl i mi adael yr ysgol, roeddan ni'n gwpwl selog ac yn ffrindia penna. Fedra i ond meddwl bod hynny'n beth da ac iachus i ni'n dau, a bod y berthynas wedi dod a phersbectif a chydbwysedd i'n bywyda ni ar adeg allai fod yn drafferthus a poenus. Tra 'dan ni'n sôn am betha felly, chicis i erioed yn erbyn unrhyw dresi, a fues i erioed yn unrhyw fath o rebal yn erbyn fy rhieni. Roedd bywyd yn rhy braf. Cartra? Aidial. Teulu? Ffab. Mêts? Y gora. Cariad? Gwell fyth. Ysgol? 90% hwyl a sbri. Amser hamdden? Llawn dop, hefo Lynwen, ffrindia, miwsig, ffwtbol, steddfoda, dramâu ysgol, helpu Dad hefo'r milgwn, helpu Mam hefo geni babis... Wel, nag oeddwn, mewn gwirionedd, ond pan fydda Mam 'on call' wrth weithio fel bydwraig yn y gymuned, weithiau byddwn yn ateb y ffôn acw a chlywed llais dynes ar ben arall y lein, dan deimlad, yn gofyn: 'Is Sister Williams there, my waters have broken, I think I'm in labour,' neu rywbeth tebyg, ac mi fyddwn i'n gweiddi: 'Mum, customer!' ac wedyn wrth y ledi ar y ffôn: 'She's coming now, push and breathe.' Ta waeth. Angst arddegol? Basiodd hynny heibio i mi, diolch byth, neu dros fy mhen, fwya tebyg. Mi fues i'n ymwybodol o rywfaint o ryfela rhwng Mam a Debs pan oedd Debs tua un ar bymtheg ac isho mynd allan i Fangor i'r pybs hefo'i mêts a petha felly. Be darodd fi, a Duncan hefyd, oedd ei bod yn dal yn fyw ac iach ar ôl siarad hefo Mam yn y fath fodd. 'Did you hear that? If we spoke to Mum like that, we'd be dead. Buried in the back garden, pushing up the roses.' I roi darlun o ba mor wrth-wrthryfelgar o'n i, yn enwedig o ystyried 'mod i'n cyfri fy hun yn bync rocyr pan yn bedair ar ddeg, mi fyddwn yn mynd i ddisgo yn neuadd bentref Mynydd Llandygái ambell nos Sadwrn, wedi fy ngwisgo mewn jîns a chrys T wedi'u rhwygo, bŵts DM a hen gôt Taid wedi'i haddurno hefo sêffti pins, tsheinia a bathodynnau'r Pistols a'r Clash a'r holl fandia pync, a thei coch, tenau, rownd fy ngwddw noeth. Mi fyddwn yn cyfarfod Kevin Taff, Glyn Jones, Pete Sherm a rhai o'r pyncs eraill – mi fydda Sherm yn dod â dei gwallt, gwyrdd neu goch neu las, mewn sbrê-can, ac mi fyddwn i'n sbeicio 'ngwallt i fyny hefo brulcrîm a'i liwio. Ar y ffordd adra, byddwn yn piciad i'r afon fach a redai heibio capel Chwarel Goch, a golchi'r dei a'r brulcrîm allan o ngwallt, 'cofn i Mam a Dad weld. Pa mor roc'n'rôl 'di hynny, ta? Na, ro'n i'n hogyn ifanc ar ben fy nigon, heb ddim i wrthryfela yn ei erbyn, felly nes i'm cyboli. Yr unig botensial am firi gwirion oedd fy mod wedi dod yn giamstar am fynd â da-das a rhyw fanion eraill, a hynny heb gofio talu amdanyn nhw bob tro.

Y clwb Apple Bingo yn Nhregarth oedd wedi 'ngosod ar y llwybr i uffern pan o'n i'n ddim o beth, ac am y wefr a'r peryg o gael fy nal oeddwn i'n gneud. Roedd pawb yn dwyn o siop Jeli Bîns yn stryd fawr Pesda, ac mi nes inna hefyd, ond dim ond un waith. Roedd hi'n rhy hawdd ac yn greulon i'r hen wreigan fach. Roedd ganddi silffoedd o hen jariau mawr o dda-da mewn rhesi, ac ystol fach siâp A i fedru cyrraedd y silffoedd uchaf. Felly mi fydda'r tacla bach yn gofyn am chwarter o fon bons, ddeudwn ni, o'r top ochor chwith, ac wrth i'r hen Mrs Jeli Bîn straffaglu i nôl yr ystol, ei gosod a'i dringo, byddai faint fynnir o gyfle i lenwi eu pocedi hefo da-das o'r cowntar. Tric sâl, a fawr o hwyl. Regent House oedd y lle i ennill 'ych streips. Roedd Susan Ellis, oedd yn nhîm nofio ieuenctid Gogledd Cymru, ac yn fy nosbarth i, yn byw yn Regent House, a Robin Ellis, ei thad, oedd perchennog, goruchwyliwr a cheidwad Siop Regent House. Roedd Brian Morris, oedd yn byw yn Llanfairfechan

ac yn dod i aros hefo'i nain yn Sling yn reit aml, wedi cael ei
ddal gan Robin. Roedd un o'r Gobstopyrs roedd o'n
bwriadu peidio talu amdanyn nhw wedi disgyn trwy dwll ym
mhoced ei anorac, bownsio ar lawr a rowlio tuag at Robin
Ellis mewn modd cyhuddgar. Aeth Robin yn boncyrs, mae'n
debyg, a leinio Brian yn y fan a'r lle cyn ei fartsio i fyny i orsaf
yr heddlu am air hefo Heddwyn yr Heddwas, cyn i hwnnw ei
yrru adra. Nid at ei nain fach annwyl yn Sling, lle oedd o i fod
i aros, ond at ei dad yn Llanfairfechan. Felly'r job, yr her,
oedd dwyn sawl eitem, yng ngŵydd Robin ei hun, heb gael
fy nal. Dim probs. Es i mewn i Regent House hefo Erfyl
Parry, ac roedd Robin a Mrs Ellis yno. Fy null i oedd estyn
Mars Bar neu Yorkie, gofyn, 'sgiws mi, faint 'di hwn plîs?'
gwrando ar yr ateb wedyn ymddangos yn ansicr be i neud,
'stumio rhoi'r peth yn ôl, yna ei bocedu'n sydyn a chodi un
arall gan ddeud: 'iawn, na'i gymryd un, plîs,' a thalu am yr ail
un. Gerddon ni allan o Regent House hefo pocedi'n llawn o
dda-da, a lwcus i ni neud pan naethon ni, achos roeddan ni'n
dau ar fin chwerthin yn hurt, wedi bod yn cipio Cyrli Wyrlis
a bybl gyms a phob math o nialwch, y dull o sleifio wedi'i
anghofio'n llwyr. Fuon ni'n lwcus tu hwnt i gael get-awê
hefo honna.

Daeth fy ngyrfa fel lleidr i ben y Nadolig hwnnw, 1978.
Ro'n i wedi dwyn ambell un o anrhegion y teulu, yn cynnwys
awyren Airfix i Danny a walet ledar i Dad, o'r hen siop fach
'na ar stryd fawr Bangor sy'n siop bapur newydd erbyn hyn,
oedd yn arfer gwerthu ffyn cerdded a phetha felly. Cododd
ambell ael acw ar gownt cost yr haelioni 'ma, a ddeudis i
'mod i wedi bod yn hel fy mhres poced. Hm, wel do reit siŵr
Neil. Roedd hynny'n ddigon i mi – ges i bwl enfawr o
gydwybod a dychryn fy hun wrth feddwl be fysa'n digwydd
taswn i wedi cael copsan, sut fydda Mam yn teimlo'n fwy na
dim.

Jamio yn Llys Geraint, tŷ Jenks.

Erbyn dechrau 1979 roeddwn wedi dod yn ffrindia mawr
hefo Paul Jenkins. Roeddan ni'n dau yn nhîm pêl-droed yr
ysgol a thîm dan 15 Tregarth, ac yn treulio lot o amser yn
nhai ein gilydd neu'n crwydro'r fro. Roedd ganddon ni'n
dau ddiddordeb mawr a chwaeth debyg mewn miwsig.
Roedd Jenks yn chwarae'r clarinét a thipyn ar y piano, os
cofia i'n iawn. Ro'n i wedi dangos un neu ddau o gordiau
gitâr iddo fo, a'r cythral wedi 'ngadael yn bell ar ei ôl mewn
dim, yn medru chwarae 'Cavatina', y diwn o'r ffilm *The Deer
Hunter* o fewn pythefnos. Mae o'n chwarae'r gitâr acwstig a
chlasurol yn hyfryd iawn o hyd. Ond y Clash, y Stranglers a'r
Cure oedd yn mynnu ein hamser gwrando.

Dwi'm yn cofio oeddan ni wedi crybwyll ffurfio band na
dim byd felly, ond mae Paul yn cofio'n glir sgwrs a
ddigwyddodd rhyw amser cinio oer ym mis Ionawr '79.
Rwbath fel hyn aeth hi. Dechreuodd Paul ddeud: 'Mam and
Dad asked if I want a guitar, a bass or a set of drums or wha...'
a chyn iddo gael cyfle i roi'r 't' ar din 'what', ro'n i wedi torri

ar ei draws. 'They asked if you want drums? Well then, it's drums. Tell them you want drums! Get a drum kit. *Get a drum kit!*' A dyna nath o, a dyna fu. A gwell fyth, ges i fynd ar y trip i Wallasey hefo Paul a Sheila, ei fam, i nôl y dryms gwerthfawr, ffabiwlys. Jenks oedd wedi gweld hysbyseb yn y Melody Maker am set Premier 5 Piece, hynny yw pump drwm, neu 'shell', sef y drwm bas, y snêr, dau tom-tom ar fracets ar y drwm bas, a tom-tom a safai ar ei draed ei hun ar lawr. Ar ben hyn oll roedd yr hai-hats, sef dau symbal sy'n clapio, yn eistedd ar stand a chael eu gweithio hefo pedal droed, pedal y drwm bas (oedd mor gwbwl wahanol i'r patant ym Mryn Cul na fedra i'm dechra deud wrthach chi); ac wedyn dau symbal ar stands, un 'crash' i'w tharo'n galad er mwyn atalnodi'n gryf, ac un 'reid' er mwyn chwarae rhythmau arni, ding di-di ding di-ding di-ding ding, a'r math yna o beth – ei 'reidio'. Roedd Sheila wedi siarad hefo'r ddynes yn Wallasey oedd yn gwerthu'r dryms, hithau wedi rhoi'r gorau i chwarae mewn grŵp am ei bod yn magu teulu ac angen y pres a'r lle yn y tŷ. Stori ddigon cyfarwydd. Felly'r cynllun oedd i ni'r hogia cadw'n dawel hefo wynebau syth tra bydda hi Sheila Jenkins yn taro bargen galed a cheisio dod â'r pris i lawr o'r £200 o.n.o oedd yn yr hysbyseb. Ha! Yn gynta'i gyd, pan welson ni'r cit arian, disglair ym mharlwr y gyn-ddrymwraig feichiog, roedd sŵn dwy ên yn taro'r llawr wedi atsain drwy dwnnel Wallasey, heb ddowt. Dyna'n rhan ni o'r cynllun wedi'i chwalu. 'Will a cheque do?' gofynnodd Sheila J wrth sylweddoli fod y cyfle i fargeinio wedi'i golli oherwydd ei mab a'i ffrind, y ddau'n sefyll yno'n fud a phenwag, yn sbïo ar y dryms. 'Nêw, no' rêli,' medda'r ddynes, mewn acen Sgaws well na'r un dwi newydd drio'i chyfleu, ac mi oedd ganddon ni broblem. Doedd Sheil 'The Deal' Jenkins ddim wedi meddwl dod ag arian parod hefo hi, ac yn amlwg yr un mor wyrdd yn y materion hyn â'i mab a'r ffrind. Ond chwarae teg iddi hi, mi gadwodd ei phwyll a dwyn perswâd ar y ledi, hefo help ei cherdyn adnabod Gwasanaethau Cymdeithasol Gwynedd. Trawyd y fargen, cludwyd y Premiers arian i'r car, a rhoddwyd y rheiny nad oedden nhw'n ffitio yn y bŵt a'r sêt flaen ar liniau Jenks a finna yn y cefn. Bymba bymby bymby dydl-a bymba, a ding di-ding ding diga-di ding oedd hi'r holl ffordd adra, a'r munud y landion ni'n Llys Geraint aethon ni ati i osod y dryms yn y stafell ffrynt. Pam y stafell ffrynt, dwn i ddim, ond dyna oedd raid. Eu harddangos a'u chwarae yn y stafell ffrynt, cyn symud y sioe oll i lofft Paul. O fewn chwarter awr, roedd Jenks yn curo intro 'Nice 'n' Sleazy' gan y Stranglers: 'bwm- bwm- ba-tsss-wm-ta-ta-ta.' Roedd o ar ben ei digon. Ro'n inna hefyd. Rŵan roedd gen i ddrymar.

Roedd pethau'n dechrau dod at ei gilydd rŵan, fel roeddan nhw'n deud yn yr *A Team*. Roedd Uncle Mick wedi serennu unwaith eto, wedi ffeindio pâr o sbîcyrs PA, hefo pedwar sbîcyr 12" ym mhob un, ac wedi cael uffar o fargen. WEM oedd y gwneuthuriad, yr un un â'r Copycat Tape Delay a wnaed yn enwog gan Pink Floyd a Hank Marvin. Er mai ar gyfer lleisiau roeddan nhw wedi eu cynllunio, hefo fy hen amp BBC oedd erbyn hyn yn ôl ar dir y byw, roedd y bas rŵan yn swnio'n ddwfn ac yn gadarn.

Mae'n rhaid i mi stopio yn fama i gyflwyno Sgryff i chi. Dafydd Gruffydd ydi Sgryff. Un o'r bobol hynny y bysach chi'n medru ei sgrwbio, ei llnau, ei gribo, ei wisgo mewn siwt sidan besbôc a sgidia lledar sgleiniog, ac mi fysa fo'n dal i edrych 'fath â bwgan brain. Dwi'n ei nabod, fo a'i deulu, ers yr ysgol gynradd. Mae o a'i frodyr, Ioan a Morgan, yn feibion i'r artist Gareth Gruffydd. Yn Llwybr Main, Mynydd Llandygái, roeddan nhw'n byw, a phan fyddwn yn mynd yno o bryd i'w gilydd i chwarae, mi fyddwn i'n cael reidio'r mulod roeddan nhw'n eu cadw yno. Mae Dafydd flwyddyn yn hŷn na fi – roedd o yn yr un dosbarth â Siôn a Deins, ac mi oeddwn i'n ymuno â fo ar y bws ysgol bob bora. Y Clash oedd ei betha fo yn 1978, a doedd o ddim yn swil o gyhoeddi hynny chwaith. Roedd o'n dal ac yn flêr ac yn llawn hyder, ac os oedd o'n ffansio'i hun fel dipyn o Joe Strummer, pam lai? Pan soniais wrth Jenks, medda hwnnw dan chwerthin: 'Sgryff? Dafydd Sgryff? Gofyn iddo fo 'ta.' Felly dyna wnes i, ac ar ôl dipyn o bendroni, cytunodd, ac mi oedd ganddon ni ganwr. Gitarydd oedd ar goll, ac mi dderbyniodd Dylan Parry'r gwahoddiad i lenwi'r safle hwnnw.

Yn y dyddiau hynny, roedd cymhwyster cerddorol yn fwy perthnasol i'r offer yn ein meddiant nag unrhyw ddawn offerynnol, a heb fod yn amharchus, roedd amp, meicroffon a char Dylan yn llawer pwysicach na'i sgiliau cyfyngedig ar y gitâr. Felly'r oll oedd ei angen rŵan ar gyfer y band newydd 'ma oedd caneuon, ac wrth gwrs, enw. Chwarae teg i Dafydd, mi gytunodd hefo syniad Paul, a'r enw Sgryff. Doedd o erioed wedi bod yn hoff o'i lysenw, ond erbyn hyn dwi'm yn ama ei fod yn meithrin rhywfaint ar yr edrychiad, ac yn chwarae i'r ddelwedd. Roedd Dylan a finna'n cytuno fod yr enw'n berffaith, ac felly aed ati'n frwdfrydig i ddechrau sgwennu caneuon ac ymarfer. Sgen i'm co' o fwy nag un perfformiad, yn neuadd yr ysgol, ond dwi'n cofio meddwl ein bod yn swnio'n ocê, bod y stwff roeddan ni wedi ei roi at ei gilydd yn swnio'n iawn ac yn gweithio. Roedd honno'n dipyn o foment, ac ro'n i'n teimlo, am y tro cyntaf, fel 'taswn i mewn band go iawn. Pharodd y band ddim yn hir – dwi'm yn cofio'n iawn be ddigwyddodd, ond ro'n i'n gwbod y byddwn yn parhau mewn partneriaeth hefo Jenks, a'r cam nesa i ni'n dau oedd ffurfio band arall.

Yn y cyfamser, roedden ni'n dau yn chwarae yng ngherddorfa'r ysgol. Wel am dwrw, latsh bach. Un o'n darnau oedd miwsig thema *The Sweeney*, a dwi'n cofio Deilwen Crump yn gofyn i mi droi'r bas i fyny er mwyn boddi rhywfaint ar yr adran linynnol. Roedd Danny 'mrawd yno hefyd, am sbel, yn trio'i ora i grafu cello i farwolaeth. Aethon ni i neuadd bentref Rhiwlas, adeilad hefo to haearn corrigêt, i gymryd rhan mewn cyngerdd un tro. Mi gawson ni dderbyniad da, er gwaetha'r sŵn erchyll. Mae'n rhaid bod y gynulleidfa wedi gwerthfawrogi'r ymdrech a'r ysbryd.

Tua'r un adeg ymddangosodd band arall yn yr ysgol, sef y Weiran Bigog. Y brodyr Jones, Siôn yn canu a chwarae gitâr a Gwyn yn chwarae dryms, Deiniol Morris, oedd yn nosbarth Siôn (a Dafydd Sgryff) ar y bas a Guto Orwig, oedd yn nosbarth Gwyn (a Jenks) ar y gitâr arall.

Mi gawson ni yn Ysgol Dyffryn Ogwen yr anrhydedd o groesawu Jîp i'n neuadd i berfformio yn 1978. Dipyn o beth, i chi gael dallt; Arun Ahmun, Myfyr Isaac, Endaf Emlyn a John Gwyn, y local boi. Ac mi oeddan nhw, fel y gallwch ddychmygu, yn ffynci tu hwnt ac yn shit hot. Swpyrgrŵp Gymraeg, heb os (roedd yn aelod gwreiddiol Brân hefyd, un arall o swpyrgrŵps cynnar Cymru). Mae John Gwyn yn gynhyrchydd teledu'r dyddiau yma, ac mi fu'n gynhyrchydd ar raglen *The Tube* yn yr wyth degau a'r naw degau. Hefo Jools Holland a'r diweddar Paula Yates yn ei chyflwyno, roedd hon yn rhaglen eiconig a dylanwadol tu hwnt, a bandiau a pherfformwyr gorau ac enwoca'r blaned yn heidio i gael chwarae'n fyw arni. I ni ym Methesda, i 'nghenhedlaeth i beth bynnag, mae John Gwyn yn dipyn o eicon. Roedd John yn arfer byw ym Maes Coetmor, yr un stad Cyngor â Nain a Taid, ac mae'n debyg bod ei fam yn cael ei hadnabod ers talwm fel Mrs Jones Jereniym, am ei bod o hyd i'w gweld yn y ffenast!

Ta waeth, aeth y fraint o gael rhannu'r llwyfan hefo Jîp i Weiran Bigog. Roedden nhw yn nosbarth 5 a 6 yn yr ysgol ac yn llawn potensial. Mae gen i go' o fod yn gwylio o gefn y neuadd a chael fy nharo gan ba mor naturiol oeddan nhw. Mi ro'n i dipyn yn genfigennus a deud y gwir, a finna'n byding roc'n'rolar. Doedd gen i dim syniad ar y pryd y byddwn inna'n ffryntio'r criw oedd ar y llwyfan, am ddeng mlynedd ar hugain a mwy. Roedd gan y Weiran Bigog bresenoldeb a charisma a chaneuon da. Un o linella Siôn, wrth iddo annerch y dorf, oedd 'C'mon, rociwch newch chi!' Mae'n rhaid darganfod be sy'n gweithio, a be sy' ddim, does. Doedd honna ddim. Y sbanar yn eu sioe nhw'r noson honno oedd Gwyn yn gollwng un o'i ffyn. Glaniodd y ffon o flaen y dryms, ac yn ei adrenalin, cyffro a diffyg profiad, doedd Jôs Jiwniyr ddim wedi meddwl cadw rhai sbâr wrth law, na chwaith wedi meddwl cario 'mlaen hefo un ffon nes gorffen y gân. Felly be fu? Meltdown. A mŷll. Anghofia i fyth y creadur yn neidio i fyny ac i lawr tu ôl i'r dryms yn meimio 'Ffyc! Ffyc! Ffyc! Ffyc! Ffyc!' Roedd wyneb Siôn, Jôs Siniyr, yn bictiwr hefyd, a phawb ar y llwyfan yn sbïo'n hurt ar ei gilydd.

Roedd eu sŵn a'u steil yn wahanol iawn i Sgryff, yn debycach i roc traddodiadol; ac o feddwl yn ôl, mae'n siŵr bod eu dylanwadau yn amlwg yn eu miwsig, hyd yn oed yn y dyddiau cynnar hynny. Hendrix, Tich Gwilym, Rory Gallagher, Stevie Ray Vaughan, Gary Moore a Keith Richards ydi arwyr Jôs Siniyr, ac o'r ysgol honno mae ei chwarae o'n deillio, fyswn i'n deud. Roedd yr hyder a'r arddeliad ro'n i wedi ei weld yn Siôn yn noson lawen Ogo Posh yn ddeuddeg oed, yn gliriach fyth yn fan hyn – ei sioe o oedd hon, ac roedd o i'w weld yn ei elfen yn ffryntio'r band. Pan ma' hi'n dod i'r pen, band Siôn ydi Maffia Mr Huws hefyd. Ar wahân i'r ffaith mai fo sefydlodd y peth, ei waith o fel offerynnwr a chyfansoddwr sy'n lliwio, ac i raddau yn llywio'r miwsig. Tydi hynny ddim yn lleihau pwysigrwydd na chyfraniad neb arall, wrth gwrs. Mae Gwyn yn ddrymiwr naturiol, pwerus, yn llawn egni a syniadau – gormod weithia, ond gwell gormod na rhy chydig, beryg, ac mae'r ddeinameg rhyngddo fo a'i frawd hefyd yn rhan bwysig o berfformiadau Maffia, yn fyw ac yn y stiwdio. Brian

Downey, drymiwr Thin Lizzie, Sly Dunbar o adran rhythm reggae Sly & Robbie a Stewart Copeland o'r Police ydi arwyr Jôs Jiwniyr, o be dwi'n gofio. Mae Deinz Morris yn antidôt delfrydol i'r tân gwyllt fydda, ac sydd o hyd weithiau'n ffrwydro rhwng y brodyr, ac mae Deins hefyd yn gerddor naturiol, yn cadw'r bas yn dynn hefo'r dryms ac yn syml gan amla, yntau yn ei elfen mewn grŵfs reggae, a chlust dda am alaw hefyd. Felly roedd tri o'r Maffia Mr Huws gwreiddiol yn cael eu traed danynt yn y Weiran Bigog. Roedd y llall, Hefin Huws, yn un o giang pen pella Pesda, ond ddim eto yn y band. Wedi i Guto Orwig adael y Weiran, cafodd Hef ei wahodd i fod yn ganwr ar sail ei ddehongliadau o ganeuon Gary Glitter a Queen. Yr adeg honno, gwnaed y penderfyniad i newid yr enw, atgyfodi'r Maffia a rhoi Mr Huws ar ei gwt. Mae 'na lawer wedi gofyn ai Hef ydi'r Mr Huws, neu Elwyn Hughes, ein hathro, 'ta ryw Mr Huws arall – a'r gwirionedd trist ydi bod yr ateb wedi'i golli, ei anghofio, ei adael ar ôl rhywle yn niwl y gorffennol, rhywle rhwng henaint a'r ddiod gadarn.

Yn ôl yn Nhregarth, symudodd teulu newydd i Dan yr Onnen, ar waelod ein ffordd ni. Dychwelyd roeddan nhw, wedi tair blynedd yn Sutton Coldfield yng nghanolbarth Lloegr. Croeso'n ôl Peter Liguz, Lynne, Alex, Greg, ac wrth gwrs fy hen fêt, Ricky. Tra buon nhw i ffwrdd, dim ond cardiau Dolig basiodd rhyngom, ond rŵan eu bod yn ôl, atgyfododd ein cyfeillgarwch unwaith eto, yn union fel o'r blaen. Roeddan ni i gyd wedi tyfu yn y cyfamser, wrth reswm, ond dwn i'm be oeddan nhw'n eu bwydo nhw tua Birmingham 'na, ond roedd y tri mab ar ddychwelyd ymhell dros chwe throedfedd; Greg y fenga'n enwedig wedi troi yn anghenfil o lanc. Oherwydd iddyn nhw fethu tair blynedd o Gymraeg, aeth yr hogia i Ysgol Friars, lle serennodd Rick a Greg yn eu tîm rygbi a mynd ymlaen i gynrychioli Gogledd Cymru. Mae'n debyg bod ei meistr rygbi yn Sutton

Coldfield yn Gymro o Lanelli oedd yn chwarae i glwb Caerlŷr, a bod safon y gêm ar lefel ysgolion yno ymhell ar y blaen i ffor' hyn. Roedd tîm Friars 'fath â'r fflippun All Blacks o'i gymharu â'n tîm ni fel roedd hi. Ta waeth am hynny, yn fwy perthnasol i mi oedd y ffaith fod Rick Liguz wedi meithrin ei ddiddordeb mewn miwsig, wedi cario 'mlaen i chwarae'r gitâr ac yn berchen ar gitâr drydan, copi Columbus o Gibson Les Paul, un ddu. Roedd Pete yn dal yn giamstar ar yr hen 'country pickin' ac roedd hi'n grêt ei glywed o'n ratlo trwy un ne ddwy o'r hen ffefrynnau, y smôc rôl-ior-ôn yn dal i hongian o'r wên lydan. Roeddan nhw ill dau wrth eu boddau'n gweld 'mod inna wedi parhau yn y cyfrwng hefyd, ac erbyn hynny'n trio ymgynefino yn nhiriogaeth y bas. Dal i drio hyd heddiw. Wrth gwrs, roeddwn i'n meddwl yn syth bin fod ein cyrch am gitarydd drosodd, ond mi fydda'n rhaid i Paul a Ricky gyfarfod gynta, a chael rhyw fath o sesiwn jamio neu rwbath i weld sut fyddai petha'n gweithio. Ro'n i chydig yn nerfus am hyn oll a deud y gwir, achos mae creu a chwarae miwsig, os ydi o'n agos at galonnau'r rheiny sy'n gwneud, fel yr oedd i ni'n tri (ac fel mae o wedi bod, ac yn dal i fod i mi a phawb dwi erioed wedi gweithio hefo nhw), yn medru bod yn rwbath bregus a sensitif, a thanllyd hefyd, ac yn beryg i gyfeillgarwch ffrindiau agos. Oni bai, o bosib, bod y cyfeillgarwch yn deillio o'r miwsig yn y lle cyntaf. Mae hwnnw'n gwestiwn sy'n gwmni cyson i mi ac sydd wastad yn ddifyr ei drafod – sut mae cyfeillgarwch neu deimladau personol yn medru helpu, amharu ar neu liwio gweithgaredd creadigol. Yn sicr mae 'na sefyllfaoedd wedi bod lle bysa gonestrwydd plwmp, plaen, di-flewyn-ar-dafod wedi arbed llawer o angst ac amser, ond a fyddai o bosib wedi gwneud mwy o ddifrod yn y pen draw. Pwy a ŵyr?

Ta waeth, cyn belled ag yr oedd y cyfarfod rhwng Paul a Ricky yn y cwestiwn, ddyliwn i ddim bod wedi poeni. Mae

Ricky'n cofio mai yn ein gardd gefn ni yng Nghraig Pandy y cyfarfyddon nhw, ac mi ddaethon yn ffrindia o'r dechra. Trodd y sgwrs yn o handi at fiwsig a gitârs a phopeth felly, ac o fewn dim roeddan ni'n tri yn jamio ar gitârs clasurol Mam, yr hen un Cordoba roedd hi wedi ei phrynu er mwyn dechra dysgu, a'r ddwy adeiladodd Dad. Chwarae teg i'r hen ddyn. Aeth o i'r ganolfan gitârs clasurol ym Mryste, cymryd mesuriadau'r offeryn dryta yn y siop, a dros gyfnod o ddwy flynedd adeiladu dwy gitâr o'r dechrau i'r diwedd, gan ddysgu'r prosesau angenrheidiol ar hyd y ffordd. Rhai cymhleth hefyd, fel stemio pren yr ochrau, y top a'r gwaelod i mewn i siâp a gosod y ffrets yn union gywir yn eu lle. Ddim yn ddrwg am howget tôn deff. Mae'r ddwy gitâr yn dal gan Mam, ac yn dal mewn tiwn ac yn swnio'n grêt.

Erbyn hyn roedd hi'n 1979 a'm chwaeth gerddorol, ymysg pethau eraill, wrthi'n aeddfedu ac ehangu rhywfaint. Yn ara bach, o dan ddylanwad Duncan hefo'i Queen a'i Pink Floyd a'i Sosban ar fore Sadwrn, ro'n i'n symud allan o 'nghyfnod pync ac yn dilyn y Stranglers a'u datblygiad nhw o fod yn un o'r grŵpiau New Wave i fod yn rwbath unigryw. Roedd eu halbym *Black and White* wedi chwythu 'mhen. Sgwn i sawl awr o lencyndod baswyr ifanc ledled y wlad dreuliwyd mewn llofftydd tywyll, blêr, yn dysgu riffs a llinellau Jean Jaques Burnel? Lynwen druan. Dwn i'm faint o'n horiau rhamantus dreuliodd hi'n diodda wrth wrando arna i'n gwneud y feri peth hwnnw. Roedd hi'n deud nad oedd ots ganddi. Choelia i fawr. Diana Ross oedd ei phetha hi, ac mi o'n inna wrth fy modd yn gwrando arni hefyd, yn llofft Lynwen ym Mryn Eithin, 'mond bod neb o'm ffrindiau'n ffeindio allan. James Jameson chwaraeodd y bas ar aml i drac Diana Ross, ac mae o'n un o'r goreuon.

P'run bynnag, yn ôl at y dylanwadau. Angus Young ac AC/DC oedd petha Ricky erbyn hyn, a'i dad yn bwydo

Fleetwood Mac a Heart a llwyth o fingerpickin' canu gwlad Americanaidd iddo fo, diolch i'r nefoedd. Roedd Paul Jenkins ychydig yn fwy eclectig ei chwaeth: The Doors a Roy Harper, The Jam, a'r Police. Felly dyna sut oedd petha pan ddechreuon ni'n tri jamio yn ein garej ni. Roedd dryms Premier arian ysblennydd Paul yno, roedd combo Ricky yno, yn ogystal â fy 'rig' ddiweddara. Ro'n i wedi cael sbîcyr Celestion 15" 250 wat, a gosododd Dad hwnnw mewn Bass Bin anferthol hefo llwyth o wlân ffeibyr-glas. Roedd y WEMs rŵan ar gael ar gyfer y llais. Ond pwy oedd yn mynd i ganu? Eich awdur gafodd y showt. Y rheswm penna oedd bod y ddau arall wedi gwrthod yn fflat. Doeddwn i ddim wedi bwriadu canu na bod yn ffryntman, chwarae'r bas oedd y peth i mi, ond fel y dechreuon ni ymarfer a sgwennu a jamio ambell i gyfyr fel 'Message In A Bottle', gan y Police, sylweddolais 'mod i'n fwy na hapus i ffryntio'r band, canu a chwarae'r bas. Mi fyddwn mewn cwmni aruchel – Paul McCartney, Jack Bruce, Sting, Phil Lynnott, Brian Wilson, Lemmy Kilminster, Suzie Quattro, baswrs/canwrs oll, ac roeddan ni'n tri yn hapus i fod yn thrî-pîs, fel y Police, fel y Jam a Cream, ac fel y band diweddara i Jenks ei gyflwyno i ni, a'm hoff fand hyd heddiw. Enw'r band ydi Rush, ac maen nhw'n dod o Toronto, Canada. Neil Peart ar y dryms, Alex Lifeson ar y gitâr a Geddy Lee yn chwarae bas a chanu. Os oes 'na un baswr y modelais fy hun arno, Geddy ydi'r un. Gary Lee Weinrib ydi ei enw iawn, ond roedd gan ei fam, Iddewes o wlad Pwyl gafodd ei charcharu yn Bergen, Belsen a Dachau yn ystod yr ail ryfel byd, acen Bwylaidd mor gry', roedd un o ffrindiau'r Gary ifanc yn meddwl ei bod hi'n deud Geddy, ac yn y pen draw newidiodd ei enw yn gyfreithiol i Geddy. Wrth gwrs tydi hyn o ddiddordeb i neb ond ffans Rush fel fi a Ricky a Paul (a Llion, gitarydd Eryr Wen, a Kevin Taff a Pete Roberts, drymars y ddau). Dechreuodd yr obsesiwn Rush pan ddaru Jenks chwarae'r gân 'Bastille Day' i ni ar gasét, a chyhoeddi y byddai'n rhaid i ni ei dysgu er mwyn medru ei pherfformio'n fyw. Digon teg, ond haws deud na gneud. Bu'n rhaid i ni'n tri fynd i ffwrdd a gweithio ar ein rhannau yn annibynnol cyn medru cael shot arni hefo'n gilydd. Drwy lwc, roedd Dad wedi cael gafael ar declyn cyn-hanesyddol arall o'r Bîb, sef peiriant recordio hanner trac. Be oedd hwn mewn gwirionedd oedd peiriant dau drac, ond yn hytrach na thâp dwbwl y trwch arferol a dau record head, roedd y record head sengl wedi'i rannu'n ddau, ac felly'n gwneud job dau, ond ar dâp normal, trwch arferol, os 'di hynny'n gwneud synnwyr. Recordiais 'Bastille Day' ar un hanner o'r tâp, hefo'r bas wedi'i droi i lawr hynny âi o, a'i ddefnyddio i ymarfer y llinell bas, ac wedyn recordio fy hun yn ei chwarae ar hanner arall y tâp. Dwn i ddim faint o weithia nes i drio. Ro'n i wrthi bob nos am tua wythnos, dwi'n siŵr. Roedd yn rhaid cael un perfformiad yn iawn o'r dechrau i'r diwedd, ac mae unrhyw un sydd erioed wedi recordio unrhyw beth yn gwybod ei bod hi'n stori wahanol pan rowlia'r tâp a phan mae'r golau'n wyrdd. Ond o'r diwedd mi ges i hi, a phan ddaethon ni at ein gilydd i'w thrio hi yn y band, roedd hi yna, fwy ne lai beth bynnag.

Mae gen i wên wirion ar 'y ngwyneb wrth sgwennu hyn, yn cofio'r chwerthin mewn anghrediniaeth wrth i ni gyrraedd cord ola'r gân, wedi dod drwyddi'n fyw ac iach. Da iawn Paul Jenkins, am fynnu ein bod ni'n taclo'r gân, achos ma' raid ei fod wedi gwneud byd o les, ar sawl ystyr. Felly roeddan ni'n fand, ond doedd ganddon ni ddim enw. Ro'n i wedi meddwl dipyn am hyn, ac wedi meddwl am Fat Max. Dwn i'm, roedd 'na rwbath am yr enw yn apelio, a rwbath dipyn bach yn ddireidus amdano.

'No, it's India,' medda Liguz pan grybwyllais y peth wrth y ddau arall.

'What is?' medda fi.

'The band,' medda Ricky. 'The band's name, I reckon it's got to be India, it's just dead right.' Hmmm. Beryg nad oedd Fat Max yn mynd i weld gola dydd. Roedd Paul yn nodio'i ben.

'I like it,' medda hwnnw. Ro'n inna hefyd, ma raid, achos nes i'm taeru na phwdu. Roeddan ni ar ein ffordd o'n tŷ ni i fyny'r allt am Fron Heulog, tŷ Rhodri Ellis Jones, am goffi a smôcs, sgwrs a records Bob Dylan hefo Rhodri ac Andrew Bennett, Sera James a phwy bynnag arall o'n criw bach selog o ffrindia fyddai yno. Mi rois i'r gair ola am enw'r band i Rhodri.

'India? India? Yeah, that's ok, it suits you. Better than fuckin Fat Max.' Sgwennon ni gân o'r enw Fat Max, yn ôl Ricky Liguz. Sgin i'm math o go'.

Mae 'na ddywediad ym myd roc a rôl, wel, y blŵs a deud y gwir, sy'n ymwneud â rhyw syniad o wasanaethu'r grefft drwy ddioddefaint a chaledi er mwyn ennill yr hawl i chwarae. 'Paying your dues' maen nhw'n ei alw fo. 'Have you paid your dues, boy?' Y math yna o beth. Hen lol hen ddynion chwerw os ydach chi'n gofyn i mi, ond mi dalon ni ein diws yn ein ffordd fach cefn gwlad. Roeddan ni'n ymarfer un ai yn ein hatig ni, yn ein garej ni, llofft Jenks, neuadd bentref Mynydd Llandygái neu Ganolfan Cefnfaes ym Methesda. Roedd rhaid, felly, cludo'r gêr o un lleoliad i'r llall, a phan nad oedd rhiant trugarog hefo modur ar gael, byddai'n rhaid i ni gario'r stwff ar droed. Dwi'n sôn yn fama am gario'r WEM 4x12s, Ricky a fi, yr handlenni ffrynt gen i, y rhai cefn ganddo fo, filltir a hanner i fyny'r allt i Fynydd Llandygái, cyn troi ar ein sodlau i nôl yr amps a'r gitârs. Mi fydda Jenks wedyn yn cario'i ddryms i'r neuadd mewn dau drip o Lys Geraint i fyny allt St Anne's. Allt maen nhw'n ei galw hi, ond clogwyn ydi hi go iawn. Doedd fawr o syndod felly fod Paul yn medru taflu'r ddisgen o St. Anne's i St Petersburg. Wedi'r oriau o gludo roeddan ni'n mynd amdani gant y cant, yn cymryd y peth o ddifri calon a gwneud y gorau allen ni. Roeddan ni'n uchelgeisiol hefyd, yn trio chwarae riffs a rhythmau anodd a gwahanol i'r arfer, jyst er mwyn gweld pa mor bell roeddan ni'n medru gwthio'n hunain. Yn aml iawn, pan fyddan ni'n ymarfer yn Llys Geraint, mi fyddan ni'n treulio'r ugain munud cynta yn yfed te a gwrando ar rhythmau diweddara Cozy Powell Jenkins – 'cyfnodau' rhythmig egnïol, cymhleth, anhygoel. Wedi iddo orffan, mi fyddan ni'n plwgio'r gitârs i mewn a riffio o gwmpas, yn trio cnocio rwbath at ei gilydd. O dipyn i beth, siapiodd set o ganeuon gwreiddiol, ac ambell fersiwn o ganeuon pobol eraill. 'Get Back' gan y Beatles, 'Message in a Bottle' gan y Police, 'Lakeside Park' a 'Bastille Day' gan Rush. Roedd 'Bastille Day' dipyn yn uwch na nenfwd ein doniau, a llais Geddy'n lot uwch nag oeddwn i'n medru 'i gyrraedd. Uffar o ots, es amdani beth bynnag. 'Naethon ni drio Hell's Bells hefyd, cân AC/DC. Ia, syniad Ricky, ond roedd llais Brian Johnson yn uwch fyth, ac ro'n i'n swnio 'fath â chath yn marw wrth drio'i chanu. Yn anffodus, mae 'na dâp o sesiwn recordio a wnaed i'r Bîb yn Neuadd Penrhyn, Bangor hefo fersiwn o 'Hell's Bells' arni, yn rwla. Focals erchyll, ond roedd y solo gitâr yn sbot on, wrth gwrs.

Digwyddodd fy nghatastroffi cerddorol cynta, cawl na allai neb ei achub na'i gywiro, ar lwyfan Undeb Myfyrwyr Bangor yn 1980 hefo India. Roedd Paul wedi deud bod yn rhaid i ni chwarae 'Bastille Day' ac mi oeddan ni'n ddigon ifanc a ffôl i feddwl na fyddai hynny'n broblem, fel yr ydw i wedi egluro. Roedd gen i ddewis rhwng gwichian mewn ffalseto erchyll er mwyn cyrraedd nodau uchel Geddy Lee neu drio canu octef yn is. Roedd hynny'n swnio'n wirionach fyth, felly am y gwichian yr es i. Ta waeth, dim ond llond llaw o gigs roeddan ni wedi eu chwarae, ac roeddan ni'n medru gwasgu tri chwarter awr allan o'r deunydd, yn cynnwys y cyfyrs.

Roedd cael gig yn yr 'Iwniyn' i ni fel cael gig yn Wembli, er mai dim ond agor y noson oeddan ni: ugain munud o sbot a chael ein talu'r prunsli sym o £0.00. Roedd hwn yn dipyn o gyfla. Dad oedd y rôdi a'r manijyr y noson honno, wedi'n cludo ni a'r gêr yn y Renault 16 Estate. Roedd o'n gwisgo crys a thei. Wn i ddim pam. Ella'i fod o'n meddwl mai Brian Epstein oedd o.

Roeddan ni'n tri'n reit nerfus, ond yn edrych ymlaen yn arw, wedi ymarfer yn drylwyr ac yn hyderus y bysan ni'n medru ymdopi hefo unrhyw efentiwalutis. Anghywir. Aeth y tri ohonon ni ar y llwyfan heb gyflwyniad nag unrhyw gydnabyddiaeth gan y myfyrwyr soffistigedig hefo'u gwalltia hir a'u jympyrs gwlân a rôl-iyr-ôns. Hefo 'Four Minute Warning' roeddan ni'n agor ein set, prog-roc epic yn rhybuddio am y bygythiad niwclear, ac mi orffennon ni hi heb unrhyw gydnabyddiaeth gan y jympyrs fod unrhyw beth wedi digwydd o gwbwl. O diar. Teimlais fy hyder yn pylu a phenderfynu mynd am y clincar, 'Message in a Bottle', un o hits mawr y Police. Roeddan ni'n tri wrth ein bodda'n canu hon, a finna hyd yn oed yn medru cyrraedd y noda uchel, jyst, ac wrth orffen mi glywson ni furmur o gymeradwyaeth gan ambell un o'r llinynau trôns hir blewog. 'Ma ni latsh, maen nhw gynnon ni rŵan, meddyliais. Amser iddyn nhw gael dôs o'r chwyldro Ffrengig. 'Thank you, this is a song by Rush, it's called 'Bastille Day',' a rhuthro i mewn iddi hefo arddeliad. Tan, hynny yw, y solo gitâr. Mae fformat band tri aelod, fel Rush, fel y Police (ac fel India) yn un cyffrous iawn. Yn heriol hefyd, hefo pwysau unigryw ar yr aelodau i gyd, ond yn fwya amlwg ella ar y gitarydd, a fynta'n gorfod cyflawni cymaint hefo'r alaw yn ogystal â'r ochr rhythmig. Roedd Mr Liguz yn berson a fyddai'n gwneud ei waith cartref. Roedd yn gitarydd oedd yn dysgu ei ran yn iawn, ac wedi dysgu solo campus Alex Lifeson i'r demi semi cwafar olaf. A fyddai o'r un gronyn elwach, ar ôl yr hyn oedd yn ei ddisgwyl? Mewn gair, na. Tua chwe bar i mewn i'r solo, TWAIOING, dyma'i dant yn torri. Wwww, tric sâl, Ffawd. Edrychai Ricky fel petai o newydd gael ei saethu, ac wrth iddo drio ail -wampio'r solo, TWAIOING, aeth un arall, a dyna hi, gêm drosodd. Herciodd y gân i stop, a ninnau'n tri'n sbïo ar ein gilydd yn y llonyddwch chwithig. Dechreuodd Ricky chwerthin, ymunodd Paul a finna'n syth, ac ymunodd y gwalltia hirion yn yr hwyl drwy weiddi 'Gerroff' a 'Bww', a'n pledu hefo cania cwrw a gwydra plastig. Wrth ddianc o'r llwyfan, yn dal i giglan yn wirion, dwi'n cofio gweld dyn mewn crys a thei yn cael gafael ar un o'r heclars blewog gerfydd ei wddw yn erbyn wal. Dad. Chwarae teg, Emyr Wyn.

Deiniol a Hefin

Roc Ystwyth '85

Y Post Offis

Ym Mehefin 1980 eisteddais fy arholiadau Lefel O. Gradd D mewn miwsig oedd y cilar, oherwydd na fyddwn yn medru mynd ymhellach yn y pwnc, a diflannodd pob cymhelliad academaidd wedyn. Rwbath cymdeithasol oedd mynd i'r ysgol erbyn hyn, ac erbyn Chwefror '81, ro'n i wedi cael ei llond hi. Llenwais y ffurflen gais am y joban yn Swyddfa'r Post, ei dychwelyd a chroesi 'mysedd. Nes i'm dal fy ngwynt, chwaith, oherwydd bod tua thri chant yn trio amdani, mae'n debyg. Roedd angen pump Lefel O yn cynnwys Saesneg Iaith ac roedd gofyn bod yn rhugl ddwyieithog, a dyna'n union oedd fy nghymwysterau, ond hyd yn oed wedyn, tydi siawns mewn tri chant yn fawr o siawns, felly ro'n i'n dechra meddwl sut byddwn i'n blagio fy ffordd drwy'r arholiadau felltith oedd yn prysur dduo 'ngorwel. Ond hôld ddy bot, dal d'afal, be oedd hwn ar y mat, prin dridia wedyn? Amlen swyddogol yr olwg hefo Neil Williams, Ysw uwchben y cyfeiriad. Oddi mewn, gwahoddiad i fynd am gyfweliad ym Mhrif Swyddfa Bost, 1 Ffordd Deiniol, Bangor, LL57 1AA. Clwb nos yr Embassy ydi'r adeilad rŵan. Ges i lifft i lawr yno gan Mam, a oedd wedi sicrhau 'mod i'n ymddangos fel pin mewn papur – y siaced, y crys a'r tei, y gwallt wedi ei gribo'n dwt hefo partin yn yr ochor, a'r holl gyboitsh. Es i mewn i'r cyfweliad hefo meddwl cwbwl agored, a do'n i ddim yn nerfus na dim. Roedd o'n ddipyn o antur, os rwbath.

Mr Vernon Jones, y Pennaeth Personel, oedd yn fy nghyfweld, dyn smart iawn, yn ei bum degau oedd yn fy atgoffa fymryn o Mr Evans Maths. Roedd gan Vernon lisp go dew, a thic yn ei lygad oedd yn teithio i lawr ei foch am gornel ei geg. O'r nefoedd, mi fydda'n rhaid i mi beidio, ar

unrhyw gyfri, gadael i hynny ddechra cosi'r asgwrn digri, neu
mi fysa hi'n Amen arnan ni. Cylch milain, ac ro'n i wedi bod
i lawr y lôn yma o'r blaen hefo pobol hefo tics.

Esboniaf. Roedd y chief fyddai'n gofalu am neuadd
Mynydd Llandygái yn byw hefo'i fam yn Stad Arafon. Pan
oedd o adra, hynci dôri, ond os na, rhaid oedd chwarae gêm
ddelicet o berswâd diplomataidd hefo'i fam. Rŵan, roedd y
ledi yma yn naw cant os oedd hi'n ddiwrnod, ac wedi gweld
digon dros y canrifoedd i wbod yn well nag agor ei drws, wili
nili, i ddau lefnyn bochgoch ac anniddig yr olwg oherwydd,
heb yn wybod iddi hi, eu bod newydd gario dwy golofn
sbîcyr WEM 4x12 i neuadd Mynydd Llandygái, maniwyli, o
Dregarth. Be oedd y llafnau yn ei ofyn, yn garedig a chwrtais,
oedd am oriad y neuadd er mwyn cael rhoi'r WEMs yno'n
saff cyn dychwelyd i Dregarth i nôl y gitârs a'r amps. O'r
diwedd, byddai'n agor y drws, hyd y tsiaen bach, a phasio'r
goriad drwy'r bwlch, ac mi fyddai'r byd yn cael troi unwaith
yn rhagor. Chwarae teg i'r chief, mi fydda hwnnw'n taro i
mewn arnon ni'n hwyrach, i weld bod popeth yn iawn,
wastad yn ymddiheuro am beidio bod yn y tŷ, ac am fod ei
hen fam yn anghofus, ddim yn gweld yn iawn na chlywed yn
rhy sbeshal ac yn y blaen. Hen foi siort ora. Un pnawn dydd
Sadwrn, camodd Mr Liguz a finna ar fŷs Moduron Porffor
ym Mhenlôn, Bangor, ar gyfer y siwrna hir a phrydferth i Lys
Geraint, tŷ Paul Jenks, ar waelod St Anne's, via Tregarth a
Mynydd Llandygái. Roedd y bŷs yn eitha llawn, ond roedd
sêt wag y tu ôl i ddyn oedd â'i ben mewn papur newydd.
Sbïodd hwnnw i fyny am eiliad wrth i ni nesáu ato, a phwy
oedd o ond gofalwr neuadd bentra Mynydd Llandygái.
Wedi'r sumais, steddon ni yn y sêt wag y tu ôl iddo. Roedd
gan y chief wddw trwchus a phen cul, ei wallt wedi ei dorri'n
fyr ac agos iawn. A dyma fo'n digwydd. Ticiodd un o'r
cyhyrau mawr yng nghefn ei wddw, gan beri i'w ben fflicio i'r
ochor ac i un ysgwydd neidio i fyny. Chwarddodd Ricky

trwy'i drwyn, gan wneud sŵn mochyn. Ro'n i wedi gwneud sŵn BAAAA 'fath â dafad, ac roedd hi ar ben wedyn, y chwerthin wedi mynd allan o reolaeth, y chief wedi sylweddoli, wrth gwrs, a chynhyrfu mwy, ei dic yn mynd yn fwy, ac yn digwydd yn amlach, a hynny'n gwneud i ni chwerthin yn waeth. Roedd y cylch milain yn chwyrlïo, a'r tri ohonom yn sownd ac yn methu torri'n rhydd. TIC – Haa, Hii. TIC – Hoo, Hww. TIC – Hi, Hiiii... Roedden ni'n trio peidio, a phawb yn sbïo, am ddeugain munud oes oesol nes cyrraedd safle bws Arafon, stop y chief druan. Mae ffitiau o chwerthin mewn llefydd ac ar adegau cwbwl anaddas yndda i erioed, a dwi wedi gorfod dyfeisio ffordd o'u cadw rhag codi i 'ngwddw a 'ngwyneb, mewn achlysuron fel yr uchod. Yr hyn fydda i'n neud ydi meddwl am Nain yn crïo ar ôl i Taid farw.

Bu Taid farw ym Mehefin 1975 o drawiad ar y galon. Roedd o'n diodda o Silicosis ar ôl bod yn gweithio'n Chwaral y Penrhyn; gwythiennau ei goesau wedi caledu a darnau wedi torri i ffwrdd a blocio'r falfiau i'w galon. Aethon ni i Goetmor i gydymdeimlo. Roedd y tŷ'n orlawn, yr Antis i gyd, y rhai go iawn, Bess ac Edith, Gwenda, Nell, Beryl a Megan, Florrie a Mair; a'r holl Antis eraill, y ffrindia fyddan ni'n eu galw'n Anti: Doris, Nans, Margret, Doreen a llawer un arall. Roedd tebot mawr a boilar festri'r Tabernacl yn y gegin a bara brith a chacan gri hyd y gwelwn i, a phawb yn tendiad ar yr hen ledi fach fydda fel arfer yn arwain yr opareshyn, ond a oedd y diwrnod hwnnw yn ista'n ei chadair freichia wrth y tân yn y lownj, yn crïo. Dim ffŷs na drama, jyst yn wylo'n ddistaw, wedi ymgolli'n llwyr yn ei galar a'i cholled, y dagrau'n powlio a'i llais wedi cilio i furmur. Er mor drist, roedd urddas a phrydferthwch anhygoel yn perthyn iddi'r funud honno, ac roedd gweld cariad ei chymdeithas ar waith yn gofalu amdani yn rwbath na wna'i byth ei anghofio.

Felly'r darlun hwnnw o Nain bach yn ei chadair yn crïo

fydd yn fy mhen pan fydd yn hanfodol i mi beidio â chwerthin, fel yn y cyfweliad yma hefo Vernon Ticluthp Jones yn Swyddfa Bost Bangor. Dwi'n siŵr na fysa Nain a Taid yn meindio.

'Thdeddwch, Neil, plith,' medda fo.

'Diolch,' medda fi, ac ista. Ticiodd ei wyneb. Ro'n i'n ocê, roedd y gigls yn saff dan glo, diolch byth.

'I'll be tethting your bilingualithm by thwitching from Welth to Englith, and vithe vertha, in mid thententh, and I ecthpect you to anthwer in whichever language I finith in. Dach chi'n deall?'

'Yndw, diolch.' Nes i fwynhau'r gêm ddwyieithog yn fawr iawn, a'r cyfweliad i gyd, deu' gwir. Ges i lot o hanes a chefndir Swyddfa'r Post a'r Post Brenhinol, ac mi atebais yn onest y cwestiynau am fy niddordebau, a pham nad oeddwn am barhau hefo cyrsiau Lefel A. Pan ofynnodd am fy marn ar ymgyrchu Gwynfor Evans a'i gefnogwyr dros sianel Gymraeg drwy beidio â thalu trwydded deledu, a hynny'n creu cryn drafferth i Swyddfa'r Post, a oedd yn gweinyddu'r drwydded, atebais 'mod i'n meddwl ei bod hi'n ffordd ddigon teg o brotestio, yn heddychlon ac yn benodol. Ro'n i'n ymwybodol bod y cwestiwn wedi'i 'lwytho' os ga' i ddeud fel'na, ac yn teimlo mai gonestrwydd syml fyddai ora p'run bynnag. Gadewais y cyfweliad yn rhyw deimlo 'mod i 'di gneud yn o lew, ac yn rhyw hanner gobeithiol.

Ddydd Gwener, 27 Chwefror, 1981, llwyddodd y lladron banc Gerard Dupre a Daniel Beaumont, i ddianc o garchar Fleury Merogis ger Paris mewn hofrennydd a herwgipiwyd gan un o'u ffrindiau, ac a laniodd ar gae pêl-droed y jêl i'w nôl nhw. Tri chant a hanner o filltiroedd i'r gogledd orllewin, llwyddodd hogyn ifanc, yn ddwy ar bymtheg namyn mis, i ddianc o Ysgol Dyffryn Ogwen, Bethesda ar ei ddwy droed ei hun, drwy'r giât ffrynt. Roedd newyddion y diwrnod cynt na allai Swyddfa'r Post wneud hebdda i, a'u bod am i mi ymuno â nhw'r dydd Llun canlynol, wedi dod yn dipyn o sioc, ond rhyddhad oedd y peth mwyaf – na fyddwn yn gorfod gwastraffu eiliad yn fwy o amser pawb yn smalio 'mod i'n mynd i neud Lefel A. Ffoniais Ricky, Paul, Rhodri a Lynwen y noson honno i rannu'r newyddion. Roedd Lynwen 'di gwirioni'n lân. Es i'r ysgol y dydd Gwener ola hwnnw er mwyn dychwelyd llyfrau testun, diolch i f'athrawon a ffarwelio â phawb yn stafall gyffredin y chweched dosbarth, lle roeddwn i wedi ymgartrefu'n fwy nag yr oeddwn i wedi sylweddoli ar y pryd. Roedd tristwch diffuant yn y ffarwelio hwnnw, o'r ddwy ochor, er y byddwn i'n dal i weld pawb o gwmpas y lle – a mwy o Siôn Jones a Deiniol Morris nag y gallwn i fyth ei ddychmygu, dros y deng mlynedd ar hugain oedd i ddilyn. Cefais ddymuniadau gorau cynnes iawn gan Thelma Morris, yr athrawes Ysgrythur, a'r hyfryd Helen Owen, Cymraeg, a'r Prifathro erbyn hynny, Dilwyn Jones, ond aeth Alun Hobson, Saesneg, yn boncyrs. 'Every time I have someone who's distinction material, they bloody well leave!' Dwi'm yn saff ai chwythu mwg i fyny 'nhin i drio 'nghael i aros oedd o, ta be, ond ro'n i'n gwerthfawrogi be ddeudodd o beth bynnag. Ro'n i'n hoff iawn o Mr Hobson, ac yn y lleiafrif yn hynny o beth. Roedd 'na lawer yn methu gneud hefo fo o gwbwl, ac mae'n wir ei fod yn llym ei safonau ac yn heriol ei ffordd, ac ychydig yn wahanol. Roedd o'n hen ffasiwn fel jwg, yn gwisgo fel ysgolfeistr o'r 1930au ac yn meithrin rhyw ddelwedd ecsentrig. Cofi dre ydi o, a hynny'n dod i'r amlwg pan siaradai Gymraeg. Rêl Cofi, ac yn dipyn o sioc ar ôl arfer hefo'i Saesneg crand, gogledd Lloegr. Mae o'n frawd i Dafydd Hobson, dyn camera C'Mon Midffild, ac mae 'na debygrwydd rhyngddynt, y ddau'n ddwys ac angerddol yn eu gwaith ac yn barod i ffrwydro er mwyn cael petha'n iawn. Dwi'n cofio Rhys Richards yn gofyn i Dafydd un amser cinio wrth ffilmio Midffîld oedd ganddo fo hanes camera, yn yr ystyr ei fod o, Rhys, yn chwilio am gamera i brynu. 'Mae 'na hanes i bob camera 'sti,' medda Dafydd, a threuliodd Rhys weddill ei amser cinio'n gorfod gwrando ar ddarlith hir, ddiflas am ddatblygiad y ffulm camera! Cadwodd Alun mewn cysylltiad, ac mi fues mewn sawl soiree yn ei fflat ar ôl gadael yr ysgol, hefo rhai eraill o'i hoff gyn-ddisgyblion. Pleserus iawn, hefyd, yn swpera, yfed gwin coch a gwrando ar recordiau Woody Allen. Mewn pwdin gan Alun Hobson ges i lychee am y tro cyntaf.

Y dydd Llun canlynol, yr ail o Fawrth, treuliais y diwrnod yn cael fy nghofrestru a 'mhrosesu, fy mewnforio i luoedd Swyddfa'r Post ac Undeb y Gweithwyr Cyfathrebu. Arwyddais ffurflen ar ôl ffurflen, yn cynnwys y Ddeddf Gyfrinachau Swyddogol, a hyd heddiw, mae baich cadw'r holl gyfrinachau swyddogol hollbwysig rheiny i mi fy hun wedi deud arna i'n o arw, dim ots gen i ddeud wrthach chi. 'Sa'n braf cael un ne ddwy oddi ar fy mrest, ysgafnhau'r baich rhyw fymryn. Ond dyna fo, cha i ddim. 'Nes i seinio'r ffôrm, a 'na fo, rhygnu 'mlaen fydd raid, dan bwysa'r holl wybodaeth.

Ar y dydd Mawrth, ro'n i ar drên ben bora i'r Rhyl, i fynd i'r Ysgol Swyddfa Bost yn fanno am weddill yr wythnos, a'r chwe wythnos nesa, gan ddod adra ar benwythnosau, i ddysgu sut i fod yn Swyddog Post yn Swyddfa'r Post. Fel roedd hi'n digwydd bod, roedd 'na ddwy joban yn mynd yn ardal Bangor, un ym Mangor ei hun ac un yn Llanfairfechan. Fi gafodd joban Bangor, gan nad oeddwn yn gyrru ac y gallwn neidio ar fŷs i fynd i 'ngwaith, a Mary Williams o Sling gafodd y swydd yn Llanfairfechan. Roedd hi yno yn Rhyl, ac roedd hi'n braf cael rhywun cyfarwydd yno hefo fi.

Un arall ddaeth i fod yn gyfarwydd iawn oedd Gareth Williams o Borthmadog. Ges i gyfarfod hwnnw, Mary a'r tri arall fyddai ar y cwrs – hogan dal hefo sbectols mawr fel

Elton John o Sandbach, a dau hogyn o Gaer – ar y bora
Mawrth hwnnw yn y stafall ddosbarth, i fyny grisia yn y
Swyddfa Bost Fawr. Dwi'm yn cofio'u henwa nhw, ond
roedd un o'r hogia'n dod o Vicar's Cross. Dwi'n cofio hynny
oherwydd y ffordd roedd o'n ei ddeud o. Roedd o'n siarad
lot hefyd, mewn llais monoton, di-liw, am ei aml
anturiaethau'n meddwi mewn pyb yn Vicar's Cross. 'I was
canned out me 'ead.' Roedd o'n deud hynny'n aml. Ro'n i'n
ama nad oedd y brawd yma cweit yn gant y cant (roedd o'n
ddigon blêr yr olwg hefyd), ond yn y dosbarth, er syndod i
bawb arall, yr yfwr bach blêr o Vicar's Cross oedd y disgybl
A seren. Pan fyddwn ar ganol rhyw ymarfer, fel agor 'cownt
National Savings neu Girobank (cofio'r rheiny?) mi fyddwn
yn clywed monoton Mr V C yn gofyn: 'What do you do
when you've finished?' 'Blydi hel, ma' hwn 'di gorffan o'n
blaena ni eto!' fyddai Gareth Wilias yn ddeud.

Brian Coombes o'r Rhondda oedd ein hathro. Mi fydda
fo'n dal pecyn wedi ei lapio mewn papur brown i fyny, a
deud: 'Naw, ddy ffyyrst cwêstiyn iew af tw âsc iewy-sêlfs is,
is it a lêta, is it a pâcet, is it a pârsel, and wê's i' gôin?' Er mor
gofiadwy'r lein, dwi'm yn meddwl i mi erioed ofyn y fath
gwestiwn i mi fy hun, na neb arall chwaith, 'tasa hi'n dod i
hynny. Bu'n rhaid i Brian ofyn yn garedig i Mary, Gareth a
finna beidio siarad Cymraeg hefo'n gilydd yn ystod
ymarferion, fel ei fod o'n medru dallt be oedd yn cael ei
ddeud, 'cofn ei fod o angen cywiro unrhyw beth. Roedd o'n
reit boenus yn gofyn, chwarae teg iddo, ac mi fu'n rhaid i ni
wrando ar dipyn o ddarlith am y Welsh Not, a gymaint y
byddai o'n hoffi medru'r iaith a ballu – ac mi oedd o'n hen
foi mor annwyl, mi wnaethon ni'n gorau. Ond tydi o'n beth
chwithig i orfod ei neud, dwch? Mi ges i ambell slap gan
Mary am gymryd y piss. Mae hi'n cochi ar ddim, graduras, a
phan fyddan ni'n chwarae clerc a chwsmar, a hitha'n gofyn:
'Can ai bai tŵ thawsan pawnd wyrth of nashnyl sefun

sytuffucets, plîys?' byddwn inna'n ateb: 'Iess, sytynli, Madam, tŵ thawsan pawnd of nashnyl sefun sytuffucets cymun rait yp ffor iw rait naw, Madam.' Blysh, slap, aw, ha ha.

Roeddan ni'n tri a'r hogan dal o Sandbach yn aros mewn lodjins yn Paradise Street o nos Lun i nos Wener, ac yn fanno roeddan ni'n cael brecwast ffwl Inglish, a swpar. Byddai'r swpar yn wledd, a rhyw bei ffrwyth neu gacan sbwnj hefo cwstard i bwdin. Iymski. Roedd Mandy'r landledi'n gwbod sut i gadw'r trŵps yn hapus. Amser cinio, mi fyddan ni'n mynd i'r caffi Fish'n' Chips drws nesa i'r gwaith, lle fyddan nhw'n gwneud pwdin stêm siwet stêc ân cidni, – hwnnw fyddwn i'n gael gan amla hefo chips, pys slwdj, bara menyn a phot o de. Aidial. Pan fyddan ni ffansi rhyw newid bach, mi fyddan ni'n mynd i dafarn y Lorne am frechdan stêc hefo nionod, a rhyw hanner bach o Guinness, er nad oeddwn i wedi cyrraedd fy nwy ar bymtheg. Gareth Williams, Port oedd y drwg yn y caws, wedi f'arwain yn llwyr ar gyfeiliorn, a hynny drwy bob tafarn a chlwb nos yn Syni Rhyl. Y Lorne a'r Marine oedd ein ffefrynna, tan i mi daflu 'mherfedd i fyny dros y bwrdd pŵl yn y Marine un noson, wedi bod yn yfad peintia o lager a Baileys i ddilyn. Eu bai nhw oedd o am adael i Gareth berswadio'r barman y bydda loc-in yn syniad da.

Llwyddais i ddifa bwrdd pŵl arall wrth weithio'n y Post hefyd, hwnnw yn y swyddfa ddidoli newydd sbon yn Euston Road Bangor, wedi iddyn nhw wahanu'r busnes Cownter a'r Post Brenhinol. Bora Sadwrn oedd hi, a finna'n gwneud y Cash Rems. Dosbarthu fflôt arian parod wythnosol swyddfeydd post yr ardal, sef Arfon, Dwyfor a Môn, oedd hynny, o gwt o stafell fach yn y swyddfa ddidoli. Roedd yn rhaid darllen faint oedd pob un i'w gael oddi ar restr a didoli'r amlenni o bres, dros chwartar miliwn o bunnau i gyd, o'r tyllau cloman oedd o amgylch, i mewn i fagiau post.

Bob yn ddeg bag, roedd angen cyfri i wneud yn siŵr bod y cyfanswm oedd yn weddill yn iawn, wedyn eu clymu a'u labelu, cyn cario mlaen. Roedd gen i o wyth yn y bora tan un o'r gloch i neud y cwbwl fel eu bod nhw'n barod i fynd hefo'r post ola, ac roedd hi'n joban ffwl on, a thipyn o chwysfa. Tua deg o'r gloch, mi fyddwn yn cymryd panad sydyn a chael gem o pŵl yn y rec rŵm hefo un o'r postmyn, neu gnocio'r peli ar fy mhen fy hun, os na fydda rywun arall yno. Be nes i'r bora penodol hwnnw oedd dechrau ymarfer swyrf-shots, lle mae'r ciw yn taro i lawr ar y bêl wen yn ffyrnig, a chael ei dynnu'n ôl i fyny'n sydyn cyn taro'r ffelt. I fod. Llwyddais i stabio'r bêl, stabio'r bwrdd, brifo 'mraich a rhwygo fflap siâp L, tua chwe modfedd y ddwy ffordd, yn y ffelt. Shiiit! Lawr y grisia â fi, a phwy welais i ond Roy Flynn, ysgrifennydd clwb Sborts ân' Soshal y Post, dyn Country & Western o'i stetson i'w fŵts cowboi crand. Fues i'n chwarae pêl-droed i Fethesda hefo'i fab, David, flynyddoedd wedyn.

'Hawaaiy laaad,' medda fo yn ei Fangoriad llydan.

'Listen, Roy,' medda fi, 'I'm really sorry but I've just ripped a hole in the pool table.'

'Wôt?!' medda Roy, 'we've got a county final here this afternoon!' a fflio i fyny'r grisia i weld y difrod drosto'i hun, a finna'n ei ddilyn. 'How the fuck 've you managed to do that?'

'Trying a swerve shot. Sorry.'

'Ah, yu fuckin dingler. I'll 'ave to find somewhere else to play this match now.' Bu distawrwydd chwithig.

'I'll pay for the damage,' medda fi.

'No you wôn't, it's ôcê,' meda Roy, 'and listen, thanks for bein' man enough to come and tell me, there's many a cunt here that wouldn't.'

Dingler. Fy hoff air yn nhafodiaith unigryw Bangor. Roedd y joban Cash Rems honno'n un beryg, ac yn demtasiwn i ambell un, hefo'r holl arian parod 'na o fewn cyrraedd. Ar ddiwedd y bore, roedd y pres i gyd yn gorfod bod wedi'i ddosbarthu. Os oedd rwbath ar ôl, mi fydda'n rhaid agor y bagiau i gyd i'w checio, ac roedd hynny'n golygu oriau o waith. Roedd y cyfri bob deg bag i fod i ddiogelu yn erbyn hynny, ond be ddigwyddodd un tro, i un clerc druan, oedd iddo roi amlen £500 yn ormod mewn un bag a £500 yn rhy chydig mewn bag arall, y ddau yn yr un criw o ddeg, felly roedd bob dim wedi ei gyfri'n iawn. Aeth y clerc adra'n hapus ei fyd, i dreulio'i bnawn Sadwrn yn sgota. Ben bora dydd Llun, wrth reswm, ffoniodd yr offis wledig oedd £500 yn brin ddepo Bangor i ddeud, ond chlywyd yr un siw na miw o nunlla arall, felly anelwyd bys mawr y bai ar ein sgotwr druan, y clerc fu ar ddyletswydd y Cash Rems y Sadwrn cynt. Mi alwn ni o'n Glerc A. Canlyniad hynny oedd ymweliad gan y POIB (Post Office Investigation Branch). Roedd gan yr IB yr un pwerau dros weithwyr y Post ag sydd gan yr heddlu, a doedd cyfweliad gan y brodyr a'r chwiorydd yma, pan o dan amheuaeth, ddim yn ddoniol. Bu Clerc A druan yn eu cwmni am dair awr, hefo un yn gofyn cwestiynau a'r llall yn sefyll fel delw y tu ôl iddo yn ei siwt a'i het fowlar, yn syllu i fyw llygaid Clerc A heb ddeud gair. Oni bai ei fod yn wirioneddol ddifai, yn yr ystyr mai camgymeriad ac nid trosedd oedd wedi ei chyflawni, fydda fo ddim wedi medru dal allan am y deirawr yna. Ei farn o ei hun 'di hynny. Ac yn siŵr i chi, chwe mis yn ddiweddarach mewn archwiliad dirybudd, ymddangosodd y £500 arall mewn swyddfa arall yn y fro, y tacla'n fanno wedi pocedu'r arian, ac ond wedi cyfadda ar ôl cael copsan am res o fisdimanars eraill. Oni bai am y cyfaddefiad mi fyddai Clerc A yn dal o dan amheuaeth ei fod wedi cael ei demtio.

Mi gafodd un o'r postmyn ei demtio, ac mi fu o fewn trwch blewyn i gael getawê. Roedd y cynllun yn un da. Yng Ngwynedd wledig, fel y gwyddom, mae faint fynnir o ffermydd, a llawer o dai'r ffermydd rheiny yn anodd cyrraedd atynt mewn moduron sydd wedi'u gwneud ar gyfer ffyrdd tarmac gwastad, fel, er enghraifft, faniau post. Roedd un o bostmyn y fro, galwn ef yn Bostman A, yn gweithio un o'r rownds gwledig, ac yn gorfod gadael ei fan ym mhen lôn un o'r ffermydd, fe alwn ni honno'n Ffarm A, a cherdded i lawr i'r tŷ hefo'r post. Ymhellach ar y rownd roedd un o'r swyddfeydd post trefol, oedd yn derbyn Cash Rem sylweddol o Fangor bob bore Llun. 'Hmmm, 'sgwn i...?' meddai Postman A wrtho'i hun, a thwyrlio'i fwstash (wel, mi wnaeth yn fy narlun i). Pan oedd o ar ei wylia, aeth i Flacpwl neu rwla tebyg, a phostio cardyn post i Ffarm A, dosbarth cyntaf, ar fora Sadwrn. Ar y bora Llun canlynol, cuddiodd Postman A wrth ben lôn Ffarm A, a phan gyrhaeddodd Postman B, yn unol â chynllwyn Postman A, parciodd ei fan ym mhen y lôn a cherdded i lawr i'r tŷ hefo'r cardyn post o Blacpwl. Allan o'i guddfan ddaeth Postman A, i'r fan ac awê hefo fflôt arian parod wythnosol y swyddfa bost drefol. Jiniys, a Phostman B ddim callach nes cyrraedd y swyddfa bost drefol a sylweddoli bod eu Cash Rem wedi cael traed. Tua £15,000 oedd wedi mynd, ac felly i mewn â'r IB i ymchwilio. Fel roeddan nhw ar fin gadael y tŷ ffarm, wedi ymweld â'r lle fel rhan o'u hymholiadau cyffredinol o gwmpas y rownd, digwyddodd un o'r swyddogion godi cardyn post oddi ar y silff ben tân a holi oedd rhywun wedi bod ar wyliau. Wel nag oedd, oedd yr ateb, a thrigolion y ffarm yn methu dallt pam roeddan nhw wedi'i dderbyn, na gan bwy. Aethon nhw ati'n syth i roi dau a dau at ei gilydd a chanfod pedwar, a mynd yn syth o Ffarm A i gartref Postman A, lle darganfyddwyd y pymtheng mil, yn dal yn y bag Cash Rem, o dan ei focs tŵls yn y garej. Ddaru nhw 'mo'i erlyn, mae'n debyg, am eu bod wedi cael y pres yn ôl yn llawn ac yn syth, ond mi gollodd ei swydd, wrth gwrs. Ddeudodd Brian Coombes wrthan ni reit ar ddechrau'r cyfnod hyfforddi yn Y Rhyl, fod croeso i ni drio meddwl am

ffyrdd newydd i dwyllo neu ddwyn o Swyddfa'r Post, ond i
gadw mewn co' fod y gwasanaeth yn rhedeg ers canrif a
hanner, ac y byddem yn annhebygol o feddwl am unrhyw
beth oedd heb gael ei drio o'r blaen. Ta waeth, ar ddiwedd
ein saith wythnos yn Ysgol Swyddfa'r Post, cawsom ein
didoli i'n canghennau ein hunain; Gareth Wilias i
Borthmadog, Mary i Lanfairfechan, yr hogan dal i Sandbach,
Mr 'what do you do when you've finished' a'i fêt i Gaer,
finna i Fangor. Cyn ffarwelio, wrth gwrs, roedd yn rhaid
dathlu, ac mi wnaethon ni hynny drwy gyfrwng alcohol,
mewn tafarndai, yng nghlwb Dixieland ac wedyn ar draeth Y
Rhyl tan iddi wawrio, yn yfed Breaker Malt Liquer. Y tro
nesa i mi ymweld â Dixieland Rhyl oedd hefo Maffia Mr
Huws, yn haf 1984 dwi'n meddwl. Roedd hi'n ganolfan
eiconig yn y sîn Gymraeg – roedd Duncan 'y mrawd wedi
sôn am nosweithiau gwych yno'n gweld Jarman a Bando a
phobol felly, gig gartra i Caryl, wrth gwrs. Gawson ni uffar o
noson dda yno hefyd, tan i ni ista yn y fan wedyn, wedi
pacio'r gêr a chael ein talu (am unwaith), i fwynhau ein
sglodion a chebabs. Yno roedden ni, yn byta pan
ddechreuodd y fan ysgwyd, a chlywsom leisiau tu allan, yn
deud, hefo peth arddeliad, 'drosodd â hi, hogie!', 'ochor
yma, wâ,' a phethau o'r math yna. O'r acenion, hogia Bala
oedd y tacla direidus, ac o wyro ymlaen i sbecian drwy'r
ffenast ffrynt (doedd dim ffenestri yn y cefn), mi welwn mai
hogia oedd wedi bod yn y gig oeddan nhw, yn dawnsio a
bloeddio a mwynhau prin awr ynghynt. Yn fwy na hynny,
roedd brawd fenga teulu'r Parc yn eu plith. Roedd Gareth
Parc, y brawd hynaf, yng nghefn y fan hefo ni, ac oni bai iddo
alw ar y mob o Bala/Llanuwchllyn/Traws, Duw a ŵyr be
fydda wedi digwydd. 'Dwn i'm be ddiâwl oedd ar 'u penne
nhw,' medda fo ar ôl rhoi taw arnyn nhw. 'Ma rai' bo nhw'n
meddwl ma' Sgowsars odden ni ne rwbeth.'

Gareth Parc yn trio dwyn y meic, Clwb Rygbi Bethesda, '85.

Yn ôl yn Swyddfa Bost Bangor, ac adra yn Nhregarth, roedd petha wedi newid cryn dipyn. Roedd Debs wedi priodi ac yn byw yn Wellington ger Taunton yng Ngwlad yr Haf, roedd Duncan yn y Brifysgol yng Nghaerdydd yn astudio i fod yn feddyg ac ro'n i wedi cael symud i'w stafell o a Danny i stafell Debs, ac roedd yr atig yn stafell ymarfer/stiwdio i mi a'r band, ac yn ystafell wely i Duncan yn ystod gwyliau coleg. Chwarae teg i Mam a Dad a'r brodyr am ddiodda ein twrw fel naethon nhw – er, mae Duncan wedi deud wrtha i'n ddiweddar ei fod o'n cofio mwynhau gwrando arnon ni drwy loriau'r tŷ. Rhwng gwanwyn a haf '81 roedd petha'n o dawel heblaw amdana i'n ymarfer ar fy mhen fy hun, gan fod Paul a Ricky'n gweithio ar gyfer arholiadau Lefel O. Lynwen hefyd. Roedd y sbarc yn ein perthynas ni'n pylu erbyn hynny beth bynnag, ac yn fuan wedi iddi hi fynd i goleg Tec Bangor ar ôl yr haf, roedd pethau drosodd rhyngom. Os ydi hi'n wir fod agweddau'n cael eu ffurfio mewn profiadau cynnar, wel, leidis, dach chi'n iawn hefo fi, ac mae gen i Lynwen Mai i ddiolch am hynny. x

Yr elfen o'r swydd newydd dwi ddim wedi ei grybwyll hyd yn hyn, yr un bwysica un, gwaetha'r modd, ydi'r cyflog. Ro'n i wedi mynd, dros nos, o ennill rhyw ffeifar yr wythnos gan Dad am gerdded a tendiad y milgwn, i dros £80 yr wythnos yn glir. Ar ôl talu £20 i Mam am fy nghadw (ac mi oedd hynny'n jôc achos ro'n i'n byta gwerth hynny bob diwrnod), roedd y gweddill yn disbôsabl incwm, fel y'i gelwid, yn nyddiau cynnar teyrnasiad y fwystfiles o Grantham, Maggie Thatcher. Ar ben hynny, roedd gen i gelc bach reit handi wedi'i gynilo ers yr hyfforddiant yn Y Rhyl, pres treuliau oedd wedi ei dalu mewn lwmp ar derfyn y cyfnod hwnnw. Ro'n i'n gyfoethog, roedd gen i sbondiwlics dros ben, ac roedd tri chant chwe deg ohonynt ar eu ffordd yn ddisymwth i'r til mewn siop arbennig ar Stryd Fawr Bangor. Siop garpedi a dodrefn sy 'na rŵan, ond yn '81, Cranes Music oedd yno, a dyn y siop? Neb ond John Williams, hwnnw dwi bellach yn cael y fraint o rannu llwyfan hefo fo ym mand Bryn Fôn. Yn ei siop, rhwng yr organau trydan a'r pianos, y synths a'r offerynnau pres, safai gwrthrych fy nglafoer. Fender Bassman 135, yr amp, neu'r head, yn eistedd ar y cab. Yn y cab, roedd dau sbîcyr 15". Rig go iawn. Amp falf wedi'i gynllunio a'i adeiladu ar gyfer tonau isel y gitâr fas, a'r sbîcyrs yn asio'n union hefo'r amp, wedi'i gwneud gan gwmni'r dyn a ddyfeisiodd y gitâr fas yn y lle cynta. Er pryderon Mam fy mod yn gwario gymaint ar hobi, fel roedd hi'n gweld petha, i mi, roedd hwn yn fuddsoddiad. Fyddwn i ddim yn gorfod poeni am offer dibynadwy na chrafu o gwmpas yn menthyg bits a bobs eto – roedd hon yn rig broffesiynol. Roedd hi'n edrych yn dda hefyd, tua phum troedfedd o uchder ar ei chastyrs, croen croc plastig du hefo mesh neilon du sgleiniog a'r logo Fender arian ar ffrynt yr amp a'r cab. Aethon ni â hi adra yn Renault 16 Dad, ei gosod yn y stafall sbâr lawr grisia a'i phlygio i mewn. Nefoedd. Rolls Royce o dwrw, a hynny liciwch chi o wmff. Ym

Mhesda Roc 83, gig ffarwel India, ar ôl i ni ganu, gofynnodd Les Morrison i mi fysan nhw'n cael benthyg y Bassman am weddill y diwrnod, roedd hi'n swnio mor dda. Ro'n i'n fwy na hapus hefo hynny, yn enwedig gan y byddwn yn ei gweld hi'n hwyrach y noson honno, yn fy mherfformiad cynta hefo Maffia Mr Huws. Mwy am rheiny mewn munud.

Yr oll oedd ei angen rŵan oedd ypgrêd ar y gitâr fas ei hun. Er cymaint ro'n i'n mwynhau'r Shaftesbury, ro'n i'n awchu erbyn hyn am offeryn fel un fy arwr, Geddy Lee, a honno oedd y Rickenbacker 4001. Un ddu oedd Geddy'n ei defnyddio, ond yr un wen hefo trim du oedd yn wincio a chwythu swsys ata i o dudalennau sgleiniog y catalog, hwnnw roeddwn wedi ei archebu'n arbennig o America. Trist? O ia. Gîc? O ia, ond yn fy achos i, dros dro'n unig – ffês, os mynnwch. Mae 'na lawar sy'n dal yno, coeliwch chi fi. Na, unwaith ro'n i'n 'sorted' hefo bas o safon, diflannodd unrhyw ddiddordeb ym manylion y gêr. Ar gyfer y sortio hwnnw, galwyd unwaith eto ar Uncle Mick yn Llundain, a threfnu i fynd i lawr yno am benwythnos hefo'r £350 ro'n i wedi ei hel a'i neilltuo, ac mi fydda hwnnw'n gwneud yn siŵr na fyddwn yn wastio 'mhres na chael fy ngneud. Na chwaith, yn prynu Rickenbacker 4001, fel y digwyddodd petha.

Es i lawr ar y trên rhyw nos Wener, ac ar y bore Sadwrn aeth Mick â fi i siop offerynnau yn Putney roedd un o'i ffrindiau yn berchen arni. 'Why d'you wonner Rickenbacker?' gofynnodd Mick, gan ddeud eu bod nhw'n ddrud am be oeddan nhw. Ges i groeso cynnes yn y siop, a gadawodd Mick fi yno, dan ofal ei ffrind: 'Don't worry mate, I'll sowt 'im aht wiv sammink arf decent,' medda fo wrth hebrwng Mick i'r drws, ac ar ôl iddo fynd, gofynnodd: 'Why d'you wonner Ricky then young man?' gan ddeud eu bod nhw'n betha drud am be oeddan nhw. Oedd na gynllwyn ar droed yn fama 'ta be? Ar ben hynny, doedd ganddo fo ddim Rickenbacker yn y siop beth bynnag.

Aeth y dyn i stafell yng nghefn y siop a dychwelyd hefo Fender Precision, lliw pren naturiol o dan farnish clir, y corff yn winiolen a'r gwddw'n onnen, gorchudd crôm dros y pic-yp ac un arall dros y pontydd, pegs tiwnio crôm fel dail meillion mawr ar hyd un ochor y pen, sgratsh plêt du a nobs rheoli arian, foliwm a thôn. Byddai'n fodlon derbyn £320 amdani hi, sef hanner ei phris iawn, a chynnwys câs caled yn y pris. Roedd hi wedi bod yn y siop am dri mis, a'r rheswm nad oedd o wedi'i gwerthu, yn ôl Mr Ritz, oedd bod pobol yn mynd am y mêcs fel Aria, Ibanez, Yamaha a Washburn, hefo'u cylchwaith electronig actif a'u siapiau a'u lliwiau rhywiol.

Roedd y Fender yn fy nhemtio – mae Uncle Mick yn ffan fawr. Mae ganddo fo Fender Jazz yn ei stiwdio, a gitâr Strat o 1962; ond roedd y dyn yn gweld nad oeddwn i'n hapus, felly dyma fo'n gneud galwad ffôn i gangen arall o'r siop, a gofyn iddyn nhw yrru 4001 draw mewn tacsi. Wrth ddisgwyl, ges i banad a busgets, a gwylio rhywfaint o'r ffilm *Golf Ettiquette*, comedi hefo John Cleese, ar y teledu yn y stafell gefn. Pan gyrhaeddodd y Rickenbacker, plygiodd y dyn hi i mewn a 'ngadael i fy hun yn y stafell gefn i weld sut fyddwn yn dod ymlaen hefo hi.

Chwalodd fy mhen, braidd. Doeddwn i'm yn gallu dod ymlaen hefo hi o gwbwl, roedd hi'n teimlo'n anghytbwys a chwithig, ac roedd ei sŵn mor wahanol i'r disgwyl ro'n i'n meddwl bod rwbath yn bod hefo hi. O'n i'n methu'n glir a chael y 'clanc' metelaidd nodweddiadol oedd mor amlwg yn sŵn Geddy Lee a Chris Squire o'r band Yes, oedd wedi gwneud y 4001 yn enwog. Ar ben hynny, roedd hi'n goch ac yn gwerthu am £400, mwy nag oedd gen i. Gadewais yr emporiym ym Mhytni £320 yn 'sgafnach, a Fender Precision yn drymach. Mae hi gen i hyd heddiw, yr unig un sgen i a'r unig un dwi erioed wedi ei defnyddio ers ei phrynu. Gwerthais y Shaftesbury i Keith 'Sid' Doyle pan oedd o'n chwarae yn y band Marchog hefo'i gefnder, John. Ro'n i'n siarad hefo Sid yn ddiweddar, ac mi werthodd o'r Shaft ymlaen i rywun ym Mhenmaenmawr, ac mae'n debyg ei bod hi'n dal o gwmpas. 'Swn i'm yn meindio'i gweld hi eto rywbryd.

Yn ystod haf 81, roedd 'na hogan ddeniadol iawn yn dod i mewn i'r Post yn rheolaidd o'r Swyddfa Yrfaon i fyny'r ffordd, ac mi fu ryw fflyrtian a gwamalu drwy wydr a rwber trwchus y bandit sgrîn. Gaynor oedd enw'r foneddiges yma, ac roedd hi'n aelod o'r Bangor Pantomime Company, cwmni panto a rifíw amatur oedd yn cynnal cynyrchiadau yn Theatr Gwynedd bob Dolig a phob haf. Roeddan nhw o'r hen steil hefyd, yn yr ystyr mai merch oedd yn chwarae'r arwr, y 'principal boy', a Gaynor, hefo'i rhinweddau corfforol cymwys, oedd honno / hwnnw, mewn tabard byr, ffishnets a bŵts uchel. Arweiniodd un peth i beth arall, ac yn y pen draw mi es i gyfarfod â'r cwmni ym Mhenlôn, Bangor, a chael fy nghastio fel y Sgweiar yn *Mother Goose*, eu panto ar gyfer Dolig '81. Yn chwarae rhan Gretchen, au pair y sgweiar, oedd Brenda, ac mi ddatblygodd act ddwbwl rhyngon ni'n dau yn syth bin. Yn ystod un perfformiad, roeddan ni'n trecio dros fynyddoedd y Swistir, fel bydd rhywun yn y straeon 'ma, a doedd yr un o'r ddau ohonon ni'n cofio pwy oedd bia'r llinell nesa. Roeddan ni wedi dechra chwerthin, a drwy lwc a hap a damwain pur, roedd yr amseru rhyngon ni wrth drio a methu siarad oherwydd y corpsio wedi gweithio fel jôc ynddo'i hun, ac mi fu'r theatr gyfa'n glanna chwerthin am bum munud. Bu'n rhaid i Beryl Locke, ein cyfarwyddwr a'r prompt, ddod ymlaen hefo'r script i atgoffa pawb lle roeddan ni yn y stori. Yn haf '82, mi lwyfannon ni *Summer Revue*; Brenda a fi mewn sgetsh Sylvester a Tweetie Pie, yn meimio'r gân 'I Tort I Taw a Puddy Tat' yn y gwisgoedd llawn. Gawson ni doman o hwyl, ac mi wnaeth gweithio hefo'r cwmni fy atgoffa o ba mor hoff oeddwn i o awyrgylch y theatr a chwarae dramatig. Mae gen i gymaint o barch at y bobol sy'n cynnal cwmnïau amatur, yn aml iawn ar fawr mwy na brwdfrydedd a dyfalbarhad. Maen nhw'n frîd ar wahân, a hir oes iddyn nhw ddeuda i. Mae Debs fy chwaer yn cyfarwyddo'r Cheltenham Players y dyddiau yma. Mae isho sbïo dy ben di, Debs fach. Ma hi wrth ei bodd. Bu ffraeo a gwleidyddiaeth fewnol, a phwysau ariannol, yn ddigon am gwmni panto Bangor, gwaetha'r modd, a thrist oedd ffarwelio â nhw. Bu farw Brenda druan rai blynyddoedd yn ôl hefyd. Heddwch i'w llwch – mi fydda i'n gwenu bob tro dwi'n meddwl amdani.

Yn ôl i wanwyn 1982, ac roedd bywyd yn llawn ac yn brysur. Roedd India wedi gwneud eu hymddangosiadau byw llwyddiannus cyntaf, yn Ffair Dyffryn Ogwen, ar faes canolfan y Joys of Life, yng Ngwesty'r Padarn Lake yn Llanberis, lle gawson ni'n talu £14 ar ôl i Denbo (The Jukes, Denbo's Cajun Aces) basio het o gwmpas, a'r Glanrafon ym Mangor, yn cefnogi'r Ghostriders, band y byddwn yn aelod ohono flynyddoedd yn ddiweddarach. Dwi'n cofio bod yn uffernol o nyrfys y noson honno – roedd y Ghostriders yn gerddorion ifanc amlwg yn y sîn ym Mangor ar y pryd. Roeddan nhw'n byrfyfyrio cyfansoddiadau hir, egnïol, a'u lleisydd ac arweinydd, David Devalle, yn barddoni yn y fan a'r lle. Pan oeddan nhw'n perfformio, doedd dim dowt bod 'na *rwbath* yn digwydd, a doeddan ni ddim isho edrach yn stiwpid yn eu presenoldeb nhw. Ro'n i wedi dod ar eu traws gynta yn un o bartïon enwog Bryn Hall, ger Chwarel Bryn ar dopia Llanllechid, lle bydda'r holl bobloedd, yr hipis, y Sannyasin (y bobol Oren, disgyblion Bhagwan Shree Rajneesh), yr howgets hynafol Les Morrison, Steve Mwg a Dennis Slash, cerddorion oll; yr impresarios Joe Hat, Martin Foster a Joe Nelson, fu'n gymaint o ffrind a mentor i'r Maffia

Maffia Mr Huws Mk1: Gwyn, Hefin, Deiniol a Siôn.

cyn fy amser i hefo nhw, y Ghostriders, a ninna'r to ifanc
wedyn, Maffia, Proffwyd, Marchog ac India a'n holl ffrindia,
yn tywallt i mewn i'r hen dŷ mawr am nosweithiau hir o
fiwsig, medd, a chynnyrch perlysieuol cymdeithasol. Byddai
Jackie, yr hostess hefo'r mostest, yn rhoi nodyn 'NO
DRUGS' ar y drws ffrynt, i leihau unrhyw gyfrifoldeb, rhag
ofn ymweliad dirybudd gan y glas. Y peth gorau am y partïon
yma, tu hwnt i'r chwalu a'r direidi, oedd bod y bandiau'n
cael chwarae, faint fynnan nhw, a jamio hefo'i gilydd wedyn.
Roedd yno deimlad o deulu neu gymuned gerddorol, ac mi
ges i 'nhanio yn yr awyrgylch honno. Mae gen i atgof
perlaidd o gerdded adra i Dregarth, hitha'n gwawrio'n
ogoneddus, hefo Jenks, Ricky a Rhodri, Glyn Jones, Benny,
Sera a sawl un arall ar ôl noson lle roeddan ni, India, wedi
chwarae ac wedi'i hoelio hi, wedi cael 'da iawns' a 'wel plêds'
a 'nais wans' gan Les Morrison a Dave Devalle, Dennis
Slash, Joe Nelson ac aelodau'r bandiau eraill. Roeddan ni
wedi chwarae un o ganeuon cynnar Simple Minds o'r enw
Changeling, ac yn fanno nes i lwyddo, am y tro cyntaf, i

chwarae'r llinell fas anodd, bob nodyn yn ddwbwl, a chanu'r alaw'r un pryd, yn lân ac yn rhwydd. Eiliadau fel'na ydi conglfaen hyder, am wn i, ac ro'n i mor falch fy mod wedi mynd amdani. Roedd y bobol orinj wedi mynd amdani hefyd, yn dawnsio 'fath â petha ddim yn gall, rhai ohonyn nhw; merched a dynion yn chwyrlïo rownd y lle hefo babis mewn papŵsus ar eu cefnau. Daeth un o'r hogia orinj i fod yn ffan. Ro'n i wedi'i weld o mewn sawl gig yn olynol, a dwi'n cofio siarad hefo fo ar ôl canu yng ngwesty'r Padarn Lake yn Llanbêr.

'Yeah, I come to all your gigs, man, I just love the vibe, you've got great energy.' Hmmm, roedd 'na ryw olwg bell ar y brawd hwnnw, a golwg ddifater ar y babi yn y papŵs ar ei gefn.

Hefyd yng ngwanwyn '82, dathlwyd pen-blwydd eich awdur yn ddeunaw oed. Ar y diwrnod, ges i oriawr smart gan Mam a Dad, modrwy arian gan Duncan, breichled hefo neges ben-blwydd wedi'i cherfio iddi gan Nanny Jet a siampên gellyg cartra gan Danny, neis iawn hefyd. Pedair ar ddeg oedd y cemegydd ifanc, ac yn barod yn bragu gwinoedd, êls a siampêns clir, blasus a thanwyddol. Roedd Jenks a Liguz draw, a nhwtha wedi creu sbliffan drichroen, 'fourteen megadeath cruiseburger', hefo 'pen-blwydd hapus Neil' mewn beiro ar hyd yr ochor. Aethon ni am dro i dŷ Jenks dros y ffriddoedd, a smocio'r sbliff yn ista ar fonyn coedan fawr. Gwyrodd Ricky'n rhy bell am yn ôl wrth chwerthin a diflannu i mewn i'r gors tu ôl i'r bonyn. Hen hwyl diniwed. Daeth Mam a Dad a Duncan a phawb allan am ddrinc i'r King's Head gyda'r nos, Benny a Sera James a'r criw i gyd. Uffar o noson dda. Roedd Mam wedi ffroenio ogla egsotig y mwg yn y lownj ffrynt, ac mi sibrydodd wrtha i ar ei ffordd i brynu rownd: 'People are smoking pot in there.' Whaaat? Pot? Yn y King's Head? Ym Methesda? Y feri syniad! Arhosodd Mam a Dad ddim yn hir wedyn, ond ro'n i mor falch eu bod nhw wedi dod allan, ac yn falch eu bod wedi cael fy ngweld allan hefo fy ffrindia, ac nad oedd dim byd iddyn nhw fod yn poeni yn ei gylch. Ro'n i'n gwbod bod Mam yn bryderus am gyffuriau, a chanddi'r ofnau arferol bod 'na lwybr i gyffuriau calad, peryg. Dwi'n meddwl hefyd ei bod hi'n poeni 'mod i'n berson mor gylibl, yn medru arddangos twpdra mor anhygoel ar brydiau, y byddwn i'n saff o landio fy hun yn y cawl taswn i'n ymgymryd yn y perlysiau diwylliannol eu naws. Er 'mod i wedi bod yn hoff o'm smoc am flynyddoedd lawer, ac wedi dablo chydig mewn pethau eraill o bryd i'w gilydd, dwi'n ormod o gachgi i fentro i unrhyw lefydd peryg, cyn belled ag y mae cyffuriau yn y cwestiwn. Mwynhau, cymdeithasu, gweithio a gwrando ar fiwsig, bod yn greadigol ac allblyg fu 'nghymhelliad i ar hyd yr amser. Felly doedd gan Mam ddim byd i boeni yn ei gylch, a ddeudodd hi ddim byd wedyn, heblaw arthio arna i am smocio ffags, tan yr amser y daeth hi acw a finna'n fflio ar LSD.

Ffast Fforwyrd i 1988, pnawn Sul gwlyb ym mis Gorffennaf ac roeddwn i, Les Morrison a hogia Maffia yn y bedsit yn Rhif 9, Ogwen Terrace, uwchben Stiwdio Les (caffi Fitzpatricks rŵan), lle roeddwn yn byw ar y pryd, yn dipyn o lanc. Tua'r adeg honno roeddan ni wedi sgwennu a recordio, neu wrthi'n sgwennu a recordio 'Hyder Hyll' 'Cariad Neis' a 'Mynd i Ffwrdd' hefo Les. Roedd hyn ar ôl y trychineb yn Llydaw. Roedd y band yn ffeindio'u traed eto, Hef yn hapus ei fyd ac on fform, John Doyle wedi ymgartrefu yn y band, a'r Maffia i weld yn canfod cyfeiriad newydd, mwy chwareus, llai rhodresgar. Pharodd hynny ddim gwerth, ond ta waeth. Ar y pnawn Sul yma, roedd un ohonon ni wedi bod yn gweld y dyn yn Gerlan, ac wedi prynu meicro dot yr un i'r hogia. I'r rhai ohonoch sydd ddim yn gwybod, darn o bapur blotio tua maint chwartar stamp dosbarth cynta wedi ei ddipio mewn LSD, oedd meicro dot. Mae tripio ar LSD, neu fadarch hud, yn amhosib i'w ddisgrifio i bobol nad ydyn nhw wedi profi'r peth eu hunain, ond mae llyfr Hunter S Thompson, *Fear and Loathing In Las Vegas*, a'r ffilm a wnaed gan Terry Gilliam o'r un enw, o leiaf yn rhoi blas. Roedd meicro dots y dyn yn Gerlan yn rhai da, a phrin ugain munud wedi i ni eu llyncu, dechreuodd y dodrefn a waliau'r stafell anadlu, a rupls o liwiau seicadelig yn adlewyrchu symudiadau breichiau a dwylo pobol. 'Oww, ma hi'n dŵaaad, Ffoociii...nnnheeel... teimlo honna?' 'O! Ma' hiii! Ooww, gest ti honna?' Ac yn y blaen. Pawb wrthi ar draws ei gilydd, yn gweiddi fel 'tasan nhw hanner canllath i ffwrdd, a 'nhwtha yn yr un stafell. A chwerthin? Crio chwerthin. Pawb yn eu dagra. Dyna oedd y pîc cyntaf, egni ac ymwybyddiaeth 'fath â tyrbo yn rhuthro drwy'r corff, popeth rhywsut yn siarp ac yn glir, ac ar yr un pryd yn afreolus ac ar draws ei gilydd. Mae'r pîcs a'r rhuthro'n mynd a dod, yn ddibynnol ar be arall sy'n mynd ymlaen. Mae gwrando ar fiwsig, gwylio ffilm, mynd allan am dro a natur unrhyw sgwrs neu weithgaredd, â dylanwad enfawr ar y trip, oherwydd bod y meddwl mor agored i'r amgylchedd mae o ynddi.

Pan fydd trip yn cael ei rhannu hefo ffrindiau da, a phawb yn yr un 'lle', mae o'n medru bod yn brofiad gwefreiddiol. Weithiau mae trips drwg yn medru digwydd, pan fydd patrymau meddwl tywyll neu ofnau yn dod i'r amlwg, y 'fear and loathing', a'r adeg honno mae rhywun angen eneidiau hoff, dibynadwy o'i gwmpas i ofalu amdano nes bydd y trip yn gwella, neu i'r effaith gilio. Y peth ola sydd ei angen ar un sy'n tripio ydi pobol gas yn chwarae hefo'u pennau, neu, fel ddigwyddodd i mi, Mam yn troi i fyny.

Mae unrhyw syniad o faint ydi hi o'r gloch yn absŵrd yng nghanol yr asid, ac mi oedd y trip mewn ffwl swing, hanner dwsin o ddynion ifanc allan o'u pennau mewn bedsit bychan ar stryd Pesda, pan ddaeth y gnoc ar y drws. Cnoc, cnoc, cnoc, cnoc. Distawrwydd llethol, a hefo'r newid sydyn, pîc anferthol a'r gweledol yn mynd yn bananas. Waaaw. Agorais y drws, ac roedd Kevin Morgan, oedd yn byw yn y stafell uwchben, yn sefyll yno yn ei grys pêl-droed Sgotland glas tywyll a'i gap tartan. Hogyn o Fethesda ydi Kevin. Roedd Les yr un oed â Royston Morgan, brawd Kevin, ac wedi gorfod ymladd yn ei erbyn lawer tro yn ei ieuenctid, medda fo, ac erioed wedi medru dallt pam. Ta waeth, pan symudais i mewn i'r fflat, ro'n i'n aml iawn yn clywed, trwy'r nenfwd, sŵn gêm bêl-droed ar y teledu. Feddylis i'm byd am y peth, tan i mi ddechrau nabod patrymau'r dorf yn canu, a sylweddoli mai'r un gêm oedd Kev yn ei gwylio, sawl gwaith y dydd. Ymhen amser, gofynnais iddo be oedd o'n ei wylio. Fideo o'r gêm rhwng Lloegr a'r Alban yn Wembley yn 1978, ym mhencampwriaeth y pedair gwlad, fel yr oedd hi, lle enillodd yr Alban o ddwy i ddim, cyn i'r Tartan Armi feddiannu'r cae a dwyn pyst y gôl a'r rhan fwyaf o'r tywyrch.

'Ydi o'n Sgotyn?' gofynnais i Les.

'Na,' atebodd Les, 'fel'na mae o. 'Dyn nhw'm yn gall.'

A dyna lle oedd o'n sefyll, Braveheart ei hun, yn syllu ar y chwech dê-trupar, a ninnau'n sbio'n ôl arno 'fath â bod ganddo fo ddau ben, ac mi oedd hynny, o dan yr amgylchiadau, yn gwbwl bosib.

'Mae 'na ddynas yn y car isho chdi,' medda llais Kevin. Am hanner eiliad roedd pob dim yn gwbwl normal, yn gwbwl llonydd, fel freeze frame. Yna clywais lais Hefin. 'Dy fam sy' 'na. Dy fam sy' 'na, dwi'n deu'tha chdi.' O ffyc. Ffwr â ni ar ruthr foniwmental, lliwiau a siapiau, a lleisiau yn slofi ac atseinio, ac ro'n i'n gwbod bod greddf Hefin Huwcyn Hugo Huws yn union gywir, a bod fy mywyd, i bob pwrpas ymarferol, drosodd. Hon oedd y gopsan ro'n i wedi ei hofni fwyaf erioed, y gopsan gan Mam. Es i lawr y grisiau fel dyn yn wynebu'r ddedfryd eitha. Cymerodd y siwrna honno oesoedd yn fy mhen i, a finna'n argyhoeddiedig y bydda'r ffaith 'mod i wedi cadw Mam yn disgwyl yn gwaethygu 'nhynged fwyfwy – er, go iawn, y prin hanner munud arferol fydda hi wedi ei gymryd. Ar gyrraedd y drws ffrynt, yr awyr iach, y glaw, sŵn a lliwiau'r stryd, daeth y siocs a'r rhuthrau a'r stormydd o seicodelia mewn tonnau enfawr, un ar ôl y llall, yn plethu i'w gilydd cyn gwahanu i ddatgelu'r don nesa. Ro'n i'n teimlo fel 'taswn i'n gwyro i mewn i wynt cryf, a'i nerth yn fy rhwystro rhag syrthio. Trwy'r lliwiau, sylwais ar ffurf Renault 5 beige ar y lôn o 'mlaen, lled y pafin i ffwrdd. Car Mam, yr injan yn rhedeg, y weipars yn weipio, Mam yn sêt y dreifar, yn sbïo arna i ac yn GWBOD, ac wrth ei hymyl, yn ei chôt werdd ola, a'i gwallt gwyn fel pin mewn papur, horyr of horyrs, Nain Coetmor. Yyy. Yn *Fear And Loathing in Las Vegas*, mae Johnny Depp wedi hoelio cerddediad person o dan ddylanwad LSD yn hollol, y camau'n or-bwyllog ac yn annaturiol o fawr. Dyn a ŵyr sut siâp oedd arna i'n troedio fy llwybr rownd ffrynt y car, i fynd ar fy nghwrcwd hefo 'mreichiau ar sil ffenast ochor y dreifar. Roedd Mam yn sbïo'n syth yn ei blaen. Ar ôl hydoedd o ddistawrwydd erchyll, eiliad neu ddwy yn y byd go iawn, clywais fy llais. 'Hi Mum, haia Naaaiiiiiyyyynn.' O na, plîs. Roedd Nain erbyn hyn i'w gweld ar derfyn twnnel hir o liwiau, ei gwallt gwyn fel candi fflos gloyw anferth yn fframio'i hwyneb pinc. Dyma'r ddwy'n dechra siarad ar draws ei gilydd. Mam: 'I've just come to see you before I go on holiday, we're flying tomorrow.' Nain, o ben draw'r twnnel: 'The twins (Sally a Janet, fy nghyfneitherod o Gaer) are coming over next weekend aaand theeeeey waaant to go oouuut oouuut oouuut. Sa waeth i Anti Bess ac Anti Edith fod yno hefo nhw ddim. Yr oll ro'n i'n ymwybodol ohono oedd eu bod nhw'n gwbod. Roedd fy mywyd i drosodd, mor syml â hynny. Ond oedd o? Oedd Mam yn gwbod? Oedd hi wedi sylwi? Oedd fy mywyd i drosodd go iawn? Ella ddim.

Ro'n i'n dal yn fyw, yn dal yno, ar fy nghwrcwd, hefo 'mreichiau ar sil ffenast Renault 5 beige fy Mam annwyl, yn gwylio'r patrymau swyrli, fel y llinellau ar fap ordnans, yn ei chlust dde; yn chwyddo a chilio a newid lliw yn hamddenol, y trip wedi sadio rhywfaint. Roedd Nain yn ôl yn ei sêt, wedi dychwelyd o'i thwnnel, y candi fflos yn wallt twt ar ei phen unwaith yn rhagor. Trodd Mam ei phen i 'ngwynebu, a gofyn: 'Are you alright Neil? Your face is twitching.' WWww Wwww ZZZssss ZZzzz HHhhuuuff. Y trip wedi cicio i mewn eto, yn fflio mynd, a finna ar fy nghwrcwd yn chwilota am eiriau i ddeud wrth Mam. Dwi'n cofio mymblo rwbath am fod wedi blino, a heb gysgu'n iawn, ac iddi beidio â phoeni. 'Well, take care, and see you in a fortnight,' medda hi, a rhoi sws ar fy moch cyn mynd. Anhygoel. Ro'n i'n dal yn fyw, a dim blewyn gwaeth. Addunedais yn y fan a'r lle y byddwn i'n deud wrthi pan ddeuai yn ôl o'i gwyliau yn Tiwnisia. Hefo'i ffrind Marian aeth hi yno; sydd bellach yn briod ag Arwel Disgo'r Llais, ac yn chwaer i Alwyn Roberts o gwmni Enfys, oedd yn ddyn camera ar ffilm ddogfen y Maffia, *Awê fo'r Micsar*. Byd bach 'de. Bu Mam a Marian yn gyd-fydwragedd.

Pan es i'n ôl i'r fflat at yr hogia, roedd hi fel 'tasan nhw wedi byw drwy'r ordîl hefo fi, ac wrth fy annog i ailadrodd y stori, gawson ni i gyd ail-fyw'r holl beth mewn reiat o chwerthin, yr hogia'n fy nynwared i a fi'n dynwarad Mam a Nain, ac ymlaen ac ymlaen fel'na. Roedd y bedsit yn rhy fach i fedru handlo'r holl egni, ac aethon ni allan am dro i Barc Meurig, sy'n lle hudol beth bynnag, ond yng nghwmni'r meicro dots, roeddan ni bob un yn Alice, ar ein pennau i lawr y twll cwningan.

Pan ddaeth Mam adra o'i gwyliau, es i'w gweld, yn unswydd er mwyn cadw f'adduned. Rargian, ro'n i'n ddau ddeg pedwar, doedd hi'm yn hen bryd 'dwch? Roedd y gopsan ro'n i wedi ei chael yn ddwy ar bymtheg am smocio

ffags wedi bod ar fy meddwl wrth ystyried sut fyddwn ni'n
mynd ati i ddeud yr hyn oedd gen i i ddeud. Y tro hwnnw,
ro'n i wedi dod i lawr y grisia un bora i weld Mam yn sefyll
yn y gegin, yn disgwyl amdana i, hefo'r olwg 'na ar ei
hwyneb, a'i dannedd yn crensian. Roedd ei llaw dde'n pwyso
ar y peiriant golchi, yn cyfeirio at y rhesi twt, 'fath â soldiwrs
bach, o stwmps sigarét oedd wedi eu gosod yno. Mi driais
feio Ricky a Rhodri a Jenks, ond yn ofer. Roedd hi wedi
ffeindio'r stwmps yn y tun Cwaliti Strît roeddan ni'n ei
ddefnyddio fel blwch llwch a'i guddio ar ben y wardrob.
Aeth hi'n bananas – am fy mod yn gwneud rwbath mor
ynbulîfybl o stiwpid yn un peth, ac achos ein bod ni 'di bod
yn smocio yn yr atig, o dan y paneli polisteirin ar y nenfwd,
a'r rheiny'n haili fflamabyl.

Felly dyma ni'n ista yn ei lownj ym Mhenrhosgarnedd
hefo panad, a galw ar fy mhlwc.

'You know when you and Nain came over in the car, the
day before you went on holiday, and you asked if I was
okay?' gofynnais.

'Oh yes,' medda Mam, 'you did seem a bit off colour.'
Dyma fi'n taflu'r grenêd a chuddio 'mhen yn fy mreichia, fel
'tae.

'Well, I was tripping.'

'What do you mean, tripping?'

'Tripping. On acid. On LSD, I was absolutely flying.'
Ond ni ffrwydrodd y grenêd. Yn lle'r gweir, neu'r ram
damings anochel, hyn:

'Oh. Isn't that a bit old fashioned? Pete (ei brawd) did
that in the sixties, he used to tell me all about it, saw God and
everything.' Wel ar 'fenaid i, do'n i'm wedi disgwyl hynna.
Trodd yr ymweliad hwnnw i fod yn dipyn o garreg filltir;
Mam a fi'n cael sgwrs gall, agored, am y tro cynta ers i mi
adael Tregarth, dwi'n siŵr, ac mi adewais wedi fy nghysuro
ein bod ni wedi trafod a rhoi taw ar ei phryderon .

Y Ddiod Gadarn

O gael fy nghyflwyno i fywyd tafarn yn Y Rhyl gan Gareth Wilias o Port, i fywyd nos Bethesda ar benwythnosau hefo Brian Hughes a Ken Dodd o'r tîm ffwtbol i ddechra, wedyn hogia Maffia a chriw'r King's Head, Kevin Taff yn enwedig, mae 'na rwbath amdana i a'r ddiod gadarn sydd erioed cweit wedi taro deuddeg. Boliad yn y pybs hefo Kevin, wedyn têc awê ar y ffordd i'w dŷ i yfed wisgi hefo Eileen, ei fam, a gwrando ar Rush ac Iron Maiden; yr anturiaethau meddw hefo'r band, Gwyn a fi'n yfed o nos Wener tan bnawn dydd Sul yng Ngŵyl Werin Dolgellau; y seshis hefo Llinos, fy nghariad o gwmpas '84 ac '85, oedd yn aros ym Mhantycelyn, a'r criw yn fanno. Er na fyddwn i byth yn gwadu 'mod i wedi cael lot o hwyl meddw, erbyn gaeaf '86, ro'n i wedi dechra blino ar fynd allan i'r pyb o hyd. Roedd yn well gen i fwgyn, a doedd y mwg a'r lysh yn bendant ddim yn cymysgu. Wedi i mi ddechra rhoi chydig o bellter rhyngdda i fy hun a'r 'cylch' yfed, ro'n i hefyd yn dechrau laru ar gwmni pobol feddw pan fyddwn i'n sobor. Roedd 'na newid yn y gwynt, a daeth y foment dyngedfennol un noson yn ninas Caer.

Ro'n i'n caru ar y pryd hefo Helen, un o 'ferched y ffin', y ddeuawd leisiol oedd yn canu hefo'r Brodyr, ac roedd Helen yn rhannu tŷ hefo Dave Baynton-Power eu drymar, a drymar y grŵp James hefyd, ers blynyddoedd erbyn hyn. Roeddan ni i gyd allan yng Nghaer – Dave a fi wedi bod yn y King's Arms, neu'r Stella Station, fel roeddan ni'n galw'r lle, am beint neu ddau o waiffbityr, ac wedi cyfarfod Helen a Cathy, cariad Dave, a'r gweddill yn Claverton's. Mae fanno'n cael mensh yn un peth achos mai yno y bydda Steve

Jones a Phil Bradley'n cwrdd i sgwennu geiriau caneuon y Brodyr, ond yn bennaf achos mai yn fanno'n unig yn y byd i gyd, hyd y gwn i, roeddan nhw'n syrfio Lees Moonraker Bitter. Rŵan ta, maen nhw'n deud bod Brains SA yn gry. Maen nhw'n deud bod Special Brew yn gry. Maen nhw'n deud bod Kestrel Super yn gry. Mae'n wir hefyd, *maen* nhw'n gry. Ond ar fy llw, tydyn nhw'm yn yr un gynghrair â'r stwff yma. Thick'n'Sticky, dyna fyddan ni'n ei alw. Roedd peint o'r felltith yma fel cael potal o win coch. Es i godi rownd o Thick'n'Sticky. Sili boi. Ges i un arall cyn stop tap, ac ro'n i'n shilts. Ond shilts tawel, eitha bodlon fy myd, yn mynd hefo'r lli, a'r lli yn mynd ymlaen i barti yn nhŷ rhywun o'r enw Martin, ac roedd hynny'n berffaith iawn hefo fi. Ro'n i'n hapus i fynd hefo'r lli.

Yn y parti roedd 'na lot o bobol reit bohîmian, arti, a ges i fy nghyflwyno i Martin, ffrind Helen o'u cyfnod yn y coleg. Roedd hwnnw'n reit camp, ac yn ei elfen yn fflitian yma ac acw, yn howstio. Roedd yna nibls a gwin coch, Lou Reed ar y stereo ac ogla ganja Pacistani du. Hmm, neis iawn. Ymgymerais fymryn yn y gwdis oedd ar gael – wel, mae 'na jans go lew 'mod i wedi gwneud mochyn ohona i fy hun, ac ar ôl dipyn, fel mae'r petha ma'n dueddol o neud, cyfunodd y Waiffbityr, y Moonraker, y gwin coch, y mariwana ac awr y dydd i greu blanced o flinder ac isho mynd adra. Roeddwn i'n hapus o weld bod Helen o'r un meddylfryd, a hefo cyd-edrychiad tua'r drws, roeddan ni ar ein ffordd. Ond pwy oedd wedi fflitian draw aton ni ar yr union eiliad honno? Martin, ein howst hoff.

'Not leaving are you, Hel?' canodd hwnnw.

'Yeah, thanks Martin, we're knackered,' atebodd Helen.

'No no no no! Stay!' Roedd o wedi rhoi ei freichiau o'i hamgylch, o'r tu ôl iddi, ei foch yn erbyn ei boch hitha. Aeth ymlaen. 'He (fi) can go, but you're not going anywhere young lady.'

'Oh, really?' meddai'r anghenfil gwyrdd a safai yn fy lle i, yn y niwl coch oedd wedi cymryd lle'r flanced o flinder. Ymhelaethodd yr anghenfil, yn fy llais i: 'Listen, you fucking wanker, we're going home, and you can fuck off.'

'Oooh, look at the big ma...' BANG. Roedd Martin yn ista ar y llawr hefo'i law dros ei geg, gwaed yn pefrio o'i wefus, a finna'n sefyll drosto fo, gwaed yn pefrio o ddwrn fy llaw dde, y croen wedi torri ar ei ddannedd. Roedd pawb yn sefyll yn stond, yn sbïo'n hurt, stiwdants celf a cherdd, llysieuwyr, darllenwyr y *Guardian* a'r *Socialist Worker*, finna yn eu canol nhw, a'r miwsig wedi stopio. Pam oedd y miwsig wedi stopio? Roedd fy nhymer wedi pylu'r un mor sydyn ag y cododd, ac yn syth ro'n i'n teimlo fel y twat oeddwn i.

'Come on, Neil.' Roedd Cathy wedi gafael yn fy mraich a'm hebrwng drwy'r drws, lle safai Dave yn disgwyl. Roedd Helen wedi hen fynd, ddim yn rhy hapus hefo ymddygiad ei chariad/arwr, yn ôl Dave. Roedd hwnnw chydig yn fwy cefnogol.

'Well, I reckon he kind of asked for it,' a ffwrdd â ni, adra i Steele Street, finna mewn cwmwl o gywilydd. Walk of shame os bu 'na un erioed. Fe wnaed yn hysbys i mi ar y stepan drws fod yn rhaid i mi ddychwelyd i'r parti i ymddiheuro'n ddiamod am fihafio fel anifail, cyn meddwl derbyn unrhyw fath o groeso nag unrhyw beth arall gan fy nghariad annwyl. Be oedd ar fy mhen i yn gwneud y fath beth? Roedd Helen a Martin yn hen fêts, fynta'n hoyw beth bynnag, ac felly ro'n i wedi cam-ddallt, gorymateb, codi cywilydd, dwyn gwarth, yr hôl shŵting match. Ro'n i'n ddigon bodlon mynd yn ôl am sleisan o hymbl pai, ac mae'n rheol gen i beth bynnag bod ymddiheuro yn gorfod dod o'r galon yn ddiamod. Does 'na ddim o'r fath beth â 'Sori, ond...'. 'Sori ffŵl stop,' neu ddim o gwbwl. Pan gyrhaeddais y tŷ roedd y drws yn dal ar agor, y parti'n dal yn ei flas, ac roedd Martin, ei wefus isa wedi chwyddo'n ddychrynllyd,

wrthi'n ailadrodd yr hanes i gynulleidfa frwd pan welodd o
fi'n nesáu ato. Rhois fy nwylo i fyny mewn ystum heddwch,
deud sgiws mi'n dyner a chynnig yr ymddiheuriad, yn llawn,
yn ddiffuant, ella fymryn yn gyshing wedi mynd i hwyl y
peth, ac yng ngŵydd pawb. Unwaith eto roedd 'na eiliad pan
oedd pawb yn sbïo'n hurt, ond sgen i'm co i'r miwsig
stopio'r tro hwnnw, ac ar ddiwedd yr eiliad, derbyniodd
Martin fy nghangen olewydd, ac roedd pawb yn ffrindia.
Wel am pylafa. Gawson ni wydriad bach i selio'r ddêl, ond
gwrthodais ddychwelyd i'r parti, a cherdded yn ôl eto i
Steele Street, i weld a oedd lle yn y llety. Drannoeth, aethon
ni'n pedwar, Cathy a Dave, Helen a finna, i Alton Towers ar
drip coetsh, am swae. Roedd fy nwrn dde'n sôr ac wedi
chwyddo, a hoel dau o ddannedd Martin druan yno'n glir.
Mae 'na graith fach yn dal yno, jyst i'm hatgoffa. Roedd gen
i hymdingar o ben hefyd, y Moonraker oedd y droog. Byth
eto, medda fi wrtha i fy hun, a'r tro yma, ro'n i'n ei feddwl o.
Chyffyrddais i 'run tropyn o alcohol am fisoedd wedyn, a
hyd heddiw, mi fedra i gyfri ar un llaw'r adegau lle 'dwi wedi
bod yn feddw. Ro'n i wedi cael sioc 'mod i wedi gallu
ymosod ar rywun fel'na, ond wedyn cofiais am Dad, a pha
mor filain mae o'n medru bod yn ei ddiod, a Duncan hefyd.
Mae'r niwl coch yn medru disgyn ar hwnnw ar ôl iddo fod yn
swigio. Nes i ystyried ella bod 'na strîc felly yn y teulu, ac os
oes 'na, tydw i'm isho dim byd i'w neud hefo fo. Felly yn
1986 codais ddau fys at y ddiod gadarn, a gwynt teg ar ei ôl.

Dyma CV bras o uchafbwyntiau fy ngyrfa ddisglair ar y lysh.

Sesh Gynta
Ar drip i Ysgol Gynradd Pentrefoelas, o bob man, i weld y
band Cyffro yn 1978, a chael tri thun o lagyr, methais yfed y
pedwerydd.

Sesh Afiach Gynta

Yn ystod haf 1980, aeth criw i Fangor i weld Bando yn neuadd JP, ac mi oeddwn wedi mynd hefo Ricky a Lynwen i'r Glôb cyn y gig. Ges i bedwar peint o Strongbow yn fanno, ac wedyn prynodd un o'r criw hŷn botal o Cinzano i ni. Rhois glec i hanner y botel mewn un cynnig, a dwi'n cofio Ricky a fi'n ista ar lawr y toilet yn JP yn chwerthin yn ddi-baid am tua ugain munud. Wedyn nes i daflu i fyny. Treuliais weddill y noson yn gorwedd ar y banc gwair serth ar ochor y lôn sy'n arwain o'r neuadd i Ffordd y Coleg yn cysgu, a deffro bob hyn a hyn i gyfogi'n wag. Welis i ddim o Bando. Ro'n i'n sal am dridia. Hyd heddiw mae ogla seidar yn troi fy stumog, a dwi'm 'di clywed sôn am Cinzano ers blynyddoedd. Ydi o'n dal i fodoli, dwch? Gobeithio ddim.

Sesh Afiach ac Embarysing

Steddfod Rhyng Gol 1984, yn Aberystwyth. Roeddwn yn aros hefo Llinos, fy nghariad, wedi bod ar ôl-dêar hefo hogia'r ail a'r drydedd flwyddyn: Anifail (Em Gom) Pod, Flash, Rhys Port, Aled Davies (Duw), Merfyn P, Llion ac Aled Siôn o Eryr Wen, Bwlch, Aeron, y motli bynsh oll. Roedd 'na sôn gan Rhys Port, yr un mwya diffygiol o ran hunan barch, os ca' i fod mor bowld â deud, am fynd 'am yr hylla' – sef gweld pwy allai dynnu'r fenyw leia tlws, ddeudwn ni, a ffeirio ffeithiau'r hambygio'n hwyrach. Doedd gen i ddim diddordeb yn y gêm honno, ac roeddwn yn gobeithio medru aros ar dir y byw er mwyn medru gweld Rhian Davies, un o'm ffrindiau gorau o'r ysgol, yn cystadlu yn y Steddfod, yn canu cân ffiaidd neu rwbath. Ond doedd hynny ddim yn mynd i ddigwydd, ac yn wir, ar ôl gadael y Llew Du, piciad i'r bwcis a chychwyn i fyny'r allt fawr am y coleg, adroddiadau ail-law o hanes gweddill y diwrnod a'r noson sydd gen i. Mae 'na sôn am rywun nid yn annhebyg i mi yn rhedeg ar hyd balconi'r neuadd fawr hefo'i freichiau allan mewn ystum awyren, yn canu caneuon yn clodfori Manchester United, yn ystod yr unawdau piano. Gwelwyd yr un cymeriad yn chwyrlïo rownd a rownd drysau troi Undeb y Myfyrwyr yn gweiddi 'AAAAA' cyn catapyltio'i hun i mewn i'r adeilad a chnocio'i hun allan ar handrêl y grisiau. Hwn hefyd, yn ôl y sôn, fu'n mynd o gwmpas bar yr Undeb, ddiwedd y noson, yn hel slops diodydd oddi ar y byrddau, eu gwagio i mewn i wydr peint, a'i yfed. Wêst not, want not. Deffrais drannoeth, tuag amser cinio, ar y gwely sbâr yn stafell Llinos, yn fy nillad i gyd, heb yr un Obadeia sut ro'n i wedi cyrraedd yno. Roedd 'na ddwy efengylwraig yn y flwyddyn gyntaf wedi clywed sŵn chwyrnu yn dod o un o'r ciwbicyls yng ngeudy'r genod, a dyna lle ro'n i wedi cael KO, ar y pan, wedi taflu i fyny ar hyd y llawr. Roedd yr efengýls ifanc wedi cael braw, ac wedi gorfod mynd i nôl mwy o efengýls i nghario fi i stafell Llinos. Yn rhyfedd, doedd 'na fawr o sgwrs i'w gael gan Llinsi weddill y dydd.

Mwyaf Sâl

Wythnos cyn fy mhriodas yn 1993, es allan i Fangor am Noson Stag, hefo llond llaw o fêts: Dylan Rowlands, Amlyn (Hedli) Hedd, Jo Boulting, Steve Pollitt ac ambell un arall. Ar y pryd, doeddwn i'n yfed dim. Dim yw dim. Un peth dwi wedi ei sylwi ers rhoi'r gorau iddi ydi, ar yr achlysuron prin rheiny lle dwi wedi cael sesiwn, mae'r gallu i'w thancio hi'n dal yno – sydd ynddo'i hun, wrth gwrs, yn beth peryg. Yn y Skerries, ar ddechrau'r sbri, bu'n rhaid i mi roi clec i beint o Guinness mewn un. Dim probs, llifodd i lawr, a sawl un arall. Dwi'n cofio bod yn y Ship, yn gweithio fy majic ar un o fiwtis ifanc Bangor, ac yn sydyn yn cael fy ngharian am yn ôl, gerfydd fy ngheseilia, gan Dyl a Hedli, ac allan drwy'r drws. Ond pam, fechgyn, pam? Pam? Oherwydd, Neil, fod yr iyng ledi wedi ystumio iddynt wneud hynny, oherwydd bod 'na ddyn anferth, cyfagos, wedi bod yn dy wylio'n bihafio mewn ffordd or-gyfarwydd hefo'i gymar, ac yn paratoi i rwygo dy ben oddi ar dy sgwydda a'i fyta. O. Dwi'n cofio siarad hefo hi, ond, gor-gyfarwydd? Myfî ? Shiwyrli not. Ta waeth, onwyrd and ypwyrd, i'r Fat Cat, a Hedli'n buddsoddi mewn coctel top shelff i mi. Twat. Roedd o'n gwbod yn union be oedd o'n neud. Roedd o ar y wagan hefyd, a fo oedd yn gyrru'r noson honno, yn sobor fel sant ac yn cael modd i fyw yn cynllwynio fy marwolaeth. Llifodd y coctel i lawr (roedd o'n hyfryd dros ben), a chyn bo hir ro'n i wedi meddwi ar lefel newydd. Hwnnw oedd y pwynt lle gallai petha fynd yn rhemp neu, fel y noson honno, drwy lwc, gario 'mlaen yn hapus braf.

Aethon ni i'r Clwb Snwcer, yr hen City Cinema, a dwi'n cofio gadael fanno, yn fy nhywys fy hun yn dawel a phwyllog i lawr y grisiau, rhag ofn i mi faglu. Ar y ffordd yn ôl i Fethesda, penderfynwyd bod angen mwy o lysh arnon ni. Gorchmynnais i Hedli stopio tu allan i'r King's Head, lle'r oedd golau ymlaen tu ôl i'r cyrtans caeedig. Golyga hynny bod loc-in yn digwydd, ac mi oeddwn i'n ffyddiog y byddai 'na groeso i mi a'm cyfeillion yno, hithau ond yn ddau o'r gloch ar fora Sul, finna ar fy stag, wedi bod yn regiwlar yno flynyddoedd lawer yn ôl ac wedi meddwi'n geiban dwll. Arhosodd y drws ar gau. Roedd pawb yn y dafarn yn cadw'n dawel, fel y gwnes i lawer gwaith ers talwm, nes i'r cnocio ar y drws neu'r taro ar y ffenast beidio, a'r hwyr ymwelwyr yn colli diddordeb a symyd ymlaen. Roeddan nhw wedi gorfod aros yn llonydd am rai munudau mae'n debyg, nes i mi roi'r gorau i gyfarth abiws ffiaidd drwy'r blwch llythyrau.

Gorffennodd y noson yn nhŷ Joe Boulting a Cath Aran, dri drws i fyny o'n tŷ ni yng Nghaerberllan. Fel 'dach chi'n gadael Bethesda i gyfeiriad Capel Curig, Caerberllan ydi'r teras o fythynnod ar y chwith jyst ar ôl ffatri Austin Taylor. Un stafell fawr, stafell fach oddi arni a chroglofft uwchben honno, dyna gynllun y bythynnod yn wreiddiol, a dyna oedd ein tŷ ni'n dal i fod, fwy ne lai. Roedd Jaine a fi'n byw yn Rhif 9, lle ganwyd Les Morrison, gyda llaw. Yn yr hen ddyddia, Hot Bed Row oedd llysenw Caerberllan. Chwarelwyr, fel fy hen daid, Taid Caerberllan, a'u teuluoedd fyddai'n byw yno, gŵr y tŷ'n gweithio'r dydd a chysgu'r nos a lojar, o Sir Fôn, ella, neu Gaernarfon, yn byw hefo nhw yn ystod yr wythnos, yn gweithio'r nos, a chysgu'r dydd. Felly doedd y gwely byth yn oer, a dyna darddiad yr enw Hot Bed Row.

Drannoeth y stag, deffrais, ac er syndod i mi, ro'n i'n sbio ar nenfwd ein croglofft. Golygai hynny fy mod yn fy ngwely fy hun. Duwadd, ro'n i'n teimlo'n ocê hefyd. Dyma fi'n trio codi 'mhen. Roedd hi fel 'tasa rhywun wedi gwthio pâr o jafeluns i mewn i'm llygaid. Aaaa. Pen yn ôl ar y gobennydd yn ara, ara bach. Chydig eiliadau wedyn, gwasgodd fy stumog 'fath â dwrn crintachwr, ac wrth i mi weiddi 'Huuuw!' cododd fy nghorff i fyny'n unionsyth, er mwyn saethu'r stwff melyn 'ma o 'ngheg, oedd yn edrych a blasu fel mwstard. 'HUUUUUUW!' gwaeddais eto, hefo blast arall o'r mwstard, ac un arall, cyn disgyn yn ôl ar y gwely. Roedd pwy bynnag wthiodd y jafeluns i'm llygaid bellach yn gwau menig weiran bigog hefo nhw, jyst tu ôl i'm llygaid.

Felly y dechreuodd y 'bora ar ôl y noson cynt' sala 'mywyd. Ro'n i'n meddwl 'mod i'n marw. Daeth Joe a Cath i edrych amdanaf, a phan ofynnais am adroddiad o'r difrod, yr oll ddeudodd Joe oedd ella y bysa'n syniad ymddiheuro i Meurig yn y King's, am ei alw'n bob math o gontiaid drwy ei flwch llythyrau. Cymerodd y wâc lawr stryd am byth, neu felly roedd hi'n teimlo, fy mhen yn bowndian hefo bob cam musgrell. Ond dyna fo, mae pris i'w dalu. Ges i frecwast ffwl Inglish yng Nghaffi Coed y Brenin, a galwyn o de, cyn gwneud fy ffordd i'r King's Head, am bwdin o hymbl pai, i gynnig yr ymddiheuriad llawn, diamod, gyshing, yng ngŵydd pawb oedd yn digwydd bod yno. Fel roedd hi'n digwydd, 'mond Alan Sullivan, Dick Plymar ac Elwyn

Jumbo oedd yn y bar, a Meurig yn wên o glust i glust y tu ôl iddo.

'Well, if it isn't Lauence O' fuckin' Livier,' medda Meurig, yn ei acen Abertawe.

'Oh no, sorry,' medda fi.

'Don't be,' medda fo. 'That was the most eloquently delivered stream of abuse ever to come through my letterbox. Pint?'

'He'd better have a Guinness, and a Carlsberg for me please,' medda Joe.

'It was like a Shakespearian soliloquy. I'm a no good, fair weathered, fuck face, shit for brains, fuck head wanker asshole Swansea Jack , apparently, in my crappy, spit and sawdust shithole of a pub, with my shitty, arse licking wanker mates, crap Sunday League football team, and anything else you could think of.'

'Sorry,' medda fi.

'No, honest, we were pissing ourselves in here. It was hilarious, and just as you were going, you gave me your express permission to stick my pub, and my lock in, up my fat, stinking, Swansea Jack, wanker, fuck face arse. Brilliant. Here's your beers, boys, on me.'

'Cheers Meurig.'

'Don't mention it.'

Dyn da, Meurig, a'i dafarn yn ail gartref i mi a'r hogia am sbel.

Felly dyna ryw flas o f anturiaethau hefo'r ddiod gadarn, ac ella blas o'r rheswm nad hi ydi'r un i mi. Er ei bod yn hwyl deud y stori, a sbïo'n ôl drwy'r sbectol binc, does 'na fawr o ddim uchod i fod yn falch ohono mewn gwirionedd, nag oes. Ta waeth, yn fuan ar ôl y ffisticyffs yng Nghaer, ac wedi penderfynu 'mod i ar y wagan, penderfynais y byddai'n dda cael rwbath i'w neud, rhyw fath o hobi, rwbath i lenwi'r amser na fyddwn yn ei dreulio mewn tafarndai.

Es i draw i ganolfan hamdden y Northgate Arena yng Nghaer, i weld be oedd yn mynd ymlaen yn fanno. Ar yr hysbysfwrdd roedd taflen hefo'r penawd 'Traditional Aikido' uwchben llun o ddau ddyn mewn topia siwts Jiwdo a be oedd yn edrych fel sgertia llydan, du. Roedd un yn sefyll dros y llall, yn ei ddal gerfydd ei arddwrn mewn rhyw dechneg cloi. Canodd hyn gloch. Pan o'n i'n un ar ddeg, ac yn mynd i glwb jiwdo yn y Garth, Bangor, dwi'n cofio dau ddyn yn galw i mewn un tro i siarad hefo un o'r hyfforddwyr. Pobol Aikido oeddan nhw, meddai'r hyfforddwr wedi iddyn nhw fynd, rwbath tebyg i jiwdo, ond ddim yn debyg chwaith. Hmm. Roedd gan Ricky lyfr roedd o wedi ei gael gan ei bab'chka, ei nain o wlad Pwyl, o'r enw *Aikido – The Science Of Self Defence* gan Koichi Tohei, a dwi'n cofio sbïo drwyddo lawer tro hefo eitha diddordeb. Soniai'r llyfr am beidio atal ymosodiad, ond yn hytrach ei ailgyfeirio yn ôl ar yr ymosodwr, gan beri iddo fo neu hi ei lorio ei hun, hefo egni ei ymosodiad ei hun, os ydi hynny'n gwneud synnwyr. Dwi'n fyfyriwr yn y maes hyd heddiw.

Yr hogia

Y Chwe Phrawf Gyrru

'Sa'n well i ni gael y saga yma drosodd rŵan hyn. Ro'n i wedi prynu Triumph Toledo British Racing Green gan Mam. Y Dduwies Werdd, fel y daeth i gael ei adnabod, ac mi fydda Kevin Taff yn dod allan hefo fi fel co-dreifar. Mi fyddan ni'n gwrando ar gaséts Rush, Iron Maiden, Saxon a Judas Priest wrth yrru o gwmpas. Roedd Taff yn ddrymar talentog, a byddai'n dysgu'r bîts drwy guro'i fodia yn erbyn ei fysedd wrth wrando, ac wedyn, pan gâi gyfle i ista wrth y dryms, perfformio caneuon cyfan o'i gof. Mi fuon ni'n dau yn chwarae dryms a bas i Chwarter i Un o 1984 hyd 1988, yn cynnwys sesiwn yn stiwdio Richard 'Moz' Morris, a mwy am hwnnw yn y munud.

Ta waeth, cychwynnais gael gwersi gyrru hefo Stan Bach yn ei Ford Escort MK2 coch, ac arwydd Rhiwen School of Motoring ar y to. Roedd Stan yn fyr, yn stryglo i gyrraedd pum troedfedd 'swn i'n deud. Roedd o'n smocio Embassy Filters un ar ôl y llall hefyd, a rhegi bob yn ail air. 'Dau ffwcin sbîd sgin ti'r hen ddyn, stop, a go laic ffyc.' Methais fy mhrawf cynta, hefo'r chwedlonol Mr Smith. 'That completes the test Mr Williams. I'm afraid you haven't passed on this occasion, and I'll just point out the areas you need to improve on this form.'

Mr Smith oedd yr arholwr bob tro heblaw'r eildro. Roedd yr eildro ar ddydd Sadwrn, ac mi oeddwn wedi trefnu, yn goc i gyd, i yrru i Gaer i dreulio'r penwythnos a dathlu hefo 'nghefndryd. Dyn mawr joli hefo llais mawr dwfn ac acen Cymoedd y de oedd fy nghroesholwr y tro hwn, ac roeddan ni'n mynd yn ara braf mewn traffig, trwyn i gynffon, i fyny Ffordd Caergybi, wedi gwneud y troad triphwynt, yr imyrjynsi stop a'r manŵfyr am yn ôl. Gofynnodd Mr Llais Mawr i mi droi i'r chwith i fyny Menai Avenue. Doeddwn i erioed wedi bod y ffordd yma o'r blaen, ac es yn syth ymlaen, am gefna neuadd breswyl Emrys Evans, fel roedd hi bryd hynny, yn lle dilyn y ffordd rownd i'r chwith am Heol Victoria a Ffordd Ffriddoedd. Doedd 'na ddim marciau i ddynodi mai'r troad oedd y lôn, na bod y lôn o 'mlaen yn lôn breifat, felly roedd y camgymeriad yn un dealladwy i un a oedd, fel fi, yn anghyfarwydd â'r lle. Roeddwn wedi gyrru fymryn yn rhy bell heibio'r troad i fedru ei gymryd yn saff, pan ddeudodd y llais mawr: 'Follow the road,' a phwyntiodd rownd y tro hefo'i fawd. Yn lle stopio a throi rownd yn bwyllog, neu fynd am yn ôl yn bwyllog, be nes i, wrth reswm, oedd panicio. Perfformiais fanwfyr llywio Starsky and Hutch, gan daro'r cyrb yr ochor dde a chyrb yr ochor chwith cyn sythu'r car, a chyflawni hyn oll hefo 'nhroed dde ar y throtl.

'Jesus Christ, pull over!' meddai'r arholwr. Roedd o'n gafael yn ei glipbôrd fel plentyn wedi dychryn yn cydio mewn tedi bêr. 'Switch off the engine please, Mr Williams.' Mi wnes. Aeth ymlaen. 'In the interests of public safety, I am terminating this test. Good morning.'

Allan o'r car â fo, a stompio i ffwrdd i gyfeiriad Ffordd Ffriddoedd, ei ben ôl anferthol yn siglo o ochor i ochor yn y trowsus check oedd yn rhy dynn ac wedi cael difôrs oddi wrth ei sgidia. Dros y ffordd, yn lolfa Emrys Evans, roedd 'na stiwdants yn sbïo ac yn chwerthin. Be oeddwn i i fod i neud rŵan? Aros? Mynd? Be? Roedd hyn flynyddoedd cyn ffônau symudol. Mynd nes i, i lawr i'r dre i ddal bỳs adra. Roedd Stan wedi cael ei bres ymlaen llaw. Welis i mohono fo wedyn, roedd o'n sacd.

Cymrais fy nhrydydd prawf yn y Dduwies Werdd, ond yr un stori oedd hi unwaith eto. Y pedwerydd tro, eto yn y Dduwies, roedd pethau'n mynd mor, mor dda, pob elfen o'r prawf wedi'i gwblhau a Mr Smith, oedd heb fod yn sgwennu na ffidlan hefo'i glipbôrd, i weld yn eitha hapus ei fyd. Roeddan ni ar Ffordd Treborth, ar ein ffordd yn ôl, dwi'n eitha sicr, i'r ganolfan brawf yng Nghoed Mawr, pan dorrodd y beipan egsôst yn ei hanner, yn creu sbarcs wrth gael ei llusgo ar hyd y tarmac, ac yn swnio fel 'tasa 'na fflyd o Angylion Uffern wedi landio ar eu Harley Davidsons ar y sêt gefn. Tynnais i mewn i'r ochor a mynd i sbïo o dan y car. Roedd y beipan wedi hollti tu ôl i'r bocs tawelu.

'Can you fix it?' gofynnodd Smith.

'Oh yes, no problem, I'll use the welding feature of my Superman X-ray vision, won't be a minute.' Ddeudis i 'mo hynny mewn gwirionedd, jyst ysgwyd fy mhen mewn mudandod ac anobaith. Esboniodd na fyddai'n medru rhoi penderfyniad oherwydd i mi fethu â chwblhau'r prawf, ac i ffwrdd â fo, ar droed, yn ôl am Goed Mawr. Bu'n rhaid i mi ddisgwyl am Taff, oedd wedi gorfod cerdded i fyny o'r ganolfan, i'm co-dreifio yn ôl i Besda, yn llusgo'r egsôst ac yn gneud twrw diawledig. Yr unig fendith oedd na welson ni blisman.

Methais y pumed prawf am gymryd y lôn chwith wrth gylchfan yr Antelope, pan oeddwn i isho troi i'r dde am Fangor. Anhygoel. Roeddwn i'n dechrau teimlo na fyswn i byth yn ei chracio hi, ond ar y llaw arall ro'n i wedi buddsoddi cymaint o bres ac amser, doeddwn i ddim am roi'r gorau iddi chwaith. Gwnes gais am brawf arall yn syth, ac ar argymhelliad rhywun yn y gwaith, cysylltu hefo Dick's School of Motoring, ym Mynydd Llandygái. Fel y trodd petha allan, dim ond dwy wers awr, a hanner awr cyn y prawf oeddwn i'n medru ei gael hefo Dick. Un o dde ddwyrain Lloegr oedd hwn, boi bach eiddil yr olwg, ond o fewn hanner munud iddo fy nghyfarfod wrth yr hen stesion yn Nhregarth, roeddan ni'n gwbod pwy oedd y bos. Tynnodd Dick fy ngyrru'n gria'. Esboniodd be oedd o'n ei ddisgwyl ar hyd y filltir neu ddwy gynta, ac wedyn roedd disgwyl i mi gofio, a nô môr Mustyr Nais Gai. 'I'd be driving on the left, but it's your money.' 'I'd be in third gear, and I've told you why, but we can waste as much time as you like. How many more tests do you want to do?' ac ymlaen felly, yn neidio'n ddidrugaredd ar bob camgymeriad, bob anghysondeb. Roedd y wers gynta honno'n teimlo fel tair awr. Roedd yr ail wers chydig yn well – doeddwn i ddim yn teimlo cweit gymaint o bloncar, a chefais ambell 'that's it,' a 'that's better,' gan y chief. Cyn i ni droi rownd, roedd hi'n wyth o'r gloch ar fora Gwener y prawf, ac roedd Dick yn ôl ar fy nghefn, yn fy hamro fi am bopeth, neu felly roedd hi'n teimlo. Ar ddiwedd yr hanner awr, jyst cyn mynd i mewn i'r ganolfan, dyma fi'n gofyn:

'So do you think I've got any chance of passing?'

'If you drive like you just did, then no, no chance. But if you drive like you *can*, then you will.'

Meistr seicoleg? Dwi'm yn gwbod. Ond hanner awr wedyn, roedd Mr Smith yn deud, yn union yr un tôn ag arfer: 'That completes the test Mr Williams, and I'm pleased to tell you that you have passed.' Sori? Pardwn? Cym agen? Roedd ail hanner ei frawddeg yn wahanol i'r arfer ac o, hyfryd wahaniaeth. Fel roedd o'n arwyddo'r dystysgrif werdd, hardd, euraid, yn hytrach na'r ffurflen wen, oeraidd, arferol o fethiant a gwarth, ystyriais, mewn difri calon, blannu smacar o sws wlyb ar foch Smith, gymaint o gariad a brawdgarwch ro'n i'n 'i deimlo tuag ato. Chafodd o 'mo'i sws, jyst diolch yn fowrfowrfowrfowr. Aeth Dick yn bananas. Ysgwydodd fy llaw gymaint bu jyst i 'mraich ddisgyn i ffwrdd! Mi fysa rhywun yn meddwl mai fo oedd newydd basio – ac iddo fo roedd y diolch, heb amheuaeth, am y ffordd y bu iddo sortio a siapio 'ngyrru er mwyn fy nhywys drwy'r prawf. Gofynnais iddo wedyn sut oedd o'n gwbod na fyswn i'n adweithio'n negyddol i'r holl ddilorni, fel y bysa llawer dwi'n eu nabod wedi ei wneud. 'Well, you have to try to read people,' medda fo, 'and we really didn't have much time.' Wariar, fel maen nhw'n deud yn Sir Fôn. A dyna lle es i'r noson heulog, hyfryd honno: ar fy mhen fy hun, yn y Dduwies Werdd, am sbin o amgylch yr ynys.

Erbyn Haf 1983 roedd dyddiau India'n dirwyn i ben. Roedd Paul Jenkins a Ricky Liguz yn adolygu ar gyfer eu harholiadau Lefel A, ac yn bwriadu cymryd blwyddyn allan neu fynd i brifysgol ar ôl teithio o gwmpas Ewrop am fis hefo'i gilydd ar docyn trên InterRail. Roeddan ni wedi cael cynnig canu yn Pesda Roc ar gae rygbi Bethesda yn y pnawn, ac mi benderfynon ni mai hwnnw fydda ein perfformiad olaf. Yn y cyfamser, ro'n i wedi cael cynnig cwbwl annisgwyl gan Siôn Jones, gitarydd, a chyn belled ag y gwelwn i, 'main man' Maffia Mr Huws. Esboniodd Siôn i mi fod Hefin Huws yn bwriadu mynd hefo Les Morrison a Joe Hat i Lundain i weithio ar brosiectau adeiladu, a hefyd i geisio torri i mewn i'r sîn gerddoriaeth yn fanno. Roedd Les ar dân isho gweld fyddai ei ganeuon yn taro clustiau dylanwadol, roedd Hef am eu canu ac roedd gan Joe gysylltiadau yn y diwydiant cerddoriaeth. Roedd Maffia wedi cael cynnig gneud albym yn Sain, i'w recordio yn yr hydref, hefo'r cynhyrchydd Richard 'Moz' Morris o Gwm-twrch Uchaf, Cwm Tawe, oedd wedi gweithio hefo nhw ar y sengl 'Gitâr yn y To' a'r EP *Hysbysebion*. Roedd Hef yn awyddus i sgwennu a chanu ar yr albym cyn ffarwelio â'r band a thrio'i lwc yn y ddinas fawr. Yr hyn oedd Siôn isho'i wbod gen i oedd a fydda gen i ddiddordeb mewn ymuno â'r band er mwyn cymryd drosodd gan Hef ar ei ymadawiad. Taswn i'n ymuno'n syth, i chwarae gitâr rhythm a chanu harmonis, mi fysa hynny'n rhoi cyfnod o rhai misoedd i ddod i nabod y caneuon, setlo i mewn i betha a chyfrannu at yr albym newydd. 'Sach chi 'di medru fy llorio hefo pluan. Ar wahân i'r digwyddiadau cosmic ym mhartis Bryn Hall, lle nad oedd rhywun yn medru bod gant y cant yn saff o'r hyn roeddan nhw wedi ei weld na'i glywed, ro'n i wedi gweld Maffia'n chwarae un waith yn y clwb rygbi, ac i fod yn onest, ro'n i'n genfigennus. Roeddan nhw'n dynn, yn slic, yn egnïol; roedd ganddyn nhw bresenoldeb a hyder, ac yn Hefin, seren wib o ganwr a ffryntman. Wrth gwrs ro'n i'n eu gweld nhw mewn cyd-destun cystadleuol, neu o leia cymhariaethol, o safbwynt India oedd wedi straffaglu a gweithio mor galed yn erbyn yr elfennau, neu felly roedd hi'n teimlo. Ond doedd dim gwadu mai'r fantais fwyaf oedd gan y Maffia Mr Huws 'ma drostan ni, a llawer i fand arall, oedd eu caneuon. 'Gitâr yn y To', 'Chwarelwr', 'Wga Bwga', 'Dros ben Llestri', 'Regge Racs', 'Problem Mr Huws', 'Yr Addewid', 'Hysbysebion'; caneuon sy'n sefyll ar eu traed eu hunain, a riffs eiconig Mr Jones wedi eu sodro drostyn nhw. Intro 'Hysbysebion' oedd un o hoff riffs Tich Gwilym. Rhaid oedd meddwl yn hir a phwyllog dros y cynnig yma. Cymerais fy amser... o leia tair eiliad.

Roedd yr wythnosau cyn Pesda Roc yn rhai prysur a chyffrous, yn paratoi ffarwél a helo, ac i groesawu newid byd. Ges i fenthyg Gibson SG ac amp Ricky ar gyfer chwarae hefo'r Maffia – doedd gen i ddim gitâr drydan fy hun. Prynais Squire Strat gan Gronw o Chwarter i Un rai misoedd wedyn. Yn ymarferion Maffia, ro'n i'n edmygu'r ffordd roedd Hef yn fodlon taflu syniadau lleisiol i mewn, jamio hefo'i lais fel tae, heb falio pa mor drychinebus fyddai ei gynigion, a dal ati i blymio nes y byddai o'n ddarganfod perl. Tydw i erioed wedi medru gneud hynny, yn enwedig yng ngŵydd pobol eraill, oni bai fod 'na syniad am alaw ar y bwrdd eisoes, rwbath i weithio hefo fo. Profodd hynny'n broblem ar ôl i Hef adael, gan mai arddull cyfansoddi'r band erioed ydi sortio'r riffs gynta a sticio'r canu ar ben y riffs. Wwps, sori hogia, dwi newydd ddatgelu'r fformiwla gyfrinachol. Mae hynny'n rwbath dwi wedi gorfod dod i delerau hefo fo ar hyd y fedlan. 'Duw, neith hwnna, mond tiwn canu a geiria ti angan 'ŵan Wilias.' Faint o weithia dwi 'di clwad honna 'dwch?

Un peth da, oedd yn glir o'r dechrau, oedd bod lleisiau Hef a fi'n asio'n dda hefo'i gilydd, a bod yr harmonis newydd yn dod â haen arall ac atalnodau i'r miwsig. Braf hefyd, wrth sbïo mlaen i'r amser pan fyddai wedi mynd, oedd gwbod 'mod i'n gyfforddus hefo'r cyweirnodau a phethau felly, ac yn medru chwarae rhannau'r ail gitâr a chanu'r un pryd.

Ar ddiwrnod Pesda Roc, aethon ni, India, i'r llwyfan o gwmpas tri o'r gloch y pnawn, mewn haul braf, o flaen cwpwl o gannoedd o bobol; rheiny'n ista ar y gwair, yn gwylio ac yn gwrando. Yn eu plith roedd ein hunig ffan, y dyn orinj hefo'i blentyn mewn papŵs. Roedd y sain yn berffaith, hynny yn ei hun yn nefoedd, ac am yr unig dro mewn gwirionedd mi gafon ni glywed, yn iawn, sut roeddan ni'n swnio. Mae'n rhaid ein bod yn licio'r hyn glywson ni – roeddan ni'n tri wedi ymlacio ac yn mwynhau chwarae, a hon oedd ein sioe orau o bell ffordd. Dwi'n cofio sbïo ar y ddau arall tua diwedd y set, mor falch ohonan ni fel band ac fel ffrindia, mor hapus ein bod ni wedi hoelio'r perfformiad ola ac yn drist bod yr antur yn dod i ben. Erbyn diwedd ein tri chwarter awr, roedd llawer o'r gynulleidfa wedi codi ar eu traed a dawnsio, y dyn orinj yn arwain, ac mi gawson ni gymeradwyaeth frwd a theimladwy wrth adael y llwyfan. Fedrwn i ddim bod wedi dymuno ffarwel gwell.

'Much as I hate to admit it, that was really good,' medda Meurig King's Head wedyn. Clod gwerth ei glywed – roedd Meurig yn cymeryd ei fiwsig o ddifri, yn trefnu tripiau i weld bandia mawr oedd yn teithio, ac i Reading a Castle Donnington. Ar un o dripiau'r King's Head welis i Rush am yr ail dro, yn yr NEC ym Myrmingham. Roedd David Gary wedi meddwi cymaint mi gysgodd yr holl ffordd yna, yr holl ffordd drwy'r gig, a'r holl ffordd adra. Erbyn iddo ddeffro, yn ôl ym mar y King's, doedd o'm yn coelio'i fod o wedi bod yn nunlla. Mi fydda Meurig hefyd yn gwneud yn siŵr y bydda 'na stwff da ar ei jiwcbocs – 'Black Dog' a 'Misty Mountain Hop' gan Led Zep, 'Whiter Shade of Pale', 'Gitâr yn y To' wrth gwrs, 'Sunday Bloody Sunday' gan U2 – y gân y daeth Martin Beattie i'r amlwg yn ei chanu wrth y jiwcbocs, yn taro'r nodau uchal fel cloch, nodyn am nodyn hefo Bono. Machlud oedd enw band cynta Beattie, y drymar yn hogyn ifanc o'r enw Gruff Rhys. Roedd 'na ambell ffefryn mwy annhebygol ar y jiwcbocs hefyd, fel 'Gloria' gan Laura Branigan. Mi fydda Dilwyn 'Brêns' Jones, y plastrwr, yn meddwi'n gachu bans ar brydiau, nes oedd o'n methu gweld a phrin yn medru sefyll. Hwn oedd y cyfle i roi 'Gloria' ymlaen ar y jiwcbocs, a chlirio lle o'i gwmpas i Brêns cael dod yno. Fel cadach coch i darw, mi fydda 'Gloria' yn rhoi nerth yng nghoesa Dilwyn, er mwyn iddo fedru taranu i mewn i'r stafall gefn, cofleidio'r jiwcbocs hefo'i dalcen ar y gwydr, yn disgwyl y gytgan er mwyn iddo gael ymuno ynddi, a hynny fel 'tasa'i enaid byw yn y fantol. Byddai llond y stafell yn gefn iddo: 'Ma' hi'n dŵad, Dil!' 'Ti'n barod Brêns, ma hi!' a byddai Brêns yn canu'r geiria mawr: 'GLORIA 3, 4, 5, 6, I think they got your NYYYMBYR 3, 4 ,5, 6, I think they got the EILIAS, 3, 4, 5, 6, That you've been livin' YYYNDYYR.' Yn ystod, 'But you really don't remember/Was it something that they said/All the voices in your head,' mi fydda fo'n cymeryd brîddar, ei foch yn gorwedd ar wydr y jiwcbocs , yn hel ei holl sbwnc ar gyfer: 'CALLIN' GLORI-AAAAAAAAAAA!' Mae'r cytgan yn ailadrodd ac yn cilio ar y diwedd, ac yn fan hyn fydda' Brêns yn troi'r tyrbos ymlaen, yn cyfarth 'fath â chi sy'n methu cyfarth ac yn curo'i ben yn erbyn y jiwcbocs. Wedi i'r gân orffan, mi fydda fo'n teimlo'i ffordd yn ôl i'w sêt, i gario 'mlaen i yfed. Welis i erioed y fath ffocws mewn perfformiad, wir i chi. Ella na fasach chi'n meddwl y bysa Lionel Richie at ddant yfwrs y King's, ond daeth 'All Night Long' i fod yn ffefryn mawr. Yn yr ail bennill, mae Lionel yn canu, 'Feel it in your heart and feel it in your soul,' a jyst cyn 'let the music take control,' mae 'na ddarn bach llinynnol, 'DaradwDa,' ar y synth. Byddai tawelwch yn disgyn dros y stafall gefn, fel 'tasa 'na gêm ddartiau cyngrair ymlaen, a phawb yn canu, 'DaradwDa,' a 'stumio chwarae piano hefo un llaw wrth sefyll ar syrffbord.

Yn ôl ar faes Pesda Roc, wedi ein llongyfarch, aeth Meurig ymlaen i ofyn: 'So what was that Ceffyl Pren all about, then?' Iŵ mêi wel asc, Meurig bach, iŵ mêi wel asc.

Ceffyl Pren oedd wedi agor yr wyl, a beth, yn wir, oedd y Ceffyl Pren 'na? Wel, roedd y Cefffyl Pren 'na yn fwy na jyst band, roeddan nhw'n ffenomenon, a 'dan ni'n gwbod hynny achos eu bod nhw wedi deud hynny wrthan ni. Roeddan nhw'n bell o flaen eu hamser, beth bynnag, o leia ddeng mlynedd cyn Spinal Tap. Pan aeth y gwahoddiad i gymryd rhan yn Pesda Roc allan iddyn nhw, mae'n debyg i'r trefnwyr dderbyn llythyr oddi wrth eu 'pobol' yn gosod, mewn du a gwyn, eu hanghenion proffesiynol, yn cynnwys ffi o £??,000 (!!), mynediad i'w lori offer at gefn y llwyfan, reidar o fwydydd poeth ac oer wedi'u darparu'n arbennig, slot o awr ar gyfer prawf sain ac wrth gwrs, iddyn nhw gael gorffen y noson. Cawsant lythyr yn ôl, yn gosod, mewn du a gwyn, drefn y gwasanaeth fel y bydda hi mewn gwirionedd, yn hytrach nag ar blaned cwcw'r Ceffyl Pren. Mi fyddan nhw'n cael £50 tuag at eu costau, parcio'r fan yn nhop y lôn a chario'r gêr i'r llwyfan, fel pawb arall. Fydda 'na ddigon o lefydd i gael bwyd a diod yn y pentre, ac os oeddan nhw am dderbyn y gwahoddiad, fysa prawf sain ddim yn broblem, ond iddyn nhw gyrraedd yn ddigon buan, oherwydd mai nhw fydda'n agor y sioe am hanner dydd.

Am hanner dydd, roeddan nhw ar y llwyfan a Gareth

Morlais, ateb roc Cymraeg i Robert Plant, yn cyfarch yr hanner dwsin o blant o flaen y llwyfan hefo: 'Helô Bethesda, rwy'n clywed y miwsig yn atsain oddi ar y mynyddoedd.' Ar hynny, bowndiodd oddi ar y llwyfan, oedd wedi ei adeiladu o ffrâm sgaffald a llawr planciau gan Paul Francis ('Francisco Sgaffaldi, Sgaffaldiwr o fri, Os mynnwch gael Sgaffald, Myn ff**, ffoniwch fi!'), bangio'i benelin ar ddarn o sgaffold ar ei ffordd i'r llawr, gollwng ei feicroffon a chymryd eiliad neu ddwy ar ei gwrcwd i ddod ato'i hun, yn amlwg mewn poen. Cariodd ymlaen â'r gân ar y gwair ymysg ei gyhoedd, fel gwir brô, wedyn trio dringo'n ôl i'r llwyfan, methu, a gorfod diflannu rownd y cefn cyn bowndio ymlaen unwaith eto, i strytio a 'stumio'i ffordd drwy weddill y 'sioe'. Dwi'n dal yr un mor ddryslyd a fues i erioed ynglŷn â'r Ceffyl Pren. Be oeddan nhw? Pam oeddan nhw? Ac mae Gareth Morlais yn foi mor addfwyn a chlên, siort ora.

Ta waeth, ymhen ychydig oriau, mi fyddwn yn mynd ar y llwyfan fel aelod o Maffia Mr Huws. Y Ficar oedd i orffen y noson, yn ôl strwythur system wobrwyo'r cylchgrawn *Sgrech*, oedd yn trafod y sîn roc ar y pryd. Pwy bynnag oedd prif grŵp *Sgrech* oedd prif grŵp pa bynnag gig roeddan nhw'n ei chwarae, ac yn '83 Y Ficar oedd y rheiny. Rhiannon Tomos a'r band fyddai'n canu cyn Y Ficar, a Maffia cyn Rhiannon. Ro'n i chydig yn nerfus, ond wedi cyffroi'n fwy na dim. Doedd na ddim pwysau arna i o gwbwl, a 'mwriad oedd chwarae mor dynn ag y gallwn, canu mewn tiwn a chadw petha'n cŵl. Wel, bwli ffor bwriad.

Aethon ni ymlaen, aeth y lle'n nyts, tua dwy fil o bobol, a chyn 'mod i'n gwbod be oedd yn digwydd, ro'n i ar fy mhenna glinia ar flaen y llwyfan yn pendoncio fel Angus Young, ac yn annog y pendoncwyr yn y dorf i bendoncio hefo fi. Sgen i fawr o go' o'r gig, sut roeddan ni'n swnio na dim byd felly, ro'n i jyst yn gwbod pa mor braf, mor hawdd oedd hi pan oedd 'na dorf fawr yn bowndian a sgrechian.

Roedd gan y Maffia 'ma ffans – dim jyst un ffan orinj hefo babi mewn papŵs ond cannoedd ohonyn nhw, fodins a bob dim. Yn haws fyth i mi oedd y ffaith nad oedd gen i unrhyw fuddsoddiad yn y miwsig ar y dechra. Cael reid am ddim ar gefn llwyddiant eraill oeddwn i, ac er 'mod i wedi cael munud bach o wefr, ro'n i'n ymwybodol iawn mai dyna oedd y sgôr, a chyn hir ro'n i'n teimlo 'mod i isho dechra cyfrannu mwy. Roedd 'na syniadau a sgetchus wedi dechrau hel ar gyfer *Yr Ochor Arall*, ac roedd hi'n ddifyr cael bod yn rhan o'r broses. Ro'n i'n cael deud fy marn a chynnig syniadau fel pawb arall o'r cychwyn, a 'nghyfraniad cynta i gael ei ddefnyddio oedd riff yr agoriad offerynnol i 'Dant Y Llew'. Aethon ni i stiwdio Sain i recordio'r albym ym Medi 1983, a rhwng Pesda Roc a hynny, roedd Steddfod Llangefni.

Roedd Maffia'n fflio yn y cyfnod hwnnw, newydd ryddhau'r EP *Hysbysebion*, hefo'r noddwyr i gyd ar y clawr, a phedair clincar o gân ar y fainyl. Fysa Steddfod Genedlaethol, a honno'n lleol, ddim wedi medru cael ei hamseru'n well o safbwynt y band, ac ro'n i'n mynd i gael fy nhaflu i ben dyfna'r pwll lawer ynghynt nag y dychmygais i erioed. 'Naethon ni dair gig yn 'Steddfod, ym Mhlas Glanrafon hefo'r Sefydliad, yn Twrw Tanllyd o flaen torf o gwpwl o filoedd, y lle'n bowndian a finna wedi gorgynhyrfu unwaith eto, yn rhedeg rownd y llwyfan 'fath â dyn gwyllt. Dwi wedi chwerthin hefo'r hogia am yr adeg 'cyn i Neil setlo' fel maen nhw'n ei alw. Heblaw am Hef, fyddai'n dawnsio o gwmpas dipyn, yn dibynnu ar y mŵd, mae steil Siôn a Deins yn eitha lô cî ar lwyfan erioed, Gwyn yn fwy egnïol ond yn styc yn ista'n ei unfan wrth ei ddryms, diolch i'r drefn, felly roedd hi'n ddipyn o sioc iddyn nhwtha, a sgytwad i ecwilibriym y band, i gael y banshî 'ma'n chwyrlïo dros bob man, yn pendoncio a gwneud y stumia 'gitâr awyr' mwya yn-cŵl, yn enwedig gan fod gen i gitâr go iawn ac un droed i fyny ar y monitors – ac yn cyflawni pob cliché yn llawlyfr yr ham rocyr.

Be 'di'r lein nesa 'dwch?

Roedd hi'n stori wahanol bnawn Sadwrn ola'r Steddfod yng nghlwb gwledig Plas Coch, rhwng Llanfairpwll a Brynsiencyn. Ro'n i wedi canu'n fanno hefo India, yn cefnogi Offspring, band Les, ac wedi cael noson dda. Mewn llefydd fel hyn mae'r gigs gora yn aml iawn. Ddim yn rhy fawr, lle i ryw ddau gant a hanner, to isel, acŵstics eitha niwtral. Ond y noson honno, roedd y lle'n orlawn. Roedd pobol ar ben byrdda ac wedi eu gwasgu hyd bob man. Roedd 'na res o ddynion diogelwch ar hyd blaen y dorf, yn eu gwthio am yn ôl – ac roedd hyn cyn i'r band ymddangos hyd yn oed. Ar ben hyn oll, roedd Hefin Hugo Huws wedi colli ei lais. Yn gyfan gwbwl. Fi fyddai'n canu ac yn ffryntio, a fydda 'na ddim giamocs gwirion na neidio o gwmpas, na dim. Doedd na'm lle yn un peth. Cofio'r geiria, cofio'r tiwns a'u bangio nhw allan, dyna oedd y gêm, ac yn dal i fod, a dwi'n dal i drio. Ges i fodd i fyw, ond a deud y gwir, hefo'r dorf yn ein dwylo ni fel roeddan nhw, fysan ni ddim wedi medru gneud dim o'i le beth bynnag. Roedd hi'n foment fawr i mi.

Wedi Steddfod ogoneddus, roeddan ni allan yn gigio ac yn paratoi i fynd i stiwdio Sain. Ro'n i'n dal i weithio yn

Swyddfa Bost Bangor ac yn byw adra, er 'mod i'n byw ac yn bod yn Y Bwthyn, tŷ'r Maffia. Roedd y trefniant yn fanno dipyn yn wahanol i'r arfer. Roedd Gareth a Nia, rhieni Siôn a Gwyn, wedi gwahanu ac roedd Gareth yn byw yn Llundain. Roedd Nia'n byw yn Hafod, bwthyn sy'n sownd yn Y Bwthyn, a'r hogia'n byw yn Y Bwthyn. Nid bwthyn ydi Y Bwthyn, ond tŷ, hefo'r enw Y Bwthyn. Bwthyn ydi Hafod, yn sownd yn y tŷ o'r enw Y Bwthyn. Felly roedd yr hogia'n cael carte blanche, fwy neu lai, i fyw fel mynnon nhw, ac roedd hynny, wrth reswm, yn caniatáu ffordd o fyw fohimian iawn – lot o fynd a dŵad, lot o ffrindiau a lot o 'hangyrs on' a bod yn onest. Ond doedd hynny'n ddim o 'musnes i, na'r ffaith fod y tŷ 'fath â thŷ'r *Young Ones*, neu *Withnail & I*, yn stomp ac yn llanast gan amla.

Daeth stad y tŷ i fod yn fusnes i mi pan symudais i mewn yn hwyr yn '83, i rentu'r stafell wely fach i lawr grisiau, nid y baswn i'n gallu gneud llawer ynghylch petha, nag isho gneud chwaith. Ro'n i wrth fy modd hefo'r rhyddid. Mi fydda Nia'n galw weithia ac yn mynnu blitz, a chwarae teg, doedd Y Bwthyn, post-blitz, ddim yr un lle. Pan oedd hi'n amser blitz, mi fydda'r mêts rhan amser yn mynd ar goll gan adael i'r preswylwyr wneud y gwaith. Doeddan ni'm yn meindio a deud y gwir, roedd yn gyfle i hawlio'n tiriogaeth unwaith eto. Y gegin oedd fy adran i, Siôn fydda'n taclo'r bathrwm a'r unffestêshyn o flew oedd wastad yno'n ei ddisgwyl. 'Hogiaaa! Newch chi'm cwylio hyn, ond mae 'na biwbs yn y zinc&castor oil cream!' Gwyn fydda'n sortio'r lownj, ac o gysidro mai fo, mae'n debyg, oedd y blera ohonom, mi fyddai'n mynd fymryn yn obsesuf, yn gwneud joban werth ei gweld, rhaid deud, ac yn sgubo a thwtio ar ddiwedd y nos am rhai dyddiau, nes i'r traffic di-baid o bobol a stwff a bywyd comiwnal fynd yn drech na fo, a byddai'r tŷ'n suddo i anrhefn tan y blitz nesaf. Y rheswm y symudais i mewn oedd, yn syml, y band. Y Bwthyn oedd yr HQ, yn fanno oedd pawb ac yn fanno fyddai popeth yn digwydd. Y stydi oedd yr hyb, lle byddai gêr y band wedi'i osod yn barhaol ar gyfer ymarfer a jamio, ac o ddiwedd haf '83 drwodd i'r hydref, yn fanno neu yn y King's Head fyddwn i, y tu allan i oriau gwaith.

O sbïo'n ôl, mae'n siŵr fod yr ysgariad rhwng y Post Brenhinol a finna ar y cardiau o'r munud y symudais i fyw i'r Bwthyn, ond doeddwn ddim wedi ystyried y peth mewn difri tan i rwbath ddigwydd yn y gwaith fel roeddan ni'n cychwyn recordio'r albym.

Gan fy mod yn newydd i'r broses, ac wedi ecseitio 'fath â hogyn bach ar ddiwrnod Dolig, ro'n i'n treulio pob eiliad sbar yn stiwdio Sain, ac ar fy nhraed yn hwyr pan ddylwn i fod yn fy ngwely a finna angen bod yn fy ngwaith erbyn wyth o'r gloch y bora. Doedd deud nad oeddwn i'n canolbwyntio gant y cant yn y Post ddim yn gyhuddiad newydd – fues i erioed yn weithiwr trefnus. Ta waeth, dyma ddigwyddodd.

Ers dau neu dri mis, roedd Ffordd Deiniol a'r ffordd wrth ymyl gorsaf yr heddlu, lle mae M&S rŵan, wedi'i thyrchu ar gyfer gwaith mawr ar y system ddŵr a siwrej. Ymgymerwyr y gwaith oedd Tate Pipelines Ltd, a phob dydd Iau mi fydda'r fforman; boi tal, tena, pryd tywyll hefo gwallt mawr cyrliog fel Brian May; mewn jîns wedi'i stwffio i mewn i fŵts cowboi, a siaced mul; yn galw am lythyr cofrestredig, o faint canolig. Dwi'n cofio hynny achos roedd on ista'n ddel yn ei dwll cloman – fysa un mawr ddim wedi ffitio, a fysa 'na ddim lle mewn un llai i'r wad o bres oedd yn yr amlen, sef cyflogau'r gweithwyr. Bob dydd Iau byddai'n dod i mewn, ata i gan amla, a byddwn yn estyn yr amlen, mân siarad hefo fo wrth iddo arwyddo'r dderbynneb, ac i ffwrdd â fo i dalu'r trŵps. Ar y dydd Iau penodol hwnnw, roedd bedlam y ddwyawr gynta, pensiynwyr a di-waith Bangor yn dod am eu pres, wedi tewi, a gwelais y mop o wallt yn dod trwy'r drws. Sleidiais oddi ar fy stôl a mynd at y tyllau colomennod i estyn ei amlen, a gweld bod dwy amlen wedi eu bandio hefo'i gilydd, a dau slip derbynneb i'w harwyddo.

'There's two for you this week,' medda fi wrth wthio'r amlenni a'r slips o dan y bandit sgrîn.

'Oh, nice one,' medda fo, arwyddo'r slips, eu gwthio nhw'n ôl o dan y sgrîn, a hefo: 'Thanks, see you next week,' roedd o wedi mynd. Hynci dôri didli di.

Tua hanner awr wedyn, daeth dyn byr, stoci, llydan, hefyd mewn siaced mul, jîns a sgidia gwaith trwm, at y cowntar a gofyn:

'Have you got a registered letter held here for J. Holt, please? It's wages for me an' t' lads.' Canodd larwm bach, bach, bach yn fy mhen.

'I don't think so,' medda fi, a mynd i'r twll cloman, lle ro'n i wedi rhoi'r slips derbynneb wedi Brian May eu harwyddo. Suddodd fy nghalon wrth i mi ddarllan yr enwau.

Tate Pipelines oedd ar yr un top, ond J. Holt oedd ar yr un isa'. Esboniais wrth y chief y byswn yn medru cael ei amlen yn ôl yn ddigon rhwydd, fod y boi arall wedi mynd â'r ddwy amlen mewn camgymeriad, a 'mond rownd y gornel oedd o, yn gweithio ar y peips. Chwarae teg iddo fo, mi ddeudodd ei fod am fynd am damad i fyta, ac y byddai'n dychwelyd ymhen awran i weld be oedd y sgôr. Reit. Be i neud. Es i weld Audrey Jones, goruchwyliwr y cowntar, yn syth, i esbonio'r bôls-yp. Dim problem, medda hi, ond i mi gael yr amlen yn ôl – ond os na allwn i, mi fydda'n rhaid i mi fynd at yr heddlu, a beryg y byddai'n rhaid i mi ymweld â Tommy Moore, un o'r bosys uwch, i esbonio ac ymddiheuro, o leia.

Allan â fi, i chwilio am y gwallt mawr. Mi ddois i o hyd iddo'n syth, a gofyn iddo gawn i'r ail amlen yn ôl, plîs, gan gymryd yn ganiataol y bydda fo'n ei rhoi i mi, a dyna fydda diwedd y stori. Pan ddeudodd o: 'You only gave me one,' ro'n i'n meddwl ei fod o'n tynnu 'nghoes. Ond doedd dim yn ei wyneb na'i osgo i awgrymu ei fod o'n tynnu coes.

'There were two envelopes, banded together, and I gave you the two of them, together, and you signed for both of them,' medda fi.

'Well, there was only one,' medda fo eto. Ro'n i'n dechra ama fy hun rŵan. Na, mi oedd 'na ddwy. Sylweddolais fod hwn, yn ôl pob tebyg, wedi cymeryd amlen J Holt, a'r sbondiwlics oddi mewn, a rŵan yn sticio at ei stori er mwyn gweld allai o rywsut droi'r amheuaeth arna i.

Ro'n i mewn tipyn o dwll. Roedd o hefyd, ond heb ei gweld hi, ac yn dal i dyllu. Roedd y peryg y byddwn yn gorfod ymladd yn gorfforol hefo hwn wedi croesi 'meddwl, hwnnw'n syniad ddigon annymunol – golwg colbiwr arno fo, a finna mewn crys a thei – ond roedd yn rhaid siarad yn blaen hefo'r dyn.

'Look, I have to go and tell my supervisor what's happened here, and what you've said, and then I'll have to report it to the police.'

'Okay, you do that,' medda fo wrth gerdded i ffwrdd i gyfeiriad ei dwll mawr.

Dychwelais i'r Post, deud wrth Audrey a chychwyn am orsaf yr heddlu i roi adroddiad o'r holl gyboitsh yn fanno. Wrth i mi roi'r adroddiad, gofynnodd y plisman i mi sawl tro oeddwn i'n berffaith siŵr fod y dyn wedi gadael y cownter hefo'r ddwy amlen. Oeddwn, oeddwn, oeddwn, er 'mod i'n ama fy mhwyll a 'ngo' erbyn hynny.

'Reit 'ta,' medda'r plisman ar orffen sgwennu'r adroddiad, 'awn ni allan i'w bigo fo i fyny, ac mi fydd isho i chi ddod hefo ni i'w bwyntio fo allan.' Yn fy anghrediniaeth, allan â fi hefo dau blisman, i'r twll mawr yn y ffordd, ac amneidio at y dyn tal, ynbulîfybli stiwpid hefo'r gwallt mawr a dim sens. Fe'i harestiwyd, a'i hebrwng i'r cop-shop – a finna hefyd, am fy mod yn gorfod ei adnabod unwaith eto, yn swyddogol, yn y ddalfa. Os oeddan nhw am ei gyhuddo o unrhyw drosedd, byddai'n rhaid i mi fod yn dyst i'r heddlu mai fo nath.

'You didn't have to shop me, did you?' medda'r gwallt wrtha i ar y ffordd yn ôl. Ges i edrychiad gan un o'r plismyn yn fy siarsio i beidio atab, felly nes i'm atab. Yn y ddalfa, bu'n rhaid i mi sbïo drwy dwll sbïo yn nrws y stafell holi a deud yn swyddogol mai hwn oedd y drwgweithredwr, arwyddo'r datganiad, ac o'r diwedd ro'n i'n rhydd i ddychwelyd i 'ngwaith. Yr hyn ddigwyddodd nesa roddodd y syniad yn fy mhen na fyddwn yn y swydd lawer yn hirach.

Ar gyrraedd yn ôl, ges i 'ngyrru'n syth i weld Tommy Moore, a chyn i mi gael siawns i agor fy ngheg i ymddiheuro nag esbonio, na blasu'r hymbl pai, aeth Tommy off ar un fel nad oeddwn i erioed wedi'i glywed o'r blaen, yn defnyddio iaith nad oeddwn ond wedi clywed ei bath yn nhracia' rasys milgwn Bolton ac Ellesmere Port. Roedd o mor ffiaidd, ac mor bersonol, doeddwn i ddim cweit yn siŵr oedd o o ddifri, a bu ond y dim i mi ddechra chwerthin am funud bach.

Cododd fy nghlustiau pan ddechreuodd o siarad am y 'malu cachu hefo'r ffwcin band na'n chwalu dy ffwcin ben di,' ac awgrymu y byddwn i mewn stŵr go iawn 'tasa rwbath fel hyn yn digwydd eto. Bu'n rhaid i mi dreulio'r gyda'r nos yn sgwennu adroddiad manwl o'r hyn oedd wedi digwydd. Diwedd y gân oedd i Mr Gwallt Mawr gyfadda i ddwyn cyflogau J Holt a chael dirwy gan ynadon Bangor, a bu'n rhaid i Swyddfa'r Post dalu cyfloga J Holt, a rhywfaint o gompo am yr anghyfleustra, a chafodd eich awdur hoff reprimand ysgrifenedig a blob coch swyddogol ar ei record ddisgyblaeth. Pe byddech yn casglu tri blob coch, roedd gan Swyddfa'r Post hawl i'ch diswyddo. Daeth yr ail flob yn fuan ar ôl y cyntaf.

Yn y cyfamser, roedd *Yr Ochor Arall* wedi'i recordio, er mai bychan oedd fy nghyfraniad i'r record. Ges i chwarae gitâr 12 tant acwstig ar 'Dant Y Llew', a chanu 'Aaaaaaa' lot o weithia yn y côr aml drac sy'n canu 'Aaaaaa' ar y dechrau, fel intro i'r intro. Doeddwn i'n meindio dim a deud y gwir – roedd cael bod yno i weld y broses yn ddigon, ac roedd o'n gyfle hefyd i ddod i nabod rhai o gymeriadau eraill 'tîm Maffia' yn well. Ro'n i'n nabod Dafydd Rhys wrth gwrs, y ddau ohonon ni wedi bod yn aelodau o'r Maffia gwreiddiol – fo oedd yn trefnu gigs ac yn rhyw fath o reolwr arnon ni. Roedd Dewi Morris Jones, Dewj i'r hogia, wedi dod i Ysgol Dyffryn Ogwen o Dryfan ar gyfer ei gyrsiau Lefel A, ac roedd hwnnw hefyd yn trefnu petha ar ran y band, ac yn gyrru'r fan. Yn wir, Dewj ga'th afael ar ein fan, yr unig un fuon ni erioed yn berchen arni.

Roedd Dewj yn gawr o lanc, ail reng yn y tîm rygbi, ac yn un o'r bobol rheiny sy'n creu haul a hwyl lle bynnag maen nhw, ond yn drist, darganfuwyd bod ganddo glefyd Hodgkinson, cancr ar y system lymffatig, ac mi gollon ni o, a fynta ond yn ugain oed.

Roedd Non Rhys, chwaer Dafydd a Gruff, oedd yn ffrindiau ysgol hefo Siôn a Deins, yn mynd allan hefo Emyr Pierce (maen nhw'n briod byth), ac mi fu Ems hefyd yn weithgar iawn hefo ni. Fo sgwennodd geiriau 'Cysylltiad' a 'Newyddion Heddiw' a dylunio cloriau 'Da Ni'm Yn Rhan' a 'Nid Diwedd Y Gân.' Heblaw am ei waith creadigol, roedd o a Non wastad yn ffrindiau triw i ni, a wastad yn gwbwl onest hefo'u barn ar ein perfformiadau, neu unrhyw beth oedd yn ymwneud â'r band. Mi fyddan nhw'n dod allan i gigs hefo ni'n aml, a bu bron iawn i betha fynd yn flêr go iawn un nos Sadwrn yn Sarn Mellteyrn. Seimon Glyn oedd yn trefnu, y gig yn yr hen neuadd bentra, adeilad ar yr un model â hwnnw'n Rhiwlas fuo Jenks a finna ynddo hefo cerddorfa'r ysgol, hefo to hanner cylch o shîts haearn corrigêt. Rŵan ta, mae pawb yn gwbod bod rhaid cario arfau os am fentro'n bellach na Phwllheli wedi'r gwyll – Winchester 73 neu Colt 45 – i gadw'r brodorion gwyllt hyd braich, yn enwedig yn

Sarn. Mae 'na dipyn o firi wedi bod yn fanno dros y blynyddoedd. Ro'n i yno un tro, yn nhafarn Ty Newydd, yn chwarae bas hefo Celt fel depiwti i Archie, wedi teithio yno ar fy motobeic ac wedi mwynhau'n arw reidio ar hyd lonydd cefn Pen Llŷn. Roedd hi'n bangar o noson hefyd, y brodorion gwyllt wrth eu boddau ac ambell un, yn ôl eu harfer, yn mynegi'r cyffro a'r mwynhad drwy waldio'i gilydd yn ddu las y tu allan. Yn anffodus i mi, roedd fy hen BMW druan wedi ei ddal yng nghanol y colbio, ac ar ddiwedd y noson ffeindis i'r beic ar ei ochor yng nghanol y ffordd, a gorfod cael benthyg fflachlamp i fynd i chwilio am y wing miryrs mewn cae cyfagos.

Ta waeth, yn ôl yn '84, roedd popeth yn dda yn y Gorllewin Gwyllt tra oedd Gwrtheyrn yn canu ac wedyn, wrth i ni baratoi i fynd i'r llwyfan; a neuadd Sarn yn orlawn. Roedd Non ac Ems hefo ni, Non yn feichiog hefo Llŷr, eu hail fab, ac roedd Pwps, Santa a John Fawr, criw Brynsiencyn fel ro'n i'n eu nabod nhw, yno hefyd. Mae'n beth da eu bod nhw yno hefyd, fel y digwyddodd petha. Ro'n i wedi sylwi, fel roeddan ni'n tiwnio, ar gawr o lanc yn dod i mewn i'r neuadd, ymhell dros chwe throedfedd ac yn gyhyrog eithafol, 'fath ag Arnold Schwarzenegger. Marcus oedd enw'r brawd yma mae'n debyg, digon posib yn hogyn lleol, adra ar wyliau o'r Llynges neu'r Marîns, dwi'm yn saff pa un. Ar ei fraich anferthol roedd ei gariad, hitha'n chwaer i un o'r ffarmwrs lleol, a dyna oedd sail y miri oedd i ddod. Roedd y brawd, neu ffrind i'r brawd oedd yn meithrin syniadau rhamantus tuag at y chwaer, yn methu dygymod â Marcus a'i gyhyrau eithriadol yn ei manhandlo, neu rwbath i'r perwyl hwnnw. Dyna grynswth y stori gawson ni, beth bynnag, ac roedd cynllwyn, parthed Marcus, ar droed ar gyfer y ddawns. Pan aethon ni i'r llwyfan i ganu aeth y lle'n bananas, ac am dair neu bedair cân roedd popeth oedd yn berthnasol i noson o adloniant a cherddoriaeth fyw, yn ddelfrydol a swît. Yna, ar ganol y llawr, neidiodd dau foi ar gefn Marcus a thrio'i dynnu i'r llawr. Taflodd hwnnw'r ddau, megis dolis clwt, i blith y dorf. Aeth y lle'n bananas eto, 'fath â ffeit salŵn mewn Westyrn, ac o'r llwyfan ro'n i'n gweld y frwydr yn suo o un ochor y neuadd i'r llall, 'Ffrindia' gan Maffia Mr Huws yn gyfeiliant. Roedd 'na ffarmwrs yn ymosod ar Marcus o bob cyfeiriad, hwnnw'n colbio hynny allai o, ac roedd 'na garfanau yn ymosod ar garfanau, a'r holl beth yn symud i flaen y neuadd ac i fyny ar y llwyfan. Peidiodd 'Ffrindia' ar ôl y gytgan gynta. Roedd yn rhaid i ni benderfynu pa ddarnau o'n hoffer roedd ganddon ni amser i afael ynddynt yn sydyn er mwyn dianc i'r stafell gefn, a hynny yn syth. Dim ond y gitârs, fel y digwyddodd petha, a snêr drym drudfawr Gwyn. Fydda raid i weddill y dryms, yr amps a phopeth arall sefyll eu tir a gobeithio am y gorau. Ar gyrraedd y stafell gefn, cau'r drws a phwyso yn ei erbyn i drio atal y rhyfel symudol, a sbïo o gwmpas, roedd yn glir nad oedd Deins hefo ni, a dyma Ems yn gofyn lle oedd Non. Doedd hi ddim yno chwaith. Roedd yn rhaid mynd i chwilio amdani'n syth, wrth gwrs, felly allan â ni, i ganol y pandemoniym. Wrth lwc, doedd Non ddim yn rhy bell o'r drws, a llwyddodd y criw i greu llwybr iddi i'r stafell gefn a'i bugeilio'n ddiogel yno. Arhoson ni yno tan y gallen ni glywed fod petha wedi distewi rhywfaint. Mentrodd Siôn, Gwyn, Hefin a fi am y llwyfan, i weld oedd 'na ddifrod i'r gêr, ac yn hapus iawn, a thrwy ryw wyrth, doedd dim. Erbyn hynny roedd y lle'n dew hefo'r glas, cwpwl o gŵn defaid yn eu plith. Nid y rhai du a gwyn, neu frown a gwyn rydan ni mor gyfarwydd â nhw yng nghefn gwlad Cymru, ond y rhai mawr, brown a du, o'r Almaen. Maen nhw'n betha dychrynllyd pan fydd raid, a hynod effeithiol, ac mi beidiodd yr ymladd yn sydyn iawn ar eu hymddangosiad. Yr atgof ola sydd gen i o'r noson honno ydi hyn. Fel roeddan ni'n gadael, gafaelodd boi reit fawr hefo gwallt du yng ngwar boi bach

tena mewn côt Parka. Doeddan nhw ddim yn edrych fel
'tasan nhw'n sibrwd cerddi serch wrth ei gilydd. Clywais
wedyn mai Seimon Glyn oedd y cyfaill hefo'r gwallt du, a'r
fferat fu'n styrio'r cynllwyn yn erbyn Marcus y Marîn oedd y
chief yn y Parka. Clywsom hefyd sut y bu i Deins a'n cyfeillion
o'r ynys wedi arbed y dryms ar amps rhag cael eu stampîdio,
drwy greu tsiaen ddynol a'u hamgylchynu nes oedd y lluoedd
wedi eu hatal. Bosib bod llwyddiant yr amddiffyniad wedi
mynd i ben Pwps, oherwydd iddo drio nadu rhyw ffarmwr
anferth rhag defnyddio un o'r wedges, y sbîcyrs ar lawr y
llwyfan, fel arf drwy roi slap iddo fo dros ei ben hefo stand
meicroffon. Roedd Deins wrth ei ymyl pan ddigwyddodd
hyn, a medda Deins wedyn: 'Nath y boi jyst sbïo i fyny 'fath â'i
fod o'n meddwl ei bod hi'n bwrw glaw.' Roedd y ddau wedi
treulio gweddill y miri'n cuddio o dan y piano.

Wrth sôn am Pwps a Santa a John, dwi'n cofio'r Maffia
yn taro ar y tri ohonyn nhw un pnawn Sadwrn ym Mangor.
Roeddan ni ar cympyni awting, i chwilio am drwmped
newydd i Dafydd Rhys oherwydd bod falf yr un oedd o'n ei
ddefnyddio wedi sticio. Roeddan ni wedi mynd i'r Music
Centre, gyferbyn â lle mae New Look rŵan, ar y Stryd Fawr.
Siop organs drydan oedd hi fwy na heb, ac roedd y boi oedd
bia'r lle yn chwarae jazz yn y bar yng Ngwesty 70 Gradd yn
Hen Golwyn.

Yn y siop, roedd Daf wedi gofyn a fyddai'n cael trio un
o'r trwmpedau, a gwrthododd y chief oherwydd bod Daf
wedi bod yn byta cacan ar ei ffordd i mewn yno, ac y bydda'n
rhaid iddo gael diod o ddŵr er mwyn golchi ei geg cyn y câi
chwythu ei gorn o, math o beth. Doedd o ddim am
ddarparu'r dŵr chwaith, felly bu'n rhaid i Daf fynd i'r Castle
Hotel gyferbyn am ei ddiod. Pan ddaeth yn ôl, triodd
drwmped am ryw bum munud fach, a phenderfynu ei brynu.
Ond fel roedd o'n sgwennu siec am £80, daeth dyn i mewn
i'r siop hefo trwmped i'w werthu, a'i werthu i Daf am £30.

Roedd Mr 70 Gradd yn berwi, ac mi gawson ni'n hel o'r siop.

Ar ein ffordd i lawr y Stryd Fawr oeddan ni pan welson ni Santa, Pwps, a John, a deud be ddigwyddodd. Dyma ddechra cynllwynio. Yn ôl â ni i gyd i'r Music Centre, ond y tro hwn, arhosodd pawb tu allan ac allan o'r golwg, ac aeth John Fawr i mewn a chymryd arno'i fod o'n meddwl prynu organ drydan. Mae gan John lais 'fath â ffoghorn beth bynnag, ond roedd o'n gneud ati hefyd er mwyn i ni tu allan fedru clywed yr hyn oedd yn cael ei ddeud. Clywsom: 'Wat abawt ddus wan hîyr?' a mwmian y chief yn rhoi'r spiel iddo, a John wedyn: 'And iôr telun mi ddus wan us tŵ thawsyn tŵ hyndryd an' nainti nain pawnd.' Ro'n i'n cofio pa un oedd hi hefyd, y ddryta yn y siop, a'r fwya – 'sa'n raid i'r sawl 'sa'n prynu'r peth gael stafall arbennig iddi. Ar ôl tua chwarter awr o'r malu awyr, dyma John yn deud: 'Iess, ai thinc ail têc ut, let mi get mai siec bwc,' a dyna oedd ciw Pwps i fynd i mewn, cyfarch John fel hen ffrind colledig, ac ar ddarganfod y bwriad i brynu'r organ, deud:

'Ai got wan of ddôs ai want tŵ get rud of. Iw can hafut ffor ffuffti cwud,' Dyna'r ciw i'r gweddill ohonan ni ymddangos yn y ffenast a chodi'n dwylo fel 'tasan ni'n gorffan nymbyr fawr mewn sioe gerddorol yn y West End. Ta-raaa! Hen hwyl diniwad ynte.

Ar droad 1984 daeth perthynas eich awdur hefo'r Post Brenhinol i'w derfyn anochel. Roeddan ni'r Maffia wedi canu ryw nos Fercher yng nghlwb nos Bron Eryri, yn nhopia Llanberis, yn agor y noson i Mochyn 'Apus. Roeddan ni wrth ein boddau yn cael y cyfle i rannu'r llwyfan hefo Tich Gwilym, Daf Pierce, Dai Tanc, Dewi Pws a Dyfed Tomos, ac roedd yn fraint cael bod yno i weld eu prawf sain. Dwi wrth fy modd hefo profion sain; mewn sawl ystyr mae'n well gen i'r prawf sain na'r perfformiad. Ta waeth, roedd hon yn mynd i fod yn noson od – roedd 'na rwbath yn yr awyr, ac yn wir, roedd 'na rwbath ar droed. Myfyrwyr Bangor oedd cyfran helaeth o'r gynulleidfa, a phan aethon ni ymlaen i ganu, roedd yr adwaith ganddyn nhw'n or-frwdfrydig rhywsut, ddim cweit yn taro deuddeg. Yn ddiarwybod i ni, roeddan nhw am wneud 'safiad gwrth Mochyn 'Apus' am eu bod nhw'n fand 'cyfryngis', ac mi naethon nhw drio tanseilio'u perfformiad trwy weiddi 'Maffia! Maffia!' drwy gydol eu set. Roeddan ni isho marw o gywilydd – roedd yr hogia yma'n arwyr i ni. Ta waeth, ar ddiwedd y noson, daeth Siôn, Gwyn, Deins a Hef yn y Dduwies Werdd hefo fi ac am adra, hitha'n tresio bwrw. Wrth drio troi i'r gyffordd am ffordd Llanrug, aeth y car yn syth ymlaen mewn acwa-plên ar y dŵr, tarodd yr olwyn flaen ochor chwith ymyl y pafin ac aeth y car i fyny ar y pafin cyn stopio. Roedd yr olwyn wedi plygu o dan y car, a'n siwrna wedi dod i ben am un o'r gloch y bore mewn monsŵn ar gyrion Llanberis.

Aeth Hef yn ôl am y pentra i ffonio Les, i weld oedd Joe Hat ar gael i ddod i'n nôl ni ym Menna, fan Maffia Roedd o wedi ei benthyg ar gyfer mynd a rhyw geriach i Lundain, ac i fod wedi cyrraedd yn ôl yn gynharach y noson honno. Daeth Hugo yn ei ôl, yn socian, i ddeud y bydda Joe Hat ar ei ffordd rywbryd yn y dyfodol agos. Pa mor hir ydi pishyn o linyn? Yn y cyfamser, roedd Gwyn yn poeni ac yn crensian ei ddanadd oherwydd ei fod wedi gadael ei gôt bob tywydd, anrheg gan ei fam, yn y clwb. Roeddan ni wrthi'n trafod be ddylid ei neud ynghylch y peth pan welson ni ffigwr truenus yn trampian tuag aton ni o gyfeiriad Llanbêr, ac wrth ddod yn nes, gwaeddodd: 'sumai hogia,' ac mi fuo 'na fymryn o sgwrs am be oeddan ni'n neud 'di parcio'n fama yn y fath dywydd ac yn y blaen, a ninna'n deud ein bod wedi canu'n Bron Eryri, ac o ia, dyna lle oedd ynta 'di bod hefyd; cyn i Gwyn ddeud, yn ddistaw:

'Dwi'm yn cwylio hyn, 'y nghôt i 'di honna,' am y gôt bob tywydd roedd y chief yn ei gwisgo.

'Ti'n siŵr?' gofynnais.

'Yndw, berffaith,' atebodd Gwyn. Roedd hi'n edrych yn ofnadwy o debyg, hyd yn oed yn y tywyllwch a'r glaw mawr, ac mi oedd hi'n ddipyn o stredj ar gyd-ddigwyddiad bod Gwyn wedi colli côt union 'run fath yn yr union westy roedd y brawd newydd gerdded ohono. Ta waeth, agorodd ein drymar y drafodaeth.

'Lle gest ti'r gôt 'na?' gofynnodd.

'Fi bia hon,' medda'r brawd. Dwi'm yn deud, roedd o'n chwil gachu, ond roedd o hefyd mewn sefyllfa go tŵ jêl, go dairectli tŵ jêl, dw not pas go, dw not colect tŵ hyndryd pawnds.

'Naci, fi bia hi,' medda Jôs Jiwniyr, 'a dwi isho hi'n ôl.'

Mae gan Gwyn ffordd ddiplomataidd wych mewn sefyllfaoedd fel hyn, ac mi aeth ati i gysuro'r chief hefo'r ffaith syml bod y gôt yn mynd i gael ei dychwelyd, un ffordd neu'r llall, ac y byddai'n well i bawb 'tasa fo'n gwirfoddoli. Yna cofiodd Gwyn fod yna brawf pendant mai fo oedd bia'r gôt, a dyma fo'n gofyn yn garedig am gael gweld tu mewn i'r goler. Yn fanno, wedi'i wnïo i'r defnydd gan ei fam, oedd label enw, hefo Gwyn Jones wedi ei sgwennu arno. Bang tŵ raits, dyma'r chief bach yn tynnu'r gôt a'i dychwelyd.

'Sori 'ogia. Hwyl 'ogia.'

I ffwr â fo i gyfeiriad Llanrug yn ei grys T bach yn y glaw mawr. Yn fanno fuo ni tan tua thri'r bore, ac o'r diwedd landiodd Joe Hat yn Menna 'n cludo adra i'r Bwthyn. Rhois fy nghloc larwm i ganu am 7.30 er mwyn codi i fynd i 'ngwaith, ond gan mai cloc larwm cyffredin oedd o ac nid bom niwcliar, hwyliais yn braf drwyddo ar long trwmgwsg a deffro'n naturiol yn fy amser fy hun, am hanner dydd. Ow cachu hwch.

Ffoniais y gwaith yn syth. Penderfynodd ffawd mai Nia fyddai'n ateb y ffôn, hithau wedi cael ei galw i mewn ar ei diwrnod i ffwrdd i weithio, am nad o'n i wedi troi i fyny.

Roedd Nia yn trio gwerthu ei thŷ ac wedi gorfod canslo pobol oedd i fod i ddod i'w weld o, yn gandryll am y peth, ac yn ei rhoi hi i mi mewn iaith blaen a'r termau cryfa. Wedi'r ddarlith hir, ddiflas gan Nia, bu'n rhaid siarad hefo Audrey, byta tafall go hegar o'r bei honno, ac ymddiheuro. Wedyn y gwnes i'r camgymeriad, neu'r penderfyniad iawn, dibynnu pa ffordd 'dach chi'n sbïo arni. Eglurais am y ddamwain, y cyrraedd adra yn yr oria mân a chysgu trwy'r larwm, ac roedd 'na ffans a chachu'n taro'i gilydd dros y lle i gyd.

Fore Llun, yn lle toriad panad, ges i fynd i weld Vernon, hefo'i dwitch a'i luthp, i ganfod be oedd fy nghothb. Colli diwrnod o gyflog, diwrnod o wylia, cael ail flob coch ar fy record disgyblaeth, ac wedyn hon; roeddan 'nhw' yn meddwl y bydda'n well i mi benderfynu rhwng fy 'ngyrfa' yn y swyddfa bost, a'r 'grŵp pop' ro'n i'n aelod ohono, oherwydd ei bod hi'n glir bod yr aelodaeth honno'n amharu ar fy ngwaith. Arwyddais y ffurflen ymddiswyddo cyn gadael swyddfa Vernon, ac o hynny ymlaen ro'n i'n gweithio 'mhythefnos o notus.

Dwi'n cofio'r dydd Llun cynta i mi fod yn ddi-waith. Aeth Siôn a Gwyn a fi i lawr i'r stryd am dro, ro'n i'n gwisgo bŵts cowboi, gawson ni bei stêc a cidni, peint a gêm o ddarts yn y King's. Dwi'n cofio teimlo fel taswn i'n chwarae triwant. Ddois i i arfer yn reit sydyn, cofiwch, hefo peidio gorfod mynd i Swyddfa'r Post bob dydd, a chael ffestro yn fy ngwely nes 'mod i'n teimlo fel codi. Er bod gen i fy stafell fy hun, yn aml iawn mi fyddwn i'n cysgu ar y camp bed yn stafell Gwyn; ein dau, weithia Siôn hefyd, yn siarad a malu tan yr oria mân, a chysgu fwy neu lai drwy'r dydd wedyn. Yn wir, roeddan ni weithiau'n canslo diwrnodau cyfa.

'Na' i byth anghofio deffro tua hanner dydd un diwrnod – roedd hi'n tresio bwrw allan, y to'n gollwng o gwmpas y ffenast dormyr a'r dafnau'n disgyn i'r ddwy sosban ar lawr yn chwarae rhythm 'plip-plip-plwp; plip-plip-plwp. Codais ar fy mhenelin yn y camp bed a sbïo ar Gwyn, oedd hefyd wedi codi ar ei benelin, yn smocio'r sbliff roeddan ni wedi'i ddobio allan ar ei hanner y noson cynt.

'Bora da, Mr Williams,' medda fo, a phasio'r joian drosodd.

'Diolch, Mr Jones, a bora da i chitha.' Fel'na y buon ni, yn gwrando ar y plip plip plwpian, tan y gorffennodd y smôc.

'Cansyl?' gofynnodd Mr Jones.

'Cansyl,' cadarnhaodd Mr Williams, ac aethon ni'n ôl i gysgu tan tua saith o'r gloch y nos, codi, cael panad a thost, a mynd ar ein penna i'r King's Head am y noson. Roedd hi'n sefyllfa od. 'Tasan ni wedi bod yn chwarae mewn band er mwyn gwneud pres, bosib y byddan ni wedi trin yr holl beth yn hollol wahanol, yn fwy fel busnas. Ond doedd gan yr un ohonon ni ddiddordeb yn yr ochor yna o'r peth, a rhwng pres gigs a phres dôl a rhent, roedd ganddon ni ddigon i fyw a chynnal y band, ac roeddan ni'n ddigon hapus.

Ar ddechrau'r wyth degau, cyn i Thatcheriaeth gael gafael, roedd bod ar y dôl yn eitha rhwydd o'i gymharu â sut mae petha rŵan, ac yn haws fyth i ni achos roedd ganddon ni dwrch daear yn gweithio yn y swyddfa yng Nghaernarfon. Os basan ni i ffwrdd yn gigio neu recordio ar ddiwrnod seinio, yr oll oedd angen oedd galwad ffôn i 'Kevin', ac mi fydda 'Kevin' yn arwyddo drostan ni. Aidial 'ta be? Ond am ryw reswm, mi stopiwyd ein dôl. Wel, roeddan ni yn gweithio, ac yn ennill, ond y gwir oedd bod bob ceiniog o'r 'enillion' yn talu i gynnal y band, yr offer, y fan, talu am amser stiwdio ac yn y blaen. Wrth gwrs, doedd y ddadl yma ddim yn dal dŵr hefo'r DHSS, ond y munud gawson nhw lythyr o ymholiad cwrtais ar ein rhan ar bapur y Tŷ Cyffredin gan Dafydd Wigley AS, yn rhyfeddol, gawson ni'n dôl yn ôl, hefo ad-daliad llawn. Diolch Mr Wigley, a Meurig King's Head, a adawodd i ni redag llechan anferthol tu ôl i'r bar, a Meg Burnell annwyl, oedd berchen siop chips canol stryd, a fyddai'n ein bwydo ni'n hael, yn rhad ac am ddim, gydol yr amser fuon ni ar ein tinau. Mae hi'n un o'm hoff bobol yn y byd i gyd – ma' ganddi hi galon o aur a llais 'fath â Lee Marvin. Fuo Les, ei gwr, yn canu yn y 6 Ds hefo Dafydd Bullock a Fred Doyle.

Ta waeth, ar ddechrau 1984 roedd 'na dipyn yn mynd ymlaen. Roedd *Yr Ochor Arall* wedi'i rhyddhau ac yn cael adolygiadau ffafriol, ac roedd y caneuon newydd arni hi'n cael ymateb da yn fyw. Roedd sôn am neud record arall cyn diwedd y flwyddyn. Roedd ein cwmni recordiau annwyl, Sain o Landwrog, wedi lluchio tedi allan o'r pram ar gownt y clawr. Mae'n debyg i Dafydd Iwan, cyfarwyddwr y cwmni ar y pryd, ddeud mai hwn oedd y clawr hylla a dryta yn hanes y cwmni. Drud achos y cynllun dybyl gêtffold lliw, mae'n debyg, ond hyll? Coesa siapus Kevin 'Taff' Roberts, yn ei sana shifftars deniadol? Be haru'r dyn 'dwch? Beth bynnag, mi ddeudodd Sain wrthan ni na fydda 'na geiniog o freindal nes iddyn nhw gael costau'r clawr yn ôl, ar ben costau'r stiwdio. Dwn i'm faint o weithiau dros y blynyddoedd dan ni wedi trio ffeindio allan faint o gopïau gafodd eu gwerthu, ac erioed wedi cael ateb strêt, wastad rhyw stori fawr gymhleth ynglŷn â'r peth.

Y digwyddiad mawr nesa i'r band oedd Noson Wobrwyo *Sgrech*, ym mhafiliwn Corwen ym mis Mawrth '83. Eleni roedd hi'n edrych yn debyg y byddai gwobr y Prif Grŵp ar y cardiau, ac o bosib Albym y Flwyddyn hefyd. Roedd hi'n noson wych. Nic Parry, sy'n farnwr erbyn hyn ac yn sylwebydd pêl-droed amlwg, wrth gwrs, oedd yn arwain y noson – 'na i byth ei anghofio fo'n sefyll ar y llwyfan yn deud: 'Diiiim papur! Sbiiiwch, diiim papur!' mor ddramatig â 'tasa fo'n disgrifio gooool gan Crrrêig Belami, a stumio hefo'i law wag. Dim papur, oherwydd ein bod wedi sgubo'r pleidleisiau i gyd, fwy neu lai, ac mai'n enw ni fyddai'r unig un ar y papur, 'tasa ganddo fo un. A dyma fo'n cyhoeddi: 'Prrrif Grrrŵp Cymrrru, miiil naaaw wyyyth trrrrriiii, Maffia Mr Huuuuws!' ac i mewn â ni i 'Hysbysebion'. Mae 'na glips o'r noson ar Youtube, a'r tro cynta i mi sbïo, roedd hynny drwy fwlch bach yn fy mysedd, gymaint oeddwn i ofn yr embaras.

Mae fy ymddangosiad corfforol yn adlewyrchiad teg o'm ffordd o fyw ar y pryd – hynny yw peis, chips, cyrris a chwrw. 'Nes i Sesiwn Unos ar Radio Cymru C2 llynedd (2011) hefo Gai Toms, Alex Moller, Idris Morris Jones, Ifor ap Glyn ac Aneurin Karadog. Un o'r chwe chyfansoddiad y chwydon ni allan yn ein deuddeg awr ydi 'Welson ni'r Madonna'. Y llinell gynta ydi: 'Dwi wrth y bar yn gasgan gwrw ar y stôl,' a dwi'n fy ngweld fy hun yn y clip Youtube pan dwi'n ei chlywed.

Erbyn noson *Sgrech*, roedd fy giamocs perfformiadol wedi sadio'n sylweddol ers dyddiau afreolus Pesda Roc a Steddfod Llangefni '83. Un rheswm am hynny oedd i Gwyn, ein Ban Ki Moon, gael ei ethol i 'nhynnu i un ochor yn Stiwdio Sain yn ystod recordio'r albym, am air i gall bach, lle gwnaed yn glir nad oedd y gweddill, yn enwedig Hef, yn rhy hoff ohona i'n rhedeg o gwmpas, sglefrio ar fy mhenna gliniau fel hogyn bach mewn parti priodas a phendoncio 'fath ag Angus Young ar sbîd. Roedd fy ngwaith ar y gitâr angen ei symleiddio a'i dynhau rywfaint hefyd, yn ôl y datganiad diplomataidd, a chwarae teg i Jôs Jiwniyr, tarodd ei eiriau y targed. Mae'n rhaid bod cryn drafod wedi arwain at y foment honno – pur anaml y bu i neb ddeud y drefn wrth neb arall yn unswydd fel'na, heblaw am y brodyr Jones, wrth gwrs, oedd yn ffraeo fel ci a chath rownd y fedlan. Ta waeth, tydi'r clips Youtube ddim yn rhy ddrwg, ddim yn rhy boenus. Dwi'n cofio gweld Mam a Dad ar y noson, wedi i ni ganu, ac ro'n i wrth fy modd eu bod nhw wedi trafferthu gyrru drwy'r eira i Gorwen i fod yno. Dwi'n cofio meddwl hefyd fod 'na rwbath chydig yn rhwystredig o'u cwmpas nhw, ond ddaeth hynny ddim i'r wyneb tan wythnos neu ddwy yn ddiweddarach, pan ges i wbod bod eu priodas yn datgymalu, a hynny wedi chwarter canrif. Amser rhyfedd, poenus, trist i'r teulu i gyd, a phawb yn adweithio mewn ffordd wahanol. Does fawr fedar rhywun neud ond bod yna i'r sawl sydd ei angen, am wn i. Triais neud hynny, ond mi o'n i'n ddigon hapus nad oeddwn yn byw adra pan ddigwyddodd y rhwyg rhwng Mam a Dad. Mi oedd Danny yno, ac roeddwn i'n teimlo drosto fo'n arw.

Ychydig wedi'r noson wobrwyo, ffarweliodd Hefin a hel ei bac am Lundain, ac roedd fy amser i gamu o ochor dde'r llwyfan i'r canol wedi cyrraedd.

Yng Nghlwb Blaendyffryn, yn Horeb, Sir Gaerfyrddin, y digwyddodd hynny, yn un o brif gigs y gorllewin, a thiriogaeth Ail Symudiad a'r Diawled. Nid bod 'na unrhyw elyniaeth, dim ond dipyn o 'gadw llygad' ar y gystadleuaeth. Yn wir, 'dan ni wedi bod yn ffans o Ail Symudiad ar hyd y blynyddoedd – mae llawer o'u caneuon yn glasuron, ac ro'n i wrth fy modd yn gwrando arnyn nhw yn noson 50 Cymdeithas yr Iaith eleni. Ta waeth, yn neuadd orlawn Blaendyffryn yn '84, chwarter awr cyn mynd ar y llwyfan am y tro cynta fel canwr Maffia Mr Huws, prif grŵp *Sgrech*, roedd eich awdur yn cachu plancia. Doedd 'na ddim datganiad i'r wasg, na ffonio'r BBC i ddeud wrth Richard Rees, na 'run gair cyhoeddus i ddeud bod Hef wedi gadael y band, doedd y peth ddim wedi croesi meddwl neb.

Agoron ni'r set hefo 'Hysbysebion', ac ar ei diwedd, roedd 'na ddistawrwydd yn lle sŵn byddarol cymeradwyaeth, ac mi ddois i'n ymwybodol fod pobol yn sbïo arna i fel taswn i newydd sbrowtio ail ben, ac wedyn mi ddois yn ymwybodol fod y floedd o 'Hefin, Hefin,' ar gynnydd ymhlith y dorf. O grêt, ac i roi'r tun hat arni dyma fi'n agor fy ngheg fawr stiwpid a deud: 'Sori ond ma' Hefin

Huws wedi gadael y band a mynd i Lundain i weithio,' neu rwbath yr un mor hurt. Ges i fy achub gan Siôn yn chwarae intro 'Cysylltiad', ac roeddan ni ar ein ffordd i droi'r sefyllfa rownd. Pen i lawr a drwy'r set, dim mwy o falu cachu, dim lol. Erbyn diwedd y noson, roeddan ni wedi llwyddo, ac roedd y lle'n bowndian.

Roedd adwaith y gynulleidfa'n fwy i neud hefo poblogrwydd y band a'r caneuon, ac wrth gwrs alcohol, nag unrhyw beth arbennig gen i, dwi'n siŵr, ond ro'n i mor hapus i gael yr un gynta o dan fy melt, ac yn fwy na dim, cael sêl bendith Siôn, Gwyn a Deins. Eu grŵp nhw oedd y Maffia, wedi'r cwbwl, ac roeddan nhw wedi cymryd siawns arna i hefo'u gwaith gwerthfawr. Ges i feirniadaeth ffeind iawn gan Dafydd Pierce, flynyddoedd wedyn, wrth recordio *Twthpest Oson Ffrendli* hefo fo ym Mhlas Dinefwr. Roedd o wedi'n gweld ni ym Mlaendyffryn, ac medda fo: 'Roedd hi'n sefyllfa sinc or swim i chdi, and iw swam.' Do beryg. Felly bu'r cynllun o 'nghael i i setlo cyn i Hef fynd yn un llwyddiannus, ac roeddan ni hefyd wrthi'n sgwennu eto, ac roeddwn i ar dân isho mynd i'r stiwdio i ganu'r tiwns newydd, er mwyn cael teimlo 'mod i, o'r diwedd, yn cyfrannu go iawn. Bu trafodaethau rhwng Sain, Dafydd Rhys a Gwynfor Dafydd, oedd yn ein cynrychioli ni, a Moz, yr un roeddan ni isho i gynhyrchu, a phenderfynwyd y byddan ni'n creu albym hefo pedair cân newydd wedi eu recordio'n Stiwdio Moz yng Nghwm-twrch, Cwmtawe, a phedair wedi eu recordio'n fyw ym Mhesda Roc '84 hefo stiwdio symudol Sain, a'i dybio a'i chymysgu yn Stiwdio Sain ei hun. Cyfansoddodd Siôn riff 'Da Ni'm Yn Rhan O'th Gêm Fach Di' un diwrnod pan oeddan ni'n jamio sgancs, bîts a jabs reggae, yn y stydi un pnawn. Ro'n i wedi taro llinell neu ddwy ar bapur yn ymwneud â 'jôc' Ronald Reagan am fomio Rwsia, ac o fewn ychydig wedi taro ar alaw iddyn nhw oedd yn mynd yn braf hefo'r cordiau. Erbyn diwedd y pnawn roedd y darnau i gyd yna, fwy ne' lai, ond roedd y gân angen rwbath i'w glynu at ei gilydd. Ro'n i wedi dechra trio llinellau o harmoni hefo'r hwc, y lein 'Da ni'm yn rhan o'th gêm fach di,' yn canu'r alaw ac wedyn yr harmoni, ac wrth fy nghlywed fy hun yn ateb fy hun, os dach chi'n gwbod be dwi'n feddwl, ges i'r syniad o fynd rownd y band, bob un yn canu ei linell yn unigol a'r gweddill yn ei ateb mewn harmoni. Y gamp fwya oedd perswadio'r hogia i ganu, ond unwaith ro'n i wedi llwyddo, doedd na'm stopio arnyn nhw. Gawson ni lot o hwyl a chanu allan o diwn wrth i'r hogia ffeindio'u rênj ac ati, ac mae gynnyn nhw leisia canu da, wel, heblaw am, madda i mi Gwyn, Gwyn. Ond mae Jôs Jiwniyr yn barddoni'n rhythmig gyda'r gora. Fo sy'n canu'r 'Da ni'm yn rhan' ola, ac mae o'n swnio'n grêt ar y record. Mae'n un peth canu mewn stiwdio, lle mae'r offer a'r adnoddau a'r sŵn yn ddelfrydol, lle ceir ail gyfleon nes hoelio'r perfformiad, a phan fydd rhywun yn ffresh ac yn canolbwyntio ar un peth yn unig. Yn fyw ar lwyfan, roedd hi'n stori wahanol. Roedd canu'r lein ola 'na, y nodau isel, wrth chwarae dryms, ac fel rheol heb fedru clywed ei hun, yn her dra gwahanol. Nid ansawdd a safon y canu yn y darn acapela sy'n bwysig, ond ei bod hi'n gyfle i'r gynulleidfa ymuno, a gweld yr hogia eraill yn mynd amdani hefo'u lleisiau, felly pan weithia'r harmonis yn dda, gora oll, a phan oeddan ni'n swnio fel anifeiliaid yn cael eu lladd, roedd hi'n hwyl, a phobol yn gwerthfawrogi'r ymdrech. Ond roedd rhoi meic i Gwyn fel rhoi trwydded 007 iddo fo, laisens tŵ sing, ac mi fydda fo'n ymuno ym mha bynnag gytganau a gymerai ei ffansi, yn udo a hefru fel heffar yn trio geni llo wysg ei ochor. Ma' raid i mi gyfadda 'mod i wedi, fwy nag unwaith, cyfarwyddo'r peiriannydd sain i roi sianel meicroffon Gwyn ar miwt ar y micsar, a gadael iddo floeddio'i hun i dragwyddoldeb tu ôl i'w ddryms, ddim mymryn callach na fyddai neb yn ei werthfawrogi, oherwydd nad oedd neb yn ei glywed. Dwi'n canmol ei frwdfrydedd, cofiwch, ac yn dallt yn iawn, ond canu cefnogol, a chanu harmonis yn enwedig, ydi un o'r jobsys anodda, os nad *y* joban anodda mewn miwsig pop a roc, yn fy marn i, ac mae hi mor bwysig eu cael nhw'n iawn. Does dim yn y byd fel harmonis allan o diwn i ddifetha cân – maen nhw'n tynnu sylw oddi wrth bopeth arall. Gwell peidio'u cael nhw o gwbwl.

Un o'm hoff bethau ydi recordio llais cefndir mewn stiwdio – mae'r boddhad a'r pleser o hoelio harmonis neu linellau sy'n gweithio oddi ar yr alaw yn anodd ei guro. Mae 'na wefr od iawn mewn harmoneiddio hefo fy llais fy hun hefyd, am nad ydi hynny'n bosib yn y byd go iawn. Ta waeth, y chwarae 'cwestiwn ac ateb' yn y canu oedd be glymodd 'Da Ni'm Yn Rhan' at ei gilydd, yn gyson hefo'r teimlad o gwestiwn ac ateb yn y riff, y scancs a'r llinell fas.

Ym Mehefin 1984, aethon ni i lawr i stiwdio Moz yng Nghwm-twrch, i ddechrau'r gwaith o recordio pedair cân, 'Da Ni'm Yn Rhan', 'Cigfran', 'Ti'n Fodlon' a 'Halen Ar Y Briw'. Roeddan ni i gyd wedi cyfansoddi'r gerddoriaeth, fi sgwennodd geiria 'Da Ni'm Yn Rhan' a 'Ti'n Fodlon', roedd Dafydd Rhys a fi wedi sgwennu geiriau 'Cigfran', a Dafydd a Gwynfor Dafydd wedi sgwennu geiriau 'Halen Ar Y Briw'. Ems Pierce oedd yn gyfrifol am gynllun y clawr. Roeddan ni wrth ein bodda hefo'r cynllun, ac mae o'n drawiadol iawn. Biti na fysa'r argraffwyr wedi ei ddilyn yn driw. Mae'r disiau'n disgyn drwy'r gofod coch, sy'n newid i wyn yn eitha sydyn a thrwsgwl tua hanner ffordd i lawr. Yn y cynllun gwreiddiol, roedd y newid hwnnw gymaint yn fwy graddol a chywrain, ac yn creu delwedd fwy 3D. Ond dyna ni, allen ni neud dim ynghylch y peth. Nefar in Iwrop oedd Sain yn mynd i roi dwylo'n bocad am ailargraffiad. Roeddan nhw'n dal i bwdu ar ôl clawr *Yr Ochor Arall*.

Ta waeth, yn ôl yn stiwdio Moz, oedd wedi'i adeiladu mewn sgubor ffarm ym mhen draw lôn gul oedd yn torri ar draws cwrs golf Cwm-twrch, roedd y gwaith yn asio yn berffaith a chyson o ran sŵn, perfformiadau, trefniant, a phob peth arall. A bod yn deg iddo fo, roedd Moz yn fodlon gweithio oriau hirach na neb, ac yn fodlon treulio amser di-ben-draw i gael y manylion lleiaf yn iawn. Un tro, treuliodd dridia yn cael sŵn y dryms fel oedd o isho, yn cynnwys cael hyd i John 'Pugwash' Weathers, drymar Man, i gael benthyg snêr, y springs sy'n ista ar groen gwaelod y snêr-drym. Roedd ganddo fo dechneg hefyd o ddwbwl tracio, sef recordio pob perfformiad o rannau'r bas, y gitârs a'r lleisiau dwywaith, un ar bob ochor i'r sbectrwm stereo, ac un wedi ei recordio fymryn yn arafach na'r llall. Roedd hyn yn creu effaith o gyfoethogi'r sain a chreu fframwaith cadarn i'r recordiad. Roedd o hefyd yn cymryd am byth, ond roedd Moz yn benderfynol, ac yn fodlon ista'n amyneddgar am yr holl oriau, drwy'r holl gynigion, tan oedd ein perfformiadau'r gorau fedran nhw fod.

Roedd Moz hefyd yn obsesd hefo glendid ar y traciau. I'r perwyl yma, ar ôl i mi recordio'r llais mi fydda Moz yn dileu'r anadlu rhwng y cymalau a'r llinellau, er mwyn i'r trac fod yn lân. ''S gôrra bi clîn, sî bois, ffyc ai, gôrra bi clîn.' Mi fydda fo'n gweithio ymlaen pan fydda pawb arall yn cysgu hefyd. Es i allan i'r buarth tua thri o'r gloch un bora, hefo panad a smôc, wedi cael fy neffro gan gytgan o chwyrnu gan Deins a Gwyn. Roeddan ni'n cysgu ar gamp beds yn stafell sbâr tŷ'r Morrisiaid, yn cael ein deffro bob bore gan Jamie, mab tair oed Moz a Christine, weithiau fel hyn: 'GERRYP, GERRYP, MAAMI SEZ BREEECFFAAST'S REEEDIII,' ac weithiau mewn modd mwy corfforol. Un tro, cafodd Siôn ei ddeffro trwy gael ei waldio dros ei ben hefo garej degan Corgi fawr blastig.

Allan ar y buarth, ro'n i'n gweld golau'n dod o'r stiwdio, felly tarais fy mhen rownd y drws, i weld Moz yn ista wrth y micsar Trident mawr, yn gwrando'n astud ar rwbath ro'n i'n methu'n glir â'i wneud allan.

'Iawn Moz,' medda fi, 'what are you listening to?'

'Reverbs, myn,' medda fo. 'Checkin the reverb on the guitar isn't clashin with the reverb on the vocals.' Pawb at y peth y bo, sbo.

'Panad Moz?' 'Ai myn, ta.'

'Nes i banad iddo fo, ac ista am chydig yn rhyfeddu at ei ymroddiad a'i amynedd, cyn suddo'n ôl i 'ngwely.

Roedd y profiad o recordio hefo Moz wedi rhoi golwg i mi ar y gymuned gerddorol yn ardal Abertawe yr oedd Moz yn rhan ohoni, fynta'n gitarydd disglair ei hun. Bandiau fel Man a Racing Cars, oedd yn gysylltiedig hefo Tich Gwilym a'r Cadillacs, band Meic Stevens wrth gwrs, a'r cysylltiadau hefo chwaraewyr a bandiau yn y cymoedd a Chaerdydd, fel Budgie a Sassafras. Ro'n i wedi gweld y ddau fand rheiny flynyddoedd ynghynt ar *The Old Grey Whistle Test*, a dwi'n cofio gweld Myfyr Isaac hefo gwallt at ei felt ledar yn ei shredio hi ar y gitâr hefo Budgie. Bu Gwyn mewn band o'r enw Superclarks, hefo Tich a Burke Shelly, canwr a baswr Budgie, ac mi fuon ni yn y Music Factory, stiwdio Dai Shell, gitarydd Sassafras, i recordio'r gerddoriaeth ar gyfer y ffilm ddogfen Awê yn 1987: Dai yn peiriannu a Geraint Jarman yn cynhyrchu. Dyddiau da, a chymeriadau difyr.

Ta waeth, fel y newidiodd haf 84 i hydref, roeddan ni'n teithio o Besda i Gwm-twrch fwy neu lai yn wythnosol i weithio ar y record, ac roedd Moz wedi bod i fyny yn Stiwdio Sain am benwythnos, i oruchwylio'r dybio a chymysgu'r caneuon byw o set Pesda Roc. Roedd 'na fwy o waith ar y rheiny na'r disgwyl, hefyd. Mi fuon ni'n stryglo'r noson honno, dwn i'm oedd gwbod ein bod yn cael ein recordio yn fwrn isymwybodol 'ta be, ond i mi roedd hi'n teimlo fel bod popeth jyst shedan allan o sync, do'n i'm yn medru deud os o'n i'n canu fymryn yn siarp, roedd y tempos yn teimlo'n rhy gyflym neu'n rhy ara deg, doedd petha jyst

ddim yn ista'n iawn. Mae o'n deimlad erchyll. Ro'n i wedi
cael dechra digon trychinebus hefyd. Ges i fenthyg Fender
Strat gan Len Jones, gitarydd Brân, Rhiannon Tomos,
Maggs a Louis a'r Rocyrs ymhlith eraill – roedd Len yn
gwneud y PA hefo Brian Griffiths. Roedd y gitâr yma wedi
bod ym meddiant Siôn am sbel, a Tich Gwilym cyn hwnnw,
ac roedd Len wedi'i phrynu gan Siôn a gneud cryn dipyn o
waith arni, yn cynnwys cael ei hail-beintio'n broffesiynol,
mewn gwyn matt. Del iawn oedd hi'n edrych hefyd arna i,
tan, ar ddechrau 'Hysbysebion' y torrodd y strap, a
disgynnodd y Stratocaster ysblennydd adnewyddedig i'r
llawr hefo twrw dychrynllyd. Roedd gwep Len yn y wagan
gymysgu o 'mlaen, yn bictiwr. Fel y soniais, roedd gweddill
y perfformiad yn frwydr. Fel y debâcl yn Undeb Myfyrwyr
Bangor hefo India, mae gigs fel'na yn brofiad, ac yn addysg
hanfodol. Roedd hi fel y syndrom ail noson sy'n cael ei
drafod yn y theatr – ymlacio gormod ar ôl adrenalin ac egni'r
perfformiad agoriadol. Roeddan ni wedi chwarae'r noson
cynt, yn ffarm Tai Hirion yn Nebo, i lawr yr A5, heibio
Betws-y-coed ac i'r chwith cyn afon Ceirw – ac wedi cael
clincar o noson a'r lle'n bowndian, ac roeddan ni'n hyderus
fod y gig wedi ein paratoi'n berffaith ar gyfer yr un fawr adra
ym Mhesda. Anghywir (eto). Felly bu'n rhaid i Mozwald
weithio'i hud hefo ni yn Stiwdio Sain, yn dybio ac
ailgymysgu 'fath â dyn o'i go.

Cyn cychwyn ar recordio 'Da Ni'm Yn Rhan' roedd
Steddfod Llanbed. Wythnos lawn o gigs i mi, a'r Steddfod
ola i mi fanteisio ar foethusrwydd y maes pebyll; Llinos a
finna wedi zipio'n sacha cysgu hefo'i gilydd yn un. Snygli. Yn
fanno y gwelais Huw Brodyr, heddwch i'w lwch, yn edrych
fel bwgan brain – wedi bod ar y lash ers tridia, yn cerdded yn
ddall ar hyd y lle.

Roedd Steddfod Llanbed yn amser buddugoliaethus i
ni'r Maffia, ac i mi'n bersonol. Roedd y caneuon newydd, yn

enwedig 'Da Ni'm Yn Rhan' yn mynd i lawr yn dda – hynny'n gymaint o hwb i'r hyder a help i mi deimlo, o'r diwedd, 'mod i'n perthyn go iawn i'r band yma. 'Na'i byth anghofio'r noson yn Neuadd Buddug yn Llanbed, y lle'n orlawn ac yn bowndian. Aeth darn acapela 'Da Ni'm Yn Rhan' ymlaen am tua phum munud, y dorf yn bloeddio ateb y llinell. Rheswm arall am gofio'r noson honno oedd fy mod, a dwi'm yn siŵr sut, wedi tynnu Dylan Star i 'mhen. Ro'n i wedi deud rwbath o'i le (eto), ma' raid, ac roedd Dyl wedi gafael yn un o'r sbîcyrs mawr, hefo'r bwriad o'i ollwng ar fy mhen i lawr y grisiau cyn i gwpwl o fechgyn handi fy achub i. Bu'n rhaid i mi guddio oddi wrtho fo am ugain munud dda wedyn. Mae Dylan yn ddipyn o gymeriad, ac mi oedd wedi ethol ei hun fel rheolwr answyddogol y band. Mi fydda fo'n troi i fyny yn Y Bwthyn ar ddiwrnod gig, ein ceryddu ni am fod yn hwyr, hyd yn oed os fyddai oriau i sbario, a dechra pacio'r offer yn y stydi, hyd yn oed os oeddan ni'n dal i ymarfer. Y diwrnod y pasiodd ei brawf gyrru, daeth acw yn ei Austin 1300 GT, i ddangos ei dystysgrif i ni. Wedi'r llongyfarch brwd, aethon ni i gyd i'r ffenast i'w wylio'n gyrru i ffwrdd. Rifyrsiodd yn syth i'r wal. Roedd o'n dipyn o ddreifar.

Yn steddfod Llanbed, roedd ganddon ni gig pnawn yn nhŷ gwledig Ciliau Aeron, lle byddai Ronnie Williams yn cael ei gyflogi i arwain nosweithia, cyn i'r lle losgi i'r llawr. Yn ôl amserlen Star roeddan ni'n hwyr, wrth gwrs, ac roedd Dyl wedi'n bugeilio i mewn i Menna'r fan, a'r Dduwies Werdd, fy Nhraiymff Toledo. Yn Felinfach, mae 'na droad i'r dde oedd yn arfer arwain i'r hufenfa fawr. Wrth ddyrnu i lawr y ffordd ar gyflymdra o oddeutu 80 milltir yr awr, hefo Austin 1300 GT Dyl Star o leia pum troedfedd tu ôl i mi, gwelais o 'mlaen lyri wair, trelar dwbwl, yn paratoi i droi. Arafais fymryn cyn penderfynu y byddwn wedi ei phasio'n braf cyn iddi droi, a rhoi 'nhroed i lawr. Doeddwn i ddim wedi ystyried arddull uniongyrchol Dyl Star o yrru car, a byw bywyd yn gyffredinol, 'tasa hi'n dod iddi. Wrth sbïo yn y drych ar ôl ofyrtêcio, gwelais y lyri wedi stopio, y cab hanner ffordd ar draws y lôn dde ac Austin 1300 GT yn bellach fyth i'r dde, ei hanner ar y gwair, mewn cwmwl o lwch, yn bomio heibio iddi. Modfeddi. Wir i chi, modfeddi prin. O fewn eiliadau roedd Dyl 'Jaci Stewart' Star yn sownd yn fy nghwt unwaith yn rhagor, rywfaint yn agosach ac mi fysa'n ista'n y sêt gefn. Mi fydda i'n dal i'w weld o gwmpas y lle o bryd i'w gilydd. Mae o ar ei ben ei hun.

Yn ogystal â gigs Maffia, mi fues i'n chwarae bas hefo Chwarter i Un. Roedd y band wedi ffurfio'n wreiddiol pan oeddan nhw'n fyfyrwyr ym mhrifysgol Aberystwyth ar ddiwedd y 70au, yn gyfoedion i'r Trwynau Coch. Dwi'n eu cofio nhw'n dod i Ysgol Dyffryn Ogwen yn '79 a meddwl eu bod nhw'n wych. Roedd egni'r band, y ddau ganwr, Tim Hartley a Gwyn Elfyn (Denzil *Pobol y Cwm*), y caneuon cwyrci ac wrth gwrs y wefr o weld Dafydd Rhys, oedd yn fy mand cynta, ar y llwyfan mewn band 'go iawn' wedi ei gwneud yn noson fythgofiadwy i mi. Yn '84 penderfynodd tri o'r aelodau, Tim, Dafydd a Gronw Edwards, cyfansoddwr a gitarydd talentog a gwreiddiol, ailffurfio; ac roeddan nhw angen drymar, baswr a rhywle i ymarfer. Kevin Taff (aka Robbo), eich awdur a stydi'r Bwthyn a lenwodd y tair swydd. Roedd hi'n fraint ac yn anrhydedd, ac yn iach iawn i fod yn gwneud rwbath gwahanol, a chael ymarfer fy mhrif offeryn mewn band yn hytrach nag ar fy mhen fy hun neu wedi 'nghyfyngu i jamio yn y stydi.

Roedd chwarae hefo Taff yn lot o hwyl. Fel drymars Pesda i gyd o'n to ni; Gwyn, Jenks, Hef, Gags, Dylan Sgwâr a Gruff Rhys, roedd y dryms yn gwbod eu bod yn cael eu taro, ac oherwydd bod Kev, fel lot o ddrymars roc, yn ddisgybl i Neil Peart, mi gawson ni oriau o hwyl yn jamio riffs Rush yn ystod amser panad, neu ar ôl ymarfer. Doedd 'na fawr o falu cachu yn ystod amser ymarfer – roedd hogia 12:45 yn cymryd eu miwsig o ddifri go iawn, yn enwedig Gron. Mae 'na dân yn llygaid y brawd yna. Serch hynny, gath o a Tim Hartley'r llysenwau Grin Edward a Tom Harti gan Robbo a finna.

Chwarae oeddwn i yng Nghiliau Aeron ac yng Nghlwb Rygbi Llanbed yn ystod wythnos y Steddfod, a chael hwyl arni. Aethon ni ymlaen wedyn i chwarae dipyn dros y flwyddyn nesa, heibio Steddfod Y Rhyl yn '85, a mynd i stiwdio Moz i recordio dwy gân newydd, 'Gobaith Llosg' a 'Gwybod Dim'. Mae 'na CD o gasgliad o waith Chwarter i Un wedi ei chyhoeddi'n ddiweddar, y ddwy gân rheiny arni, a stamp Moz yn glir arnynt.

Fel Les Morrison, neu unrhyw gynhyrchydd da am wn i, roedd Moz yn gwbod sut i dynnu'r gorau allan o rywun. Bu Les yn recordio hefo fo hefo'i fand Offspring, Taff ar y dryms, Hefin yn canu, Siôn ar y gitâr. I mi, 'Love's Around' oedd y recordiad gora i Offspring ei neud, a phan o'n i'n chwarae bas hefo Hefin Huws a'i Fand yn '89, pan enillodd Les a Hef Cân i Gymru hefo 'Twll Triongl', roeddan ni'n gneud fersiwn Gymraeg, 'Yr Wylan Wen', fy hoff gân yn y set. Methodd Les ddygymod â ffordd Moz o weithio, yn mynd mor fanwl ar ôl ansawdd sain bob offeryn, bob trac, a'r ffaith fod bob dim yn cymryd gymaint o amser – ac mae amser stiwdio, wrth gwrs, yn costio punnoedd styrling. Roedd arddull Les yn fwy am gael gafael ar hanfod y gân a'r artist yn hytrach na mynd yn ddidrugaredd ar ôl cywirdeb technegol a safon ansawdd. Dwi'n cofio dadla'r pwynt hefo Les, finna'n deud: 'ond mae o'n swnio'n grêt,' fynta'n ateb: 'Ia, ond dim fel'na mae'r band yn swnio. Dwi'm yn deud fod Les yn haws fel tasgfeistr – roedd ei safonau'r un mor uchel, a ffeindiais fy hun yn stiwdio Les aml i dro, yn rhoi cynnig ar ôl cynnig ar y bas, neu ganu llais cefndir, yn trio dilyn ei gyfarwyddiadau unigryw. 'Na, jyst iawn, dipyn bach mwy o... ti'n gwbod... y peth arall 'na...ti'n gwbod be dwi'n feddwl?' nes oedd o wedi clywed yr hyn oedd o isho. Roedd Moz yn fwy uniongyrchol, roedd ganddo fo ffordd hefo geiriau, ac yn mwynhau'r bantyr a'r weindio i fyny. 'Neil myn, iw sowndin laic a ffycin cwaiyrboi myn,' a'r clasur, pan oedd Gwyn wedi cyflawni cynnig ardderchog ar y dryms: 'yr un' fel tae, ac wedi dod i mewn i'r stafell reoli i wrando'n ôl. Wedi'r gwrandawiad, a rhyw hanner gwên o foddhad yn chwarae ar ruddiau Jôs Jiwniyr, meddai Moz: 'Ffyc, Gwyn myn, iw bi 'elyfo boi wen iw bôls drop.' Praise indeed.

Pan ddaeth o i fyny i Sain i gymysgu'r stwff byw o Pesda Roc mi fuo fo'n aros hefo ni yn Y Bwthyn am ddwy noson. Roedd ei wyneb yn bictiwr wrth iddo ddod i'r tŷ. Dwi'm yn meddwl ei fod o cweit yn barod am y diwylliant a'r llif bywyd yno. Y llanast, y cymeriadau rhyfedd yn crwydro i mewn ac allan rownd y rîl – yn enwedig Terrence 'Tex' Jeffries. Mae Tex yn un o bedwar cant a hanner o frodyr, o Abercaseg ym Methesda. Wel, nid pedwar cant a hanner mewn gwirionedd, mae Barry, Terrence, Chris, Tony 'Jaffa' a John, a'r Eira Wen druan o chwaer, Margaret; ond en masse, maen nhw'n rhoi'r argraff o luoedd. Mae Tex wedi bod yn fêt, yn ffan, yn gymorth, yn boen yn din pan yn chwil, yn enwedig yng nghwmni'r rhyw deg, ac yn gyffredinol yn rhan o'r dodrefn lle mae Maffia yn y cwestiwn. Roedd Tex a Les Morrison yn ffrindia mawr am flynyddoedd, ac yn wir ymgartrefodd Stiwdio Les ym mwthyn chwarel bach Tex ym Mraichmelyn am rai misoedd. Dwi'm yn ama bod y Cyrff, Anrhefn a'r Fflaps wedi bod yno'n recordio sesiynau. Ta waeth, nid y blêd minioca'n y bloc mo Tex, ac mi fydda fo'n dod allan hefo clasuron o bryd i'w gilydd, fel y noson landiodd Moz i aros. Roedd pawb yn sefyllian neu'n ista o gwmpas yn sbïo ar eu traed yn y tawelwch chwithig, ac ro'n i'n s'nwyro fod Moz fymryn yn ffrîcd.

'Spose I better phone Chris, tell her I've arrived, like,'

medda Moz, a dyma Tex yn deud:

'Your number's probably in the book, Moz.' Dwi'm yn siŵr a oedd Moz yn meddwl fod Tex yn trio bod yn ddoniol ta be, ond roedd yr anghrediniaeth yn glir yn ei lais wrth iddo ateb:

'I probably know my number, Tex.' Roedd y chwithdod wedi cyrraedd yr annioddefol erbyn hyn, ac er mawr ryddhad i bawb, aeth Gwyn â Moz drwodd i'r gegin at y ffôn a dychwelyd hefo'r llyfr.

'Le mae Moz yn byw?' gofynnodd Gwyn i Tex.

'Swonsi, ia?' medda Tex.

'Cywir,' medda Gwyn, a dangos y llyfr ffôn iddo. 'A be mae hwnna'n ddeud?'

'Chester and North Wales… O ia, nes i'm meddwl am hynny.'

Cysgodd Moz ar fatras yn Stiwdio Sain am weddill ei ymweliad.

Gan 'mod i'n sôn am Moz a'i stiwdio, a'r teithio di-ben-draw yno ac o'no, a phobol sydd efallai ddim y disgleiria yn y ffurfafen, cafodd Gwyn a fi brofiad gyda'r mwya swreal, yn fuan un bore yn '85 ar y cwrs golff yng Nghwm-twrch. Y tro hwn roeddan ni'n y stiwdio i recordio 'Rhywle Heno' a 'Dŵr i'r Môr' ar gyfer y casét *Carcharorion Riddim* roeddan ni'n gweithio arno ar y cyd â Geraint Jarman. Roedd hi'n adeg gyffrous. Roedd Al Edwards wedi setlo i mewn i'r band ar yr allweddellau erbyn hyn – roeddan ni on ffôrm, yn gigio'n gyson, ac roedd 'na daith drwy Gymru hefo Geraint a'r Cynganeddwyr, Taith y Carcharorion, ar y gweill. Ta waeth, recordiwyd y gân 'Taith y Carcharorion' ar y cyd, yn stiwdio Loco yng nghefn gwlad Gwent, lle recordiwyd fersiwn wreiddiol 'Dwylo Dros y Môr' gyda llaw.

Aeth Gwyn a fi draw i Loco o stiwdio Moz ar gyfer sesiwn dros nos i recordio'r lleisiau ac offerynnau taro a

phetha felly. Gawson ni uffar o hwyl, a'r wefr o fod yn dyst i
Tich Gwilym yn shredio'r gitâr flaen ar 'Nos Da Saunders'.
Ges i'r fraint o ganu harmoni ar y trac hwnnw hefyd. Ro'n i
dipyn yn star stryc a deu' gwir – roedd hi bron iawn fel
moment *Jim'll Fix It* neu rwbath. Ta waeth, roeddan ni wedi
gorffen erbyn tua thri'r bore, ac roedd hi'n amser cychwyn
eto ar draws de Cymru, yn ôl i Gwm-twrch. Yn garedig iawn
darparodd Tich fymryn o stimiwlws Colymbaidd ar gyfer y
daith felly roeddan ni ar ben ein digon ar y ffordd yn ôl.
Erbyn i ni gyrraedd Cwm-twrch roedd hi'n tynnu am
chwech o'r gloch, ac fel roeddan ni'n dod tua Clybhows y
golff mi welson ni gar plisman yn dod tuag aton ni, hefo dau
blisman ynddo fo. Feddylis i ddim amdanyn nhw, a thynnu
i mewn i'r lê-bai i wneud lle iddyn nhw basio. Peth nesa,
mae'r gola glas ymlaen a PC Now a PC Ned yn neidio allan
o'r car 'fath â Starsky & Hutch ac yn dod amdanon ni. Shit,
lle oedd yr hash? A, roedd Jôs wedi 'i luchio fo o dan ei sêt.
O Diar.

Yr hyn na wydden ni oedd bod rhywrai wedi torri i
mewn i'r Clybhows wythnos ynghynt, a bod yr heddlu yno i
weld fyddai'r lladron yn dod o gwmpas eto. Felly ar weld fan
Sherpa hefo Cheech & Chong ynddi hi am chwech o'r gloch
y bore, roedd plod de Cymru'n meddwl fod y Dolig wedi
dŵad, wrth reswm. Ar archwiliad agosach, gwelwyd mai
Sarjant oedd PC Now, stwcyn bach tew hefo mwstash, dros
ei hanner cant a dros ei bwysau, hefo llais main a chwip o
sens o hiwmor. 'Aa' rait boiz, an wot brings iew owt iyr this
taim of a mônin then, ei? Rownd o' golff is êt?' Www, cês.
Tra oeddwn i'n ateb hefo'r gwirionedd, roedd PC Ned,
llinyn trôns dros ei chwe throedfedd yn braf, yn sgleinio'i
lamp ar hyd y dashbord, lle roedd paced rizla wedi'i rwygo,
tips sigarets a'r olion arferol o greu reu yn gorweddian yn
euog. Dechra dyfalu be fyddwn yn ddeud wrth Mam
oeddwn i. Ond drwy wyrth o lwc, yng ngoleuni

anwybodaeth Sarjant Now a PC Ned, ddaru nhw'm cymryd yr un iot o sylw. Mae'n rhaid eu bod yn siŵr mai ni oedd lladron y golff, neu eu bod nhw'n stiwpid. Wrth i'r ddau, swyddogion elite heddlu de Cymru, ffymblo'u ffordd drwy'r ymholiad, roedd yr ail opsiwn yn edrych yn fwy tebygol.

'Wossin ddy bac o ddy fân ên?' gofynnodd y Sarj. Esboniais mai rhywfaint o offer y band oedd yno, ac roedd hynny'n cadarnhau lle roeddan ni wedi bod, a lle roeddan ni'n mynd. Ro'n i'n gweld bod hyn wedi bachu'r gwynt o hwyliau'r Sarj, ond penderfynodd holi ymhellach. 'O ai? Less jyst afy litl lwc, shâlwi?' a stumiodd i gyfeiriad Ned, iddo yntau chwilio cefn y fan hefo Gwyn.

'Step owfy bai iyr yminet,' medda fo wrtha i, a 'ngherdded rhyw ddegllath o'r fan – gwahanu'r cynllwynwyr. 'Naw dden synshain, haw mytsh grog af iew ad?'

'Sori?' medda fi.

'Haw mytsh af iew ad tŷ drinc? Bêta ffo iew iff iew tel mi naw, is'nêt, ai cyn smêl it on iw brêth, si.' A, sofftli sofftli rŵan, mêts gora – wel twll dy din di Pharo, doeddwn i'm wedi cael tropyn.

'I've only had raspberryade,' medda fi, 'the bottle's in the van.'

'So iew wont maind a breth test 'en, wuliew?'

'No, not at all.' Aethon ni drwy'r rigmarol hwnnw, ac ro'n i wedi dechra teimlo piti dros y creadur wrth iddi ddechra gwawrio arno nad lladron milain oeddan ni, ond yn hytrach cerddorion diniwed. Ond roedd gan chief un shot arall:

'Gorreni wâci bâci oniew 'ên?'

'No' medda fi, yn hyderus erbyn hynny na fydda hwn yn medru cael hyd i'w dwll din ei hun 'tasa gyno fo fap.

'Wel ai'm syrtshin iew ffor drygs naw, râit – pyt iewr 'ands wêr ai cyn sî em.' O Mam bach, roedd hyn yn embarysing. Rhois fy nwylo hefo'i gilydd mewn ystum gweddi tra aeth y sarjant drwy 'mhocedi, heb drio'n galed i chwilio. Roedd ei ysbryd wedi'i dorri erbyn hyn, ac wrth iddo orffen, daeth PC Now a Gwyn atom.

'Sîms o'rait Sarj,' medda Now, mewn llais dwfn, llŵath. Roedd y ddau yma fel cymeriadau cartŵn.

'Wel ai spôs iew bêta bi on iewy wei dden,' medda Ned, yn ei lais main, ac i ffwrdd â nhw.

Unwaith roeddan nhw allan o'r golwg, disgynnodd Gwyn a fi dros y lle'n chwerthin.

'Lle ma'r hash?' gofynnais.

'O dan y sêt, nath o sgleinio'i lamp arno fo.' Anhygoel, ma raid 'i fod o'n thic. 'Ac wedyn mynd i chwilio i gefn y fan.'

Wedi i Gwyn agor y drws iddo, roedd Shyrloc Hôms wedi sgleinio'i lamp ar yr hen gist y bydda Gwyn yn cludo'i stands symbals, ei thrôn a manion ei ddrym-cit ynddi, a gofyn:

'Wossâren?'

'My cymbal stands case,' atebodd Gwyn.

'Woss in irren?'

'My cymbal stands.'

'Worra ddem ffôren?'

'To put my cymbals on when I'm playing the drums.'

'Oh Ai? Open irryp 'en.' Agorodd Gwyn y gist i ddatgelu'r stands. Cododd Sherlock un o'r stands allan o'r gist.

'Wossissen?'

'It's-a-cym-bal-stand,' atebodd Gwyn, yn ara deg a bwriadol tu hwnt, a thrio peidio bod yn swpîriyr. Bu'n rhaid iddo osod un o'r stands, estyn symbal a'i rhoi ar y stand cyn i'r copar roi'r gorau iddi, yn hapus o'r diwedd nad clybiau golff mewn disgeis oeddan nhw.

Wrth reswm, roedd yn rhaid creu reu yn y fan a'r lle, cyn mynd yn ôl i Chez Moz i ddeud yr hanes.

Trychau Blewyn a Thrychineb

Fel ma rhywun yn mynd yn hŷn ac yn fwy 'cyfrifol' mae'r posibilrwydd o gael copsan gan y glas am ddim mwy na mwynhau ambell bwff o gynnyrch perlysieuol cymdeithasol yn mynd yn fwy a mwy o broblem. Mae cymaint mwy i'w golli. Ches i erioed fy ngholeru, drwy lwc, ond mi fuo 'na glôs shêfs.

Ro'n i newydd brynu fy Mini fan glas ac wedi bod yn gweithio yn Theatr Gwynedd ryw nos Wener, yn fflio llieiniau cefndir golygfeydd sioe SODA, cymdeithas ddrama myfyrwyr Bangor. Ar ôl y sioe, roeddwn i wedi cael mwgyn hefo'r criw yn nhwll y gerddorfa cyn ei throi hi am adra. Roedd hi'n tresio bwrw, a bu'n rhaid i mi redeg o ddrws y llwyfan i'r maes parcio, deifio i mewn i'r car a'i danio'n reit handi. Yn fy mrys i droi'r goleuada, y weipars a'r gwres ymlaen, ro'n i wedi troi'r goleuada hasard ymlaen hefyd. Oherwydd y mwgyn, mae'n debyg, y diffyg ocsijen wedi'r ras am y car a'r ffaith fod y car yn newydd i mi – heb sôn am yr ynbulîfybyl stiwpiduti 'dan ni mor gyfarwydd â fo bellach – mi ddois i'r casgliad mai dŵr yn y letrics oherwydd y glaw oedd wedi achosi'r i'r indicetors i gyd i ddod ymlaen hefo'i gilydd. Nes i'm dychmygu bod 'na oleuada hasard ar hen fini fan. Anghywir. Felly cychwynnais am adra hefo pedwar gola bach oren yn fflachio, un ar bob congl i'r car, yn fêl i wenyn Heddlu Gogledd Cymru. Doeddwn i ddim hyd yn oed wedi cyrraedd y Pwll Nofio pan welais y gola glas yn y drych. Stopiais y car a weindio'r ffenast i lawr.

'Su' ma'i heno,' medda Plod.

'Iawn diolch,' medda fi, mewn llais rhy uchel a chrynedig, yn stônd iawn, a nerfus.

'Pam dach chi'n gyrru hefo'ch hasards ymlaen?'

'Dwi'm yn gwbod. Does na'm hasards yn y car yma, ma' raid bod 'na ddŵr yn y letrics neu rwbath.'

'Lle dach chi 'di bod heno?' Esboniais. 'Ydach chi 'di cael rwbath i yfed o gwbwl?' Bu prawf anadl, a hwnnw'n glir. 'Lle dach chi'n byw?'

Pan ddeudis i 'Gerlan', gwelais y ddau heddwas yn rhannu rhyw edrychiad, ac mi sgleiniodd un ei lamp i fyw fy llygaid.

'Wyt ti 'di bod yn cymryd rwbath ti ddim i fod i?' Sylwch ar y 'ti' erbyn hyn, yn hytrach na'r 'chi'.

'Naaaaddo,' medda fi mewn ymgais anobeithiol i swnio'n hyderus. 'Swn i'n Binocio, mi fysa'r heddwas wedi colli'i lygad. A wyddoch chi be? Naethon nhw 'mo 'nghoelio fi, a bu'n rhaid i mi roi 'nwylo ar y to tra chwiliodd un drwy 'mhocedi a'r llall drwy'r car. Doedd gen i'm byd arna i – roeddwn i wedi smocio'r cwbwl yn nhwll y gerddorfa, ond roedd hi'n amlwg i'r plismyn fod rwbath yn bod.

'Os wyt ti'n smocio cyffuria, paid â gneud os ti'n mynd i fod yn gyrru,' medda un o'r copars, wrth iddyn nhw benderfynu gadael i mi fynd.

'Tydw i'm yn cymryd cyffuria,' medda fi, yn ysu i'r sgwrs ddod i ben, i mi gael peidio deud mwy o glwydda.

'Cym di ofal ar y ffordd adra,' siarsiodd.

'Iawn, diolch,' medda finna, a throi'r goriad i danio'r injan. Dim ymateb. Steddais yno, yn methu credu be oedd yn digwydd. Tap, tap, tap ar y ffenast.

'Ti'n gwbod sut i bymp startio?' gofynnodd y copar.

'Yndw,' atebais, a dyma'r ddau yn fy ngwthio ar hyd Gambier Terrace yn y glaw nes i mi godi'r clytsh i danio'r motor, a hefo bi-bîb o ddiolch, ro'n i ar fy ffordd adra, fy mhedwar gola oren yn dal i fflachio. Pan gyrhaeddais adra, datgysylltais y batri er mwyn stopio'r fflachio a mynd i'r tŷ, lle'r oedd hanner dwsin o ffrindia yn cael dipyn o sesiwn. Pa

mor lwcus o'n i nad oedd gen i stwff arna i pan ges i stop?
'Tasan nhw wedi ffeindio rwbath, mi fysa'r cops wedi bod
acw fel shot, gan feddwl ei bod hi'n Ddolig.

Drannoeth, ailgysylltais fatri'r mini fan, daeth y pedwar
gola oren ymlaen i fflachio a gyrrais i lawr i Garej Central.
Roedd Idris, mab hynaf Billy, brawd Dylan Sgwâr (drymar
Proffwyd, Jecsyn Ffeif, Meic Stevens a Martin Beattie ymysg
eraill), wrth y giât fel ro'n i'n cyrraedd.

'Iawn Idris?' medda fi, 'mae 'na ddŵr yn y letrics ne'
rwbath – ma'r indicetyrs on drw'r adag.'

'Gola hasards sy' on gin ti,' medda Idris.

'Na, does na'm hasards ar hon,' medda fi wrth y mecanic
profiadol, cymwys, gwybodus. Agorodd Idris ddrws ochor y
dreifar, estyn ei law i mewn a phwyso switsh ar y dashbord.
Peidiodd y pedwar gola oren â fflachio.

'Be 'di hwnna 'ta'r cont gwirion?'

Ro'n i ar daith hefo Cwmni Theatr Gwynedd, ac yng
Nghaerdydd am wythnos, gan fod y sioe yn Theatr
Sherman. Ffoniais adra o giosg cyhoeddus, fel y bydda
rhywun yn y dyddiau cyn mobeils, a chael y newyddion gan
Jaine fod dau ddyn wedi bod acw yn chwilio am forthwyl
niwmatig Kango a pheiriant cynhyrchu trydan. Roeddan
nhw'n honni 'mod i wedi llogi'r stwff 'ma o siop logi tŵls
Hewden's ym Mangor. Y?

Mi ges i'r rhif ffôn, ac wedi siarad hefo'r boi yn y siop
roedd hi'n glir i mi fod rhywun wedi cael hyd i fy nhrwydded
yrru, a finna heb fod yn ymwybodol ei bod ar goll, ac wedi'i
defnyddio fel dogfen adnabod i logi'r geriach cyn cymryd y
goes. Iawn, dim probs, ar ddychwelyd i'r gogledd mi
drefnais i ymweld â'r siop i sortio'r broblem, a dyna fu.

Pan welais y ffurflen logi, roedd hi'n amlwg i mi nad fy
llofnod i oedd arni, ac mi arwyddais ddarn o bapur hanner
dwsin o weithiau yng ngŵydd y dyn i brofi hynny. Digon teg,

a'r oll oedd yn rhaid i mi ei neud wedyn oedd gwneud adroddiad i'r heddlu. Penderfynais neud hynny'n syth, i'w gael allan o'r ffordd.

Gyrrais i lawr i Theatr Gwynedd, parcio'n fanno a cherdded i'r copshop. Ro'n i wedi gadael Jaine yn Kwiks yn siopa – do'n i'm yn meddwl y byswn i'n hir. Ta waeth, ar orffen yr adroddiad mi ddeudodd y blismones oedd yn delio hefo fi y doi acw i'r tŷ hefo fi, jyst i gael golwg sydyn i wneud yn siŵr nad oedd y Kango a'r cynhyrchydd trydan yn y lownj ne rwbath, ha ha ha. 'Www, â chroeso,' medda fi.

Ges i lifft mewn car Panda i'r mini fan las yn Theatr Gwynedd a chael fy nilyn wedyn, i Kwiks gynta i nôl Jaine, ac wedyn adra. Dechreuodd y picil ro'n i wedi fy landio ynddo wawrio arnaf tua hanner ffordd i Kwiks. Doedd y glas ddim yn mynd i ffeindio tŵls diwydiannol yn tŷ ni, ond mi *oedd* 'na sbliffan ar ei hanner mewn blwch llwch yn y gegin, un arall yn y lownj ac oddeutu pedwar cant o fadarch hud yn sychu ar dudalennau'r *Observer* yn yr atic. Ooooo Shit. Be fyswn i'n ddeud wrth Mam?

Wedi troi i'r chwith oddi ar yr A5 ar Stryd Fawr Pesda i gyfeiriad Penybryn, mae'r ffordd yn fforchio. Yn wir, mae yno fini rowndabowt ers tro rŵan. Ewch i'r dde ac mi ewch am Gerlan; i'r chwith, i Benybryn, Carneddi ac ymlaen tua Rachub. Os trowch i'r dde o'r lôn honno wrth siop Sheffield Stores mi fyddwch ar ffordd Carneddi, sef y ffordd ucha i Bontuchaf a Gerlan. Y rheswm am y wybodaeth ddaearyddol yma ydi'r wyrth oedd yn ein disgwyl yn fforch Penybryn.

Wrth droi i'r chwith oddi ar y Stryd Fawr, roedd Jaine fach a finna'n trio meddwl am ffordd i brynu chydig o eiliadau, er mwyn i ni gael cuddio'r geriach cyn i'r glas gyrraedd y tŷ, pan welson ni iachawdwriaeth ar ffurf Land Rover yn tynnu llond trelar Ifor Williams o ddefaid, wedi jac-naiffio yng nghanol y ffordd a dim ond jyst digon o le i gar o faint, wel, mini fan, i wasgu drwy'r bwlch. Fuo 'go for the gap', erioed mor addas, ac wrth ei llorio hi i fyny'r allt, gwelais yn y drych y car heddlu'n mynd am Carneddi. Hw Hwww! Mi fydda'n rhaid iddyn nhw fynd rownd y lôn ucha.

Parciais y car, rhedeg i'r tŷ, clirio'r dystiolaeth a chael ein gwynt atom. Erbyn i'r ddwy blismones gyrraedd y trothwy roedd y teciall ymlaen, cafwyd te a busgets, ac roedd pawb yn hapus.

Ta waeth, lle roeddan ni, 'dwch? 1984, a chyn gadael y flwyddyn honno, mensh i Menna. Hen fan Commer, ex GPO oedd hi, ac fe'i bedyddiwyd yn Menna oherwydd iddi'n hatgoffa ni o berson o'r un enw – nid ein hoff berson – oedd hefyd yn fawr, yn felyn ac yn gadael sgidmarcs lle bynnag yr âi. Roedd hi'n shed o beth, a deu' gwir, ond ni oedd pia hi, ac mi gawson ni anturiaethau ynddi am y ddwy flynedd y bu hi ganddon ni.

Roedd ganddi ddrws ochor yn y cefn, ac wrth fynd rownd rowndabowt tu allan i Langefni un tro, ffliodd y drws i ffwrdd. Mi glymon ni raff i du mewn y drws ac ar draws i'r ochor arall, ac felly buo hi o hynny ymlaen. Dorron ni i lawr yng Nghorris, ar y ffordd adra o stiwdio Moz, Cwm-twrch, yn yr oria mân un bore ym mis Rhagfyr 1984. Doedd dim i'w wneud ond trio cysgu tan y bore ac wedyn mynd i ffeindio ciosg i ffonio Llinos, fy nghariad annwyl, i ddod o'i chartref yng Nglasfryn (Y pwynt uchaf ar yr A5, w'chi) i'n hachub. Pan ddeffrais, yn sêt y dreifar, roedd fy mhenna glinia 'di cloi, ac ar ôl cyrraedd y ciosg, mi fues i'n trio ffonio am dros awr cyn i Llinos ateb y ffôn. Roedd hi wedi bod yn gorweddian mewn bybl bath poeth moethus ers un awr a hanner, uff iw plîs. Ar gyrraedd Pesda bach bu'n rhaid trefnu i Ian Garej Ffrydlas fynd i nôl Menna ar ei lô-lôdar.

Ddeuddydd wedyn, es i draw i weld sut oedd hi, a dyma'r newyddion.

'Cabyretyr, ffycd. Ffwcin glo yn'o fo.'

'Glo?'

'Ia, glo.'

Dangosodd Ian y llafnau a'r briwsion o lo roedd o wedi ei llnau allan o'r carbretyr. Roedd Lisa Morris, merch ddwyflwydd oed Moz, wedi bod yn chwarae gêm o gloddio efo'r twmpath glo tu allan i'r tŷ a'i dollti, fesul llond ei dwylo bach, i mewn i dwll petrol Menna. Ciwt, 'ta be? Dro arall, yng nghanol y cyfnod pan nad oeddem yn derbyn ein nawdd gan y Llywodraeth, ac yn sgint, mi fuon ni'n chwarae ar un o lawntydd Castell y Penrhyn, mewn fête. Aeth y gig yn champion, ac aethon ni am dro o gwmpas y lle wedyn, Siôn yn rhoi gwers hanes ddifyr iawn am y streic fawr a theulu Pennant. Wrth grwydro i mewn i hen gwrt stablau, triais ddwrn un o'r drysau, ac mi agorodd i ddatguddio storfa'n llawn o logs a glo. Wel, myn brain i. Doedd ganddon ni ddim logs na glo yn y tŷ.

Aethon ni i nôl Menna'n reit handi a'i bagio i mewn i'r cwrt. Ffurfio'n gadwyn wedyn o'r storfa i gefn Menna, ac ro'n i wrthi'n pasio logsan, fel Gareth Edwards, i Siôn (Phil Bennett) pan glywson ni lais pwyllog, gwastad, ac eto'n llawn angrhediniaeth, yn gofyn:

'And just what the hell do you think you're doing?'

Deiliad y fflat uwchben y storfa oedd bia'r llais, un o weithwyr y stad.

'O...' medda Siôn, wrth basio'r logsan yn ôl i mi, a finna'n ei roi yn ôl ar y twmpath.

'Nything...' medda Gwyn.

'Jyst... y... *borrowing*...' medda Siôn.

'Sym ffiwel,' medda Gwyn, a gyda hynny roeddan ni wedi dringo i mewn i Menna ac i ffwrdd â ni hefo gweithiwr y Penrhyn yn ein gwylio gydag osgo tebot dwy handlan.

Ar hynny, agorodd y nefoedd ac i lawr ddaeth y glaw. Rhois y weipars ymlaen a daeth weipar ochor y gyrrwr i ffwrdd. Mamma Mia. Ac felly y gadawson ni Gastell y Penrhyn, wedi cael copsan yn trio dwyn tanwydd, mewn rhacsan o hen fan, eich awdur yn gyrru, yn weipio'r windsgrîn hefo blêd y weipar yn ei law dde.

Fel y disgynnai Menna druan yn raddol yn ddarna, roedd ei gyrru yn gofyn am feithrin sgiliau ychwanegol. Pan gollodd ei drychau ochor, daeth bagio yn symudiad roedd yn rhaid ei berfformio hefo cymorth rhywun hefo llais clir, clywadwy, ac yn araf bach fel y gallai'r gyrrwr deimlo unrhyw gyffyrddiad heb wneud unrhyw ddifrod. Gan amla, roedd y system yma'n gweithio, ond nid bob tro. Wedi dadlwytho'r gêr yn neuadd bentre Llanerfyl, roedd Siôn yn sefyll ar stepan gefn Menna yn geidio, a finna'n ei bagio'n ôl i'w pharcio.

'Dal i fynd Wilias, dal i fynd,' ac yn ôl â fi, yn ara deg, ara deg. Chlywis i mohono fo'n gweiddi 'Stop!' dim ond 'AAAAAGH!' Roedd troed Jôs Siniyr druan yn fwy na'r stepan, ac mi oeddwn wedi bagio'r holl ffordd i'r wal, a gwasgu troed Siôn rhwng y wal a chefn Menna. Wps. Bu'n rhaid i Siôn wneud y gig mewn cadair, a gweithio'i bedalau hefo'i droed chwith.

A sôn am weithio pedalau hefo'r droed chwith; tua diwedd oes Menna roeddan ni yng Nghaerdydd er mwyn recordio 'Dŵr i'r Môr' a 'Rhywle Heno' yn y BBC yn Llandaf. Mor wahanol oedd petha'r dyddia hynny. Diwrnod o recordio yn stiwdio'r Bîb, hefo'i micsar newydd sbon, y Solid State Logic digidol, oedd yn medru symud y ffêdars ar ei ben ei hun, a chofio micsys cyfa a'u hailosod mewn chwinciad, ar gyffyrddiad botwm. Roedd yr ail ddiwrnod ar gyfer ffilmio'r perfformiad, sef meimio i'r recordiad – ffioedd Undeb y Cerddorion llawn am y ddau ddiwrnod, a phres gwesty i bawb am y ddwy noson. Ffortiwn, hogia bach. Doedd dim syndod i aelodaeth y band chwyddo: roedd Al Eds ar yr allweddellau erbyn hynny, ac wedi ymuno'n barhaol, roedd Daf Rhys ar y trwmped a Robbo yno ar gyfer y sesiwn ar y 'pyrcyshyn'. Mêc hê ynte. Doedd fawr o syndod chwaith ein bod wedi 'anghofio' ffonio Moz i ganslo sesiwn hefo fo, oedd wedi ei bwcio'r un pryd. Roedd hwnnw wedi ffonio'r Bwthyn a'i ffrind mynwesol, Tex Jeffries, oedd wedi deud wrtho fo lle roeddan ni.

Canodd y ffôn yn stiwdio'r Bîb.

'It's a Mr Richard Morris, for Neil Williams.' Y? Fi? Pam? Pam fi? Wel, ro'n i'n dal y ffôn hyd braich o 'nghlust, a Jenyryl Moz yn contio barddoniaeth ar y pen arall.

'Neil myn, iw ffycin bynsh o' cynts myn, aim ffycin sittin iyr laic a ffycin cynt, weitin ffo' iew ffycin cynts ty ffycin tyrn yp, an iewf gon swonnin off ty ddy Bî- Bî- ffycin Sî, cynt.'

Gyda hynny, rhoddodd y ffôn i lawr. Roedd yr hogia i gyd wedi clywed bob gair, a phasiodd rhai munudau cyn i ni fedru stopio chwerthin.

Roedd y pres treuliau'n cael ei dalu mewn arian parod, a'r rheol, y gyfraith, oedd bod yn rhaid gwario swm sylweddol ar gyrri moethus, felly i Indo Cymru â ni. Ro'n i wedi bod yn diodda hefo annwyd, ac er lles yr hen lais, yn byta Strepsils yn ôl yr angen ond heb ddarllan yr instrycshyns, oedd yn fy rhybuddio i beidio sipian mwy na hyn a hyn o fewn hyn a hyn o amser, ac i osgoi yfed alcohol. Ro'n i wedi bod yn eu byta nhw fel smartis, a smocio ganja; ac ar ôl gwydriad mawr o win coch ro'n i reit wirion. Doeddwn i'm yn ymwybodol cweit *pa* mor wirion nes i ddyn diarth smart iawn yr olwg gerdded heibio'n bwrdd ni ar ei ffordd allan. Roedd o'n edrych yn gyfarwydd, er na allwn i feddwl pwy oedd o. Roedd o wedi dal fy llygad, a dyma fo'n deud:

'Sh'wmai, fechgyn.'

'Shwma'i pwy y cont?' medda fi, wedi mynd i ben fy nghaitsh am ddim rheswm yn y byd. David Parry Jones, cyflwynydd ar y BBC, oedd y creadur diniwed, di-fai; ac ymddiheurodd Gwyn iddo ar fy rhan, yn ddiplomataidd a chwrtais. Ro'n i'n ddiolchgar iddo am neud, a disgynnais o ben fy nghaitsh yn syth. Roeddwn i'n trio meddwl be oedd yn bod arna i pan atododd Gwyn, oedd yn ista ddwy gadair oddi wrtha i, yng ngŵydd D.P.J: 'Rŵan callia nei di Neil, ti'n embarysing.' 'Tasa fo wedi bod o fewn cyrraedd, beryg 'swn i wedi ei grogi'n y fan a'r lle. Fytis i erioed Strepsil wedyn.

Ta waeth, sôn oeddwn i am Menna, a gweithio pedalau hefo'r droed chwith. Ar y trip Caerdydd hwnnw roedd ei startar motor wedi marw a doedd ei hinjan ddim yn eidlo, felly roedd yn hanfodol cadw rhywfaint o droed dde ar y throtl rhag iddi stôlio pan oedd yn llonydd. Er mwyn rhoi mymryn o sbeis i'r sefyllfa, dim ond reit yn y top oedd yr handbrec yn cydiad. Golygai hynny, wrth ddod at y goleuadau rhwng Pontcanna a Llandaf, er enghraifft, sydd ar allt ar i fyny, fod yn rhaid agosáu at y goleuadau yn niwtral, ac er mwyn cadw rhywfaint o refs, brêcio hefo'r droed chwith, sy'n lot o sbort. Triwch o rywbryd, os nag ydach chi wedi gneud o'r blaen; ond gnewch ar eich penna'ch hunain mewn maes parcio mawr gwag, a gweld pa mor dyner fedrwch chi fod hefo'r droed chwith, sydd wedi arfer stampio i lawr ar y clytsh. Mewn hen shed o fan yn llawn dynion ifanc blewog a geriach grŵp pop, yn dod at gyffordd brysur yng Nghaerdydd, er i mi ymdrechu i fod yn droediol dyner, cafodd dynion ifanc blewog a geriach eu lluchio ymlaen yn y modd mwya anghynnes. Tra oedd y golau yn goch, a chynnwys cefn y fan yn ei ad-drefnu ei hun, roedd yn rhaid dal ar y brêc hefo 'nhroed chwith, a phan fyddai'r golau'n troi'n wyrdd, sleidio 'nhroed chwith o'r brêc i'r clytsh a'i rhoi yn ffyrst, *heb stôlio*, cyn pwyso'r botwm ar yr handbrêc. Ar gyflawni hyn oll, roedd hi'n bosib parhau ar ein taith. Weithiau, pan fyddwn i wedi stôlio, gellid gweld aelodau prif grŵp roc Cymru yn gwthio'u rhacsan o fan Commer ex GPO, er mwyn i'w canwr a'u gyrrwr, sef fi, fedru ei bymp startio.

Roedd y sgrifen ar y mur i Menna druan, ac ar ôl busnas Llanelli, cafodd esgyn mewn heddwch ac urddas i'r maes parcio mawr yn y nen, ond nid cyn cael ei gwasgu'n giwb o fetal yn iard G. Lock ar gei Penrhyn.

Yn Llanelli, roeddan ni'n canu yng Nghlwb Asteroid hefo Cwestiwn Da, band ardderchog Jon Tregenna, nhwtha hefyd yn perthyn i stabal Richard Morris ar y pryd, fel Ail Symudiad, Diawled, Crys, Eryr Wen a Treigliad Pherffaith. Jon a'i chwaer Cath fu'n gyfrifol am sgwennu'r cyfresi 'Cowbois ac Injans' yn 2006, ac mi fues yn ffodus i gael chwarae rhan Jimmy yn y straeon yna. Dwi'n cofio mynd i'r clyweliad yn Chapter, a darllan am y rhan yn fy best west Walian. 'Sach chi wedi medru nghnocio i lawr hefo pluan pan ges i'r alwad yn cynnig y rhan.

Yn ôl yn yr Asteroid, a Menna'n dal yn ddi-ddrych, penderfynais ei pharcio ar fy mhen fy hun, unwaith roeddan ni wedi llwytho'r offer i'r llwyfan. Roedd rhes o geir yn cefnu ar stribyn hir o bafin, tua llathan o drwch, oedd yn gwahanu dau hanner y maes parcio. Edrychais am fwlch, ac wedi gweld un, gyrrais Menna am yn ôl, yn ara, ara bach, yn ôl yr arfer, gan ddisgwyl teimlo'r teiars cefn yn cyffwrdd ymyl y pafin. Yn lle hynny, tua hanner ffordd i mewn i'r bwlch, yn sydyn reit teimlais ryw rwystr, ond doeddwn i ddim wedi teimlo unrhyw gyffyrddiad. Rhois fwy o bŵer drwy 'nhroed dde, ac ro'n i'n dal i symud yn ara pan sylwais ar ddynes smart iawn, dros ei hanner cant ac wedi ei gwisgo mewn dillad drud yr olwg, yn neidio i fyny ac i lawr a stumio'n wyllt o 'mlaen. Stopiais y fan a mynd allan i weld be oedd yn poeni'r gryduras. O Diar Annwyl. Mae'n rhaid nad oeddwn wedi sbïo i'r bwlch yn iawn cyn penderfynu mai bwlch ydoedd, achos hanner bwlch oedd yno mewn gwirionedd. Roedd Mini melyn-wyrdd wedi ei guddio ynddo, a doeddwn i ddim wedi ei weld. Mini oedd yn perthyn i'r ledi smart a ddawnsiai o 'mlaen. Mini roeddwn i wedi ei shyntio dros y stribyn o bafin nes bod ei olwynion ôl ar ochor arall y maes parcio.

'What do you think you're DOING!?' sgrechiodd y fonheddwraig, ddim yn rhyw fonheddig iawn, ond be newch chi. Nid yn unig roedd hi o'i cho, roedd hi hefyd yn wraig i Chief Inspector y glas leol. Haleliwia. Pan dawelodd fymryn, cynigiais fynd i weld pa ddifrod oeddwn i wedi ei neud i'w Mini. Iawn, medda hi, a diolch, gan sylweddoli nad Jac ddy Rupar o'n i wedi'r cyfan, ond dyn ifanc blewog oedd, yn ddamweiniol, wedi ymosod ar ei Mini melyn-wyrdd hefo'i fan burfelen. Cymerais y goriadau ganddi a mynd at y car bach, yn ofni petha drwg. Ond doedd dim i'w weld o'i le, dim sgratsh na marc. Eisteddais ynddo, ei danio, ei fagio oddi ar y pafin a'i yrru o gwmpas y maes parcio, gan jecio'r llywio, o ochor i ochor ac mewn llinell syth, sŵn yr egsôst, popeth fedrwn i feddwl amdano, a haleliwia byth, amen, doedd o'r un blewyn gwaeth. Roedd Mrs Chief Inspector wedi newid ei hagwedd yn llwyr erbyn hyn, a bu'n rhaid i mi bwyso arni i gymryd fy enw a 'nghyfeiriad, rhag ofn iddi ffeindio bod 'na ddifrod wedi digwydd yn hwyrach ymlaen. Erbyn diwedd y bennod fach honno roeddan ni wedi dod yn ddipyn o ffrindia, ro'n i'n teimlo, a chynigais fynediad i'r cyngerdd iddi yn rhad ac am ddim. Gwrthododd yn gwrtais, ffarweliodd yn annwyl, os nad ychydig yn fflyrti, ac ymaith â hi yn ei Mini.

Wedi i Menna fynd, mi fuon ni'n hurio fania gan Dereks, neu Joe bach Anchor Motors ym Methesda. Roedd ganddo fo fan Sherpa handi, a ddefnyddion ni lot ar honno. Bu Gwynfor Dafydd, Gary Eyeballs, John Ellis a Bob Morell hefo'i fan Bedford, yn yrrwyr rheolaidd ar wahanol adegau, Hefin a finnau hefyd pan oedd Hef yn y band, ond ar ôl i mi roi'r gorau i yfed yn 1985, roedd yn well gen i yrru beth bynnag, ac felly fi oedd yn gwneud.

Roedd '85 yn flwyddyn ddifyr arall i'r band. Roeddan ni'n dal i fod yn brif grŵp y sîn, yn ôl darllenwyr cylchgrawn *Sgrech*, er bod y canlyniad yn agosach y tro hwn – roedd Brodyr y Ffin wedi dod yn boblogaidd iawn, ac yn fand gwych. Unwaith eto mentrodd y Maffia i Stiwdio Sain, i recordio 'Nid Diwedd Y Gân' a 'Newyddion Heddiw'. Ems Pierce sgwennodd eiriau 'Newyddion Heddiw' a fo hefyd gynlluniodd y clawr. Daeth Moz unwaith eto i gynhyrchu'r gwaith, ac mi serennodd. Roedd y band yn fwy hyderus rhywsut, ac mae hynny'n amlwg yn y perfformiadau ar y record, yn fy marn i. Dwi'n meddwl bod Moz wedi dallt hefyd, ac wedi bod yn fwy hyblyg a pharod i adael i ni drio petha nag oedd o wedi bod o'r blaen. Roeddan ni wedi bod yn gwrando lot ar Simple Minds, ac mae'r dylanwad hwnnw i'w glywed. Roedd ganddon ni ddimensiwn arall i'r band hefyd erbyn hyn, sef Alan Edwards a'i allweddellau.

Cofi dre oedd Al, wedi symud i Fethesda i fyw hefo'i gariad, Gina Butler, oedd yn yr un dosbarth â fi yn Ysgol Dyffryn Ogwen. Ro'n i'n ymwybodol fod Al yn gwneud miwsig synth hefo boi o'r enw Lionel oedd yn byw yn Sling, a'i fod o'n mynd a dŵad dipyn i stiwdio Les. Trwy Siôn ddaeth o i mewn i'n cylch ni, os dwi'n cofio'n iawn, a mwy neu lai gofyn am gael jam hefo ni, i weld oedd posibilrwydd y câi ymuno. Ro'n i'n edmygu bôls y dyn. Nid peth hawdd ydi clyweliad, yn enwedig ar gyfer lle mewn band sefydlog sydd ddim hyd yn oed wedi gofyn am aelod nag offeryn newydd. Roedd canu o flaen y tri arall wedi bod yn ddigon anodd i mi yn yr ymarferion cynta pan gymerais drosodd gan Hefin – anoddach o dipyn na chanu o flaen cynulleidfa.

'Na i byth anghofio'r tro cynta i mi drio canu mewn stiwdio. Yn stiwdio Moz oeddan ni, 'Cigfran' oedd y gân. Ro'n i wedi bod yn cachu plancia cyn mynd i mewn, ac ar ôl hanner dwsin o gynigion i gynhesu, dyma'r gwahoddiad yn dod dros y meics: 'Cym an af a lissen 'ên, Neil myn.' I mewn â fi i'r stafell reoli, lle gwelais y Brodyr Grum a Deins yn ista mewn rhes, yn edrych fel 'tasa rhywun wedi bod yn ei bwydo nhw hefo treip oer. 'Wel?' gofynnais, yn desbret am feirniadaeth bositif.

'M'bad...'

'Ocê...'

'Rhy neis.'

Diolch latsh. Gwers amhrisiadwy – os am ganu llais blaen hefo Maffia Mr Huws, peidiwch disgwyl na chymorth, cydymdeimlad na dealltwriaeth gan weddill y basdads. Yn y cyfnodau pan ma' Hefin a fi wedi bod yn y band hefo'n gilydd ac yn gweithio'n dda, mae wedi bod yn gysur cael rhywun arall yno sy'n dallt anghenion y warblar.

Ond yn ôl at Al Eds. Pan ddaeth o i jamio, chwarae teg, roedd o wedi gneud ei waith cartra ac yn llawn syniadau am synau synth a llinellau i chwarae yn y caneuon i gyd. Roeddan ni i gyd yn hapus i roi go arni, a dyna ni. Roedd Al yn y band. Roedd 'na lot o hwyl i'w gael hefo fo. Fyddwn i'n tynnu arno fo'n ddidrugaredd, am ei fod yn fach, am ei fod yn fejiterian, am ei fod yn dod o Gaernarfon – ac mi fyddwn i'n ei chael hi'n ôl am fod yn dew, yn byta cig (mi fydda fo'n y ngalw'n bîffbyggyr), ac am fy mod yn licio Rush. Galw ei synth yn organ oedd y clinshar.

'Hei Al, tro'r organ 'na i lawr nei di?'

'Dim organ 'di o, synth 'di o'r basdad tew.'

Chwarae teg iddo, mi hawliodd ei le yn y band, yn y sain a'r awyrgylch, ac unwaith roedd o wedi setlo, roedd hi'n teimlo fel ei fod wedi bod yno erioed. Roedd o wastad yn gweithio ar ei synau a'i bartiau, wastad yn barod hefo syniadau, ac yn frwdfrydig am syniadau eraill. Miwsig oedd bywyd Al, ac mi ddaeth i fod yn bartnar, i Les Morrison yn ei stiwdio, yn rhaglennu'r peiriant dryms a'r samplar yn ogystal â pheiriannu a chyd-gynhyrchu aml i brosiect, gan amla am ddim ond y profiad a'r pleser o gael gneud. Mi fu Al hefo ni o 1985, cyn i ni fynd i Sain i recordio 'Nid Diwedd Y Gân' – tan Chwefror 26 1988, pan gafodd ei ladd mewn damwain ar gylchfan ar gyrion Quimper, ar ail ymweliad Maffia â Llydaw.

Roedd deinameg y band ychydig yn wahanol erbyn hyn: Deins wedi ymadael ac yn astudio ffilm yng Ngholeg Gwent, finna ar y bas, Al ar y synths, Hefin yn ôl yn canu, y brodyr Jones ac aelod newydd eto, Johnny 'Boy' Doyle ar y gitâr, hwnnw hefyd wedi dod â blas a dimensiwn arall i'r gymysgfa. Daeth John â lliwiau rhythmig difyr iawn, ac roedd hi'n braf gweld y rhyddid roedd hynny'n ei roi i Siôn. Mae hynny, i mi, i'w glywed i raddau ar ganeuon *Awê 'fo'r Micsar* – er mai comisiwn oedd y gwaith hwnnw yn hytrach na chynnyrch 'naturiol' y band.

Beth bynnag, dwi'n cofio meddwl ar y trip Llydaw bod y band yn tyfu i ffurf cyffrous newydd, a bod 'na addewid am betha da i ddod, pan chwipiodd trychineb ar draws ein llwybr, a chipio Al oddi wrthym.

Roeddan ni wedi chwarae mewn bar yn nhre Quimper: y gig wedi mynd yn dda, y gynulleidfa'n wych, fel roeddan nhw ym mhobman yn Llydaw. Wedi i ni ganu, aethon ni am dro i far arall, ac yn fanno fuon ni'n siarad hefo tair myfyrwraig oedd yn bwriadu mynd ymlaen i ddiscoteque, heb fod ymhell o'r dre. Mi benderfynon ni fynd hefyd, a chynnig lifft i'r tair.

Felly i ffwrdd â ni, y chwe aelod o'r band, Gareth Siôn (oedd hefo ni fel siaradwr Ffrangeg a chyfaill), Daniel, ffrind a phartner i Patrique, perchennog ffarm a bwyty Porz en Breton yn Quimperlé, lle roeddan ni'n aros, y tair myfyrwraig a Rhys, ein gyrrwr (a pherchennog y fan). Hen ambiwlans oedd y fan, a Rhys, o'r Barri, wedi dod aton ni drwy Gareth Siôn. Ymlaen â ni i'r discotheque, ac aros am awr ar y mwya. Dwi'n cofio sefyll wrth y bar hefo Siôn ac Al, yn trafod y diffyg awyrgylch. Er bod y lle'n llawn, a channoedd ar y llawr yn dawnsio'n egnïol, eto i gyd roedd 'na deimlad oeraidd yno. Ta waeth, yn ôl am Porz ên Breton yr aethon ni yn fuan wedyn, y tair myfyrwraig am ddod hefo ni eto am swae. Roedd hynny'n elfen wych o ddiwylliant pobol ifanc yn Llydaw – ar ddwy daith Maffia, ac wedyn hefo'r Jecsyn Ffeif, mi fydda pobol yn dod hefo ni am swae yn y fan, neu'n dilyn yn eu ceir eu hunain, i le bynnag roeddan ni'n mynd, jyst am yr hwyl.

Ar y siwrna'n ôl, roedd un o'r tair yn eistedd yn y tu blaen hefo Daniel a'r ddwy arall yn y cefn, yn siarad hefo Siôn, Hef a John. Meinciau ar hyd yr ochrau oedd y seti yn y cefn, yr un ar y dde'n wag i eistedd arni a rhywfaint o'r un chwith yn llawn o offer y band. Does dim dwywaith bod yr hen ambiwlans, hefo deuddeg o bobol ac offer y band ynddi, wedi'i gorlwytho, a hynny o gryn dipyn. Ro'n i reit yn y cefn, ac Al wrth fy ymyl.

Mae'r allt yr oeddan ni arni hi, sy'n arwain i lawr i'r gylchfan ar gyrion Quimper, yn un hir a graddol. Fel y cychwynnon ni am i lawr, galwodd Siôn: 'Hei, slofa i lawr, nei di Rhys!' Roedd o wedi deud be oedd ar feddwl pawb, achos ddeudodd neb arall yr un gair. Ro'n i'n medru clywed curo, thync, thync, thync, metal yn erbyn metal. Rhys yn pwmpio'r brêc oedd hynny, ond doeddan ni'n slofi dim. Os ddeudodd unrhywun unrhywbeth o gwbwl, chlywais i 'mohonyn nhw. Yr oll oeddwn i'n wybod oedd ein bod yn mynd lawer yn rhy gyflym i fedru cymryd y tro ar y gylchfan; ac wrth i ni droi, a chael ein pwyso i'r ochor, dwi'n cofio meddwl: 'Dan ni'n mynd drosodd, 'dan ni'n.... mynd... drosodd.'

Roedd 'na ffrwydrad o sŵn, clec a gwydr yn torri, clec arall, rymbl mawr, clec arall, metal a gwydr yn sglefrio ar y ffordd, wedyn tawelwch. Wrth i ochor dde'r fan daro'r ffordd roedd y drws cefn, oedd yn agor am i fyny, wedi fflio'n agored, ac roeddwn i wedi cael fy nhaflu'n glir o'r fan, wedi rowlio a 'mhen dros fy sodlau, i'r palmant. Pan godais ar fy nhraed a throi i sbïo, roedd y fan ar ei hochor chwith, wedi troi'r holl ffordd drosodd. Gwelais Al yn gorwedd ar ei gefn, o dan y fan. Es ato a thrio codi'r fan oddi arno, a methu. Roedd rhywun yn gweiddi mewn poen o'r ffrynt. Wedi i mi fynd rownd i sbïo, gwelais fod coes un o'r genod yn sownd o dan gab y fan, ei throed wedi mynd drwy'r ffenast. Ei llais hi o'n i'n ei glywed.

Sylwais ar dŷ tua chanllath i ffwrdd, a chyn i mi fod yn ymwybodol 'mod i'n rhedeg, ro'n i yno'n hamro ar y drws, yn gweiddi: 'Ambiwlans, ambiwlans,' nes daeth rhywun i'r drws. Dwi'm yn gwbod be ddeudis i ond roeddan nhw'n dallt, ac mi aethon nhw i ffonio. Rhedais yn ôl at y fan. Roedd Siôn, Gwyn, John, Hefin, Gareth Siôn a dwy o'r genod wedi dringo allan o'i chefn. Roedd Siôn yn tendiad ar Al, yn deud wrtho fo bod help ar ei ffordd. Roedd Hef ar ei gwrcwd yng nghanol y ffordd, ei drwyn yn gwaedu, ac yn deud yn dawel: "di hyn ddim yn iawn, 'di hyn ddim yn iawn.' Roedd popeth mewn slo-mo – roedd o fel gwylio ffilm. Roedd dryms, amps, cêsys gitârs a synths wedi eu gwasgaru dros y lle. Welis i Rhys, y dreifar, yn dringo allan o'i ffenast ochor, oedd rŵan yn pwyntio i fyny i'r awyr. Wrth iddo gael ei draed, mi ddeudodd: 'I can do without this, this is a fuckin write off, this is.' Roedd o wedi dod â fflagyn o seidar hefo fo, rhywsut, ac wrth gymryd llowciau mawr ohono, dechreuodd gerdded i ffwrdd, yn ailadrodd y geiria 'write off' a swigio o'r fflagyn. Dwi'm yn meddwl iddo sbïo'n ôl unwaith.

Mae'n debyg bod yr ambiwlans, yr heddlu a'r gwasanaeth tân wedi cyrraedd o fewn ychydig funudau. 'Sgin i'm clem – roedd popeth fel breuddwyd erbyn hyn. Bu'n rhaid iddyn nhw dorri Al yn rhydd ac mi aeth o mewn ambiwlans i'r ysbyty. Aeth Hefin yn yr un ambiwlans, ar gownt y glec gafodd o i'w ben. Wedyn bu'n rhaid iddyn nhw dorri'r ferch yn rhydd o ffrynt y fan a'i chludo hitha i'r ysbyty. Cafodd y gweddill ohonan ni, a'r gêr, ein llwytho i fan heddlu a'n gyrru i'w gorsaf yn Quimper. Doeddan ni ddim wedi'n harestio ond doeddan ni ddim yn cael mynd i nunlle; roedd 'na blisman wrth y drws, hefo pistol, drwy'r adeg. Mi gafon nhw afael ar Rhys tua dwy filltir i ffwrdd, mae'n debyg, ac roedd o wedi cael ei arestio. Dwi'n dal ddim yn gwbod pam y bu'n rhaid i ni i gyd aros yno drwy'r nos – dwi'n ama ella'u bod nhw wedi gneud rhag ofn eu bod nhw angen siarad hefo rhywun arall. Gydol yr amser roedd Gareth Siôn yn holi am gyflwr Al, ac roeddan nhw'n gwrthod deud, neu'n deud nad oeddan nhw'n gwbod. Yn y pen draw, ar ôl trafod hefo Daniel, ffrwydrodd Gareth, a mynnu ateb. Ddeudodd y plismon wrtho fod Al wedi marw.

Ar ochor y gylchfan, pan gafodd ei gludo i'r ambiwlans, ro'n i wedi gobeithio'r gorau, ac wedi deud: 'Na fo, fydd o'n iawn rŵan.' Roedd Siôn wedi anghytuno, ac wrth sbïo'n ôl, dwi'n siŵr mai fo oedd yn iawn, a bod Al wedi mynd heb ddiodda llawer. Ofynnon ni fyddai'n bosib i ni neud galwad ffôn i Gymru, a chynigais ffonio Gruff Elis a gofyn iddo fo alw yn nhy Gina i ddeud wrthi fod ei chymar, a thad Cain bach, wedi marw. Pan atebodd Gruff y ffôn, newydd ddeffro, ro'n i'n methu'n glir â chysylltu'r geiriau ro'n i'n ddeud hefo'r hyn oedd wedi digwydd.

Llydaw ac Ymlaen

Roedd hi'n sbel, rhai dyddiau os nad mwy, cyn 'mod i na neb arall yn medru cysylltu fawr ddim hefo fawr ddim arall. Roeddan ni mewn rhyw limbo, oedd mwya' od. Doedd 'na fawr o ddagra nag emosiwn gan neb dwi'm yn meddwl. Ffonis i Mam i ddeud be oedd wedi digwydd, ddim isho iddi hi glywed gan neb arall, a dwi'n cofio cracio fymryn wrth ddeud wrthi fod Al wedi cael ei ladd.

Mi es i i'r ysbyty i'w weld o, hefo Gareth Siôn a Hef. Roedd hynny'n gysur – roedd 'na dawelwch ac urddas, a realaeth hefyd. Al oedd hwn, yn gorff marw. Roedd ei weld fel hyn yn gneud synnwyr. Doeddwn i ddim yn gorfod cymryd gair unrhyw un bellach. Rhois gusan ar ei dalcen cyn ymadael.

Mae gen i go ohonan ni mewn caffi yn Quimper, am oriau ac oriau, yn yfed coffi cry, yn smocio ffags Gitanes, yn chwarae pŵl a ffwtbol bwrdd. Gyda llaw, mae'r Llydawyr, fel yr Eidalwyr welis i ym Mhalistrina pan oeddwn yno yn ffilmio Midffîld, yn arbenigwyr ar y gêm honno. Pan oedden ni'n chwarae dybls, roedd pawb isho partneru Daniel – roedd hwnnw'n dedli. Fo fydda'n gweithio bar yr ymosodwyr, yn derbyn y bêl, ei rowlio o ochor i ochor hefo troed un o'r chwaraewyr wedyn dal yn llonydd, yn tapio'r bel, disgwyl am yr eiliad a BANG! Gôl bob tro.

Roeddan ni mewn sioc, dwi'n siŵr o hynny, am rai dyddiau ar ôl y ddamwain, yn hwylio o awr i awr mewn breuddwyd, bron â bod. Doeddan ni wirioneddol ddim yn gwbod be oedd yn mynd i ddigwydd na be oeddan ni'n mynd i'w neud nesa. Roedd 'na faterion ymarferol i'w trefnu. Sut oedd corff Al am gyrraedd adra? Doedd neb wedi llenwi'r ffurflen briodol ar gyfer yswiriant marwolaeth dramor. Pam fysan ni? Doedd neb wedi bwriadu marw ar y trip yma. Fel y digwyddodd petha, daeth y gymuned gerddorol yn ôl yng Nghymru at ei gilydd i drefnu gig ym Mangor i godi'r pres oedd ei angen i gludo Al adra. Mae'n amhosib cyfleu'r effaith gafodd hynny arnon ni, na gymaint oeddan, ac ydan, ni'n gwerthfawrogi. Mae'n debyg iddi fod yn noson arbennig o dda, ac mi fyswn wedi bod wrth fy modd yn cael bod yno. Roeddan ni yno mewn ysbryd!

Mi benderfynon ni aros a pharhau hefo'r daith, cario 'mlaen i weithio a mynd adra ar gyfer y cynhebrwng. Oherwydd cwest a chymhlethdodau ymarferol, fydda hynny ddim yn digwydd am bythefnos, felly pa ddiben fyddai i fod adra'n tindroi, pan oedd ganddon ni waith yn fan hyn, rwbath i ffocysu arno; hefo'n gilydd ac yn gefn i'n gilydd. Ar wahân i hynny, dyma, siŵr Dduw, fysa Al wedi bod isho i ni neud. Rheswm arall, mwy ymarferol, oedd i ennill digon i 'nhalu i'n ôl am y tocynnau cwch a hurio'r fan, gan mai fi oedd wedi ffryntio rheiny.

Cymal nesa'r daith oedd dinas Rennes, ac yn fanno, drwy lwc, roedd gen i hafan braf iawn. Roeddwn i mewn perthynas hefo Llydawes fwyn o'r enw Marise ar y pryd, wedi ei chyfarfod yn '86 ar ein trip cynta i Lydaw; hitha'n gyfnither i Younne Burrel, trefnydd Gŵyl Concarneau, lle fuon ni'n canu mewn cystadleuaeth roc a enillwyd gan Meic Stevens a'r Cadillacs. Mae Meic yn seren fawr yn Llydaw, wrth gwrs, ond mi glywson ni gan dderyn bach ei fod wedi derbyn y wobr a dychwelyd i Walia yn ei holl ogoniant a'i orfoledd, wedi 'anghofio' talu'r Cadillacs, oedd yn styc yr ochor draw i'r Sianel. Does bosib. Ta waeth, yn Steddfod Port yn '87 aeth Marise a finna i'r afal, fel 'tae, ar ôl i Maffia ganu'n Tyddyn Llwyn, os dwi'n cofio'n iawn. Bu cryn dipyn o gysylltiad Celtaidd yng Nghwm Croesor y noson honno, os ca' i ddeud 'thach chi, a phan aethom i Lydaw am yr eildro, roedd croeso cynnes iawn, yn enwedig i'ch awdur.

Wedi'r ddamwain roedd Marise, fel pawb arall o'n ffrindiau Llydewig, yn gefn, yn gymorth ac yn gysur gwirioneddol anhygoel. Maen nhw'n frodyr a chwiorydd bythol ar ôl y cwbwl naethon nhw drostan ni. Pan aethon ni'n ôl i Porz en Breton, trefnodd Patrique, oedd yn Dderwydd yng Ngorsedd Beirdd Llydaw ac yn ddewin yn y traddodiad paganaidd, wledd arbennig i ffarwelio ag ysbryd Al, a'i yrru ar ei ffordd i'r lle nesaf. Eisteddodd y cwbwl ohonan ni wrth fwrdd hir, ac roedd lle wedi ei osod i Al a channwyll yn llosgi yn y gofod lle bydda'i blât. Roedd Gorsedd Beirdd Llydaw i gyd yno, wedi teithio o bob cwr o Lydaw a Ffrainc; mi gawson fendith gan y Prifardd a chanwyd barddoniaeth Lydewig a gyfansoddwyd yn arbennig ar gyfer y wledd. Roedd teimlad pwerus, tyner ac ysbrydol yn yr ystafell, yn tynnu'r tristwch a'r dagrau ohonom, yn ddiogel ym mynwes y bobol anhygoel yma oedd yn edrych ar ein holau. Aeth y wledd ymlaen; siarad a chwerthin a chanu i ddyfnderoedd y nos.

Drannoeth, cawsom wasanaeth angladd yn y cylch meini sy'n sefyll ar dir Porz en Breton, yr Archdderwydd eto'n arwain ac aelodau'r Orsedd yno yn eu gwisgoedd seremoni. Claddwyd cydyn o wallt Al ac un o'i glust dlysau o fewn y cylch. Roeddan ni'n gweld rhyw gyflawnrwydd yn hynny – bod 'Alan' yn enw Llydewig, wedi dod i Brydain hefo'r Llydawyr ym myddinoedd William yn 1066, a bod rwbath o'n Alan ni rŵan yn gorffwys yn nhir Llydaw. Helpodd y bobol wych yma ni, drwy roi mor garedig a diamod, i ddechrau'r broses o alaru a dod i delerau, ac yn syml iawn, sicrhau ein bod ni'n ocê.

Ymlaen â ni, felly, i Rennes. Roedd yswiriant Rhys, oedd wedi mynd adra i'r Barri ar gael ei ryddhau, wedi caniatáu i ni logi fan Budget am weddill y daith, ac i mi yrru. Diolch i'r drefn am hynny, ac o'r diwadd ro'n i'n gyfforddus yn fy nghroen. Roedd ganddon ni gerbyd diogel, dibynadwy, a gyrrwr saff, cyfrifol, sobor. Taswn ni ond wedi cymryd yr awenau reit ar y dechrau, ond dyna fo.

Arhoson ni i gyd yn fflat Marise a'i ffrind y noson gynta honno. Dwi'n ein cofio ni i gyd yn gorweddian o gwmpas ar ôl swper, yn gwrando ar J J Cale. Pan fydda i'n ei glywed rŵan ar y weiarles, i'r lownj fach glyd honno y bydd fy meddwl i'n mynd. Arhosais yn y fflat am weddill y stint yn Rennes, rhyw dridia, os dwi'n cofio'n iawn, yn mwynhau'r pyrcs tra oedd gweddill y bechgyn ei slymio hi yn yr hostel ieuenctid leol. Wel os oes pyrcs, mae 'na bris i'w dalu, beryg. Mae 'na fymryn o elfen dadol yndda i pan ma' hi'n dŵad i'r hogia 'na. Dwi'n cofio Gareth Jones, tad go iawn Siôn a Gwyn, yn fy nhynnu i un ochor fel roeddan ni'n gadael am adra ar ôl bod yn ymweld ag o yn Llundain am benwythnos un tro, a deud: 'Shgwla ar 'u hole nhw, nei di bach.'

Ro'n i chydig yn betrusgar ynglŷn â gadael yr hogia, ac yn iawn i deimlo felly, fel digwyddodd petha, yn enwedig y noson cyn ein hymddangosiad cyntaf ar deledu Ffrainc. Roeddan ni wedi ein bwcio i ymddangos ar raglen gylchgrawn, *Après Trois* i berfformio 'Nid Diwedd Y Gân', wel, meimio i'r record, a chael cyfweliad er mwyn hysbysebu cymal ola'r daith. Roedd tensiynau yn yr hostel wedi dod i'r wyneb, a bu ffrwydrad rhwng Siôn a Hefin, Hef wedi rhuthro allan gan ddeud ei fod yn mynd adra a Siôn wedi dyrnu wal. Doedd y wal ddim gwaeth, ond roedd llaw dde Siôn ddipyn gwaeth, a'i fys canol wedi ei dorri. Aidial. Aeth Marise â fo yn ei Renault 4 bach, i'r ysbyty am driniaeth. Es i hefo nhw am dro.

Ar ddiwedd yr antur fach honno cafodd Marise sgwrs fywiog mewn Ffrangeg ffrantic â rhywun tu ôl i'r ddesg, a bu lot o chwifio dogfennau a phwyntio bysedd, ac yn sydyn reit, 'allez, allez!' medda Marise, ac roeddan ni ar ein ffordd, a hynny ar hast. Esboniodd Marise mai isho taliad am y driniaeth oedd y person wrth y ddesg, a'i bod hi, Marise, wedi ei gwahodd i stwffio'r taliad i'w derrière, ym mha bynnag fodd y mynnai wneud hynny. Aha. Felly roeddan ni wedi gneud rynar o'r 'sbyty, doeddan Marise? Oeddan, ond i ni beidio â phoeni, oherwydd roedd hi wedi rhoi enw a chyfeiriad ffug ar y ffurflen. Wariar.

Drannoeth, mi es i gyfarfod yr hogia mewn bar café, neu café bar. Gyda llaw, dwi'n hoff o steil ben bora'r Llydawyr, cael baguette ffresh hefo caws a ham, neu croissants poeth i frecwast, hefo hannar o lagyr a choffi. Suful dros ben. Ta waeth, ges i fy nghyfarch gan Gareth Siôn hefo'r geiriau: 'and dden dder wyr ffôr,' yn ei ffordd unigryw, araf, bwyllog. Roedd Jecsyn yn cyfeirio at y ffaith mai ond pedwar o'r band oedd yn bresennol. Nes i'm twigio.

'Be ti'n feddwl ?' medda fi.

'Mae Hefin wedi mynd.' Roedd hyn yn wir – dau Jones, un Doyle a fi oedd yno.

'Lle mae o 'di mynd 'ta?'

'Adra,' medda Siôn.

'Sut mae o am neud hynny? Ma'i docyn cwch o gen i,' gofynnais.

'Mae o 'di cerddad,' medda John. Doedd hyn ddim yn sioc. Yn y stad roeddan ni ynddi wedi'r ddamwain, roedd bob dim yn swrreal – a beth bynnag, ar raddfa o un i ddeg yn sgêl ymddygiad Hef mewn diod, doedd hyn ond yn dri, ella tri phwynt pump.

Wrth ateb cwestiwn tebyg i: 'be ti'n feddwl o Mick Jagger,' atebodd Keith Richards: 'Oh, he's a lovely bunch of blokes.' 'Tasa rhywun yn gofyn cwestiwn tebyg i mi, am Hefin Hugo Huwcyn Huws, mi fyddwn i'n deud bod 'na ddau ohono fo. Yr Hef sobor, a'r Hef mewn diod. Mae' r un sobor yn annwyl, yn weithgar, yn gymwynasgar ac yn lot o hwyl, heb sôn am fod yn gerddor talentog. Mae o'n bwerdy

o ddrymar, wedi chwarae hefo llawer o fandia, o'r Anrhefn i
Bob Delyn, ac mi naethon ni'n dau ambell sesiwn ar fas a
dryms yn stiwdio Les – Hef wastad yn llawn syniadau a mwy
na bodlon mynd am yr annisgwyl. Pan ddaeth Maffia i'r
amlwg yn 1982, Hefin oedd seren ifanc y sîn, heb unrhyw
amheuaeth. Mae ganddo fo glust arbennig am alaw a llais
unigryw, yn llawn angerdd a theimlad. Dwi wedi mwynhau,
lawer tro, rhannu llwyfan a chanu hefo fo; mae ein lleisiau'n
asio a'n deinamics ni'n dau wrth ffryntio'r band wedi
gweithio'n dda.

Roedd Taith y Carcharorion yn un o'r cyfnodau braf
hynny, pan oeddan ni'n bownsio oddi ar ein gilydd yn
ddidrafferth. Enghraifft arall, fwy diweddar, oedd Tân y
Ddraig 2008. Roedd hon yn gig fawr i ni – ni oedd yn gorffen
y noson o flaen cynulleidfa o filoedd ac yn dilyn Cerys
Mathews i'r llwyfan. Roedd pwysau arnon ni, ond fel y
digwyddodd petha, roedd Hef yn sobor, mewn hwylia da ac
on ffôrm. Ro'n i'n falch o fod yn aelod o Maffia Mr Huws y
noson honno, ac yn falch o'r hogia i gyd. Biti garw felly fod
Hef mor hoff o'i beint, a bod dau neu dri yn ddigon i droi'r
drol. Ac o, mor hawdd y bysa petha wedi medru mynd yn
ffliwt yn Nhân y Ddraig.

Deuddydd o amser ymarfer cyn y gig oedd ganddon ni,
yng Nghlwb Rygbi Bethesda. Welson ni mo Hef ar y
diwrnod cynta – roedd o allan ar ôl-dêar yn ôl yr
adroddiadau. Rowliodd i mewn tua amsar cinio'r ail
ddiwrnod, heb fod yn ei wely, hefo sics-pac o Tennents
Extra, ac arhosodd am sbel cyn penderfynu ei fod wedi cael
digon o'r 'bwlshit', a ffwr' â fo i'r King's am beint, a'n gadael
i orffen yr ymarfer a thrafod continjynsi plan i ddelio hefo
Huwcyn 'tasa fo'n troi i fyny yn yr un cyflwr i'r Faenol. Nid
dyna'r tro cynta, na'r ola.

Un tro, yn y Castle Hotel ym Mangor, New Look a Yates
erbyn hyn, doedd dim sôn amdano erbyn amser canu, felly

aethon ni ymlaen beth bynnag , fi ar y meic a phopeth yn hynci didli dôri. Hanner ffordd drwy'r drydedd gân dyma fo'n cyrraedd, yn geiban ac yn fronnoeth, o gefn y bandstand bach o lwyfan, a gwneud ei entrans fawr. Clywais sŵn y tu cefn i mi a throi i weld Hef yn dringo dros Gwyn a'r dryms a llwyddo i ddisgyn ar ei hyd a chwalu'r rheiny, codi ar ei draed, sathru pedalau effeithia' Siôn a dad-diwnio'i gitâr, a gwên hurt a golwg bell arno fo. Yna hoeliodd ei sylw arna i, rhoi ei law tu ôl i mhen, tynnu 'ngwep at ei un o a'm hanrhydeddu hefo snog wlyb, ei dafod yn chwilota am fy nhonsuls. 'Mai'n anodd weithiaaaaa-a-a-aaa-i-aa.' Ydi. Arhosodd o ddim yn hir wedyn, ac ar ôl iddo neud ei grand egsut, dwi'm yn ama i ni fedru achub y noson. Wyth allan o ddeg ar y sgêl fyswn i'n ei roi iddo fo am y perfformiad hwnnw.

Chwarae hefo Chwarter i Un yn Roc Ystwyth.

Yr un sy'n cael y pyrffect ten, gen i beth bynnag, ydi Roc Ystwyth 1987. Roedd hon yn gig fawr, penwythnos o ŵyl yn ffreutur Undeb Myfyrwyr Aberystwyth, ac roeddan ni'n cloi'r nos Sadwrn. Roeddan ni i gyd yn ymwybodol y bydda'n rhaid i ni fod ar ben petha, ac wedi prawf sain trylwyr tua hanner dydd, pan gawson ni redeg trwy hanner dwsin o ganeuon a chael y sain yn iawn, a'r monitors fel roeddan ni isho, roeddan ni'n rhydd i wneud be bynnag lician ni cyn yr alwad i gyrraedd cyn y perfformiad, tua deg yr hwyr. Ro'n i'n chwarae bas hefo Chwarter i Un yn y pnawn, felly arhosais o gwmpas i wrando ar y bandia eraill tan yr aethon ni ymlaen, ac am sbel wedyn. Roedd o'n uffar o ddiwrnod da, pawb ar ben eu gêm a'r gynulleidfa'n wych. Dwi'n cofio meddwl wrth wylio Ray Jones a'i fand, ei ddau ddrymar yn waldio fel un a chreu lwmp o grŵf, y bydda'n rhaid i ni fod ar top fform i roi diweddglo teilwng i'r diwrnod. Aeth Kevin Taff a finna am dro i lawr i'r dre tua chwech, ac ar ôl swpar sgod a sglods yn y siop jîps wrth y Cŵps, piciad i'r CP, y Crystal Palace, i ymuno â Grin a Tom a Daf Rhys, oedd fwy neu lai yn byw yno pan oedden nhw'n fyfyrwyr ym mrhifysgol Aber, ym mynwes yr enwog Ron a Babs. Aidial, lager i Kev, daiyt côc i mi plis. Roedd yr hogia'n ista wrth y bwrdd dartia, ac roedd angen pasio'r ffenast a mynd rownd y bar i gyrraedd yno. Wrth fynd tua'r ffenest gwelais Siân, cariad Hef, yn ista wrth fwrdd yn y ffenast. Gwelodd fi a chodi llaw, a golwg be na'i arni. Yn ista gyferbyn â hi, a'i gefn ata i, roedd Hefin Huwcyn Hugo Huws. Suddodd fy nghalon i'm sgidia. Roedd osgo ei gefn yn deud y cwbwl. Ro'n i'n teimlo chydig yn sâl, a 'nhymer yn codi'r un pryd, ond bydda'n rhaid trio gwneud y gorau ohoni. Eto. Gwelais Siân yn amneidio i 'nghyfeiriad. Trodd Hef i 'ngwynebu. Collais yr ewyllys i fyw. 'Heeeeei, Wiliaaaas,' slyriodd Huwcyn, prin yn sibrwd. O Jisys Craist. Roedd Siân yn ysgwyd ei phen yn ara tu ôl iddo. Roedd Hef yn racs, a hithau ond yn hanner awr wedi chwech.

'Wilias, Wilias, tu'ma. . . dwi 'di ca' syniad. Iawn? Ti'n dallt? Ti'n gwbod y gig heno, 'de? Ti'n gwbod be dwi am neud?' Roedd o yn fy ngwynab, yn ôl ei arfer pan fyddai mor chwil â hyn.

'Nacdw Hef, be ti'n mynd i neud?' Ro'n i'n clywed yr anobaith yn fy llais.

'Dwi'n mynd i fynd ar y llwyfan yn 'y nhrôns.' Rhewodd

fy wyneb mewn anghrediniaeth. 'Be ti'n feddwl?' gofynnodd
Hef.

'Ia Hef,' medda fi, 'gna di hynny, dos ar y llwyfan yn dy
drôns.'

Oedd o o ddifri? O oedd, heb unrhyw amheuaeth. Ar y
llaw arall, roedd 'na ddigon o amser tan i ni ganu iddo fo yfad
ei hun i ebargofiant, a pheidio troi i fyny. Am y tro, rhaid
oedd cadw gafael ar y llygedyn hwnnw o obaith, ond mi
wyddwn yn fy nŵr y bydda fo yno, a Duw a ŵyr be fydda'n
digwydd wedyn.

Penderfynais fynd i chwilio am weddill yr hogia, a'u
rhybuddio. Cerddais 'lan yr hewl' i'r coleg – roedd y neuadd
yn orlawn, Tynal Tywyll yn ei hoelio hi a'r awyrgylch yn
wych. Roedd y cwlwm yn fy stumog yn tynhau bob tro y
meddyliwn am Hef a dychmygu'r senarios erchyll y bydda
fo'n eu gwireddu ar y llwyfan. Tarais ar Gwyn a Siôn, y ddau
wedi dychwelyd yn gynnar i samplo'r awyrgylch.

'Ma hi'n dda 'ma dydi?' gofynnodd Siôn, yr awgrym yn
glir ein bod ni'n mynd i orfod hoelio'n perfformiad. Ro'n i'n
sâl, fi oedd am orfod rhoi'r bin yn ei swigan.

'Ma Hugo'n ffwcd,' medda fi.

'O, na,' medda Siôn,

'O yndi,' medda fi, 'roedd o yn CPs gynna, yn hongian.
Ond y newyddion da ydi 'i fod o'n meddwl mynd ar y
llwyfan yn ei drôns.' Aeth cryndod drwy'r tri ohonan ni wrth
greu'r darlun yn ein dychymyg torfol, yna dwedodd Siôn yr
hyn oeddwn i wedi ei feddwl yn gynharach.

'Ella neith o'm troi i fyny.' Na, doedd neb yn hyderus,
ond chwaraeodd ffawd hefo'n hemosiynau a'n nerfau tendar
drwy adael i ni ddechra coelio na fydda fo'n dŵad, a chadw
Hef draw tan y funud ola. Roeddan ni ar y llwyfan, yn barod
i gael ein cyflwyno, pan waeddodd Gwyn: 'Hold on 'gia,' a
diflannu o'i ddrymstŵl i'r stafell gefn, lle oedd o wedi gweld
Siân yn arwain Hefin gerfydd ei law, fynta'n hercio ar hyd y

llawr hefo gwên hannar pan, geiban ar ei wep. Fysa'i amseru o ddim wedi medru bod yn waeth. Roedd yr awyrgylch yn pylu hefo bob eiliad o oedi cyn cychwyn ein set, ac er mai ond ychydig funudau aeth heibio, roeddan nhw'n teimlo fel oriau. Roedd Gwyn yn trio cael Hef i ddod o'r stafell gefn i ganu, a Hef yn rhoi'r 'finishing touches' i'w lipstic.

O'r diwedd, daeth Gwyn yn ôl a deud, fel Herbert Lom yng nghymeriad Inspector Dreyfuss yn y *Pink Panther*:

'Fechgyn, dacw Hefin yn dyfod.' Rhaid deud, roedd o'n werth ei weld. Crys T du hefo cwlwm i ddangos ei fotwm bol fel crysau cheesecloth genod yn y 70au, shêds du, lipstic du, trôns wai-ffrynt melyn gola hefo trim glas gola, sana bach gwyn a threinars sboncen. Roedd o'n racs grybibion. Neidiodd ar y llwyfan a chipio'i feic o'r clip fel y dechreuon ni'r intro i 'Hysbysebion'. Ro'n i'n gandryll hefo fo, hefo fi a hefo ni am adael iddo fo ddod ar y llwyfan o gwbwl. Roedd Hef wedi gweithio'i hun i mewn i dempar, yn stumio'n fygythiol tua'r gynulleidfa, ddim yn canu geiriau 'Hysbysebion', ond yn cyfansoddi geiriau cachu rwtsh fel yr âi ymlaen, ac ro'n i'n gweld y gynulleidfa, yn enwedig y genod, yn closio at ei gilydd mewn grwpiau bach ar y llawr, eu hwynebau'n llawn ofn a phryder – yr un rhai, brin chwarter awr yn gynharach, oedd wedi bod yn mwynhau un o gigs gora'r flwyddyn. Ar ddiwedd 'Hysbysebion' dechreuodd Hef ganu 'Mynd i Ffwrdd', felly be allen ni neud ond ymuno hefo fo, a chwarae'r gân gyfa. Ar ei diwedd, aeth Hef yn syth yn ôl i'r dechra, ond y tro hwn allan o gyweirnod, felly pan driais ymuno â fo roedd y nodau'n anghywir, a finna'n i'n methu trawsgyweirio.

Llinellau cynta 'Mynd i Ffwrdd' ydi: 'Neb yn gwrando mwy; Ar yr hyn sydd gen i i ddweud.' Roedd Hef yn stampio o gwmpas y llwyfan, yn sgrechian y geiriau hynny drosodd a throsodd i rhythm ei stampio ei hun, 'fath â rhyw All Black rhyfeddol mewn drag a wai-ffrynts melyn yn gneud yr Haka, a'r neuadd yn prysur wagio. Drwy gil fy llygad gallwn weld Siôn yn bagio'n araf oddi ar y llwyfan. Lluchiodd Hef y meic i'r llawr a stompio i ffwrdd. Erbyn hynny roedd y neuadd fwy neu lai'n wag, a finna'n methu cweit credu'r hyn ro'n i newydd fod yn dyst iddo. I gyfleu, yn union gywir, yr holl brofiad, cododd Siôn ei beint yn araf at ei geg, ymlaen heibio'i geg, ac ymlaen yn uchel uwch ei ben a'i arllwys drosto'i hun yn urddasol a gosgeiddig. Shot, Jôs. Daeth Siôn Sebon ac Amlyn Hedd i'r llwyfan a jamio chydig o ganeuon hefo ni, felly mi gafodd y llond llaw o dai-hârds a arhosodd sioe go lew – ond o ran y noson, a'r cyd-destun, roedd ein perfformiad yn drychineb.

Welis i 'mo Hef am wythnosau wedyn, ond pan darais arno fo yn y King's, roedd o'n lysh gachu eto, a'r oll ddeudodd o oedd nad oedd o'n mynd i ganu hefo 'basdads fatha chi' eto.

Ta waeth, yn ôl yn Rennes, mi gychwynnon ni o'r caffi i'r stiwdio deledu, pawb yn poeni'n arw am Hef, achos pwy a ŵyr lle fydda fo erbyn hynny. Cododd y ffrae hefo Siôn, ar yr wyneb beth bynnag, oherwydd prinder bwyd llysieuol yn Llydaw, rwbath roedd Hefin ac Al wedi cwyno amdano ar hyd y fedlan, a rwbath oedd yn ennyn cydymdeimlad ymysg y gweddill ohononan ni tra oeddan ni'n claddu boef, poulet a jambon. Hefyd, a chwarae teg i Hef, fel pawb arall roedd o o dan deimlad mawr ar gownt Al a'r ddamwain a bob dim. Mae o'n ddyn emosiynol beth bynnag, ac roedd ychwanegu alcohol at y straen hwnnw'n mynd i greu adwaith, un ffordd neu'r llall. Ar adael yr hostel, mae'n debyg iddo ddeud rwbath am fod isho'i fam, ac mi oeddan ni i gyd yn medru uniaethu hefo hynny.

Mi gyrhaeddon ni'r stiwdio ychydig cyn wyth o'r gloch, ac wrth nesáu at y drws, roedd rhywun yn gorwedd ar draws y fynedfa, yn cysgu. Wrth i ni nesau eto, gwelsom nad tramp mohono. Hefin Huwcyn Hugo Huws oedd hwn, wedi crwydro drwy'r nos o gwmpas Rennes, yn ei ddiod a'i deimlad, cyn penderfynu, wrth sobri, trio ymlwybro i'r stiwdio deledu, wedi methu ffeindio'i ffordd yn ôl i'r hostel. Roedd golwg y diawl arno fo, ac yn rhynnu, 'ngwas i, hithau'n wythnos gynta mis Mawrth. Wedi iddo gael sawl powlan o goffi poeth a sawl croissant gynnes, molchi ac ista mewn stafell gynnes wedi ei lapio mewn blancad am hannar awr, roedd o wedi dadmar, a doedd o'm 'run un. Tra oedd o'n llawn ymddiheuriadau a chonsyrn am law Siôn, roeddan ni jyst yn falch ei fod o'n ocê, ac yma hefo ni yn hytrach na hannar ffordd i St Malo, ar droed a heb docyn. Felly ymlaen â ni.

Stiwdio deledu opyn plan oedd hi, hefo camera stiwdio mawr yn y canol fyddai'n troi tuag at yr eitemau (oedd wedi eu trefnu mewn cylch o'i gwmpas) yn eu tro, ac yn ôl at y cyflwynwyr, eu desg yn rhan o'r cylch. Eitem pedwar oeddan ni, wedi'n gosod yn y pedwerydd gofod o ddesg y cyflwynwyr, wrth y cloc. Rhyw wleidydd yn traethu oedd yr eitem gynta a rhywun yn coginio oedd yr ail, ond roedd safle eitem tri yn wag ar gyfer yr ymarfer, dim ond ar gyfer y darllediad byw ei hun y byddan nhw yno. Pam, medda chi, fel ninna. Cafwyd rhyw fath o ddymi rŷn er mwyn cael amseriadau a phethau felly, ac roedd hynny'n ddigon od – Hef yn meimio fy llais i, fi'n meimio bas Deins, John yn meimio gitâr Siôn, Siôn yn meimio gafael mewn gitâr hefo un llaw wrth drio peidio taro'i law glwyfedig, yn ei fandej mawr trwsgwl – a neb, wrth gwrs, yn meimio'r synth. Yr oll a wyddem am eitem tri oedd mai rwbath yn ymwneud â'r syrcas oedd yn ymweld â Rennes fydda hi.

Pan ddaeth yr alwad i ymgynnull yng ngofod eitem pedwar a disgwyl ein ciw, cawsom weld pam y bu i eitem tri gael ei hepgor yr ymarfer. Dau jimpansî, mewn gwasgodau coch ac aur, top hats, leg-wôrmyrs lliwgar hyd eu coesau a rolyr-sgêts oedd eitem tri, hefo cipars o'r syrcas i edrych ar eu hola a'u cadw'n hapus. Dyna oedd y syniad, beth bynnag. Dyna un o'r petha mwya swrreal welis i erioed, a gweddill yr hogia hefyd, yn ôl eu hedrychiadau syfrdan. Tra oedd y cyflwynwyr yn cyflwyno a'r gwleidydd yn gwleidydda, roedd y chimpansîs a ninnau yn prysur aflonyddu. Dwi'm yn siŵr be oedd yn bygio'n cefndryd blewog – y gwleidydd o bosib, neu ella mai ni oedd, yn methu helpu syllu arnyn nhw fel roeddan ni. Be oedd yn fy mygio fi oedd y ffaith eu bod lai na chwe throedfedd i ffwrdd, ac o'm storfa o wybodaeth arwynebol am fyd natur ('Documentary Kid' oedd yr hogia'n fy ngalw ar brydia) ro'n i'n gwbod mai'r chimp ydy'r epa perycla a'r mwya rhyfelgar, a'i fod tua phum gwaith mor gry' ag un ohonon ni. Dechreuodd un ohonyn nhw siglo o ochor i ochor a dangos ei ddanedd mewn gwên, neu fygythiad. Roedd o'n teimlo'n fwy fel bygythiad, ond cyn belled â'i fod o'n dal i afael yn llaw'r cipar, roedd pethau o dan reolaeth – ish.

Yn sydyn, dyma fo'n dechra sgrechian, dyrnu'r llawr a rhedeg rownd y stiwdio ar ei ddwy law a'i ddwy rolyr-sgêt, yn llusgo'r cipar druan ar ei ôl, hwnnw'n trio'i sadio, pawb yn trio cuddio, John Doyle yn ei ddagrau'n chwerthin. Bu'n rhaid clirio'r stiwdio tan oedd y mwnci wedi tewi a chytuno i neud yr eitem, ac wedyn ein tro ni fyddai hi; yr hyn oedd yn weddill o Maffia Mr Huws, yn meimio ac yn edrych fel ecstras o'r fideo 'Killer'. Yn y gân 'Once In A Lifetime', mae David Byrne yn canu: 'And you may ask yourself, well, how did I get here?' Ia wir.

Roedd cymal ola'r daith yn dal y fantol, achos roedd hi'n amser mynd adra i gladdu Al. Y cynllun oedd dychwelyd i Lydaw wedyn a gorffen y gigs, felly mi adawon ni'r offer ym Mhorz en Breton a'r fan yn St Malo; ond am y tro, y cwbwl oeddan ni'n meddwl amdano, ac edrych ymlaen ato, oedd

dod yn ôl i Gymru. Mae'n rhaid bod rhywun wedi gadael i
borthladd Portsmouth wybod be oedd ein hamgylchiadau,
achos mi gawson ni'n hebrwng yn syth drwy'r sianeli
Pasbort a Chystoms, hefo: 'Are you the band from Wales?'
ymlaen at Gethin Scourfield ac Andy Bryce o Criw Byw,
oedd yn disgwyl amdanon ni. Roeddan nhw'n garedig wedi
deud y byddant yn ein cludo ni adra, fel nad oeddan ni'n
gorfod poeni am yrru na dim byd felly. Andy, Gethin a
Geraint Jarman oedd wedi cyfarwyddo a chynhyrchu'r ffilm
ddogfen *Awê 'fo'r Micsar*, a'r casét o'r gerddoriaeth, fel M4
Productions (cyn ailsefydlu fel Criw Byw, a chynhyrchu
rhaglenni fel Fideo 9 am flynyddoedd wedyn).

Roedd *Awê*'n brosiect cyffrous ac yn un o'r cyfnodau
hapusa i mi hefo'r band. Mi fuon ni'n gweithio arni dros haf
'86, yn sgwennu pum can newydd: 'Un Peth', 'Rhyfedd
iawn', 'Dwy Law', 'Enw ar y Drws' a 'Breuddwyd fel Tân'.
Ail-wampion ni 'Halen ar y Briw' hefyd – Gwyn ac Al yn
creu trefniant reggae robotics, a ges i'r fraint wefreiddiol o
gael cyfansoddi trefniant lleisiol i Gôr Meibion y Penrhyn.
Dwi'n cofio recordio'r gwahanol rannau ar ein peiriant casét
4 trac, ac wedyn sgwennodd Nia Jôs, mam y brodyr, nhw
allan ar bapur sgôr, yn gywir a darllenadwy i'r cantorion a'r
arweinydd. Dwi'n cofio mynd i un o ymarferion y côr yn
ysgol Penybryn, hefo copis i'r meibion a'r trac ar gasét i'w
chwarae drwy system yr ysgol. Ro'n i'n nyrfs racs, ond wrth
iddyn nhw ymarfer y trefniant heb gyfeiliant roeddan nhw i
weld yn ddigon hapus, a phan ddaethon nhw i ganu hefo'r
trac, roedd gen i lwmp yn fy ngwddw ro'n i mor hapus.
Roedd y trefniant yn gweithio, a'r effaith yn swnio gan
gwaith gwell nag oeddwn i wedi meiddio'i obeithio. 'Jyst
galwch fi'n Amadeus,' oedd hi am funud bach wedyn. Fuon
ni yn y Music Factory yng Nghaerdydd, stiwdio Dai Shell
am ddeng niwrnod i recordio'r caneuon hefo fy arwr mawr,
Mr Jarman ei hun, yn cynhyrchu. Roedd hynny'n fraint ac

yn addysg gan fod ei ffordd mor wahanol i un Richard
Morris, Les Morrison a phawb arall roeddan ni wedi
gweithio hefo nhw. Gwrando, cynnig ambell beth a llywio'r
cwch yn ddistaw bach oedd arddull Geraint, a'r gwahaniaeth
mawr arall oedd ei fod yn gadael y peiriannu a'r gwaith
technegol i gyd i Dai, neu John, y peiriannydd arall. Hogia
siort ora'r ddau. Fydda Dai wastad yn deud, pan oedd gofyn
am 'reverb' ar unrhyw beth: 'Huge amounts of large, then is
it?' Pe byddai rhywun yn cynnig panad iddo: 'never been
known to refuse.'

Byddai John a'i ffrindiau'n ista'n eu pyb lleol yn
cynllwynio heist fawreddog ar un o fanciau canol y dre. 'Oh,
we've been plannin' it for twenty years. We'll never actually
do it, but it's something to talk about over a beer.' Boi da,
fynta wedi'n gadael ni hefyd bellach, heddwch i'w lwch.

Roedd y caneuon newydd yn siapio bryd hynny hefyd, a
sŵn y band yn mynd i gyfeiriad newydd. Mae John Doyle yn
gerddor naturiol hefo'i steil a'i sŵn ei hun, yn bendant ac yn
hyblyg iawn, ac mi aeth o ati i greu rhannau iddo'i hun oedd
yn plethu hefo riffs a rhythmau Siôn. Roedd Al hefyd wedi
setlo i mewn. Cafodd yr allweddellau ran flaenllaw ar
ganeuon *Awê* a daeth llais a barn Al i fod yn flaenllaw yn y
trafodaethau creadigol. Un broblem oedd gen i, a honno'n
mynd yn fwy bob dydd ymysg holl hwyl y creu. Yr ail ddydd
Iau a Gwener yn y cyfnod recordio oedd wedi eu clustnodi
ar gyfer y canu, a'r broblem oedd nad oedd gen i fwy na
hanner dwsin o linellau ar gyfer 'Breuddwyd fel Tân' erbyn
y nos Fawrth, ac yn waeth na hynny, fy mrên yn wag, ac yn
waeth na hynny, ro'n i wedi bod yn deud wrth yr hogia 'mod
i 'fwy ne' lai yna' pan oeddan nhw'n meddwl holi: 'Sgin ti
eiria Wilias?' Y gwir oedd nad o'n i nunlla'n agos ati. Ar y nos
Fawrth, mi gloiais fy hun yn y stafell wely o'n i'n ei rhannu
hefo John yn y Ruperra Arms yn Sblot, ac ista ar y gwely hefo
beiro a phad sgwennu newydd sbon, gwag. Erbyn amser

gwely ro'n i fwy neu lai wedi gorffen 'Breuddwyd Fel Tan' a chael llinell ar gyfer cytgan 'Un Peth'. Arhosais yn y Ruperra drwy'r dydd Mercher ac erbyn amser swper ro'n i'n medru deud 'mod i 'fwy neu lai yna' heb unrhyw beryg o ddeud clwydda. Mae'r awen wastad wedi bod yn ddirgelwch i mi; mae hi'n ymwelydd anghyson os nad ydi'r pwysau ymlaen i'r eithaf, lle mae Maffia yn y cwestiwn beth bynnag, ond roedd hi hefo fi drwy'r dydd Mercher hwnnw, diolch i'r drefn. Cychwynnais i'r stiwdio ar y bore Iau wedi gwneud fy ngwaith cartra, ac yn barod amdani. O dan gyfarwyddyd Mr Jarman, ac am y tro cyntaf am wn i, mi ges i sylwadau calonogol gan weddill y band a dau ddiwrnod o waith yn y focal bŵth na wna'i byth eu hanghofio. Y sêl bendith gorau i mi oedd clywed yr hogia'n hymian fy nhiwns heb sylweddoli eu bod nhw'n gwneud hynny. Unwaith roedd y canu i lawr ar dâp, roeddan ni'n medru clywed lle oedd angen mwy o liw, a mynd ati i recordio'r lleisiau cefndir ac ambell drac gitâr a synth ychwanegol cyn dechrau ar y cymysgu terfynol.

Mae'r 'Ffeinal mics' yn adeg od. Mae'n bosib, wrth gwrs, gyrru'r hwch drwy'r siop os ydi rhywun yn trio gneud gormod ar y stêj yma o'r gwaith, ac mae hynny'n gamgymeriad sydd yn digwydd o bryd i'w gilydd. 'Dach chi'm isho clywed gormod o 'nawn ni 'i sortio fo yn y mics'. Os ydi'r recordio wedi'i neud yn iawn, matar o fân diwnio a thocio ddyla hi fod. Mi fyddwn i'n cymryd rôl gynorthwyol gan amla, yn gwneud lot o baneidia ac yn nodio 'mhen mewn ffug gytundeb a dealltwriaeth pan oedd gofyn gwahaniaethu rhwng lefelau o reverb ar yr hi-hat sydd ond yn glywadwy i ystlumod, ond yn holl bwysig i iawnbwyllder ac iechyd meddwl Gwyn Maffia. Y brodyr Jones ac Alan fyddai'n brwydro dros y ffêdars; Deins, Doili a finna'n hapus i ista ar y meinciau cefn, yn ymlacio a mwynhau.

Ar y prosiect *Awê*, unwaith roedd y miwsig 'yn y can', roedd wythnos o ffilmio fideos ar gyfer y caneuon; a gwneud focs pops a chyfweliadau hefo pobol Pesda oedd mewn rhyw ffordd yn gysylltiedig â'r band, neu hanes lleol, neu jyst yn bobol ddifyr. Digonedd o ddewis, felly. Roeddan ni i gyd yn ein helfen, yn enwedig Alan Edwards, y cofi Dre bach oedd wedi hoelio'i le yn y tîm, oedd ar fin dod yn dad, ac yn ddiarwybod i bawb ar y pryd, oedd am ffarwelio â'r byd hwn o fewn ychydig fisoedd.

Wedi'r daith o'r portladd ac ar gyrraedd cartra teulu Al ym Maesincla, Caernarfon, yr oll oedd ar fy meddwl i oedd cael siarad hefo'i fam, i gydymdeimlo ac i esbonio pam nad oeddan ni wedi dod adra'n syth wedi'r ddamwain. Yn anhygoel, fel mae mamau ar adegau fel hyn, roedd hi wedi bod yn poeni amdanon *ni*. Roedd ei chryfder a'i hurddas y diwrnod hwnnw yn rwbath na wna i byth ei anghofio. Roedd y gwasanaeth yn eglwys Peblig yn brydferth, a daeth pyliau mawr o emosiwn a hiraeth drosta i wrth i ni gerdded hefo arch Al, allan i'r glaw mân, i gyfeiliant Tangerine Dream, ei hoff fand.

Mae Siôn Maffia'n seicic. Dydw i ddim. Dwi fymryn bach yn genfigennus 'mod i'n colli allan mewn rhyw ffordd, ac ar y llaw arall yn falch o beidio gorfod cyboli hefo'r fath fymbo jymbo. Ond mae gweld wyneb Jôs pan fydd rwbath sbwci'n digwydd iddo'n ddigon i mi gadw meddwl agored. Roedd Al yn seicic hefyd, a Nia, mam yr hogia a'i ffrind, Beryl Hall, sy'n adnabyddus i bawb ym myd y theatr leol. Ar adeg y ddamwain ac yn yr wythnosau wedyn, roedd yr arall-fyd, mae'n debyg, ar waith. Roedd Al ei hun a Siôn wedi teimlo rhyw ddrwg, ac wedi trafod y peth ym Mhorz en Breton; a phan ddaethon ni adra ar gyfer y cynhebrwng, roedd Nia a Beryl wedi cael gweledigaethau a breuddwydion – Siôn a'i fam, mae'n debyg, wedi cael yr un freuddwyd ar yr un noson, lle oedd Siôn yn rhwym mewn cwmwl du. Bu'r gweledigaethau yma'n ddigon i'w hysgogi i'n rhybuddio rhag mynd yn ôl i Lydaw. Bu trafodaethau hir a lot o bendroni, cyn i ni benderfynu y bydda pawb yn gwneud yn ôl ei reddf. Arhosodd Siôn adra ac aeth Hef, John, Gwyn a finna'n ôl i orffen y daith. And dden ddêr wŷr, undîd, ffôr. Profiad mwyaf od. Roeddan ni i gyd yn teimlo rhywfaint o rwyg pan benderfynodd Siôn beidio dod hefo ni, ond roedden ni'n temlo fel 'tasa fo wedi'n siarsio ni hefo'i ysbryd, ac ysbryd Al, i fynd i wneud y 'peth' 'ma, beth bynnag oedd o, ar eu rhan, i orffan y job, ella, 'dwn i'm.

Beth bynnag, gwnaeth y pedwar ohonon ni ein gora glas, pawb ar eu gora. Dwi'n cofio sbïo rownd y band, mewn neuadd fach ym mhrifysgol Rennes, yn chwara fel 'tasa'n bywyda'n dibynnu arno. Roedd pawb yn chwys doman: Doyle ar flaen un droed, Hugo'n rhoi llond sgyfaint, ei lygaid ar gau a dwy law ar y meic yn ei stand, yn gwyro ymlaen, a Gwyn Jôs, fel arfar, yn toples, yn sugno'i wefusa, sbïo lawr ar ei droed chwith a waldio fel na waldiodd erioed o'r blaen. Gwenais, gan feddwl y bydda Al a Siôn yn hapus. Mewn ffordd, roedd hynny fel bod mewn band cwbwl wahanol, heb y synths a heb, i mi, hanfod Maffia, gitâr Siôn. Ond roeddan ni mewn fformat offerynnol tri darn, sy'n un dwi wrth fy modd ynddo beth bynnag, ac roedd yn gyfle i glywed y caneuon mewn ffordd newydd, ffresh. Chanodd Hef erioed yn well chwaith.

Daeth ei ochor Mr Hyde i mewn yn handi, hefyd, a hynny yn ystod y gig ola un. Y drefn yn Llydaw, gan amla, oedd y bydda pa bynnag dafarn neu ganolfan yr oeddan ni'n perfformio ynddi yn darparu bwyd a llety i ni, hynny'n ychwanegol i'r ffi, ac yn rhan o'r croeso arbennig oedd yno beth bynnag. Ond yn y lle ola roeddan ni'n chwarae ynddo, yn Landerneau os dwi'n cofio'n iawn, roedd y sbondiwlics ar ddiwedd y noson, faint bynnag o Francs oedd yn cyfateb i £100, yn llai na'r hyn a gytunwyd. Bu peth trafod ynglŷn â be fydda ora i'w wneud. Wrth gwrs, roedd Hefin Huwcyn

Hugo Huws wedi cael dipyn o saws erbyn hyn, ei amrannau'n drwm a'i gefn yn grwn, ac mi o'n i'n digwydd bod o fewn clyw i'w sgwrs dros y bar hefo perchennog y lle. Da. Roedd Huws wedi penderfynu setlo'r mater ar ei ben ei hun ac yn ista ar stôl uchel, wedi gwyro ar draws y bar, yn pwyso ar ei benelinau.

'Esgiws mi, sgiws mi,' medda Hef, a disgwyl i'r dyn ddod ato. Gwyrodd Hef ymhellach dros y bar, nes oedd o reit yng ngwynab y chief. 'Dw iw haf ffaiyr inshwryns?' O shit, medda fi wrtha i fy hun, be rŵan eto?

'Ieez,' medda chief, 'Waai?'

'Becôs,' medda Huwcyn, yn dawel a chyfeillgar, 'Uff iw dônt pê ddy rest of ddy myni naw, ai'm going tŵ byrn ior ffycing pyb dawn.' Edrychodd chief yn syn ar Hef am eiliad, sylweddoli nad jôc oedd o newydd ei chlywed, troi i'r tul, estyn wad o bres a'i roi i Hef.

'Merci,' medda Hef, llithro oddi ar ei stôl a dod draw ata i. 'Ynda, Wilias,' medda fo, a rhoi'r wad i mi. Dringodd yn ôl ar ei stôl, ac fel oeddwn i'n gadael y bar i fynd at y gweddill, roedd Hef yn ôl yng ngwyneb y chief, wedi ei hoelio i'w unfan hefo darlith hir ddiflas am adeiladu waliau. Shot, Hef.

Yn y blynyddoedd diweddar, mae hen stejars Maffia Mr Huws wedi cael ambell wahoddiad i lusgo'i hunain ar ambell lwyfan, ac un o hoff ganeuon y mamis a'r dadis ydi 'Dan Ni'm Yn Rhan O'th Gêm Fach Di'. Lyfli jybli, hynci dôri, ar wahân i'r ffaith nad ydi aelodau'r band yn siŵr pa fersiwn i'w chwarae, gan fod cymaint o ailwampio, cwtogi, ymestyn, medli-eiddio a hambygio cyffredinol wedi digwydd i'r diwn druan dros y degawdau. Y darn digyfeiliant 'di'r drwg dwi'm yn ama. Ma'r hogia'n cael cymaint o wefr eu bob nhw'n dod drwyddi'n fyw weithia. Dwi wedi deud 'thach chi pa mor anodd fu perswadio'r brodyr Jones a Deinswald Morris i ganu i mewn i feicroffon, ond roedd Gwyn yn meddwl mai

Robert Plant oedd o. Neu Shirley Bassey. Dwi'm yn saff pa un. Mae'n bosib bod Siên Jêms wedi cael gair erbyn hyn, i'w roi o ar ben ffor' 'lly. Ta waeth, y gân. Be sy'n dod nesa? Pennill arall? Cytgan? Pont? Armagedon? Oes Acwariws? Pwy a ŵyr? Ond rhywsut neu'i gilydd, drwy ryw gymysgedd boenus o arfer, profiad, hap a damwain, o rywle mae'r diwedd yn cyrraedd, a neb ond ni fymryn callach fod y peth bron, bron iawn â disgyn yn ddarnau mân, mân. 'Dan ni wedi cyrraedd sefyllfa erbyn hyn lle rydan ni ofn ymarfer y blwmin thing rhag ofn i ni ddrysu'n waeth.

Alan Edwards

Pennod 13
Storis drama

Fy joban gynta yn y theatr oedd llnau cegin cwmni Hwyl a Fflag yng nghanolfan y Tabernacl ym Mangor yn 1985. Fflatiau sydd yno rŵan o fewn waliau'r capel hardd, rhestredig. Cododd Hwyl a Fflag, fel Cwmni Theatr Gwynedd, o lwch Cwmni Theatr Cymru, ac roedd Gwynfor Dafydd, cyn reolwr Maffia a chyd-drefnydd Pesda Roc, yn weinyddwr i'r cwmni. Roedd y gegin yn warth, yn waeth na chegin Y Bwthyn ar ei waetha, ag ella bod Gwynfor wedi meddwl mai rhywun oedd yn gyfarwydd â'r lefel honno o ddifrod fydda'r boi i'w sortio. Roedd hi'n hefi going, dwi'm yn meindio deud 'thach chi, tridia calad o chwys, dagrau a Vim, ond ges i fodd i fyw a chyfarfod pobol fel Wyn Williams oedd yn Rheolwr Llwyfan, Graham Jones ac Amlyn Hedd, oedd hefyd yn criwio, yr unigryw Pete Zygadlo oedd yn Gyfarwyddwr Goleuo, ac actorion fel Gwen Ellis a Wyn Bowen Harris. Roedd 'na awyrgylch heulog, bositif yn y lle, a chroeso cynnes iawn. Yn sgîl fy mherfformiad disglair yn y gegin, mi fydda Gwynfor yn fy nghyflogi o bryd i'w gilydd i fynd a phosteri sioeau'r cwmni o gwmpas y wlad yn ei Vauxhall Astra melyn. Ar ôl un o'r tripiau rheiny yr enillais y pwyntiau cosb cynta ar fy nhrwydded yrru.

Ro'n i'n mynd allan hefo Helen ar y pryd, oedd yn byw yng Nghaer, felly trefnais fy nhaith bosteru fel y buasai'n gorffen yn y gogledd ddwyrain, er mwyn cael picio dros y ffin am noson o snygls, a gyrru'n ôl i Fangor ben bora wedyn. Cynllun ardderchog, a dyna fu. Ar y ffordd yn ôl, yn gynnar ar fore hydrefol, heulog ysblennydd, gyrru oeddwn i lawr yr hen allt Rhuallt, lle oedd 'na linellau gwyn dwbwl, wedi slofi i tua ugain milltir yr awr tu ôl i racsyn o fan Escort hefo saer coed hynafol yn ei gyrru. Gwibiais heibio iddo fo, a gwneud amser da yn ôl i'r Tabs – roedd dipyn o waith dad-rigio i'w neud yn y neuadd, ac os oeddwn i isho, cawn lutl symthing ychwanegol am helpu. Cwshti.

Tua un ar ddeg, daeth heddwas i mewn i'r gweithdy LX lle cadwai'r cwmni'r offer goleuo a sain, a lle'r oedd pawb wedi ymgynnull am banad. Roedd o'n un o'r plismyn rheiny sy'n amlwg yn Gymro Cymraeg ond sy'n dewis siarad Saesneg dim ots be. Dwi wedi cael sawl sgwrs ddwyieithog, ryfedd hefo heddweision felly, ar ôl cael stops yn y fan yn hwyr y nos. Ella bod cop-sbîc yn haws yn yr Inglish. Ta waeth, roedd ganddo fo luthp hefyd, ac i mewn â fo a gofyn:

'Hw'dd bîn draifing ddi ath-tra dduth morning in Holywell?'

'Holywell?' medda pawb fel un; doeddwn i'm wedi sôn wrth neb am yr ymweliad i Gaer, a doeddwn i ddim wedi bod yn Nhreffynnon chwaith.

'Wel,' medda plisman, 'Thaint Athaph.' Hahahaha, doedd o'm isho luspio fwy nag oedd rhaid, 'ngwas i. 'Sa fo 'di deud Rhuallt, 'sa fo 'di bod yn iawn. Ta waeth, copsan ges i, ac allwn i ddim credu bod yr hen foi yn ei hen fan wedi trafferthu mynd allan o'i ffordd i gopshop Y Rhyl i sbragio. Fel roedd yr heddwas ar fin gadael, daeth gwep Ziggy rownd y drws, yn gofyn am gyrff i helpu i dynnu rhaff a chodi bar o lampau yn y neuadd. Dilynodd y plisman ni i mewn a'n helpu ni i dynnu ar y rhaff nes oedd y bar wedi cyrraedd yr uchder iawn a'r rhaff wedi ei chlymu. Wedi i ni ddiolch i PC Namsiarad, ffarweliodd yntau, gan ddeud:

'Gif mi ffaif munut-th tŵ gerywê biffô iw côl mi a cynt.' Cês.

Flynyddoedd wedyn, wrth weithio i Theatr Gwynedd, ro'n i'n helpu i ddad-rigio'r offer theatrig am y tro olaf yn y Tabernacl wedi i'r adeilad gael ei werthu i Watkin Jones, ac roeddan ni newydd ddatod yr union far yr oedd y plisman wedi ein helpu i rigio pan benderfynodd fy hen gyfaill, ynbulîfybyl stiwpiduti, ymweld â mi. Clymais ddolen fach ar waelod un o'r rhaffau a dringo i mewn iddi hefo un droed, gan alw ar Gwynff, oedd wrth y pwli, i'm codi oddi ar y llawr.

'Fly me away, I'm Peter Pan,' medda fi, a dyma Gwynfor yn fy nghodi tua phymtheg troedfedd i'r awyr, finna'n jarffio a gwneud ballet ar y rhaff. Ar ôl tua hannar munud o'r malu cach yma, a finna'n troi rownd a rownd yn ara deg, gofynnais i Gwynff fy ngollwng yn ôl i'r llawr ond penderfynodd o, Dylan Rowlands, Hedli a phawb, cesus oll, gocsio mynd, a deud: 'Hwyl Neil, wela i chdi fory,' ac yn y blaen, a ha blydi ha. Fel roedd Gwynff yn croesi at y clît i ddaffod y rhaff a'm gollwng, clywais 'ping' uwch fy mhen, sbïo i fyny a gweld bod un blethan o'r rhaff wedi torri wrth y pwli. 'Ty'd Gwynff, ma'r rhaff yn mynd!' medda fi, ond cyn i mi orffan deud, ping, ping, ping – roedd y gweddill wedi torri a finna ar lawr, fy nghoes dde wedi cymryd y glec. Roedd y boen a saethai rhwng y pigwrn a'r pen glin wedi dwyn fy ngwynt, a gymaint o'n i isho sgrechian, doedd dim sŵn yn dod. Yr oll a glywn oedd chwerthin. Ymunodd Gwynfor a Dylan hefo fi ar y llawr, yn eu dagrau. Ro'n i yn fy nagrau hefyd, fy mhigwrn a 'mhen glin yn chwyddo o flaen fy llygaid fel dau falŵn. Wedi dod ato'i hun, archwiliodd Dylan, y cymhorthydd cyntaf swyddogol, y difrod, ac yn syth i Ysbyty Gwynedd â fi. Roedd ligaments y pen glin a'r pigwrn wedi rhwygo, ac yn ôl y meddyg, 'swn ni wedi bod ddim gwaeth 'tasa'r asgwrn wedi torri. Fues i ar faglau am ddeufis ar ôl y stŷnt fach honno, ac roedd cerddad o stryd Pesda i Gerlan ar fagla'n stori wahanol iawn.

Ta waeth, wedi bod o gwmpas Gwalia hefo posteri'r ddrama *Byncyr* i gwmni Hwyl a Fflag, ges i fynd i ysgol Botwnnog i helpu hefo'r get in, sef cael y sioe o'r lori a'i gosod yn y neuadd. Yn fanno ges i weld trefn y broses dechnegol a dod i nabod y criw dipyn yn well, tra oedden nhw'n gwneud eu ffynci thing. Roeddwn i wrth fy modd. Roedd yr actorion yn helpu hefyd – gan fod Hwyl a Fflag yn gwmni cydweithredol roedd pawb yn helpu fel y medran nhw, a phawb ar yr un cyflog. Y cast oedd Stewart Jones, Dorien Thomas, Olwen Medi a Phil Reid. Roeddwn i'n nabod Phil ers *Jiwdas* yn '79, ond ro'n i fymryn yn swil a star-stryc o gyfarfod y lleill, yn enwedig Stewart. Nid pawb sy' wedi gweld Ifas y Tryc yn ei string fest, w'ch chi. Ges i aros i weld y sioe, helpu eto hefo'r get awt a reidio yn y lori yn ôl i Fangor hefo Wyn a Hedd. We-hei! Ro'n i 'fath â hogyn bach, wedi ecseitio'n lân. Oedd yna ddrws gyrfaol yn rhyw gil agor yn fan hyn? Wel oedd, mewn ffordd, ond bu bron i mi ei gau yn glep cyn gadael iddo agor yn iawn.

Sioe Dolig Hwyl a Fflag yn 1986 oedd *Codi Stêm* gan Gwen Elis. Ei gŵr, Wyn Bowen Harries, oedd y cyfarwyddwr, ac mi ges i nod a winc i awgrymu y byswn yn medru gneud yn waeth na mynd am gyfweliad ar gyfer rhan yr iâr. Byddai'r sawl oedd yn llwyddiannus hefyd yn cyflawni dyletswyddau'r Rheolwr Llwyfan Cynorthwyol. Hynci dôri, meddyliais, roedd hwn yn gyfle i gael fy nhroed i mewn i'r byd actio proffesiynol, rwbath roeddwn i wastad wedi ei lygadu. Ond pan ddaeth yr awr, ges i draed oer mwyaf dychrynllyd a des i ddim i'r cyfweliad. Ro'n i'n dal i gicio fy hun am fod yn gymaint o fabi stiwpid pan ddaeth Gwyn Maffia heibio a deud ei fod wedi cael cynnig gan Geraint Cynan, Cyfarwyddwr Cerdd y sioe, i chwarae dryms yn y band, a bod Geraint yn chwilio am rywun i chwarae bas. Ro'n i yn y ciosg tu allan i Spar Pesda cyn i 'nhraed dwtshiad y llawr, a haleliwia byth, amen, mi ddeudodd Geraint y bydda fo'n hapus iawn i 'nghael i yn y band. Ddois i o'r bocs teliffon yn cerdded ar gwmwl, a'r bore Llun canlynol roedd Geraint Cynan, Gwyn a fi'n gosod ein hoffer yn y Synagog, stafall bella'r Tabs lle byddai'r band yn ymarfer. Wedi gosod y gêr roedd hi'n amser mynd am banad a chyfarfod gweddill y cwmni. Unwaith eto roeddwn i fymryn yn swil. Yn y cast roedd Sera Cracroft yn ei rhan broffesiynol gyntaf, Danny Grehan, gafodd fod yn iâr, Daf Dafis a Maldwyn John, Dylan 'Dawns' Davies, a Siân James. Roedd Dylan a Siân wedi bod yn *Jiwdas* yn 79, a hwn oedd y tro cynta i mi eu gweld nhw ers hynny. Roedd yr hen gyfaill, Ciwpud, yn hofran o gwmpas – i yrru saeth i galon Siân – a Gwyn Maffia, o bawb, oedd y gŵr ffodus. Dwi'n licio meddwl 'mod i wedi hwyluso'r sefyllfa rywfaint. Yn eitha buan yn y cyfnod ymarfer, cawsom barti ardderchog yn Lydia Cottage, Felinheli, tŷ Ziggy ac Olwen Medi ar y pryd, ac mi fues i'n siarad hefo Siân am beth amser yn y gegin. Ar ôl sbel daeth Gwyn i mewn ac roedd hi'n amlwg i mi fod 'na sbarc rhyngddyn nhw'n syth. Cafodd Gwyn ei alw allan gan rywun, ac ar ôl iddo fynd rhois air da i mewn drosto; a phan ddaeth yn ôl, esgusodais fy hun i sicrhau eu bod yn cael chydig o lonyddwch er mwyn cael dod i nabod ei gilydd yn well. Maen nhw hefo'i gilydd byth. Morfudd Huws oedd yr aelod arall o'r cast, 'the most beautiful creature to step off the isle of Anglesey,' fel y bydda i'n hoff o ddeud wrthi pan fydda i'n ei gweld, iddi hi gael deud: 'Www, dyro gora iddi nei di!' Fyddwn i'm wedi mentro'r fath hyfdra bryd hynny cofiwch – roedd 'na rwbath am y thespians 'ma oedd yn wahanol i'r miwsos cyffredin fel fi a Jôs Jiwniyr.

Unwaith y cychwynnodd yr ymarferion o ddifri, ro'n i wrth fy modd, yn gorfod fy mhinsho fy hun 'mod i'n cael cyflog am chwarae bas o ddeg tan chwech o ddydd Llun i Ddydd Gwener, a hynny hefo criw o bobol ddisglair, frwdfrydig a phroffesiynol. Roedd ethos cydweithredol y cwmni wrth fy modd hefyd, a doedd hi'n ddim trafferth gen i aros yn hwyrach i helpu i adeiladu'r setiau a'r celfi. Un joban afiach dwi'n ei chofio oedd berwi size, sef powdwr esgyrn defaid, mewn dŵr nes oedd o'n ffurfio past gelatin, a brwshio hwnnw i mewn i ddefnydd sach, wedyn ei siapio a'i adael i sychu'n galed cyn ei beintio. Roedd 'na ogla diawledig ar y stwff, ac uffar o job cael ei warad. 'Scrim and Size' oedd enw'r broses, a dyma oedd yn cael ei ddefnyddio i wneud bonion a changhennau mawr y coed yn y goedwig dywyll lle trigai Pyrs a Slwdj, y drwgweithredwyr; Maldwyn John a Morfudd Huws.

Ar y daith trwy Gymru, ges i flas ar helpu hefo gosod y setiau, y goleuo a'r sain, ac mi ddechreuais gael fy nghyflogi gan y cwmni fel aelod o'r criw technegol, yn gweithio hefo Ziggy, Wyn, Hedd a Graham ar lawer i gynhyrchiad, a hefyd yn y gwyliau drama blynyddol y byddai'r cwmni'n eu llwyfannu. Yn fanno y gwelodd *Val*, sioe unigol wych Dyfan Roberts am Lewis Valentine, olau dydd am y tro cyntaf; yn ogystal â *Cyw Haul*, addasiad Maldwyn John o lyfr Twm Miall. Roedd o'n addasiad gwych – Mal yn chwarae rhan Bleddyn – ac mi aethon â hi ar daith, finna'n Rheolwr Llwyfan. Doeddwn i ddim i wbod, bryd hynny, pa mor dyngedfennol fydda *Cyw Haul* yn fy mywyd i.

Erbyn 1995 ro'n i'n gweithio gan fwyaf fel aelod o griw technegol Cwmni Theatr Gwynedd, yn Ddirprwy Reolwr Llwyfan gan amla. Roedd Maffia'n dal i berfformio rŵan ac yn y man, ond doeddan ni ddim wedi gneud unrhyw waith newydd ers *Twthpest Oson Ffrendli*.

Ron i'n briod erbyn hynny hefo Jaine, ac wedi ymgartrefu yn Well Street, Gerlan, ychydig lathenni o'r tŷ roedd Nain a Taid, Dad a Meirion yn byw ynddo pan oedd Dad yn blentyn. Bûm yn aelod o'r band mewn ambell sioe theatr, yn cynnwys *Godspell* hefo'r National Youth Theatre Of Wales, eto o dan arweiniad Geraint Cynan, hefo Gwyn Maffia, a'r tro hwnnw, Daf Pierce ar y gitâr. Dwi'n cofio'r Cyfarwyddwr, Michael Poyner (Wali Jwmblat i ni yn y pit); roeddan ni o'r farn ei fod yn dipyn o hen fwli, yn siarad hefo Mr Pierce yn yr un modd ag y bydda fo hefo'r rhai ifanc.

Aeth DP â fo i un ochor a'i roi ar ben ffordd ynglŷn ag un neu ddau o betha. Roedd yr olwg ar wep Jwmblat yn werth ei gweld. Yn y sioe honno, a dwi'n caniatáu nêm-drop bach i mi fy hun yn fan hyn, roedd Michael Sheen ifanc, newydd gael ei dderbyn i fynd i RADA; yn amlwg yn dalent aruthrol bryd hynny hyd yn oed. Mi welais o'n chwarae Caligula yn y Donmar yn Llundain tua'r flwyddyn 2000, ac roedd ei berfformiad gyda'r gorau welais i erioed.

Tra 'dan ni'n sôn am hoff berfformiadau, yr un sy'n sefyll allan i mi o'r holl sioeau dwi wedi gweithio arnyn nhw ydi Arwel Gruffudd fel Mozart yn *Amadeus* i Gwmni Theatr Gwynedd yn 1999. Rheolwr Llwyfan oeddwn i, ac yn chwarae rhan fach y Cappelmeister Bono. Dwi'n cofio mynd i storfa gelfi theatrig Gimberts ym Manceinion i logi props a dodrefn y cyfnod hefo Martin Morley, y Cynllunydd. Aethon ni o gwmpas y warws anferth (yr un maint â phum cae pêl-droed), yn clustnodi a rhestru am ryw ddwyawr, a mynd â'n rhestr derfynol at y dyn wrth y ddesg. Wedi cwblhau'r archeb, gofynnodd Martin, wrth chwilio drwy ei bocedi: 'Neil, have you sen my mobile phone?' Roedd o wedi ei adael yn rwla yn y warws, ac mi fuon ni am awr arall yn chwilio amdano. Mae'n debyg bod Mr Morley yr un mor adnabyddus am adael ei eiddo o gwmpas y lle ag ydi o am ei gynlluniau campus. Gadawodd ei frîffces ar blatfform Gorsaf Ganolog Birmingham yn nyddiau Cwmni Theatr Cymru, yn ôl y chwedl, a bu'n rhaid clirio'r orsaf a dod a'r bom sgwad yno.

Ta waeth, sôn o'n i am berfformiad Arwel fel Amadeus a pha mor wych oedd o, a hynny mewn cynhyrchiad oedd, yn fy marn i, o safon uwch na'r arfer beth bynnag, ac o'r herwydd yn bleser pur i fod yn gweithio arno. Roedd Gwyn Parri'n wych fel Ymerawdwr Awstria, Manon Elis fel Constanza a Syr Wynff yn gofiadwy yn rôl Salieri, ond pan ddôi Arwel ar y llwyfan fel Mozart, roedd o'n goleuo'r holl le a dod â'r cynhyrchiad at ei gilydd. Pan fydda i'n sôn am y sioe honno, mi fydda'i wastad yn deud bod Arwel yn well na'r boi yn y ffilm.

Mae sôn am Arwel yn dod â ni at un o'i rôls eraill, a dechrau cangen arall yn fy ngyrfa innau, y tro hwn fel actor teledu. Roeddwn i wedi gneud rhywfaint o waith fel aelod o dîm pêl-droed Bryncoch yn C'mon Midffîld, ac mi fûm yn ddigon ffodus i gael mynd hefo nhw i'r Eidal am wythnos i ffilmio pennod yr 'Italian Job'. Hwnnw oedd y tro cynta i mi hedfan, a dwi'n cofio Roger, y dyn camera, yn gadael i mi ista wrth y ffenast. Ro'n i wedi ecseitio'n lân. Ar y dydd Iau, oherwydd newid yn y drefn ffilmio, mi ges i, Rhys Richards, Mel Fôn a Mal Lloyd ein rhyddhau am y diwrnod, ac aethon ni i Rufain am dro, ar y bỳs o bentre Pallestrina, lle roeddan ni'n aros. Wel, am ddiwrnod i'w gofio. Aethon ni i gapel y Sistine – roedd y nenfwd newydd gael ei lanhau a'i adnewyddu. Mae o'n wyrth o beth i'w weld, bron â bod yn ormod i'w amgyffred. Ar ôl bod yn fanno mi fuon ni'n crwydro yma ac acw, yn jiarffio a malu cachu 'fath â hogia ysgol, a chynigiodd Mel ein bod ni'n cael hoe fach, ac y bydda fo'n prynu drinc i ni. Feri nais, diolch yn fawr.

Ro'n i ar y wagan, felly tri hannar lagyr a daiet côc oedd yr ordor, ac ista allan yn yr haul i'w mwynhau. Anghofia i fyth yr olwg ar wep Mel pan gafodd y bil – miloedd lu o lira, doedd o'm yn bell o ugain punt. Ar y fforrd i ddal y bỳs yn ôl mi welson ni stondin bapur newydd ag arni silff top fwy rhyddfrydol nag oedd ar gael ym Mhrydain ar y pryd, ac mi ges fy annog gan fy nghyfeillion i brynu magasîn budur i sbïo arno tra oeddan ni'n disgwyl am y bỳs. Pam mai fi oedd yn gorfod gneud, dwi'm yn gwbod, ond mi wnes beth bynnag, a dyna lle buon ni, 'fath â phlant ysgol, yn stagio porn mewn bỳs stop yn Rhufain. O nenfwd nefolaidd Michaelangelo i Doctofs and Nyfsus mewn awr ne' ddwy. Be newch chi 'de?

Harri 'di'r drwg w'ch chi, yn chwara hefo hwnna byth a beunydd.

Ro'n i'n rhannu stafell hefo Mei Jones yn y gwesty, ac roedd hynny'n brofiad difyr. Iddo fo, Bryn Fôn, Llion Williams, John Bŵts a Siân Wheldon, a'r criw cynhyrchu, roedd hi'n wythnos lawn o waith, galwadau buan, mynd i'r gwely'n gall ac yn y blaen, yn wahanol i ni'r ecstras, oedd yn cael math o wyliau hefo chydig o waith a lot o ffwtbol ynddo. Aidial. Bu un noson hwyr, serch hynny, un fymryn yn afreolus. Y nos Iau oedd hi dwi'n ama, ar ôl y trip Rhufain. Ro'n i yn fy ngwely'n eitha handi ar ôl swpar, ond roedd 'na griw wedi mynd allan i'r dre. Pan ddaethon nhw yn eu holau roedd hi'n hwyr, tua dau'r bore, ond roeddan nhw mewn hwyliau, ac wedi 'neffro hefo'u twrw a'r ddadl arferol am ba stafell i fynd iddi am barti, felly siŵr Dduw eu bod wedi deffro pawb arall hefyd. Ta waeth, i mewn â nhw, Mei ar y blaen, i'm stafell. Cogiais 'mod i'n dal i gysgu'n drwm. Clywais Siân Wheldon yn 'sibrwd' ar lefel o tua 90 desibel:

'WWW, MA NEIL YN CYSGU!' a Mei yn ateb:

'Duw, fydd Neil 'im yn meindio,' ac i mewn â'r gweddill. Dwi'n cofio lleisiau Huw Wirion, Angharad Anwyl, Rhys Richards a Mal Lloyd – roeddwn i'n dechra mwynhau gwrando ar y sgwrs, oedd fel rhyw ddrama radio bisâr. Yn sydyn reit, roedd 'na gymeriad newydd yn y ddrama, i'w glywed o bell yn taranu hyd y lle gyda chamau mawr, trwm, ac yn creu pryder ac ofn ymysg y cymeriadau eraill.

'LLE 'DACH CHI'R BASDADS?' bloeddiodd y llais. 'MA' GEN I ALWAD AM HANNAR AWR WEDI FFWCIN PUMP, A 'DACH CHI'N GWEIDDI AR HYD Y LLE A FFWCIN DEFFRO PAWB. SUD DWI I FOD I FYND YN ÔL I GYSGU RŴAN?' John Bŵts oedd bia'r llais, ac roedd o'n nesáu.

'Shiiiit,' sibrydodd Siân Wheldon, yn ddigon uchel i ddeffro'r meirw, 'mae o'n dwwwad, cuddiwwwwch!'

Cilagorais un llygad a gweld pawb yn diflannu allan i'r balconi, heblaw Siân. Deifiodd hi o dan fy ngwely – ro'n i'n ei chlywed yn trio anadlu'n ddistaw, a methu. Gallwn glywed piffian afreolus yn dod o gyfeiriad y balconi hefyd, a chamau trymion Bŵts yn nesáu. Trodd handlan y drws, daeth pen John i'r golwg a daliodd pawb eu gwynt, finna hefyd. Bu distawrwydd llethol am foment, a chamau mawr John yn pellhau eto, a fynta'n chwyrnu:

'Gwitsiwch i mi gael gafael arnoch chi'r basdads!' Ar ôl iddo fynd, dyma nhw'n ailymddangos, o'r balconi a'r wardrob, Siân Wheldon o'r llawr o dan fy ngwely. Roedd honna'n un agos.

Yn ogystal â'r daith i'r Eidal, mi ges i'r fraint o fod yn rhan o daith sioe lwyfan C'mon Midffîld, *Awê Bryncoch*. Wel am hwyl, latsh bach, a chwip o sioe. Roedd y daith gyfan wedi gwerthu allan o fewn dyddiau i'w chyhoeddi, ac mi oedd hi'n reiat. Dirprwy Reolwr Llwyfan oeddwn i, ar y llwyfan yn hytrach nag yn y bocs rheoli oherwydd bod y sioe mor dechnegol brysur, ac yn ymddangos yn achlysurol fel reffarî, chwaraewr ac, fel y clywch mewn munud, meddyg. Ar ddiwedd yr hanner cyntaf, roedd Picton yn cael ei gnocio allan, ar ôl bod, trŵ tŵ ffôrm, yn hynod afiach, cas a dan-din tuag at Wali druan. Felly breuddwyd Picton, tra oedd hwnnw'n ddiymadferth, ydi'r ail hanner. Mae'r freuddwyd, sef ei gydwybod a'i euogrwydd am y ffordd y bu iddo drin ei gyfaill ffyddlon, yn troi'n hunllef, ac roedd y gynulleidfa'n gweld Picton, Tecs a George yn trio dwyn perswâd ar Wali i ddod i lawr o ben yr adeilad uchel y mae o'n sefyll arno yn ei boen a'i dristwch am y ffordd y cafodd ei fradychu gan ei gyfaill oes, tadol. Ond mae Wali'n llithro, yn colli ei gydbwysedd ac yn disgyn..... FFLWMP. Roedd y golau'n diffodd, a'r ffryntcloth, sy'n gwneud job y llenni ac a oedd wedi'i beintio fel gôl bêl-droed lled y llwyfan, yn disgyn. Cafodd yr hyn oedd yn digwydd nesa, tu ôl i'r cyrten allan o olwg y gynulleidfa, gymaint o amser ymarfer ag unrhyw ran arall o'r perfformiad. Prin ugain eiliad oedd ganddon ni i newid y set ar gyfer yr olygfa nesaf, ac yn yr amser hwnnw roedd yn rhaid i mi roi Mei mewn harnes ddringo, fel yr un sy'n cael ei ddefnyddio gan drydanwyr ar beilons – gneud yn siŵr ei fod o wedi'i glymu'n hollol gywir, rhoi gŵn claf ysbyty drosto a'i osod ar wely 'sbyty yng nghanol y llwyfan. Unwaith roedd hynny wedi'i neud, roeddwn i roi'r neges, 'llwyfan yn glir' i Eirian yn y bocs reoli, hithau i giwio'r llen i godi a'r golau i ddod ymlaen, ac mae'r gynulleidfa'n gweld Picton, Tecs a George o gwmpas gwely'r claf Wali sydd, yn hunlle Picton, wedi'i anafu'n angheuol.

'They think it's all over,' ydi geiria olaf Wali. 'It is now,' medda Tecs. Hwn ydi fy nghiw i ddod i'r llwyfan mewn gwisg meddyg, cymryd pyls Wali, ysgwyd fy mhen yn drist i gyfleu'r newyddion drwg, ac fel mae Picton yn dechra bw-hwian, tynnu llen y gwely o'i gwmpas i guddio'r hyn sy'n digwydd nesa. Yn ystod yr olygfa, yn ara bach, roedd 'na weiren hedfan yn cael ei gollwng i lawr o'r grid uwchben y llwyfan, hefo caribina ar ei waelod i'w gysylltu i harnes ddringo Mei. Y tu ôl i'r llen roedd Mei i godi ar ei liniau er mwyn cael clipio'r caribina ymlaen a thynnu'r gŵn. Yn ogystal â'r harnes roedd yn gwisgo adenydd angel, ac unwaith roedd y caribina wedi'i osod yn iawn a'r adenydd wedi eu sythu, roedd neges 'clir' yn cael ei hanfon i Eirian, a Wali Tomos yn esgyn yn ara bach am y cae ffwtbol mawr yn y nen. Fy joban ola fi yn hyn oll oedd gafael yn nwy ffêr Mei i neud yn siŵr ei fod yn wynebu'r gynulleidfa fel roedd o'n ymddangos uwch llenni'r gwely. Roedd y ddelwedd yn werth ei gweld. Weithiau, ar ei daith i fyny, mi fydda Wali'n yn troelli'n araf ddwywaith-dair o gwmpas, cyn diflannu i'r gwagle rhyw bymtheng medr uwchben y llwyfan, a phan fyddai hyn yn digwydd, mi wna Mei'n fawr o'r peth, a'r gynulleidfa wrth eu boddau. Mi fyddai wedi bod yn bosib hepgor y troelli petaen ni wedi defnyddio system hedfan hefo dwy lein ar yr harnes, ond oherwydd yr amser ychwanegol fyddai ei angen, a bod 'na ryw urddas i'r troelli ara deg beth bynnag, penderfynwyd mynd hefo'r system lein sengl. Roedd honno hefyd yn rhatach. Yn y byd go iawn, mae cyrraedd y nefoedd, siŵr o fod, yn neis iawn i'r sawl sy'n cael mynd, howdidŵs gan Sant Pedr a'r holl gyboitch. Ond yn y byd go iawn *go iawn*, bymtheng medr uwchben llwyfan mewn harnes ddringo ar ben eich hun bach yn y tywyllwch, nid felly. Neb i ddeud howdidŵ a chroeso i nefolaidd ebargofiant yn fanno. Roedd chwarter awr tan ddiwedd y sioe, pan fyddai Mei'n cael ei fflio i mewn ar gyfer y finale, chwarter awr o hofran yn yr awyr yn gobeithio bod y Kirby, sef y system hedfan theatrig, yr un mor ddiogel ag y mae'r criw technegol yn ei honni. Er diogelwch, gosodwyd un o'r bariau goleuo uwchben y llwyfan, fel canllaw iddo fo afael ynddo tra oedd i fyny yno. Roedd gafael yn y bar yma hefyd yn rhoi stop ar unrhyw droelli. Dyddiau difyr, bodia i fyny, pawb yn hapus... tan un noson.

Yn ystod ein hwythnos yn Aberystwyth, mi gawson ni wbod y bydda 'na sioe bypedau i blant, gwbwl hunangynhaliol, yn digwydd ar y bore dydd Mercher. Doedd hyn yn effeithio dim arnon ni, meddan nhw, oherwydd byddai eu set nhw'n cael ei gosod o flaen ein un ni, a fyddai ddim angen gwneud dim. Neis iawn, diolch yn fawr. Felly i mewn â ni i'r gwaith y noson honno, gwirio'r props, y set a'r gwisgoedd, profi'r rig oleuo, y system sain a'r Kirby, sef y system fflio, ac roedd popeth yn dda... tan tua 9:30pm. Gollyngais fy ngafael yn ofalus ar fferau Mei Jones, ac edrychais i fyny o'r gwely ysbyty i'w wylio ar ei daith, fel ysbryd Wali Tomos, i'r nefoedd, sef crombil twr theatr y Werin, Aberystwyth. Tua hanner ffordd i fyny, dechreuodd y troelli araf, urddasol, a chwaraeai rhyw hanner gwên drist ar wyneb Wali bob tro roedd o'n wynebu'r gynulleidfa, rheiny'n chwerthin digon i godi'r to. Roeddwn i'n dal i wylio Mei nes ei fod allan o'u golwg, wedi gafael yn y bar diogelwch a setlo i ddisgwyl y finale. Ond roedd rwbath o'i le, Mr Chiswell, rwbath mawr o'i le. Wrth iddo gyrraedd pen ei daith, gwelais Mei yn dal i droi rownd a rownd yn ara bach. Pam nad ydi o'n gafael ar y bar, 'sgwn i? O na. 'Sna'm bar. Ma' raid 'mod i wedi deud y geiria'n uchel, achos mi ddeudodd rhywun, Llion (George) dwi'n meddwl, 'Sam pwy?' Roeddwn i ar fy nglinia ar wely ysbyty mewn tywyllwch ar lwyfan theatr, ac roedd amser wedi rhewi. O 'nghwmpas roedd John Bŵts, Bryn Fôn a Llion Williams, yn taflu edrychiadau o ryfeddod i 'nghyfeiriad i ac i gyfeiriad Mei Jones, oedd yn troelli'n urddasol yn bell uwch ein pennau, yn danglo 'fath â phry cop wedi rhedeg allan o eda, 'fath ag un o eroplêns airfix fy mrawd bach yn hongian o nenfwd ei lofft ers talwm. Roedd fy mywyd yn fflachio o 'mlaen – waeth iddo neud hynny ddim, achos ro'n i'n meddwl y bysa fo drosodd go iawn yn reit fuan. Roedd yn rhaid gadael yr hunlle go iawn a mynd yn ôl i un Picton. Wrth newid y set, yr un oedd y cwestiwn ymysg y criw – be ddigwyddodd i'r bar? Roedd y peth yn benbleth llwyr. Yn waeth fyth, roedd Tom, Rheolwr Llwyfan Theatr y Werin, wedi diflannu, wedi mynd am gachiad neu rwbath, felly doedd neb ar gael i ymchwilio i'r mater.

Drwy gydol yr olygfa olaf, deng munud hira ei fywyd o, mi w'ranta i, roedd Mei druan yn troelli'n araf, rownd a rownd, yn uchel uwch ein pennau, sbectol pot jam Wali'n dal y golau ar bob tro, ac roedd un peth yn amlwg. Roedd o'n gandryll. Welwn i ddim bai arno fo. Reit, mi oeddwn wedi sylweddoli bod galw am fymryn o dic-tacs hunan-achubol. Hynny yw, lleoli fy hun yn ddigon pell oddi wrth Mei ar ddiwedd y sioe. Mi fyddai'n rhaid iddo ddal ei dymer tan ar ôl y ffinale a'r gymeradwyaeth a'r moesymgrymu, ond wedyn, lwc owt. Cafodd ei ollwng i lawr i'r llwyfan yn y tywyllwch cyn yr olygfa olaf, ac wrth i mi ddad-glipio a rhyddhau'r caribina a'i helpu allan o'r harnes, wnaeth o ddim yngan gair. Roedd o'n dawel ac yn bwyllog, a golwg hirbell, ddu yn ei lygaid. Roedd y cachu'n mynd i hitio'r ffan, oedd wir, ac ar ddiwedd y sioe, Hiroshima. Aeth o'n *bananas.*

Un o fanteision bod yn *ddirprwy* Reolwr Llwyfan, yn hytrach na'r bos, ydi sefyllfaoedd fel hyn. Problem Hedd, y Rheolwr Llwyfan, oedd nad oeddan ni'n gwbod be ar y ddaear fysa wedi medru digwydd i'r bar diogelwch. Fore trannoeth darganfuwyd mai'r cwmni pypedau diniwed, lyfli oedd y drwg yn y caws. Roeddan nhw wedi fflio'r bar allan i ben y grid er mwyn gneud lle i ddarn o'u hoffer nhw, ac wedi anghofio'i roi o'n ôl yn ei safle wedi iddyn nhw orffen. Ninnau wedyn heb sicrhau ei fod o yno, achos doedd dim rheswm yn y byd i feddwl ei fod wedi symud. Nid 'mod i'n gwbod be ddeudod Hedd wrth Mei (ro'n i wedi cyflawni arall-leoliad tactegol), ond pan glywis yr hanes wedyn, ro'n i'n reit falch nad myfi oedd yn gorfod delio â'r holl gyflafan.

Flynyddoedd lawer yn ddiweddarach, yn *Llyfr Mawr y Plant*, cynhyrchiad Theatr Bara Caws, roeddwn i fel Eban Jones yn canu 'Fflach y Blewyn Coch' wrth droedio'r llwyfan yn drwm i guriad y gân, mewn sgidia hoelion mawr, hefo gwn twelf-bôr baril dwbwl ar fy mraich. Dyma eiriau pennill dau yn gneud rynar hefo'r blydi llwynog, ganllath o gopa'r mynydd a thu hwnt, a 'ngadael inna i ganu 'di doidi oidi doidi, di doidi oidi dw', 'fath â ffŵl, nes daethon nhw'n ôl. Pum eiliad. Deg ella? Roedd o'n teimlo fel blwyddyn. Wir i chi. Ond 'na fo, roedd y difrod wedi'i neud, a beryg na cha' i fyth anghofio honna chwaith. Dywedodd Merfyn P, ei hun yn gofiadwy fel Ifan Twrci Tena a Twm Tomos, fod ei ferch ifanc yn cael modd i fyw yn camu o gwmpas tŷ hefo twelf bôr cogio bach, yn canu 'di doidi oidi doidi, di doidi oidi dw' ar ôl iddi weld y sioe.

Rhan o'r job, pan fydd trychinebau'n digwydd, ydi canfod ffordd o ddod drwyddynt, rhywsut neu'i gilydd. Yn *Wastad ar y Tu Fas*, cynhyrchiad Hwyl a Fflag, roedd yn rhaid i gymeriad Daf Dafis saethu'i hun yn ei dalcen ar ddiwedd y ddrama. Gwn blancs oedd yn cael ei ddefnyddio: mi fydda Daf yn gosod y dryll yn erbyn ei dalcen, y golau'n diffodd ac yntau'n pwyntio'r gwn i fyny i'r awyr i'w danio cyn disgyn yn gelain, a'r golau'n chwyddo i'w ddangos yn gelain. Techneg theatrig hynod effeithiol, wedi ei hamseru a'i hymarfer yn fanwl – heblaw am y noson na ddiffoddodd y golau. Bu'n rhaid i Dafs druan benderfynu be i neud, yn yr eiliad fechan honno cyn i'r holl ddrama chwalu. Tanio'r gwn wrth ei dalcen nath o, a drwy lwc doedd o ddim gwaeth. Disgynnodd yn 'farw' yng ngolwg y gynulleidfa, a'r diweddglo'n fwy trawiadol fyth y noson honno.

Dwi'n cofio Dyfan Roberts, yn ystod perfformiad o *Val*, yn sychu'n llwyr, prin bum munud wedi dechrau'r perfformiad. Trodd yn araf i'w chwith a cherdded yn araf oddi ar y llwyfan. Ar ôl rhyw bum eiliad, cerddodd ymlaen yr un mor araf, i union yr un lle, troi yn ei ôl tua'r blaen a chodi'r araith unwaith eto. Gwych. Roedd cael gwylio Dyfan bob nos yn wers werthfawr i mi am grefft yr actor.

Mae'r monolog, wrth gwrs, yn dir ffrwythlon yn hanes ffyc-yps yr artist unigol, neu led-unigol, fel yr egluraf mewn munud. Ar daith hefo Cwmni Theatr Gwynedd hefo sioe o'r enw *Ddoe yn Ôl* oeddwn i – tair monolog yn ymwneud ag atgofion oes a dyddiau olaf. Olwen Medi, Valmai Jones a 'Clever' Trefor Selway oedd y cwningod yn yr hedlamps, yn y drefn honno hefyd. Os dwi'n cofio'n iawn, dim ond Olwen gafodd getawê llwyr. Yn Theatr Elwy, oedden ni, yn ystod wythnos Steddfod Abergele 1995, ac ar y nos Fercher y cafodd Valmai ei hunllef hi. Roedd ei chymeriad yn dod adra hefo cist fechan ac ynddi lwch ei chymar, ac mae'r ddrama'n ymdrin â'i hatgofion o'u hamser hefo'i gilydd a be fydd y cam nesa iddi hi. Fflat i'r henoed ydi'r set, hithau'n cyrraedd ar y dechrau trwy agor drws ffrynt y fflat hefo goriad Yale. Goriad Yale cyffredin yn troi clo Yale yr un mor gyffredin, yn union fel miliynau o oriadau a chloeau Yale ledled y blaned. Roedd y drws wedi'i osod yn wal gefn y set ac yn agor tuag at y gynulleidfa. Roedd hi'n cau'r drws ar ei hôl a cherdded i lawr y llwyfan i mewn i'r stafell fyw, tuag at y gynulleidfa, a chychwyn ar ei stori. Wedi iddi orffen, roedd hi'n codi'r gist unwaith eto a cherdded i gefn y set, at y drws ffrynt, ei agor, mynd drwyddo a'i gau ar ei hôl. Wrth i'r golau bylu roedd 'na effaith sain traed yn mynd i lawr grisiau cyn pellhau ar bafin, i gyfeiliant hoff gan yr hen wreigan a dyna ni, diweddglo tawel, myfyriol i ddarn o theatr digon difyr.

Ond nid ar y nos Fercher honno. O na. Ar y nos Fercher honno, wrth gyrraedd a chau'r drws ar ei hôl ar ddechrau'r sioe, symudodd Valmai y latch ar y clo Yale i lawr i'r safle 'wedi cloi go iawn'. Wnaeth hi ddim sylweddoli ei bod wedi gneud, ac oherwydd mai hi yn unig oedd yn ymwneud â'r drws, ac oherwydd bod y drws y tu allan i gyrraedd unrhyw aelod o'r criw technegol, yr unig berson allai fod wedi cywiro'r sefyllfa oedd Valmai ei hun. Rŵan ta, mae pawb sydd erioed wedi ymdrin â chlo Yale cyffredin yn deall mai'r cwbwl sydd angen ei neud ydi clicio'r latsh yn ôl i'r safle 'i fyny'. Dwi'n siŵr bod Valmai Jones hefyd yn gwbod hynny, dan amgylchiadau arferol. Ond ar nos Fercher Steddfod Llanelwy, yr oll wyddai hi wrth geisio gadael y llwyfan ar ddiwedd tri chwarter awr o berfformiad, gwaith emosiynol ac unig, oedd bod y clo Yale yn gwrthod bydjio; nad oedd dihangfa iddi a bod y byd, i bob pwrpas ymarferol, ar ben. O dan yr amgylchiadau yma, mae'r weithred syml o godi latch clo Yale cyffredin i fyny'r un mor bosib â hedfan i'r lleuad mewn berfa. Felly be ddigwyddodd i'r cymeriad yma, yr hen wreigan fusgrell, hynod gredadwy, gafodd ei chreu mor gelfydd gan Valmai? Mae hi'n troi i mewn i Bruce Lee ac yn cicio'r drws i lawr, a gweddill wal gefn y set hefo fo. Syfrdanol.

'O blydi hel, o' raid i mi fynd o 'no rywsut 'doedd?' meddai Valmai wedyn. Seren aur i V. Jones am honna.

Ymlaen â'r daith, a doedd dim byd mawr i'w ohebu tan rowliodd y sioe i Bontardawe, a 'theatr' Cwmtawe. Theatr mewn neuadd chwaraeon. Hmm, dadl arall 'di honno, beryg.

Ta waeth, Trefor Selway oedd yn y lain of ffaiyr y tro yma, wedi rhedeg dros gath ddu neu chwech ar ei ffordd o Ddyffryn Conwy ma' raid. Mae cymeriad Trefs yn saer coed ac yn dad i ddyn ifanc sy'n marw o afiechyd Motor Newron, ac wedi cyrraedd ei ddyddiau olaf. Trwy gydol y ddrama, rydan ni'n gweld y tad yn adeiladu arch i'w fab, ac roedd hynny'n gosod ambell her ymarferol, dechnegol. Roedd yn rhaid coreograffu'r llifio, drilio, sgriwio a gosod planciau at ei gilydd yn fanwl iawn, gan gadw'r broses mor syml â phosib er tegwch i Trefor. Fynta wedyn yn gorfod uno'r cwbwl mewn perfformiad credadwy, wrth gwrs – a llwyddo, gyda llaw, yn fy marn i. Penderfynwyd defnyddio jig-so a dril trydan, ac wrth gefn, wrth reswm, roedd Plan B, sef lli law a dril llaw, rhag ofn i ni golli pŵer yn ystod un o'r perfformiadau. Neilltuwyd amser ymarfer i Plan B nes oedd pawb yn hapus y byddai'n gweithio o dan amgylchiadau perfformiad. Ia, wel. Be maen nhw'n ddeud, 'dwch? The first casualty of war is the plan? Cometh the hour, cometh the plan? Wel, pan ddaeth methiant anorfod y trydan i'r ffôr-wê ecstenshyn oedd yn bwydo'r dril Bosch a'r jig Machita, be wnaeth Mr Selway? Symud yn esmwyth a slic i Blan B? Naci. I anghredinedd llwyr gweddill y cwmni, camodd i flaen y llwyfan, rhoi ei ddwylo at ei gilydd mewn ystum ddiymhongar, ddiniwed a chyhoeddi fel a ganlyn:

'Foneddigion a boneddigesau, ymddengys ein bod wedi colli pŵer i'r twŵls trydan, ac mae'n wir ddrwg gen i ond fydd hi ddim yn bosib parhau hefo'r perfformiad nes bydd y broblem wedi'i datrys. Hoffech glywed jôc neu ddwy yn y cyfamser?'

Am ryw ddau neu dri munud, tra oedd Amlyn Hedd, y Rheolwr Llwyfan, Rhys Bevan, y Trydanwr, a finna'r Dirprwy Reolwr Llwyfan/Dyn Sain yn cropian yma ac acw ar y llwyfan hefo'n tortshys yn trio sortio'r peth, cynhaliodd Mr Selway *An Audience With. . .* ar 'fenaid i. Yn ôl â'r trydan, a chododd Tref y sgript lle stopiodd o, a gorffen y ddrama fel 'tasa 'na ddim yn y byd wedi mynd o'i le – tan gyrhaeddodd o'r stafell wisgo ar ôl derbyn ei gymeradwyaeth. Yn fanno roedd Hedd yn disgwyl amdano fo, hefo bolocing a glywyd o Abertawe i Aberhonddu dwi'n siŵr, yn ogystal â chan y gynulleidfa oedd yn ymlwybro allan i'r maes parcio.

Cyn dechrau ar yr olaf o'r storis arswyd yma (dwi'n teimlo fel Dennis Norden myn diân i) dwi am roi mensh sydyn i Bethan Dwyfor, graduras. Yn stiwdio Theatr Clwyd oeddwn i, yn gweithio ar ddrama erchyll o'r enw *Cyfyng Gyngor* (fy joban gynta i fel teci hefo Cwmni Theatr Gwynedd, gyda llaw). Daeth Bethan ymlaen i'r llwyfan ar gyfer golygfa olaf Act 1. Golygfa i ddau berson ydi hi, deialog rhwng tad a merch. Y diweddar Eric Wyn oedd yn chwarae'r tad, ond yn anffodus roedd hwnnw ar goll yn y labyrinth o goridorau ym mherfeddion Theatr Clwyd, yn chwilio am y llwyfan. Bu'n rhaid i Bethan druan orffan yr act ar ei phen ei hun. Trŵpar.

Yn ôl at yr ola yn y casgliad yma o hunllefau'r perfformiwr. Roedd Mr T Selway'n nofio am ei fywyd yn y cawl yma hefyd, fel mae'n digwydd, ond arwres y stori ydi'r hyfryd Maureen Rhys.

Dyddiau Difyr, trosiad o *Happy Days*, drama abswrd Samuel Beckett, oedd y prosiect – y diweddar Graham Laker yn cyfarwyddo a chynlluniwyd y cynhyrchiad gan Martin Morley. Tony Bailey Hughes gynlluniodd y goleuo, a'r cynllun sain gan Siôn Gregory. Rheolwr y Cynhyrchiad a'r Rheolwr Llwyfan, gan nad oedd y sioe hon yn teithio, oedd Dylan Rowlands, a iôrs trwli'n ddirprwy iddo, yr is Reolwr Llwyfan, neu'r DSM. Roedd Maureen yn rhan Winnie, yr unig un sy'n siarad drwy gydol y ddrama, a Clever Trevor Selway fel y dyn oedd yn cael ei weld yn rhannol o bryd i'w gilydd hefo'i gefn at y gynulleidfa, ac sy'n ceisio lladd Winnie tua diwedd y darn. Dwi wedi rhoi mensh i'r criw i gyd – yn un peth er mwyn cyflwyno cymeriadau fues i'n gweithio hefo nhw ar lawer i gynhyrchiad a dod yn ffrindia hefo nhw; a hefyd oherwydd yr amgylchiadau unigryw sydd ynghlwm â gwaith Beckett. Mae'r hawl i berfformio unrhyw un o'i ddramâu yn cynnwys cytundeb i ddilyn pob cyfarwyddyd llwyfan a phob cyfarwyddyd yn ymwneud â chynllun y set, y goleuo a phopeth arall, i'r llythyren. Twmpath ydi set *Happy Days* yn y bôn, fel mynydd bychan. Yn Act 1, mae Winnie wedi'i gorchuddio gan y twmpath i fyny at ei gwasg, ac yn Act 2 i fyny at ei gwddw. Mae maint a siâp y twmpath yn y cyfarwyddiadau, felly'r her i Martin a'r criw oedd ffeindio defnydd addas i greu'r ddelwedd iawn, oedd hefyd yn dechnegol ymarferol. Yr un peth i Tony hefo'r goleuo. Er enghraifft, mae Winnie'n defnyddio parasol sy'n ffrwydro ac yn llosgi. Mae'r effaith yn gorfod bod yn drawiadol a sydyn, drosodd mewn eiliad neu ddwy. Gwnaeth Tone y parasol allan o bapur tân gwyllt, hefo dwy weiran yn cario sbarc i fyny'r goes, a botwm yn yr handlan i Maureen ei wasgu. Unjîniys, a hynod effeithiol.

Monolog hir a chymhleth ydi'r ddrama, yn ailadroddus a ffwndrus heb iddi synnwyr na lojic amlwg, na 'llinell drwodd', sydd fel arfer yn gymaint o gymorth i'r actor druan sy'n trio dysgu'r peth. I ddrysu petha ymhellach, rhaid oedd i Maureen ddysgu'r cyfarwyddiadau llwyfan hefyd a'u dilyn yn fanwl gywir, ond heb eu deud nhw. Mae'n debyg bod *Happy Days* wedi'i sgwennu ar gyfer Billie Whitelaw, oedd yn ffrind i Sam Beckett, a daeth yn enwog am ei pherfformiad fel Mrs Baylock, nani i'r Damien ifanc yn y ffilm *The Omen*. Mae'r olygfa lle mae hi'n gwthio mam Damien (Lee Remick) i'w marwolaeth drwy ffenest yr ysbyty bellach yn un o glasuron y sinema.

Ta waeth am hynny, ar gyfer *Happy Days* mi fu'n rhaid i Billie gael system o bromptio, rhag ofn i betha fynd yn ffradach. Os dwi 'di cael y stori'n iawn, roedd y DSM i mewn yn y twmpath hefo hi, a phe byddai hi'n deud 'Bright Sun' neu rwbath tebyg, mi fyddai'n cael prompt. Synnwn i ddim fod pob actor sydd erioed wedi chwarae Winnie wedi cael rhyw fath o system bac-yp, a doedd Maureen annwyl ddim gwahanol.

Felly, bac at ddy ranch, fel 'tae, yn Theatr Gwynedd, dyfeisiodd Siôn focs cyfathrebu arbennig a'i adeiladu i mewn i'r set; bocs oedd yn cysylltu meicroffon wrth ddesg rheolwr y sioe, y DSM (sef eich awdur addfwyn), â theclyn bychan oedd yn mynd i glust Maureen, hefo weiran denau i lawr ei chefn; yn gorffen hefo jac-plyg cyffredin, oedd yn mynd i jac-socet yr un mor gyffredin. Am resymau ymarferol, yn ymwneud â'r amser oedd ar gael yn ystod yr egwyl i ailosod y set ac ailosod Maureen, roedd y bocs cysylltu sain wedi'i osod wrth ei hochor, yn handi ar gyfer plwgio a dad-blwgio.

A dyma'r cynllun. Y geiriau côd gan Mo am help, os oedd hi mewn straffig, oedd 'haul tanbaid', a finnau i sibrwd y prompt i mewn i'r meic. Dyddiau difyr. Be allai fynd o'i le? Wel, yn Act 1, dim llawar o'm byd, achos fod Maureen yn sownd at ei gwasg yn y twmpath, hefo'i breichiau, ac yn bwysicach fyth, ei dwylo, uwchlaw'r twmpath, yn handlo'r props, stumio, twtio'i gwallt a ballu. Ond yn Act 2, a Winnie at ei gwddw yn y twmpath, roedd dwylo Maureen yn rhydd oddi tano.

Ar y noson agoriadol daeth Act 1 i ben, wedi mynd yn

dda iawn, so ffâr so gwd, a brysiodd y criw i'r llwyfan i ryddhau Mo o'r twmpath. Cafodd ddiod o ddŵr, towel a thipyn o dwtio colur a gwallt, tra oedd y twmpath yn cael ei adeiladu'n uwch. Wrth ailosod Mo yn y twmpath, ac ailblwgio'r teclyn clust i mewn i'r jac-socet gyffredin wrth ei hochor, pwysleisiodd Siôn (un o'r bobol mwyaf cwrtais ac addfwyn ar y blaned) yn ei ffordd addfwyn a thyner, ac nid am y tro cyntaf, i Maureen, oedd yn nyfnder ei chymeriad, yr hollbwysigrwydd-garwch-oldeb (ia, mor bwysig â hynny) o beidio ffidlan a ffaffian (fy ngeiriau i, nid Siôn) yn ardal y bocs cysylltu sain.

Ymlaen â ni felly, ar ein pennau i Act 2. Popeth yn iawn i ddechra, 'haul tanbaid' ne ddau, prompts wedi'u sibrwd, ac ymlaen â ni, dal i fynd, y parasol yn ffrwydro, aidîal, dal i fynd, dal i fynd, dwylo Trefor yn ymddangos hefo cardiau post fel roedden nhw i fod i wneud, hynci dôri. Ac wedyn dyma fo'n digwydd, fel ro'n i'n dechra ymlacio a mwynhau.

'Haul tanbaid.' Finna'n sibrwd y prompt. Saib.

'Haul tanbaid.' Prompt eto. Saib arall. Hir. O ffwcin hel.

'Siôn,' medda fi, dros y comms, 'Dydi hi'm yn 'y nghlwad i.'

'Ro'n i'n ama,' medda Siôn.

'Has somebody pulled their jack plug out?' gofynnodd Tone o'r ddesg oleuo.

'Looks that way,' medda finna.

'Haul tanbaid, haul TANBAID.' Roedd hi'n saethu edrychiadau tuag ata i. Shiiiiiit. Roedd y graduras wedi tynnu'r plwg allan o'i socet, ac wedi dechra deud y cyfarwyddiada llwyfan yn ogystal ag unrhyw leins oedd yn dod i'w phen, ac ar goll yn llwyr. Iesu Grist o'r Sowth, roedd 'na ugain munud i fynd a doedd 'na ffyc ôl allai neb ei neud ynghylch y peth. 'Sgwn i oedd Beckett wedi gobeithio y bydda petha fel hyn yn digwydd? Mae hyn yn swrreal ar ben bisâr ar ben abswrd. Pen Maureen mewn twmpath ar lwyfan

Theatr Gwynedd, yn malu cachu fel na chlywsoch erioed, ond yn cario mlaen, ac yn ei chymeriad hefyd, gydag ambell 'haul tanbaid' gobeithiol bob hyn a hyn. Erbyn hynny roedd y sgript yn ddiwerth, ac mi ddeudis i wrth Tony am giwio'r newidiadau yn y golau fel roedd o'n teimlo. Yn wyrthiol, roedd Mo wedi ymdopi hefo'r sefyllfa erchyll, ac felly'r broblem ymarferol oedd pa bryd y byddai Clever Trefor Selway yn dod rownd y twmpath ar ei bedwar a dringo i fyny i drio lladd Winnie. Waeth iddo heb a disgwyl am ei linell ciw, roedd honno 'di hen fynd. Ar ôl be oedd yn teimlo fel oes aeth amdani, a rhywsut daeth diwedd un o'r petha rhyfeddaf, a'r perfformiad mwya rhyfeddol welis i erioed. Hats Off i Maureen Rhys. XXX.

Wrth nodi'r digwyddiadau uchod, mae fy nhrafferthion i fel perfformiwr unigol, o'u cymharu, yn bitw petha; ond mae 'na ddau shêf agos iawn yn dod i'r co'. Yr un mwya diweddar oedd yn 2010, a finna'n perfformio'r faled hyfryd 'Gwaed Ar Eu Dwylo' ar y rhaglen *Noson Lawen*. Fi, gitâr acwstig, a gitarydd y band wedi'n lleoli yng nghanol Côr Glanaethwy ar set *Noson Lawen* yn stiwdio Barcud.

Yn yr ymarferion yn y pnawn, ro'n i'n teimlo'n o lew, er yn llawer mwy nerfus nag arfer, ac yn dechra ama oeddwn i'n i'n saff o'r geiria. Hunllef, wir i chi, achos mi dyfodd yr hedyn o amheuaeth i fod yn chwalfa pen go iawn. Dwn i ddim be oedd yn bod hefo fi. Ella 'mod i wedi gadael i'r peth fynd yn rhy bwysig. Dwi wedi caru'r gân ers i mi weld Plethyn yn ei pherfformio ar faes Steddfod Machynlleth yn 1979, a doeddwn i ddim am ei sbwylio. Ta waeth, erbyn hanner awr cyn yr amser recordio, ro'n i'n gonar, ac o fewn trwch blewyn o fynd at Magwa, y rheolwr llawr, a deud na allwn i ei neud o. Ond hold on Defi John, allwn i ddim gneud hynny iddyn nhw. Felly be wnawn i? Ro'ni 'di bod dros y gân, drosodd a throsodd, yn dal i faglu dros ambell air, nes bod y tanc hyder yn hollol wag. Ffycut. Llyncu 'malchder, sgwennu'r geiria allan ar bishyn o bapur a ffeindio rwla i'w guddio fo fel 'mod i'n medru ei weld. Idiot sheet? Comfort blanket? Galwch o be fynnwch chi, ro'n i ar 'y nhin. Dyffryn Ogwen oedd yr ardal dan sylw yn y *Noson Lawen* yma, a'r gynulleidfa o Besda. Ro'n i'n nabod y rhan fwya ohonyn nhw, a nhwtha'n fy nabod i a 'nheulu, felly nid heno oedd y noson i ymddangos fel twat. A jyst abawt cael getawê nes i yn y diwadd hefyd. Roedd un o denoriaid Côr Glanaethwy'n ddigon o gariad i ddal fy nghrubshît tu ôl i gefn un arall, fel 'mod i, ond nid y camera, yn medru'i weld o. He, he, he. Un o benderfyniadau calla 'mywyd, fel mae'n digwydd. Ddarllenes i ambell i linell, a dwi'm yn meddwl 'swn i 'di dod drwyddi fel arall.

Ar begwn arall y raddfa seicolegol, os ga i ddeud fel'na, oeddwn i yn ystod y profiad nesa 'ma. Gorhyder, ac o bosib, chydig o ddylanwad cynnyrch perlysieuol cymdeithasol. Dan ni'n mynd yn ôl i 1990 a chystadleuaeth *Cân i Gymru*. Ges i'r fraint a'r anrhydedd o gael fy ngwahodd i ganu'r gân orau, yn fy nhyb i, sy erioed wedi bod yn y gystadleuaeth, sef 'Yr Un Hen Le'. Pan glywis i hi gynta, do'n i'm yn rhy cîn. Ond mi dyfodd, mae'r riff gitâr yn fachog, dwi wrth fy modd hefo neges y geiria ac mae hi'n romp roc a rôl ddigon hwyliog. Ar ôl cytuno i'w chanu, mi benderfynais mai perfformiad syml, uniongyrchol oedd ei angen, ac unwaith roedd hi wedi cael ei recordio'n iawn yn stiwdio Sain, ro'n i'n hapus iawn hefo hi. Dwi'n meddwl bod Hefin Elis, oedd wedi estyn y gwahoddiad ac wedi cynhyrchu'r trac, o'r un farn. Gobeithio beth bynnag. Fel sy'n digwydd hyd heddiw, yn yr wythnosau cyn noson *Cân i Gymru*, roedd caneuon y gystadleuaeth yn cael eu dangos o flaen llaw. Ar gyfer y rhagflas, roedd y trac yn cael ei chwarae fel ag yr oedd, a'r cantorion yn meimio. Lyfli Jybli. Erbyn y noson fawr, roedd pawb wedi clywed y caneuon i gyd, ac ro'n i o'r farn gadarn fod y wobr o fil o bunnau yn y bag i Richard Marks, y cyfrifydd o Lanbed ac awdur a chyfansoddwr y gân – ond i mi beidio gneud smonach o'r perfformiad. Ynte Neil Richard.

Wel, yn wahanol i'r rhagflas, yn y sioe go iawn roedd y band yn meimio i'r trac, ond roedd y cantorion yn perfformio'n fyw. Wnaeth hyn ddim fy nharo fel rwbath fydda'n peri trafferth o gwbwl, er mai hwn fydda'r tro cynta i mi neud y fath beth.

Fel y nodais ar ddechrau'r stori, roedd y picil y canfyddais fy hun ynddo ar lwyfan *Cân i Gymru*, unwaith eto yn stiwdio Barcud, o fy ngwneuthuriad fy hun. Doedd y ffaith 'mod i wedi bod yn mwynhau smôc fach hefo ambell gerddor arall yn fawr o help, beryg iawn. Na, mewn difri calon, cyfuniad o orhyder a chael fy lluchio gan ganu'n fyw i drac, fel carioci i bob pwrpas, tra oeddwn i'n meimio chwarae gitâr, oedd y rheswm am y blanc hollol wrth i'r gerddoriaeth ddechra. Dim probs, roeddwn i wedi bod yno ganwaith hefo Maffia: roedd 'na wyth bar o intro, hen ddigon o amser i'r memori bancs agor. Dwi'n cofio sbïo rownd ar y band. Rhys Parri'n gwenu fel giât wrth feimio riff yr intro. . . Pedwar bar. . . Dim yw dim. Loneliest place in the world? You bet'cha. . . Dau far – ffyc-ôl – y bar ola, tri, dau, un, o naaaaa – ac yna, o rwla, 'M' o'r gair Mae, a dwi'n cychwyn ar: 'Mae bywyd yn llawn o brofedigaethau. . .' Ffiw. Yndi mae o.

Yn 1995, am ddim rheswm arbennig, tyfais farf – un Grisli Adams, llawn, a mwstash tew i fynd hefo fo. Un diwrnod, ffoniodd rhywun o Uned 5, i holi a fyddai gen i ddiddordeb mewn gwneud eitem ar gitârs bas; dangos gwahanol rai, rhoi cyngor ar be i'w brynu, be i'w osgoi, y math yna o beth, a gneud chydig o demo. Iawn, medda finna, pam lai. Es i a fy locsyn i stiwdio Barcud a gneud yr eitem – dwi'n cofio Owen

Evans yno hefo'i fas dwbwl, a gorffennodd yr eitem hefo deuawd bas o fiwsig yr hysbyseb Hovis. Ta waeth, y diwrnod wedyn, canodd y teliffon unwaith eto. Ynyr Williams, Cyfarwyddwr a Chynhyrchydd Uned 5, oedd ar ben arall y lein.

'Wyt ti'n gyfarwydd â'r llyfr *Cyw Haul*?' gofynnodd. Oeddwn, ac wedi gweithio ar gynhyrchiad llwyfan Hwyl a Fflag. 'Sut fasat ti'n teimlo am chwarae rhan Milc Shêc mewn cyfres deledu?'

''Swn i wrth fy modd,' medda fi.

'Iawn ta,' meddai Ynyr, a fyddai'n cyfarwyddo, ac sy'n frawd i Twm Miall, awdur y llyfr a'r gyfres. 'Mae'r sgriptiau ar eu ffordd, a welwn ni chdi ar ddiwrnod cynta'r ymarferion.'

Roeddwn i mewn sioc. Doeddwn i ddim hyd yn oed yn ymwybodol bod cyfres deledu ar y gweill, na'i bod wedi ei sgwennu a'i chastio, y lleoliadau, criw cynhyrchu a phopeth wedi ei drefnu ac yn barod i fynd. Louis Thomas o Louis a'r

Milc Shêc

322

Rocyrs a Brân, dyn barfog erioed ac un o'm harwyr cerddorol (sydd wedi'n gadael erbyn hyn), oedd yn mynd i chwarae'r rhan, ond roedd o wedi tynnu'n ôl ar y munud ola. Felly roedd Ynyr yn chwilio am rywun i chwarae rhan Milc, roeddwn i wedi ymddangos i neud yr eitem Uned 5 hefo barf mawr bwshi, Ynyr wedi meddwl 'mod i'n edrych y part, a dyna ni.

Hyd heddiw, prin fedra i gredu mor lwcus i mi fu'r gadwyn o gyd-ddigwyddiadau ac amseru. Dwi'n cofio ista yn y llofft yn Well Street, hefo sgriptiau'r gyfres gynta o 'mlaen, yn methu cweit credu mai fi oedd y Neil Williams ar yr un rhestr ag Arwel Gruffudd, Merfyn P. Jones, John Ogwen, Olwen Medi, Gwenno Hodgkins, Margaret Williams, Dyfan Roberts, Phylip Hughes et al. Ro'n i'n star-stryc jyst yn sbïo ar yr enwau. Unwaith ro'n i wedi sadio digon i ddarllen y sgriptiau, ges i 'nharo gan ffordd roedd Twm Miall wedi hoelio'r ddeialog, yn yr ystyr bod cyn lleied yn cael ei ddeud.

Roedd diwrnod cynta'r ymarferion yn un bythgofiadwy i mi er 'mod i'n cachu plancia, waeth i mi gyfadda ddim. Gosodwyd cylch mawr o gadeiriau pren yn neuadd bentre Llan Ffestiniog ar gyfer y darlleniad, a Llŷr, yr ail gynorthwyydd i'r Cyfarwyddwr, yn cymryd ordors am baneidia. Ro'n i'n teimlo'n reit rhwystredig – gneud paneidia i actorion oedd fy nhiriogaeth i, ac yn y theatr ro'n i wedi gneud hynny droeon, i'r union bobol yma. Ond heddiw, mi fyddwn i'n ista yn un o'r cadeiria pren, yn darllen un o'r rhannau, ac nid darllen yn lle actor absennol, darllen fy rhan fy hun. Sinc or swum. Daeth Mŷrf P i ista wrth fy ymyl, debyg iawn 'i fod o wedi gweld yr ofn yn fy llygaid. Fo fydda'n chwarae rhan Banjo, ffrind Milc; y ddau'n ffrindia gora i Bleddyn, y prif gymeriad, fyddai'n cael ei chwarae gan Arwel Gruffudd.

'Ma'n rhanna ni'n aidial,' medda Myrf wrtha i, ''dan ni yna lot ond 'dan ni'm yn deud llawar.'

Geiria da, a chwara teg iddo, roedd o wedi s'nwyro 'mod i'n nyrfys dwi'n siŵr. Felly dyma gychwyn y darlleniad, fy mol yn troi 'fath â micsar sment. Ro'n i wedi dal un bys ar fy llinell gynta, er mwyn bod yn barod amdani. Dwi'm yn gwbod pam chwaith. I neud pethau'n waeth, roedd Phil Hughes wedi hoelio'i gymeriad yn syth bin, ac yn rhoi perfformiad llawn. Ges i banics glân wrth feddwl y bydda disgwyl i mi neud yr un peth.

Pan ddaeth y llinell gynta, llwyddais i siarad heb faglu a heb neidio dwy octef, ac wedi hynny llwyddais i ymlacio rhywfaint a dechrau gwneud synnwyr o'r holl sefyllfa, a hyd yn oed mwynhau'r stori. Cychwynnais am adra'r diwrnod hwnnw wedi cael profiad gwirioneddol newydd, wedi 'nghyffroi drwyddaf ac wedi blino'n llwyr. Dros y deufis nesa, ges i'r fraint o actio mewn golygfeydd cynnil, credadwy hefo actorion medrus, hyblyg a ffeind iawn, o dan gyfarwyddyd ffresh a bywiog Ynyr, yntau'n newydd i gyfarwyddo drama, a Cleif Harpwood, yr hen ben ac arwr arall, wrth gwrs. Dwi'n cofio un munud o banic, yn eitha buan yn y cyfnod saethu, pan oedd Milc yn gorfod hed-bytio rhywun mewn golygfa gêm darts mewn tafarn. Yn un o'r ymarferion, dangosodd Mr Harpwood Coppola i mi yn llythrennol sut roedd o isho i mi chwarae'r olygfa, drwy actio'r peth allan ei hun, a'r hyn dwi'n ei olygu wrth actio, ydi A-C-T-I-O. O fy Nuw, ro'n i wedi styrbio'n llwyr. Roedd o fel 'tasa fo'n actio yn y sgetsh Ffermwyr Ifanc waethaf a welsoch erioed. Es i at Heulwen, y PA, ac ymbil mor daer ag y medrwn o dan fy ngwynt:

'Di o'm yn disgwyl i mi 'i neud o fel'na go iawn, yndi?'

'Paid poeni, bach,' medda hitha, 'gwna di e fel ti moyn, ond treial creu awyrgylch ma' Cleif.' Ffiw. Ges i'r fraint o gael fy nghyfarwyddo gan Roc God cynta'r genedl dro arall hefyd, ar sioe nos Sadwrn *Ar y Prom* ar S4C, yn canu cyfieithiad o 'Nowhere Man', fersiwn llais a gitâr acwstig, a hefyd deuawd anffodus hefo Eleri Siôn, cyfieithiad o 'Fairytale Of New York'.

Oni bai 'mod i'n chwarae cymeriad, pan fydda i'n canu, canu'n 'strêt' ydi'r ffordd ymlaen, a thrio cyflwyno'r gân mor ddiffuant â phosib, yn enwedig wrth weithio hefo canwr arall. Roedd ambell elfen ar waith y noson honno a'i fryd ar danseilio'r perfformiad. I gychwyn, roedd hi'n eitha swrreal bod yn ista yn y gadair golur nesa at Siân Lloyd y tywydd, oedd yn westai ar y rhaglen, yn fflyrtio a sgwrsio hefo hi fel 'tasan ni'n hen ffrindia, cyn mynd i ganu fy unawd. Roedd fy ffrind Pedr James yn gweithio ar y rhaglen, hynny'n fendith gymysg. Mae Peds yn fab i Iorwen James, oedd yn feistres y gwisgoedd ar *Cyw Haul* a *Meibion Glandŵr*, ac yn frawd iau i Sera oedd yn ein giang bach fohîmian yn Nhregarth ers talwm. Rhyw hen hwyl direidus ydi steil Peds, 'di o'm ots be, felly ro'n i'n gwbod y bydda 'na rwbath annisgwyl yn fy nisgwyl.

Yn *Ar y Prom*, roedd Peds wedi gaddo'n ffyddlon na fydda fo'n chwarae unrhyw driciau gwirion tra byddwn i'n perfformio, ac mi gadwodd at ei air. Wel, bron iawn. Tua hanner ffordd drwy 'Nowhere Man' sylwais, jyst tu ôl i'r llenni, un ysgwydd yn symud i fyny ac i lawr 'fath â Mutley. Twat. Yn hwyrach ymlaen, pan ddaeth Cecil B. De Harpwood i'r llawr i drio dwyn perswâd ar Eleri Siôn a finna i ddehongli'r 'Fairytale of New York' drwy actio'n fwy a mwy meddw fel yr aethai'r gân yn ei blaen, roedd Peds yn chwerthin gymaint bu'n rhaid iddo fynd allan.

Peds ydi'r dyn, pan o'n i'n aros hefo fo yng Nghaerdydd ar daith sioe *Wal* a *Tiwlups*, aeth â fi allan i'r dre am 'gêm o snwcyr sydyn' y noson cyn y get-in yn Neuadd Llanofer, a sbeicio fy naiet côcs hefo dwbwl fodcas nes erbyn tri'r bora roeddan ni'n yfed fodcas a red bwls, a chysges i ddim tan bump.

Roedd dwy fan yn teithio'r sioe, un hefo'r gêr trydanol i

gyd, dan ofal Jon Tee, ac un hefo'r set, y props, y gwisgoedd
ac ati, dan fy ngofal i. Roedd y get-in am naw. Deffrodd eich
awdur tua 11.30. Pan gyrhaeddais Neuadd Llanofer, hefo
nain bob hangofyr, roedd y goleuadau a'r offer sain i gyd
wedi ei osod a gweddill y criw; John Tee, John Fawr, Carys
a Katie, yn ista'n un rhes ar flaen y llwyfan, eu breichiau
wedi'u plygu, eu hwynebau'n galed. Doeddan nhw ddim yn
hapus. Er fy holl ymddiheuro, ddeudodd yr un ohonyn
nhw'r un gair wrtha i tan ar ôl cinio. Erchyll. Pan ddeudis i
wrth Peds, chwarddodd hwnnw'n dawel nes oedd o'n crïo,
ei sgwydda'n codi a gostwng eto, 'fath â Mutley. Cês, chi.

Dyna y cynta o'r tair gwaith *erioed* i mi fod yn hwyr i
'ngwaith ym myd y ddrama, ac mi fydda i'n dal i gael ias oer
wrth feddwl amdanynt. Yr eildro oedd yn ystod cyfnod
ffilmio *Tipyn o Stad*. Ro'n i'n byw ym Mangor a chefais fy
neffro gan y curo mwya diawledig ar y drws ffrynt. Codais i'r
ffenast a sbio i lawr, a gweld Fiona, Rheolwr y Cynhyrchiad,
yn neidio i fyny ac i lawr ac yn gweiddi:

'Tyd 'laen, ma' hi'n hannar awr wedi naw, roeddan ti i
fod ar gamera am wyth.' AAAAAA!

'Ocê, fydda i yna rŵan, sori, sori, sori...'

O fewn dau funud, ro'n i ar gefn fy motobeic yn ei Barry
Sheen-io hi am Gefn Hendre, Caernarfon, a thŷ'r Ghyrkas.
Wrth newid i wisg Neil Ghyrka, mi ges i'r ail ddôs o
newyddion da. Doedd y tîm cynhyrchu ddim wedi medru
ail-leoli a chario 'mlaen hefo'r golygfeydd eraill oherwydd
bod perchnogion y lleoliad arall wedi anghofio gadael
goriad. Golygai hyn fod *pawb* wedi bod yn cicio'u sodlau
oherwydd 'mod i ddwy awr yn hwyr. Wôc of Shêm? Fedra
i'm disgrifio'r lwmp o salwch o'n i'n ei deimlo wrth gerdded
hebio'r criw i ymarfer golygfa gynta'r dydd.

Dyma hi'r drydedd esiampl, tra 'dan ni wrthi, ac ma' hon
llawn cystal. Dwi wedi cael y fraint a'r pleser o fod yn rhan o
sawl sioe gerddorol ar lwyfan: yn actio, canu, a rhyw siâp o

ddawnsio yn *Llyfr Mawr y Plant* hefo Bara Caws, a hefyd yn y math o sioe lle mae'r cast hefyd yn fand. Ges i fy nghlyweld ar gyfer cynhyrchiad Theatr Na Nog o *Nia Ben Aur* yn 2002 gan Geinor Jones, Siôn Eirian a Greg Palmer, y Cyfarwyddwr Cerdd, yng Nghanolfan y Chapter yng Nghaerdydd. 'Tasa pob clyweliad fel hyn, mi fyswn i wrth fy modd. Dechreuais chwarae intro cân Bill Withers, 'Just The Two of Us', ar y bas, ac ymunodd Greg ar y piano, ac fel oeddwn i'n canu'r melodi roedd o'n harmoneiddio. Fuon ni'n jamio'n llon am ryw chwarter awr cyn iddo ddeud, yn ei acen Caint drwynol: 'Oi fink oi know wot 'ee can do, an' oi fink 'ee knows wot oi can do.' Yr hufen ar y gacan oedd i mi gael y job, a chael chwarae rhan Gwydion, rhyw fath o syrcas feistr yr oedd Siôn Eirian wedi ei greu yn ei sgript newydd, a'r Brenin Ri, gan neidio i sgidia Dewi Pws. Y geiriosen ar ben yr hufen ar ben y gacan oedd cael chwarae a chanu caneuon eiconig Nia Ben Aur. Aidial. Y cast oedd Phyl Harries, Huw Llŷr, Llŷr Bermo, Jen Vaughan, Ffion Wilkins, Rhodri John a Tara Bethan; a Dyfan Jones yn Oruchwyliwr Cerddorol ar y daith drwy Gymru. Mi gawson ni storm o hwyl a chreu sioe ddifyr – a ni oedd y cwmni cyntaf yn y Gymraeg i ddilyn y fformat actor/cerddor, cyn belled ag y gwn i. Trwy Greg y ces i'r cyfle i ymuno â chwmni pantos roc a rôl Theatr Clwyd, lle me Phyl Harries yn serennu fel y Dame ers blynyddoedd bellach.

Yn ystod fy ail stint yn yr Wyddgrug, yn chwarae rhan allweddol yr Axeman yn *Jack and The Beanstalk* (hefo un lein: 'Sorry Man'), yr oeddwn yn hwyr i 'ngwaith am y trydydd tro, a'r olaf, mawr obeithiaf.

Un pnawn Sadwrn, jyst cyn Dolig 2007, ro'n i'n ista yn y tŷ, yn y gadair esmwyth a Nel a Gwenlli, efeilliaid chwe wythnos oed Awen a finna, yn cysgu ar fy nglin, pan ganodd y ffôn symudol. Neges oedd arni – ro'n i wedi methu'r alwad, a lwcus ar y naw i mi godi'r neges.

Fi a'r efeilliaid, Nel a Gwenlli.

'Hi Neil, it's H (rheolwr llwyfan). Just a little concerned, as it's one o' clock and you're not here. Please call when you get this. Bye.'

Not here? meddyliais, be haru'r ddynas, heno ma'r sioe, siŵr Dduw. Ond roedd 'na lwmpyn bach o ofn wedi landio yn fy mol wrth i mi fynd i'r gegin i sbio ar ffleiar y sioe ar y ffrij, ag O Iesu Grist, sioe DDAU O'R GLOCH. Neidiais i'r car o fewn eiliadau. Yn lle sbïo, roeddwn i wedi cyfri bod saith sioe wedi bod yr wythnos honno, ac mai sioe gyda'r nos fyddai'r wythfed, a'r ola, i lenwi'r cwota, fel 'tae. Roedd gen i ddeugain munud i gyrraedd yr Wyddgrug, ac ro'n i'n sownd yn nhraffig Dolig ym Mangor, rhwng B&Q a Finney's. Am hanner awr wedi un ro'n i ar y pum deg pump, yn dal i obeithio'n ofer y bydda Theatr Clwyd yn codi'n wyrthiol i fyny i'r awyr o'r Wyddgrug a glanio ym Modelwyddan er mwyn i mi gael cyrraedd fy ngwaith ar amser. Ai, hefo sgwadron o foch yn ei hebrwng. Wrth i'r cloc droi dau, roedd cloc y car yn agos at gant, finna ar gopa allt Rhuallt. Ffyyyyc. Roedd y sioe yn dechrau.

Wrth redeg nerth fy nhraed ar hyd y coridor tu ôl i'r llwyfan, gwelais H. 'Soooo sorry...' medda fi, a diflannu i'r stafell newid. Ro'n i'n clywed y perfformiad, ac wedi gweithio allan bod tair cân wedi bod eisoes. Pan ddois allan i'r coridor yn fy ngwisg ffarmwr redd H yn fy nisgwyl.

'You ok?' gofynnodd. Nodiais fy mhen yn fud. 'Get on for the next number, and come and see me in the interval.'

Sleifiais ar y llwyfan ar gyfer y bedwaredd gân, rhoi tiwniad sydyn i'r bas a sicrhau fod yr amp ymlaen cyn meiddio sbïo ar Dyfrig Morris, oedd yn chwarae'r Sgweiar a'r dryms. Redd ei wyneb yn deud cyfrola, doedd dim angen gair. Yr un stori oedd hi hefo'r gweddill, ag allwn i ddim disgwyl tan yr egwyl er mwyn cael ymddiheuro i bawb. Roedd y lleill yn meddwl fod y peth yn hulêriys, ac mi ddechreuodd yr abiws yn syth bin. Phyl Harries ddechreuodd trwy ofyn: 'Ti am aros am yr ail hanner, bach, ta 's da ti bethe i wneud?' ac yn y blaen. Dwi'm yn cofio gneud fawr ddim ond ymddiheuro am rai dyddiau wedyn, a hyd heddiw fedra i'm cweit credu ei fod o wedi digwydd. Yn y byd adloniant, troi i fyny ar amser ydi'r rheol sanctaidd, ac mae pawb yn dallt hynny.

Rhyw bythefnos wedyn, a'r cwilydd wedi lleihau rhywfaint, ro'n i yn yr ystafell werdd yn nôl panad, a Terry Hands, Cyfarwyddwr y theatr, yn ista'n byta'i wyau potsh ar dost yn y gornel bella. Heb sbïo i fyny, dyma fo'n deud: 'So you turned up, then.' Bu bron i mi farw yn f'unfan.

Mae'n gas gen i fy ngwylio fy hun ar y bocs, ond mae'n rhan o'r gwaith – chwilio am y camgymeriadau, llefydd i wella (ac mae 'na wastad ddigon o'r rheiny, yn enwedig i actor dibrofiad, dihyfforddedig fel fi). Bu Ynyr Williams yn reit glyfar hefo fi yn *Cyw Haul*, drwy roi shêds i gymeriad Milc Shêc i'w gwisgo drwy'r amser ac roedd hyn, yn unol â'r llonyddwch corfforol roedd Ynyr wedi ei gyfarwyddo, yn gwneud Milc yn cŵl ac anodd ei ddarllen, a hefyd yn cuddio'r nerfusrwydd a'r ofn fyddai wedi bod yn amlwg yn fy llygaid, yn enwedig yn y cyfnod cynnar. Na' i fyth anghofio'r têc cynta o'r olygfa gynta i ni ei ffilmio: Milc yn cerdded i fyny Stryd Fawr Llan Ffestiniog hefo Banjo a dwyn peint o lefrith o stepan drws un o'r tai. Wrth ddisgwyl 'Action' ro'n i'n meddwl y byddai fy nghalon yn neidio allan o 'mrest. Shêds am byth. Unwaith roeddan ni i yn y swing, mi fedrwn i ymlacio, mwynhau fy hun a gwerthfawrogi pa mor lwcus o'n i wedi bod i gael y joban.

Festri capal Llan oedd y stafall golur, ac ro'n i angen eitha lot o waith: cadw trefn ar y locsyn a'r pen bwlat a brownio 'nghroen, a dwi'n cofio John Munro, yr artist colur,

Does 'na ddim byd 'fath â dêm!
(Theatr Colwyn, 2009)

yn deud reit ar y dechra: 'Now look, young man, this is the colour you have to be on camera, so if you're out in the sun this summer, I want you using at least a factor thirty, or we're going to have problems.' Roedd gen i datŵs L-O-V-E a H-A-T-E ar fy mysedd, baw o dan fy ngwinedd a dannedd oedd wedi eu peintio'n frown, felly roedd fy stint yn y gadair yn fy nghadw yn y festri am sbel. Ro'n i wrth fy modd yn malu cachu hefo Mŷrf ac Arwel, gwrando ar straeon John Munro am ei yrfa a'i fywyd mewn ffilm a theledu a gweld yr holl actorion eraill yn mynd a dŵad a sgwrsio hefo nhwtha. Lle arall fyddwn i wedi cael cyfle i fflyrtio hefo neb llai na Margaret Williams, oedd yn chwarae gwraig alcoholig y gweinidog (Dyfan Roberts), hithau'n cael ei hudo gan griw o efengŷls hapus clapus ac yn chwara'r tamborîn yn eu cwarfod emynau. Fedrwn i'm helpu sylwi, o'r tu ôl i'r shêds sgleiniog amlbwrpas, fod M W'n cario'i hun o gwmpas 'lle ar bar hynod siapus o goesau.

Roedd 'na byrcs eraill hefyd. Mae Milc Shêc yn feicar, ac mi ges fy ngyrru am hyfforddiant reidio motobeic hefo Alun Roberts, oedd yn ymddangos drosta i yn y golygfeydd beicio nes i mi basio'r prawf. Er 'mod i wedi gorfod trio'r prawf bum gwaith (be oedd yn bod arna i mewn profion gyrru 'dwch?) agorodd y profiad ddrws gwahanol i fyd teithio, un yr es i drwyddo ar ffwl throtl. Mae'r beicio wedi peidio tra 'mod i'n dad i blant ifanc, ond 'swn i'n yn licio meddwl y bydda i'n reidio motobeic eto rywbryd, gawn ni weld.

Pyrcan arall, a rwbath na fyddwn i byth wedi'i ddisgwyl, oedd cael gwadd i noson BAFTA Cymru wedi i *Cyw Haul* gael ei henwebu am wobr. Wel am sbort. Roedd Ynyr, Twm Miall, Nia Newbery'r Cynhyrchydd, pobol bwrdd Ffilmiau Elidir, Arwel Gruffudd, Merfyn P a finna, i gyd yn ista rownd un o'r byrddau mawr crwn. Redd hi fel Camelot yno wir. Roeddwn i wedi camu oddi ar y wagan, roedd y siampên a'r gwin coch yn llifo a finna wedi mynd i hwyl y noson, yn ôl y sôn. Roedd y profiad o weld fy ngwep i fyny ar y sgrîn fawr, pan oeddan nhw'n dangos clipiau o'r rhaglenni oedd yn cystadlu am wobrau, yn un swrreal iawn.

Gawson ni ddwy gyfres arall o *Cyw Haul*; y stori'n gorffen hefo Milc yn ymadael ar ei fotobeic, i bwy a ŵyr lle. 'Places to go, People to see.' Bu *Cyw Haul* yn gychwyn ar siwrna o waith ac antur i minna hefyd, antur sy'n golygu 'mod i'n dal i ennill fy mywoliaeth y byd adloniant a cherddoriaeth, ac yn cyfri fy hun yn hynod lwcus i fedru deud hynny – a chysidro nad ydw i eto wedi penderfynu be dwi isho'i neud wedi i mi dyfu i fyny.

Ers cwpwl o flynyddoedd bellach dwi wedi bod yn taro'r nodau isel ym mand Bryn Fôn ac yn cael modd i fyw yn gwneud hynny. Mae Maffia Mr Huws yn dal i fentro allan am ryw awr a hannar yn achlysurol, a'r dyddiau yma dwi'n gorfod mynd â steps hefo fi er mwyn cyrraedd y nodau ucha. Dwi'n cael modd i fyw yn mynd i'r siec i chwythu fy nhiwba

Fi fel Mr Toad yn Wind in the Willows, Theatr Colwyn, hefo Nanny Jet.

er bod Awel, fy nghariad, yn meddwl 'mod i wedi ffarwelio â'r plot. Mae Gwenlli am chwarae'r tiwba ei hun, medda hi, unwaith y bydd hi wedi cael ei hail ddannedd, a Nel yr iwffoniym.

Wrth sgwennu'r darn bach ola 'ma, mae gan Awel a finna fab newydd sbon, Nisien Tirion, brawd bach i Nel a Gwenlli – ac o sbïo ar ei ddwylo fo, fydd y gitâr fas, neu hyd yn oed y bas dwbwl, ddim yn broblem iddo fo. Heblaw, wrth gwrs, y bydd fy ngallu cerddorol yn neidio cenhedlaeth a'r creadur yn etifeddu clust gerddorol ei daid, Emyr. Os felly, mi fydd raid iddo fodloni ar fod yn gôlcipar.

Aws a fi, Tân y Ddraig, 2008.

Rhyw air...

Dechreuais sgwennu'r gyfrol yma, yn bennaf, gan fod pobol yn deud: 'ddyliat ti sgwennu'r hanesion 'ma i lawr 'sti Wilias,' pan fyddwn yn adrodd rhyw hanas neu'i gilydd, am Maffia, gan amla. Mae blynyddoedd ers i mi ddechra meddwl mewn difri am roi cynnig arni. Y rhwystr cyn dechrau oedd y ddamwain yn Llydaw, a sut i ddelio'n onest a sensitif hefo be ddigwyddodd. Gofynnais i Ian Edwards, brawd Al, am ei farn a'i gyngor, a thrwyddo fo cefais ganiatâd y teulu i ddisgrifio 'mhrofiad i, fel ro'n i'n ei gofio. Roedd Ian yn gwbwl gefnogol, ac wedi parhau i fod; a fo drefnodd fy nghyfarfod cyntaf â Nia o Wasg Carreg Gwalch. Ers i mi adael yr ysgol yn 1980, tydw i'm wedi sgwennu dim byd hirach na chân, ac mae hwn yn dipyn hirach nag unrhyw gân y sgwennais i erioed. Dwi'n mynd i stopio rŵan, dwi'n teimlo fy hun yn mynd i falu cachu, eto. Dim ond isho deud ydw i 'mod i wedi cael modd i fyw yn cofio a llunio'r hanesion yma, a chan mai cofio'n ôl ydw i yn hytrach na gweithio o ddyddiadur, plîs maddeuwch os oeddach chi yno ac yn cofio'n wahanol. Dwi wedi llenwi'r bylchau gora medrwn i. Ac i orffen, chwadal Oswald 'Milc Shêc' Davies. .

Adios Amigos